栾庆忠⊙著

创业中国年度十大杰出会计师栾庆忠增值税操作**实战宝典**

增值税纳税实务与节税技巧（第三版）

中国市场出版社
·北京·

图书在版编目（CIP）数据

增值税纳税实务与节税技巧/栾庆忠著. —3 版. —北京：中国市场出版社，2015.9

ISBN 978-7-5092-1387-2

Ⅰ. ①增… Ⅱ. ①栾… Ⅲ. 增值税-税收管理-中国 Ⅳ. ①F812.424

中国版本图书馆 CIP 数据核字（2015）第 181888 号

增值税纳税实务与节税技巧（第三版）

栾庆忠　著

出版发行：中国市场出版社	
社　　址：北京月坛北小街 2 号院 3 号楼	邮政编码　100837
电　　话：编 辑 部（010）68032104　读者服务部（010）68022950	
发 行 部（010）68021338　68020340　68053489	
68024335　68033577　68033539	
总 编 室（010）68020336	
盗版举报（010）68020336	
邮　　箱：474885818@qq.com	
经　　销：新华书店	
印　　刷：河北鑫宏源印刷包装有限责任公司	

规　　格：185 mm×260 mm　16 开本	版　次：2015 年 9 月第 3 版
印　　张：25.5	印　次：2015 年 9 月第 1 次印刷
字　　数：525 000	定　价：60.00 元

总序

初衷

我遇到过许多刚刚走出大学校门的财税专业本科毕业的大学生，虽然在从事着一份会计工作，却连基本的会计分录、报表编制、纳税申报都做不好，缺乏实战经验，工作起来相当吃力，没有老会计指导很难胜任会计工作，只能拿着微薄的薪水，对怎样快速改变现状苦苦探索。

会计新手如此，老会计也不容乐观。

我遇到过不少工作了多年的老会计，甚至是干了大半辈子的老会计。他们独立处理一家中小企业的账务可能不是问题，但是对税法知识知之甚少，对税收规定一知半解，对税务处理模棱两可，处理涉税事项深感力不从心。他们非常渴望提升自己的税务处理水平，却不知从何下手。有的财税人员买了不少书籍来充电，但总觉得多数图书理论有余而实操不足，对提高实际工作水平帮助不大。

作为一名注册会计师、注册税务师，一名在集团公司、会计师事务所、税务师事务所、税务咨询公司都工作过的财税工作者，我也在苦苦思索，思考着如何让财税人员在短时间内提升财税业务水平。我想，若是能够把多年的实战经验整理归纳，写出极具实操性的真正适合财税人员的书，也许是一种不错的方式。

财税人员的需求就是我创作的动力和源泉，能够尽我所能为广大财税人员服务，将自己的财税实战经验与大家分享，提高广大财税人员的业务水平，真正降低企业财税风险，是我的一份责任，更是我多年的心愿。

几年前的某一天，中国市场出版社胡超平副总编辑的一个电话激发了我的灵感，于是种种思路相继在我的脑海里酝酿，并最终转化为一本本实用的财税图书，我的心愿也得以实现。

系列图书特色

短短几年的时间，我共写出了 8 本适合不同水平财税人员阅读的实战操作型财税图书。这些书充分考虑了企业财税人员的实际需求，让读者以最少的时间、用最少的精力、花最少的银子取得最理想的效果，真正提高财税实战操作技能。具体来说，系列图书具有下列特点：

1. 内容均是我多年财税工作经验的总结，我将多年财税工作的实战经验和操作技巧精心整理、提炼、汇总成书。

2. 案例高度仿真，完全根据企业真实业务设计，为读者营造一个真实的财税环境，通过案例让读者真正学会实际的财税处理操作，从而提升自身财税实际操作水平。

专家和读者强烈推荐

金奖银奖不如读者的夸奖，金杯银杯不如读者的口碑！一本书的价值，读者最有发言权！几年来，系列图书得到了许多业内专家的高度评价，更是得到了广大读者的好评和厚爱，下面摘录部分专家和读者的推荐或评价：

作者具有丰富的实战经验，每本书都是作者用心写就，是作者多年实战经验的总结。所著财税图书本本精彩，内容丰富翔实，思路条理清晰，作风认真严谨，案例贴近实际，语言通俗易懂，极具操作性和实战价值，特别是"温馨提醒"写得非常到位，在实际工作中容易忽略的细节问题也都一一点到，对财税工作者提高自身财税水平和防范税务风险很有帮助！

——樊剑英，中国注册税务师，中国"得法网"业务总监，"中国税网"房地产项目总监，中国税网特约研究员，国家税务总局网络培训学院讲师，天和经济研究所专家委员会委员，编著有《房地产开发企业纳税实务与风险防范》、《营改增政策深度解析及纳税辅导》等

初识栾庆忠，是在一次网上收集资料时，当看到他的《企业税务风险自查与防范》的内容介绍，就想欣赏一下。收到书后，从税近三十年的我很快就被书的内容所吸引，《企业税务风险自查与防范》通过案例资料、税收政策、税务风险、自查切入点、相关阅读以及独特新颖的编排，让读者很快就从多角度对风险的防范有了很熟练的掌握，这么好的作品让我爱不释手，随后又读《小企业会计从入门到高手》、《企业会计处理

与纳税申报真账实操》、《企业税务处理与纳税申报真操实练》、《营业税改征增值税实战操作》、《增值税纳税实务与节税技巧》。逐一阅读，本本都受益匪浅，各本图书都有其独到之处，但共同的特点是"连点成线、织线成面"，从实战操作角度使人读后很快上手，会计知识与税收政策的有效归集，能短时间内提高实际操作水平，迅速成为一名熟练的会计高手，甚至查账能手。

——许培升，嘉祥县地税局稽查局

对于纳税人来说，增值税可以说是其最大的税收负担，因此，税收筹划首先想到的一定是增值税的筹划问题。这本《增值税纳税实务与节税技巧》把所有可能的增值税节税方法都做了非常详细的介绍，尽管可能存在挂万漏一的问题，但是，对于纳税人来说，这已经足够了。

——王红领，南京财经大学财政与税务学院副教授

说来我手上有好几本栾老师的书，从基础的《企业会计处理与纳税申报真账实操》到专业深入的《增值税纳税实务与节税技巧》与《企业税务风险自查与防范》。我发现栾老师写书具有的特点就是系统性、实用性、专业性，为了让会计朋友们能真正掌握、能学以致用，这些书都是花了心思的，也能感觉得出，栾老师具有深厚的知识积累与经验沉淀，否则写不出这么有实用性与专业性的书。以《增值税纳税实务与节税技巧》来说，从最初增值税一般纳税人资格登记开始讲解，到各个涉税环节的情况处理及难点应对，到各种情况下的风险把握及日常工作中的提前自查，后面的答疑也是经典实例。大量的实例介绍与讲解，让人茅塞顿开，可以说日常工作中未注意的、疑难的问题都讲解明白了。对于初入会计行业的涉税会计人员来说是一本不可多得的岗前培训书籍，可以当"佛脚"抱抱；对于已入行的人员来说，也可以作为自我提升与知识补充的好工具。

——吴宇凌，某食品上市公司华东区销售财务副经理

西方有句谚语："税收和死亡是人生无法避免的两件大事。"既然逃避不了，我们就应准确把握涉税事务。栾老师的书刚好抓住了企业实际工作中税务及其会计处理的热点和难点，案例全面，基本上涉及了各个涉税事项，覆盖了各个涉税要点，具有极强的实践性和操作性。

栾老师的书所提供的不仅是知识，更是一种技能和方法，能让我们这些读者在繁杂的税务中把握住方向，提高自身的税务风险自查与防范能力；此书既可以当成教科书，也可以作为工具书，一书多用！

——楼月芳，浙江众泰税务师事务所有限公司

《增值税纳税实务与节税技巧》以案例的形式将增值税的原理、日常业务处理涵盖

其中，结合编者的丰富经验，为企业财务人员指明了办理增值税业务方面需要掌握的知识点、可能产生税务风险的地方，是财务人员在增值税方面的一盏指明灯。

——刘永孝，中国新时代国际工程公司，注册会计师、高级会计师

栾老师的好几本书都有一个共同的特点——重点突出，易于理解！与实际工作相符，对提高大家的实际操作水平有很大帮助！

——史俊娟，北京市海淀区上地信息路 26 号

全面、具体、详细、实用，是我对栾老师所著系列图书的一个简洁概括。作为一个企业财务人员，这些图书对我在实际工作中遇到的一些具体问题给出了详尽的答案，从而提高了我的业务水平。一本好书可以丰富一个人的知识，感谢栾老师为广大财税人员带来如此实用的好书。以后将继续关注您的著作。

——高毅，黑龙江昊天通信工程有限公司

我是一个会计初学者，非会计专业毕业，刚刚考取了会计从业资格证书，看了您写的《增值税纳税实务与节税技巧》，真是拍案叫好！感觉读您的书非常值！于是我又继续购买了好几本您的倾心力作！您为广大读者慷慨地奉献了大量的宝贵经验，这些宝贵经验是一个初学者需要慢慢摸索花好多时间才能积累到的！万分感谢！

——陈明远，广西南宁读者

值此《增值税纳税实务与节税技巧》再版之际，我再次衷心地感谢所有的读者朋友！如果我的书能够带给大家一点点思考和启发，将是我最大的荣幸和快乐。

一人难称百人心，我以真心换称心，读者的满意将是我永远不懈的追求。

栾庆忠

2015 年 7 月

修订说明

金奖银奖不如读者的夸奖，金杯银杯不如读者的口碑！本书自首次出版以来，即以"实战性、操作性、可读性"的特色赢得了广大读者朋友的支持和厚爱，自上市之日至本书此次修订之日，第一版、第二版稳居当当网增值税类图书销售榜第一名。

为了帮助广大纳税人、中介机构以及税务工作人员更加全面地学习和掌握增值税税收政策，进一步提高自己的增值税业务水平，笔者根据最新增值税税收政策对本书进行了系统的修订和完善。修订后，本书将继续以"实战性、操作性、可读性"为特色，将增值税政策与案例相结合，以例讲法，融法于例，让读者更迅速、准确地理解税法，提升业务技能。修订内容主要涉及以下 3 个方面：

● **对近几年发布的最新增值税税收政策（含营改增政策）进行了全面梳理，不再对原增值税纳税人与营改增纳税人分别讲述，而是将原增值税纳税人最新增值税政策与营改增政策进行了全面、充分的融合，并与实际财税处理操作相结合，且辅以丰富的实战案例，融于书中，适合所有增值税纳税人（原增值税纳税人与营改增纳税人，暂未包含尚未营改增的建筑业、房地产业、金融业和生活服务业）全面掌握增值税政策与实战技能。**

● 对本书第二版涉及的所有税收政策进行重新梳理，删除了已经废止或执行到期的政策及其相关内容，代之以新政策及其新内容。

● 对近两年来实际工作中积累的实践经验和纳税人咨询较多的热点问题根据最新政策进行整理，融于书中。

赠人玫瑰，手留余香。本着对读者认真负责，为读者真心服务，我每周都会抽出时间阅读读者来信，认认真真地进行回复，及时解决读者遇到的疑难问题，在帮助读者提升业务水平的同时，自己的业务素质也得到了提升！一人难称百人心，我以真心换称心，读者的称心就是我不懈的追求。

一本书的价值，读者最有发言权。以下是摘选的部分读者的评价：

1. 读者朋友给我的电子邮件：

（1）**天使的阿诺：**

栾老师好！我是一名读者，期望可以成为一名在税务、会计、审计和资产评估方面的专业人士，并为此正在努力，非常有幸能拜读您的力作——《增值税纳税实务与节税技巧》，客观地说，您的这本书写得很好！案例全面，基本覆盖了增值税的全部内容，比 CPA、CTA 的税法教材写得更加具体；税法条例新颖，最新的一些税收政策也收录其中；实务性很强，比课本生动，一些税收筹划的案例有很强的操作性。如果能把这本书作为教材的补充，其实是一个非常不错的选择！

谢谢您的这本书，让我能更有效地学习增值税的相关知识！

（2）**水润之爱：**

老师您好，我是您的忠实读者，《增值税纳税实务与节税技巧》一书在工作上给了我很大的帮助。此书对增值税讲解得很全面、到位，对我这样的初学者来说很有用，值得一读。

2. 当当网、京东网读者朋友对本书的评价：

（1）**Msnljx：**你不得不看的好书。

（2）**岸本硫克：**很开心的购物，有很多温馨提醒，很有用的经验。对于基础较弱的也比较容易学习。

（3）**huwenboHWB：**想从事会计的孩子，这本书必读。

（4）**其实我戴眼镜：**实用性、易用性俱佳。

（5）**无昵称用户：**在当当网买这么多书，感觉这本最好，最实用。看这本书的评论才决定买的，果然是一本很好的书，力荐。

（6）**yaha2010：**涉及增值税纳税、节税的方方面面，太好了，我要好好研读！

（7）**身随心动：**书是帮一位朋友买的，看到其他买书的人的评论后，选择了它，但心中还有些忐忑，怕买了没什么用，没想到，收到书后，朋友说非常实用，当时就认真地看了起来，书很好。

（8）**tonglhb：**内容很新，很实用，操作性强，很不错，正在好好学习。

（9）**水之轩：**我是做财税培训的，需要给客户送这类的书籍，看了评价说不错，自己看了看，还可以，客户也喜欢就 OK 了。

（10）**lengyue0001@***.***：**替别人买的。朋友说他们税务师事务所十几个人都抢着看这本书，这本书写得很好、很实用、很权威，朋友为了更好地学习特意让我替他买一本。这本书非常新，就像刚从印刷厂印出来似的。朋友很喜欢，说值得推荐。

（11）**mjm8078：**贴近实际，在现实操作中有很强的实用性。

（12）**yiming：**栾庆忠老师就是质量的最好保证。

3. 南京财经大学财政与税务学院副教授王红领在价值中国网于 2011 年 8 月 13 日对本书的评价：

增值税是中国当前的第一大税种，其收入几乎占到我们目前税收总额的一半左右，也就是说，我们现在的二十多个正式税种，每年近十万亿元的税收收入当中（指去年，今年应该会超过十万亿元），仅仅增值税一家就达到了一半，而其他的二十多个税种也才取得一半的税收，由此也可见增值税在我国税收与财政当中的地位，这或许可以理解当初增值税转型之所以那么艰难的原因了，真正是"牵一发而动全身"的事啊。

由于增值税属于流转税类，而流转税类的最大特点就是其税收具有可转嫁性，即税法规定的纳税人，可以通过商品交易把它所缴纳的税收轻而易举地转移到普通的购买者身上。很多人或许并不知道，我们每天开门七件事：柴米油盐酱醋茶，每一样当中都包含着这样的税收，也就是说我们每天只要一睁开眼睛就在为吃穿纳税了。

对于纳税人来说，增值税可以说是其最大的税收负担，因此，税收筹划首先想到的一定是增值税的筹划问题。这本《增值税纳税实务与节税技巧》（2010 年 9 月第一版），把所有可能的增值税节税方法都做了详细的介绍，尽管可能存在挂万漏一的问题，但是，对于纳税人来说，这已经足够了。

中国企业一直以来普遍没有节税的意识，殊不知税收节了一分，利润就会增加一分。而节税不像偷税那样是违法乱纪的行为，而是合法的行为，何乐而不为呢？

借此修订之际，我再次衷心地感谢所有的读者朋友！读者的支持和厚爱就是我创作的动力和源泉，读者的需求和建议就是我创作的方向和目标。财税工作让我们相识，网络架起了我们沟通的桥梁，拉近了我们的距离，在感谢读者的同时，我希望能够得到读者的宝贵建议，希望能够和大家经常交流财税方面的业务。大家可以通过电子邮箱（caishuiywjl@163.com）与我交流。

尽我所能为广大财税人员服务，将自己的财税实战经验与大家分享，提高财税人员的业务水平，是我多年的心愿。在中国市场出版社的大力支持下，这一愿望终于得以实现，这本书也成了我出版的第一本书。启用一个没有写书经验的新人，不仅需要独特的眼光，还需要一定的胆识，值此修订之际，我再次感谢中国市场出版社耐心细致的编辑工作，特别感谢胡超平副总编辑对我的帮助和支持。

在修订过程中，本书严格按照最新税收政策进行编写，精益求精，力求做到权威、专业、准确，但是限于时间和水平，本书难免会存在一些疏漏和不足甚至错误之处，敬请广大读者批评指正。本书观点和建议仅供读者参考，切忌生搬硬套，实际工作中须特别关注税法政策的变化和主管税务机关的规定。

栾庆忠

2015 年 7 月

缘起

刚刚打开我的 QQ 群，小水滴的 QQ 头像就闪了起来，看来小水滴又遇到什么难题了！好了，废话少说，先来介绍一下小水滴的基本情况吧。

我刚刚在 QQ 上遇到了一位网友，网名叫小水滴，她会计专业本科毕业刚满两年，已经顺利地考取了初级会计师资格，在一家中等规模的企业做了两年成本会计之后，没想到最近由于公司经营不善而倒闭了。于是，小水滴不得不重新踏上求职之路。

然而，令小水滴没有想到的是，拥有会计本科学历、初级会计师资格和两年工作经验的她求职却屡屡碰壁！她参加过许多企业的面试，每当企业老板问道"你会网上报税吗?"，小水滴就明白这次求职又失败了，历经多次求职失败后，小水滴也越来越明白："现在的企业老板越来越重视税务了，不会报税成了成功求职的最大障碍。"

其实，小水滴在做成本会计的时候，做梦都想学习报税，学会了报税，可以做企业的税务会计，做税务会计工资可比做成本会计高多了，而且还比成本会计轻松呢，再说，学会了报税，还可以做兼职会计捞点外快，补贴一下日常所需呢！可是想归想，报税怎么学，向谁学，谁又会教呢？大多企业的税务会计在报税的时候都是"秘密"进行的，生怕别人学会抢了自己的饭碗，更是增加了网上报税的神秘感。

果然，小水滴在网上的倾诉引起了群友们的热烈响应，特别是那些企业的非税务会计和刚刚毕业的大学生会计们，他们都渴望尽快学会报税这个被税务会计"神秘"化了的东西。他们大都感到迷茫：怎么进入报税系统？进去以后怎么填写？哪些是自动生成的？哪些是需要手工录入的？报税的流程是怎样的？先做什么后做什么？怎样才能保证申报成功？增值税税负是怎么回事？不会报税阻碍了他们的进一步发展，成了他们就业的拦路石。甚至有个群友为了学习报税，竟然喊着要找一个税务会计谈恋爱。

还有不少企业的税务会计，会报税也仅仅是指他们掌握了网上报税的基本操作流程，但是对于企业整个增值税业务处理流程中的许多重点问题和疑难问题仍然感到力不从心，在实际的增值税业务处理过程中，时常会遇到这样或那样的疑难事儿，也非常渴望全面、系统地学习增值税业务处理中经常遇到的重点问题和疑难问题。

其实，在我刚刚踏入会计这个行业的前两年，也一直为这样的问题而迷茫，直到后来税务会计的退休才让我有了机会。其实，报税流程本身很简单，只是没有干过就认为神秘罢了，而整个增值税业务流程中的税务处理才是重点和难点所在。

我经历过，困惑过，也迷茫过，所以知道小水滴此刻的心情，我决定为迷茫中的小水滴揭开网上报税的神秘面纱，不只是网上报税，我要把整个增值税业务流程中的重点问题和疑难问题，把日常增值税业务处理中的实用经验和技巧传授给她，不只是帮她踢开就业路上的拦路石，也要为她尽快成为一名优秀的税务会计（税务经理）铺就一条平坦的大道！

于是，小水滴成为一名优秀的税务会计（税务经理）从一次聊天拉开帷幕——

小水滴：丰收老师，你就为我踢开这块就业路上的拦路石吧？

丰收（笔者网名）：好的，我现在不仅为你揭开增值税网上纳税申报的神秘面纱，更会带你走完整个增值税业务流程！传授增值税业务处理实务经验和实用技巧，跟随我的步伐，提高你的实战能力，我会让你成为一名优秀的税务会计（税务经理）！

在现实生活中，有许许多多小水滴一样的会计人员，也有为数不少的在职税务会计、财务主管和税务经理迫切需要提升自己的办税水平。为了帮助所有的增值税纳税企业的税务会计们迅速提升办税能力，成为一名优秀的税务会计、财务主管或税务经理，这本《增值税纳税实务与节税技巧》得以问世！

目录

第一章 | 连点成线 织线成面
——从增值税业务流程谈起

第二章 | 重点解析　难点突破
——一般纳税人增值税业务账务处理

第三章 | 税收优惠　全面了解
——用足用好增值税税收优惠政策

第四章 | 活用政策 开源节流
——简单、实用的节税小招式

一、超过标准必登记，不够标准择优选 / 265

第五章 | 风险防范　未雨绸缪
　　　　——增值税税务风险控制

第六章 | 亡羊补牢　犹未为晚
　　　　——增值税纳税自查要点与纳税检查方法

第七章｜答疑解惑　简洁明白
——增值税纳税常见疑难问题解析

TAX PAYMENT PRACTICE &
TAX-SAVING SKILLS
OF VAT

第一章

连点成线　织线成面
——从增值税业务流程谈起

从税收收入规模来看，增值税是我国目前最大的税种，在会计实务、纳税申报中，增值税是一个极其重要的税种，同时也是一个较难的税种，涉及的增值税相关政策也比较多，因此，不少纳税人对相关增值税政策把握不准、理解不透，出现一定的认识偏差，稍有不慎就很容易出现多缴或漏缴增值税款的情况，给企业带来一定的经济损失和税收风险。笔者在深入研究增值税相关政策的基础上，结合纳税人在日常账务处理过程中经常遇到的增值税重点问题、疑难问题以及容易忽视的问题，进行认真、系统的分析、整理，总结出了一套极其实用的增值税业务核算处理方法和一些日常节税小技巧，帮助广大财务人员提高自己的增值税业务处理水平，从而正确地核算增值税业务并能够使企业合法、合理地降低增值税税负，减轻纳税人负担。

现在，我们就从增值税业务流程谈起，谈谈增值税业务处理中的那些重点问题和疑难问题。

以每个增值税业务内容为点，你只是一个独立作战的小士兵，只有穿针引线，连点成线，才有战斗力；以每个增值税业务步骤为线，你就是一个统领千军万马的大将军，提纲挈领，独当一面；以增值税整个业务流程为面，你才是一个运筹帷幄的大元帅，统筹全局，决胜千里。

为了能够帮助广大税务会计更好地全面把握增值税业务，提高实战技能，笔者将按照增值税整个业务流程的顺序来展开介绍。

小规模纳税人的增值税业务流程相对简单，这里我们重点以一般纳税人的增值税业务流程为例进行讲述。

一般纳税人的增值税业务流程一般包括以下步骤：

（1）增值税一般纳税人资格登记；

（2）增值税一般纳税人纳税辅导期管理；

（3）增值税专用发票和普通发票的开具；

（4）增值税扣税凭证的认证和抵扣；

（5）抄税、报税、税款缴纳。

已经是增值税一般纳税人的企业直接从步骤（3）开始，直接登记为增值税一般纳税人而不用辅导期管理的企业越过步骤（2）。

一、增值税一般纳税人资格登记

一般来说，增值税纳税人企业分为两种类型：小规模纳税人和一般纳税人，一般纳税人又可以分为两类，一类是正式一般纳税人，一类是辅导期一般纳税人。小规模纳税人比较简单，不再赘述，笔者重点谈谈增值税一般纳税人资格的登记和辅导期管理。

《国务院关于取消和调整一批行政审批项目等事项的决定》（国发〔2015〕11号，以下简称《决定》）公布取消对增值税一般纳税人资格认定审批事项，涉及对《中华人民共和国增值税暂行条例》、《中华人民共和国增值税暂行条例实施细则》及《增值税一般纳税人资格认定管理办法》（国家税务总局令第22号）等行政法规、规章相应条款的修订，目前有关修订工作正在依照规定程序进行中，为尽快贯彻落实《决定》精神，国家税务总局制定发布《国家税务总局关于调整增值税一般纳税人管理有关事项的公告》（国家税务总局公告2015年第18号），作为过渡性管理规定。本公告在国家税务总局令第22号的基础上，调整了以下一般纳税人管理事项：

1. 取消行政审批。公告第一条明确一般纳税人资格实行登记制，在具体登记程序中取消了税务机关审批环节，主管税务机关在对纳税人递交的登记资料信息进行核对确认后，纳税人即可取得一般纳税人资格。

2. 简化办事程序。一是简化了纳税人需要提供的资料，只需携带税务登记证件、填写登记表格，就可以办理一般纳税人登记事项。二是简化前置条件，对年应税销售额未超过规定标准的纳税人，暂停执行"有固定的生产经营场所"的条件。三是简化税务机关办事流程，取消了实地查验环节，对符合登记要求的，一般予以当场办结。

（一）增值税一般纳税人资格登记条件

增值税一般纳税人资格登记条件有两类，分别为：

1．增值税纳税人（以下简称纳税人），年应税销售额超过财政部、国家税务总局规定的小规模纳税人标准的，除特殊规定外，应当办理一般纳税人资格登记。

温馨提醒

（1）年应税销售额，是指纳税人在连续不超过 12 个月的经营期内（含未取得销售收入的月份）累计应征增值税销售额，包括纳税申报销售额、稽查查补销售额、纳税评估调整销售额、税务机关代开发票销售额和免税销售额。稽查查补销售额和纳税评估调整销售额计入查补税款申报当月的销售额，不计入税款所属期销售额。

（2）超过财政部、国家税务总局规定的小规模纳税人标准，是指从事货物生产或者提供应税劳务的纳税人，以及以从事货物生产或者提供应税劳务为主，并兼营货物批发或者零售的纳税人，年应征增值税销售额在 50 万元以上的；除此规定以外的纳税人，年应税销售额在 80 万元以上的。以从事货物生产或者提供应税劳务为主，是指纳税人的年货物生产或者提供应税劳务的销售额占年应税销售额的比重在 50％以上。应税服务年销售额标准为 500 万元（含本数），财政部和国家税务总局可以根据试点情况对应税服务年销售额标准进行调整。

（3）特殊规定，是指不办理一般纳税人资格登记的纳税人，具体有：

①个体工商户以外的其他个人，即自然人；

②选择按照小规模纳税人纳税的非企业性单位，即行政单位、事业单位、军事单位、社会团体和其他单位。

③选择按照小规模纳税人纳税的不经常发生应税行为的企业，即非增值税纳税人。

【例 1-1】　甲会计师事务所有限公司，2012 年度取得审计、验资等业务收入 400 万元，2012 年 7 月份至 2013 年 5 月份累计业务收入 510 万元，该公司连续 11 个月的累计销售额已超过 500 万元，应当办理增值税一般纳税人资格登记。

【例 1-2】　甲咨询公司财务核算制度不健全，2012 年 5 月—2013 年 4 月取得销售额 660 万元，应税服务年销售额已超过小规模纳税人标准，公司不得以会计制度不健全为理由不办理增值税一般纳税人资格登记，否则，将按《中华人民共和国增值税暂行条例实施细则》第三十四条规定，按销售额依照增值税税率计算应纳税额，不得抵扣进项税额，也不得使用增值税专用发票。

2. 年应税销售额未超过财政部、国家税务总局规定的小规模纳税人标准以及新开业的纳税人，可以向主管税务机关办理一般纳税人资格登记。

对提出申请并且同时符合下列条件的纳税人，主管税务机关应当为其办理一般纳税人资格登记：

（1）有固定的生产经营场所（注：自 2015 年 4 月 1 日起，本条款暂停执行，相应条款将依照规定程序修订后，重新予以公布）；

（2）能够按照国家统一的会计制度规定设置账簿，根据合法、有效凭证核算，能够提供准确税务资料。

（二）兼营应税货物及应税劳务（服务）的增值税一般纳税人资格登记

兼有销售货物、提供加工修理修配劳务以及应税服务的纳税人，应税货物及劳务销售额与应税服务销售额分别计算，分别适用增值税一般纳税人资格登记标准。

兼营应税货物及劳务与应税服务的，只要符合其中一项标准就均应登记为一般纳税人，且一经登记，所有销售额均适用一般纳税人计税方法，不得对未达标部分单独适用小规模纳税人计税方法。

【例 1-3】 甲电子产品公司连续 12 个月累计电子产品销售额 90 万元，技术服务销售额 450 万元，应当办理增值税一般纳税人资格登记。乙电子产品公司连续 12 个月累计电子产品销售额 40 万元，技术服务销售额 502 万元，应当办理增值税一般纳税人资格登记。丙电子产品公司连续 12 个月累计电子产品销售额 40 万元，技术服务销售额 490 万元，可以不向主管税务机关办理增值税一般纳税人资格登记。

（三）办理一般纳税人资格登记程序

自 2015 年 4 月 1 日起，增值税一般纳税人资格实行登记制，登记事项由增值税纳税人向其主管税务机关办理。

纳税人办理一般纳税人资格登记的程序如下：

（1）纳税人向主管税务机关填报《增值税一般纳税人资格登记表》，并提供税务登记证件；

（2）纳税人填报内容与税务登记信息一致的，主管税务机关当场登记；

（3）纳税人填报内容与税务登记信息不一致，或者不符合填列要求的，税务机关应当场告知纳税人需要补正的内容。

温馨提醒

1. 纳税人年应税销售额超过财政部、国家税务总局规定标准（以下简称规定标准），且符合有关政策规定，选择按小规模纳税人纳税的，应当向主管税务机关提交书面说明。

个体工商户以外的其他个人年应税销售额超过规定标准的，不需要向主管税务机关提交书面说明。

"规定标准"包括《中华人民共和国增值税暂行条例实施细则》和财政部、国家税务总局在营改增试点中规定的销售额标准。"有关政策规定"主要指：一是《中华人民共和国增值税暂行条例实施细则》规定，个体工商户以外的其他个人、非企业性单位、不经常发生应税行为的企业可选择按小规模纳税人纳税；二是根据《营业税改征增值税试点实施办法》（财税〔2013〕106 号附件 1），应税服务年销售额超过规定标准但不经常提供应税服务的单位和个体工商户可选择按照小规模纳税人纳税。

2. 纳税人年应税销售额超过规定标准的，在申报期结束后 20 个工作日内按照国家税务总局 2015 年第 18 号公告第二条或第三条的规定办理相关手续；未按规定时限办理的，主管税务机关应当在规定期限结束后 10 个工作日内制作《税务事项通知书》，告知纳税人应当在 10 个工作日内向主管税务机关办理相关手续。

《税务事项通知书》的主要内容包括：提示纳税人年应税销售额已超过财政部、国家税务总局规定标准，请于具体期限前向主管税务机关办理一般纳税人资格登记或提交选择按小规模纳税人纳税的情况说明，逾期仍不办理的，将按《中华人民共和国增值税暂行条例实施细则》第三十四条规定，按销售额依照增值税税率计算应纳税额，不得抵扣进项税额，也不得使用增值税专用发票，直至纳税人办理相关手续为止。

3. 除财政部、国家税务总局另有规定外，纳税人自其选择的一般纳税人资格生效之日起，按照增值税一般计税方法计算应纳税额，并按照规定领用增值税专用发票。

《增值税一般纳税人资格登记表》中"一般纳税人资格生效之日"项目，由纳税人在填表时自行勾选"当月 1 日"或"次月 1 日"。

（四）一般纳税人资格登记的其他事项

1. 除国家税务总局另有规定外，纳税人一经登记为一般纳税人后，不得转为小规模纳税人。

2. 主管税务机关可以在一定期限内对下列一般纳税人实行纳税辅导期管理：

（1）新登记为一般纳税人的小型商贸批发企业；

（2）国家税务总局规定的其他一般纳税人。

税法依据

● 《增值税一般纳税人资格认定管理办法》（国家税务总局令第 22 号）

● 《国家税务总局关于明确〈增值税一般纳税人资格认定管理办法〉若干条款处理意见的通知》（国税函〔2010〕139 号）

● 《国家税务总局关于印发〈增值税一般纳税人资格认定管理办法〉宣传材料的通知》（国税函〔2010〕138 号）

● 《营业税改征增值税试点实施办法》（财税〔2013〕106 号文件附件 1）

● 《国家税务总局关于营业税改征增值税试点增值税一般纳税人资格认定有关事项的公告》（国家税务总局公告 2013 年第 75 号）

● 《国家税务总局关于调整增值税一般纳税人管理有关事项的公告》（国家税务总局公告 2015 年第 18 号）

二、增值税一般纳税人纳税辅导期管理

（一）实行纳税辅导期管理的一般纳税人范围

1. 新登记为一般纳税人的小型商贸批发企业。

小型商贸批发企业，是指注册资金在 80 万元（含 80 万元）以下、职工人数在 10 人（含 10 人）以下的批发企业。只从事出口贸易，不需要使用增值税专用发票的企业除外。

批发企业按照国家统计局颁发的《国民经济行业分类》（GB/T4754—2002）中有关批发业的行业划分方法界定。

2. 国家税务总局规定的其他一般纳税人。

其他一般纳税人，是指具有下列情形之一的一般纳税人：

（1）增值税偷税数额占应纳税额的 10% 以上并且偷税数额在 10 万元以上的；

（2）骗取出口退税的；

（3）虚开增值税扣税凭证的；

（4）国家税务总局规定的其他情形。

3．试点纳税人取得增值税一般纳税人资格后，发生增值税偷税、骗取出口退税和虚开增值税扣税凭证等行为的，主管税务机关可以对其实行不少于6个月的纳税辅导期管理。

（二）辅导期管理的期限

新登记为一般纳税人的小型商贸批发企业实行纳税辅导期管理的期限为3个月，纳税辅导期自主管税务机关制作《税务事项通知书》的当月起执行。

其他一般纳税人实行纳税辅导期管理的期限为6个月，纳税辅导期自主管税务机关制作《税务事项通知书》的次月起执行。

（三）辅导期纳税人抵扣进项税额的规定和会计处理

1．辅导期纳税人抵扣进项税额的规定。

辅导期纳税人取得的增值税专用发票抵扣联（含货物运输业增值税专用发票、机动车销售统一发票）、海关进口增值税专用缴款书应当在交叉稽核比对无误后，方可抵扣进项税额。

主管税务机关定期接收交叉稽核比对结果，通过《稽核结果导出工具》导出发票明细数据及《稽核结果通知书》并告知辅导期纳税人。

辅导期纳税人根据交叉稽核比对结果相符的增值税抵扣凭证本期数据申报抵扣进项税额，未收到交叉稽核比对结果的增值税抵扣凭证留待下期抵扣。

2．辅导期纳税人抵扣进项税额的会计处理。

辅导期纳税人应当在"应交税费"科目下增设"待抵扣进项税额"明细科目，核算尚未交叉稽核比对的增值税抵扣凭证注明或者计算的进项税额。

辅导期纳税人取得增值税抵扣凭证后，借记"应交税费——待抵扣进项税额"明细科目，贷记相关科目。交叉稽核比对无误后，借记"应交税费——应交增值税（进项税额）"科目，贷记"应交税费——待抵扣进项税额"科目。经核实不得抵扣的进项税额，红字借记"应交税费——待抵扣进项税额"科目，红字贷记相关科目。

（四）辅导期纳税人专用发票的领购

主管税务机关对辅导期纳税人实行限量限额发售专用发票。

1．实行纳税辅导期管理的小型商贸批发企业，领购专用发票的最高开票限额不得超过十万元；其他一般纳税人专用发票最高开票限额应根据企业实际经营情况重新核定。

2. 辅导期纳税人专用发票的领购实行按次限量控制，主管税务机关可根据纳税人的经营情况核定每次专用发票的供应数量，但每次发售专用发票数量不得超过 25 份。

辅导期纳税人领购的专用发票未使用完而再次领购的，主管税务机关发售专用发票的份数不得超过核定的每次领购专用发票份数与未使用完的专用发票份数的差额。

3. 辅导期纳税人一个月内多次领购专用发票的，应从当月第二次领购专用发票起，按照上一次已领购并开具的专用发票销售额的 3‰ 预缴增值税，未预缴增值税的，主管税务机关不得向其发售专用发票。

预缴增值税时，纳税人应提供已领购并开具的专用发票记账联，主管税务机关根据其提供的专用发票记账联计算应预缴的增值税。

4. 辅导期纳税人按规定预缴的增值税可在本期增值税应纳税额中抵减，抵减后预缴增值税仍有余额的，可抵减下期再次领购专用发票时应当预缴的增值税。

纳税辅导期结束后，纳税人因增购专用发票发生的预缴增值税有余额的，主管税务机关应在纳税辅导期结束后的第一个月内，一次性退还纳税人。

（五）辅导期纳税人转正

1. 纳税辅导期内，主管税务机关未发现纳税人存在偷税、逃避追缴欠税、骗取出口退税、抗税或其他需要立案查处的税收违法行为的，从期满的次月起不再实行纳税辅导期管理，主管税务机关应制作、送达《税务事项通知书》，告知纳税人。

纳税人接到《税务事项通知书》后，就可以从辅导期满的次月起按正式一般纳税人计算、申报缴纳增值税及领购使用增值税专用发票，不再执行当月再次领购发票预缴税款制度。

2. 主管税务机关发现辅导期纳税人存在偷税、逃避追缴欠税、骗取出口退税、抗税或其他需要立案查处的税收违法行为的，从辅导期满的次月起按照规定重新实行纳税辅导期管理，这时很可能会被登记为"其他一般纳税人"，重新确定的辅导期限将为 6 个月。

税法依据

● 《国家税务总局关于印发〈增值税一般纳税人纳税辅导期管理办法〉的通知》（国税发〔2010〕40 号）

● 《国家税务总局关于营业税改征增值税试点增值税一般纳税人资格认定有关事项的公告》（国家税务总局公告 2013 年第 75 号）

● 《国家税务总局关于调整增值税一般纳税人管理有关事项的公告》（国家税务总局公告 2015 年第 18 号）

三、增值税专用发票和普通发票开具中的那些重点事和疑难事

也许有人说，开票很简单呀，进入税控发票开票软件，选择"发票管理"、点击"发票填开"就可以开票了。

其实，就单纯地在开票软件中开具一份发票的操作来说，真的很简单，但是知道应该在什么时间开具发票，开具什么样的发票，"货物或应税劳务、服务名称"、"金额"、"税率"、"税额"怎么填写，对一些税务会计来说就有点犯迷糊了。

例如，一般纳税人销售使用过的固定资产，是按照适用税率征收还是按照3%征收率减按2%征收呢？若是属于按照3%征收率减按2%征收的情形，那么这笔业务应当开具专用发票还是普通发票？"税率"一栏填写3%还是2%？税额按3%计算的金额还是按2%计算的金额填写？对应的纳税申报表又怎样填写？

再如，一般纳税人收到一笔因购货方违约支付的违约金，应不应该开具发票呢？若属于应该开具发票的情形，专用发票"货物或应税劳务、服务名称"可以填写"违约金"吗？

怎么样，有点小难度了吧？

不过没有关系，对于一般情况下的增值税发票，笔者知道大部分会计都会开，但是对于那些特殊的增值税业务怎样开具发票，比如，低税率及简易征收的增值税业务、特殊销售方式的增值税业务、不同情况下的红字专用发票填开等问题，对广大税务会计来说就既是重点也是难点了，稍有不慎就会给企业带来纳税风险，特别是这些业务所涉及的销售额的确定、税率的适用、税款的计算、开票时间、怎样开票、怎样填写申报表，等等，经常困扰着税务会计们。

为了更好地方便读者朋友们掌握这些开票中的重点和疑难点，笔者将它们整理成表格形式，达到既直观又方便对比掌握的目的。

（一）增值税征税范围

一般情况下，我们要知道一笔业务是否需要开具增值税发票，首先要知道这笔业务是否属于增值税征税范围。只有属于增值税征税范围的业务才需要开具增值税发票，不属于增值税征税范围自然也就不需要开具增值税发票了。

《中华人民共和国增值税暂行条例》（中华人民共和国国务院令第538号）第一条规定，在中华人民共和国境内销售货物或者提供加工、修理修配劳务以及进口货物的单位和个人，为增值税的纳税人，应当依照本条例缴纳增值税。

《营业税改征增值税试点实施办法》（财税〔2013〕106号附件1）第一条规定，在

中华人民共和国境内提供交通运输业、邮政业和部分现代服务业服务（以下称应税服务）的单位和个人，为增值税纳税人。纳税人提供应税服务，应当按照本办法缴纳增值税，不再缴纳营业税。

《财政部 国家税务总局关于将电信业纳入营业税改征增值税试点的通知》（财税〔2014〕43号）第一条规定，在中华人民共和国境内提供电信业服务的单位和个人，为增值税纳税人，应当按照本通知和《财政部 国家税务总局关于将铁路运输和邮政业纳入营业税改征增值税试点的通知》（财税〔2013〕106号）的规定缴纳增值税，不再缴纳营业税。第二条规定，电信业服务纳入财税〔2013〕106号文件规定的应税服务范围。

根据上述政策的规定，我们可以明确现行税收政策下的增值税征税范围。

1. 销售货物或者提供加工、修理修配劳务以及进口货物（见表1-1）。

表 1-1

征税范围名称	征税范围注释
销售货物或者提供加工、修理修配劳务以及进口货物	货物，是指有形动产，包括电力、热力、气体在内。 销售货物，是指有偿转让货物的所有权。 提供加工、修理修配劳务，是指有偿提供加工、修理修配劳务。单位或者个体工商户聘用的员工为本单位或者雇主提供加工、修理修配劳务，不包括在内。 加工，是指受托加工货物，即委托方提供原料及主要材料，受托方按照委托方的要求，制造货物并收取加工费的业务。 修理修配，是指受托对损伤和丧失功能的货物进行修复，使其恢复原状和功能的业务。 有偿，是指从购买方取得货币、货物或者其他经济利益。 在中华人民共和国境内销售货物或者提供加工、修理修配劳务，是指： （一）销售货物的起运地或者所在地在境内；（二）提供的应税劳务发生在境内。

2. 应税服务，是指陆路运输服务、水路运输服务、航空运输服务、管道运输服务、邮政普遍服务、邮政特殊服务、其他邮政服务、研发和技术服务、信息技术服务、文化创意服务、物流辅助服务、有形动产租赁服务、鉴证咨询服务、广播影视服务、电信业服务。

提供应税服务，是指有偿提供应税服务，但不包括非营业活动中提供的应税服务。

有偿，是指取得货币、货物或者其他经济利益。

非营业活动，是指：

（1）非企业性单位按照法律和行政法规的规定，为履行国家行政管理和公共服务职能收取政府性基金或者行政事业性收费的活动。

（2）单位或者个体工商户聘用的员工为本单位或者雇主提供应税服务。

（3）单位或者个体工商户为员工提供应税服务。

（4）财政部和国家税务总局规定的其他情形。

在境内提供应税服务，是指应税服务提供方或者接受方在境内。

下列情形不属于在境内提供应税服务：

（1）境外单位或者个人向境内单位或者个人提供完全在境外消费的应税服务。

（2）境外单位或者个人向境内单位或者个人出租完全在境外使用的有形动产。

（3）财政部和国家税务总局规定的其他情形。

试点纳税人经营行为是否征收增值税，应以《应税服务范围注释》作为独立和唯一的判断标准。应税服务范围注释的详细规定如表1-2所示。

表1-2　　　　　　　　　　　　应税服务范围注释详细规定

应税服务范围注释详细规定——交通运输业	
行业名称	应税服务范围注释
陆路运输服务	陆路运输服务，是指通过陆路（地上或者地下）运送货物或者旅客的运输业务活动，包括铁路运输和其他陆路运输。 　　1. 铁路运输服务，是指通过铁路运送货物或者旅客的运输业务活动。 　　2. 其他陆路运输服务，是指铁路运输以外的陆路运输业务活动。包括公路运输、缆车运输、索道运输、地铁运输、城市轻轨运输等。 　　出租车公司向使用本公司自有出租车的出租车司机收取的管理费用，按陆路运输服务征收增值税。
水路运输服务	水路运输服务，是指通过江、河、湖、川等天然、人工水道或者海洋航道运送货物或旅客的运输业务活动。 　　远洋运输的程租、期租业务，属于水路运输服务。 　　程租业务，是指远洋运输企业为租船人完成某一特定航次的运输任务并收取租赁费的业务。 　　期租业务，是指远洋运输企业将配备有操作人员的船舶承租给他人使用一定期限，承租期内听候承租方调遣，不论是否经营，均按天向承租方收取租赁费，发生的固定费用均由船东负担的业务。
航空运输服务	航空运输服务，是指通过空中航线运送货物或者旅客的运输业务活动。 　　航空运输的湿租业务，属于航空运输服务。 　　湿租业务，是指航空运输企业将配备有机组人员的飞机承租给他人使用一定期限，承租期内听候承租方调遣，不论是否经营，均按一定标准向承租方收取租赁费，发生的固定费用均由承租方承担的业务。 　　航天运输服务，按照航空运输服务征收增值税。 　　航天运输服务，是指利用火箭等载体将卫星、空间探测器等空间飞行器发射到空间轨道的业务活动。 　　注： 　　1. 航空运输企业提供的旅客利用里程积分兑换的航空运输服务，不征收增值税。 　　2. 试点纳税人根据国家指令无偿提供的铁路运输服务、航空运输服务，属于《试点实施办法》第十一条规定的以公益活动为目的的服务，不征收增值税。 　　3. 航空运输企业的销售额，不包括代收的机场建设费和代售其他航空运输企业客票而代收转付的价款。 　　4. 航空运输企业已售票但未提供航空运输服务取得的逾期票证收入，不属于增值税应税收入，不征收增值税。
管道运输服务	管道运输服务，是指通过管道设施输送气体、液体、固体物质的运输业务活动。
应税服务范围注释详细规定——邮政业	
行业名称	应税服务范围注释
邮政普遍服务	邮政普遍服务，是指函件、包裹等邮件寄递，以及邮票发行、报刊发行和邮政汇兑等业务活动。 　　函件，是指信函、印刷品、邮资封片卡、无名址函件和邮政小包等。 　　包裹，是指按照封装上的名址递送给特定个人或者单位的独立封装的物品，其重量不超过五十千克，任何一边的尺寸不超过一百五十厘米，长、宽、高合计不超过三百厘米。

应税服务范围注释详细规定——邮政业	
行业名称	应税服务范围注释
邮政特殊服务	邮政特殊服务，是指义务兵平常信函、机要通信、盲人读物和革命烈士遗物的寄递等业务活动。
其他邮政服务	其他邮政服务，是指邮册等邮品销售、邮政代理等业务活动。 注：邮政储蓄业务按照金融保险业税目征收营业税。

应税服务范围注释详细规定——部分现代服务业	
行业名称	应税服务范围注释
研发和技术服务	研发和技术服务，包括研发服务、技术转让服务、技术咨询服务、合同能源管理服务、工程勘察勘探服务。 1. 研发服务，是指就新技术、新产品、新工艺或者新材料及其系统进行研究与试验开发的业务活动。 2. 技术转让服务，是指转让专利或者非专利技术的所有权或者使用权的业务活动。 3. 技术咨询服务，是指对特定技术项目提供可行性论证、技术预测、技术测试、技术培训、专题技术调查、分析评价报告和专业知识咨询等业务活动。 4. 合同能源管理服务，是指节能服务公司与用能单位以契约形式约定节能目标，节能服务公司提供必要的服务，用能单位以节能效果支付节能服务公司投入及其合理报酬的业务活动。 5. 工程勘察勘探服务，是指在采矿、工程施工以前，对地形、地质构造、地下资源蕴藏情况进行实地调查的业务活动。
信息技术服务	信息技术服务，是指利用计算机、通信网络等技术对信息进行生产、收集、处理、加工、存储、运输、检索和利用，并提供信息服务的业务活动。包括软件服务、电路设计及测试服务、信息系统服务和业务流程管理服务。 1. 软件服务，是指提供软件开发服务、软件咨询服务、软件维护服务、软件测试服务的业务行为。 2. 电路设计及测试服务，是指提供集成电路和电子电路产品设计、测试及相关技术支持服务的业务行为。 3. 信息系统服务，是指提供信息系统集成、网络管理、桌面管理与维护、信息系统应用、基础信息技术管理平台整合、信息技术基础设施管理、数据中心、托管中心、安全服务的业务行为。包括网站对非自有的网络游戏提供的网络运营服务。 4. 业务流程管理服务，是指依托计算机信息技术提供的人力资源管理、财务经济管理、审计管理、税务管理、金融支付服务、内部数据分析、内部数据挖掘、内部数据管理、内部数据使用、呼叫中心和电子商务平台等服务的业务活动。
文化创意服务	文化创意服务，包括设计服务、商标和著作权转让服务、知识产权服务、广告服务和会议展览服务。 1. 是指把计划、规划、设想通过视觉、文字等形式传递出来的业务活动。包括工业设计、造型设计、服装设计、环境设计、平面设计、包装设计、动漫设计、网游设计、展示设计、网站设计、机械设计、工程设计、广告设计、创意策划、文印晒图等。 2. 商标和著作权转让服务，是指转让商标、商誉和著作权的业务活动。 3. 知识产权服务，是指处理知识产权事务的业务活动。包括对专利、商标、著作权、软件、集成电路布图设计的代理、登记、鉴定、评估、认证、咨询、检索服务。

续表

应税服务范围注释详细规定——部分现代服务业	
行业名称	应税服务范围注释
文化创意服务	4. 广告服务，是指利用图书、报纸、杂志、广播、电视、电影、幻灯、路牌、招贴、橱窗、霓虹灯、灯箱、互联网等各种形式为客户的商品、经营服务项目、文体节目或者通告、声明等委托事项进行宣传和提供相关服务的业务活动。包括广告代理和广告的发布、播映、宣传、展示等。 5. 会议展览服务，是指为商品流通、促销、展示、经贸洽谈、民间交流、企业沟通、国际往来等举办或者组织安排的各类展览和会议的业务活动。
物流辅助服务	物流辅助服务，包括航空服务、港口码头服务、货运客运场站服务、打捞救助服务、货物运输代理服务、代理报关服务、仓储服务和装卸搬运服务。 1. 航空服务，包括航空地面服务和通用航空服务。 航空地面服务，是指航空公司、飞机场、民航管理局、航站等向在我国境内航行或者在我国境内机场停留的境内外飞机或者其他飞行器提供的导航等劳务性地面服务的业务活动。包括旅客安全检查服务、停机坪管理服务、机场候机厅管理服务、飞机清洗消毒服务、空中飞行管理服务、飞机起降服务、飞行通讯服务、地面信号服务、飞机安全服务、飞机跑道管理服务、空中交通管理服务等。 通用航空服务，是指为专业工作提供飞行服务的业务活动，包括航空摄影、航空培训、航空测量、航空勘探、航空护林、航空吊挂播洒、航空降雨等。 2. 港口码头服务，是指港务船舶调度服务、船舶通讯服务、航道管理服务、航道疏浚服务、灯塔管理服务、航标管理服务、船舶引航服务、理货服务、系解缆服务、停泊和移泊服务、海上船舶溢油清除服务、水上交通管理服务、船只专业清洗消毒检测服务和防止船只漏油服务等为船只提供服务的业务活动。 港口设施经营人收取的港口设施保安费按照"港口码头服务"征收增值税。 3. 货运客运场站服务，是指货运客运场站提供的货物配载服务、运输组织服务、中转换乘服务、车辆调度服务、票务服务、货物打包整理、铁路线路使用服务、加挂铁路客车服务、铁路行包专列发送服务、铁路到达和中转服务、铁路车辆编解服务、车辆挂运服务、铁路接触网服务、铁路机车牵引服务、车辆停放服务等业务活动。 4. 打捞救助服务，是指提供船舶人员救助、船舶财产救助、水上救助和沉船沉物打捞服务的业务活动。 5. 货物运输代理服务，是指接受货物收货人、发货人、船舶所有人、船舶承租人或船舶经营人的委托，以委托人的名义或者以自己的名义，在不直接提供货物运输服务的情况下，为委托人办理货物运输、船舶进出港口、联系安排引航、靠泊、装卸等货物和船舶代理相关业务手续的业务活动。 6. 代理报关服务，是指接受进出口货物的收、发货人委托，代为办理报关手续的业务活动。 7. 仓储服务，是指利用仓库、货场或者其他场所代客贮放、保管货物的业务活动。 8. 装卸搬运服务，是指使用装卸搬运工具或人力、畜力将货物在运输工具之间、装卸现场之间或者运输工具与装卸现场之间进行装卸和搬运的业务活动。 9. 收派服务，是指接受寄件人委托，在承诺的时限内完成函件和包裹的收件、分拣、派送服务的业务活动。 收件服务，是指从寄件人收取函件和包裹，并运送到服务提供方同城的集散中心的业务活动；分拣服务，是指服务提供方在其集散中心对函件和包裹进行归类、分发的业务活动；派送服务，是指服务提供方从其集散中心将函件和包裹送达同城的收件人的业务活动。

续表

应税服务范围注释详细规定——部分现代服务业	
行业名称	应税服务范围注释
有形动产租赁服务	有形动产租赁，包括有形动产融资租赁和有形动产经营性租赁。 　1. 有形动产融资租赁，是指具有融资性质和所有权转移特点的有形动产租赁业务活动。即出租人根据承租人所要求的规格、型号、性能等条件购入有形动产租赁给承租人，合同期内设备所有权属于出租人，承租人只拥有使用权，合同期满付清租金后，承租人有权按照残值购入有形动产，以拥有其所有权。不论出租人是否将有形动产残值销售给承租人，均属于融资租赁。 　2. 有形动产经营性租赁，是指在约定时间内将物品、设备等有形动产转让他人使用且租赁物所有权不变更的业务活动。 　远洋运输的光租业务、航空运输的干租业务，属于有形动产经营性租赁。 　光租业务，是指远洋运输企业将船舶在约定的时间内出租给他人使用，不配备操作人员，不承担运输过程中发生的各项费用，只收取固定租赁费的业务活动。 　干租业务，是指航空运输企业将飞机在约定的时间内出租给他人使用，不配备机组人员，不承担运输过程中发生的各项费用，只收取固定租赁费的业务活动。
鉴证咨询服务	鉴证咨询服务，包括认证服务、鉴证服务和咨询服务。 　1. 认证服务，是指具有专业资质的单位利用检测、检验、计量等技术，证明产品、服务、管理体系符合相关技术规范、相关技术规范的强制性要求或者标准的业务活动。 　2. 鉴证服务，是指具有专业资质的单位，为委托方的经济活动及有关资料进行鉴证，发表具有证明力的意见的业务活动。包括会计鉴证、税务鉴证、法律鉴证、工程造价鉴证、资产评估、环境评估、房地产土地评估、建筑图纸审核、医疗事故鉴定等。 　3. 咨询服务，是指提供和策划财务、税收、法律、内部管理、业务运作和流程管理等信息或者建议的业务活动。 　代理记账、翻译服务按照"咨询服务"征收增值税。
广播影视服务	广播影视服务，包括广播影视节目（作品）的制作服务、发行服务和播映（含放映，下同）服务。 　1. 广播影视节目（作品）制作服务，是指进行专题（特别节目）、专栏、综艺、体育、动画片、广播剧、电视剧、电影等广播影视节目和作品制作的服务。具体包括与广播影视节目和作品相关的策划、采编、拍摄、录音、音视频文字图片素材制作、场景布置、后期的剪辑、翻译（编译）、字幕制作、片头、片尾、片花制作、特效制作、影片修复、编目和确权等业务活动。 　2. 广播影视节目（作品）发行服务，是指以分账、买断、委托、代理等方式，向影院、电台、电视台、网站等单位和个人发行广播影视节目（作品）以及转让体育赛事等活动的报道及播映权的业务活动。 　3. 广播影视节目（作品）播映服务，是指在影院、剧院、录像厅及其他场所播映广播影视节目（作品），以及通过电台、电视台、卫星通信、互联网、有线电视等无线或有线装置播映广播影视节目（作品）的业务活动。

应税服务范围注释详细规定——部分现代服务业	
行业名称	应税服务范围注释

电信业服务	电信业，是指利用有线、无线的电磁系统或者光电系统等各种通信网络资源，提供语音通话服务，传送、发射、接收或者应用图像、短信等电子数据和信息的业务活动。包括基础电信服务和增值电信服务。
	  基础电信服务，是指利用固网、移动网、卫星、互联网，提供语音通话服务的业务活动，以及出租或者出售带宽、波长等网络元素的业务活动。
	  增值电信服务，是指利用固网、移动网、卫星、互联网、有线电视网络，提供短信和彩信服务、电子数据和信息的传输及应用服务、互联网接入服务等业务活动。卫星电视信号落地转接服务，按照增值电信服务计算缴纳增值税。

（二）税率和征收率

确定了一笔业务属于增值税征税范围，就可以确定能够开具增值税发票了。要想正确开具发票，还必须掌握各类增值税业务的税率和征收率。例如，搬家公司提供的"搬家业务"按照"物流辅助—装卸搬运"征收增值税，税率为6％；对搬家公司承揽的货物运输业务，按照交通运输业征收增值税，税率为11％。对这两笔业务应当分别取得税率6％、11％的增值税发票。若您不小心取得税率不是6％的装卸费发票，而是11％或17％等其他税率的发票，那就属于不符合税法规定的发票，不可以抵扣进项税额和在企业所得税税前扣除了。

1. 销售货物或者提供加工、修理修配劳务以及进口货物的增值税税率：

（1）纳税人销售或者进口货物，除本条第（2）项、第（3）项规定外，税率为17％。

（2）纳税人销售或者进口下列货物，税率为13％：

①粮食、食用植物油；

②自来水、暖气、冷气、热水、煤气、石油液化气、天然气、沼气、居民用煤炭制品；

③图书、报纸、杂志；

④饲料、化肥、农药、农机、农膜；

⑤国务院规定的其他货物。

（3）纳税人出口货物，税率为零；但是，国务院另有规定的除外。

（4）纳税人提供加工、修理修配劳务（以下称应税劳务），税率为17％。

2. 应税服务的增值税税率：

（1）提供有形动产租赁服务，税率为17％。

（2）提供交通运输业服务、邮政业服务，税率为11％。

（3）提供基础电信服务，税率为 11%。提供增值电信服务，税率为 6%。

（4）提供现代服务业服务（有形动产租赁服务、基础电信服务除外），税率为 6%。

（5）财政部和国家税务总局规定的应税服务，税率为零。

3. 增值税征收率 3%，适用于以下情况：

（1）小规模纳税人。

（2）一般纳税人提供财政部和国家税务总局规定的特定应税服务，可以选择适用简易计税方法计税，但一经选择，36 个月内不得变更。

一般纳税人提供以下特定应税服务可以选择简易计税方法计税：

①试点纳税人中的一般纳税人提供的公共交通运输服务，可以选择按照简易计税方法计算缴纳增值税。公共交通运输服务，包括轮客渡、公交客运、地铁、城市轻轨、出租车、长途客运、班车。其中，班车是指按固定路线、固定时间运营并在固定站点停靠的运送旅客的陆路运输。

②试点纳税人中的一般纳税人，以该地区试点实施之日前购进或者自制的有形动产为标的物提供的经营租赁服务，试点期间可以选择按照简易计税方法计算缴纳增值税。

③自本地区试点实施之日起至 2017 年 12 月 31 日，被认定为动漫企业的试点纳税人中的一般纳税人，为开发动漫产品提供的动漫脚本编撰、形象设计、背景设计、动画设计、分镜、动画制作、摄制、描线、上色、画面合成、配音、配乐、音效合成、剪辑、字幕制作、压缩转码（面向网络动漫、手机动漫格式适配）服务，以及在境内转让动漫版权（包括动漫品牌、形象或者内容的授权及再授权），可以选择按照简易计税方法计算缴纳增值税。

动漫企业和自主开发、生产动漫产品的认定标准和认定程序，按照《文化部 财政部 国家税务总局关于印发〈动漫企业认定管理办法（试行）〉的通知》（文市发〔2008〕51 号）的规定执行。

④试点纳税人中的一般纳税人提供的电影放映服务、仓储服务、装卸搬运服务和收派服务，可以选择按照简易计税办法计算缴纳增值税。

⑤试点纳税人中的一般纳税人兼有销售货物、提供加工修理修配劳务的，凡未规定可以选择按照简易计税方法计算缴纳增值税的，其全部销售额应一并按照一般计税方法计算缴纳增值税。

（三）增值税低税率及简易征收所涉及的疑难事

税率和征收率的基本规定看上去并不难，但是低税率及简易征收的特定情形比较复杂，增值税低税率及简易征收所涉及的疑难事主要包括：发票开具类型、适用税率、开具方法、相应的申报表填写等重点疑难问题，见表1-3。

表 1-3 增值税低税率及简易征收疑难问题汇总表

类别	相关政策	发票类型	开具方法	申报表填写
适用 13% 税率的货物	1. 粮食、食用植物油； 2. 自来水、暖气、冷气、热水、煤气、石油液化气、天然气、沼气、居民用煤炭制品； 3. 图书、报纸、杂志； 4. 饲料、化肥、农药、农机、农膜； 5. 农产品（具体征税范围暂继续按照《财政部 国家税务总局关于印发〈农业产品征税范围注释〉的通知》（财税字〔1995〕52 号）及现行相关规定执行）； 6. 音像制品； 7. 电子出版物； 8. 二甲醚； 9. 国务院规定的其他货物。 1~4 项为增值税暂行条例规定的 4 类货物，5~8 项为财税〔2009〕9 号文件规定的 4 类货物。	可以开具增值税专用发票	金额栏：不含税销售额 税率栏：13% 税额栏：不含税销售额×13%	填写增值税纳税申报表附列资料（一）"一、一般计税方法计税"中"13%税率"中的相关栏次。
按 3% 征收率简易征收类（一般纳税人）	一般纳税人销售自产的下列货物，可选择按简易办法依照 3% 征收率计算缴纳增值税： 1. 县及县以下小型水力发电单位生产的电力。小型水力发电单位，是指各类投资主体建设的装机容量为 5 万千瓦以下（含 5 万千瓦）的小型水力发电单位。 2. 建筑用和生产建筑材料所用的砂、土、石料。 3. 以自己采掘的砂、土、石料或其他矿物连续生产的砖、瓦、石灰（不含粘土实心砖、瓦）。 4. 用微生物、微生物代谢产物、动物毒素、人或动物的血液或组织制成的生物制品。 5. 自来水。 6. 商品混凝土（仅限于以水泥为原料生产的水泥混凝土）。	可以开具增值税专用发票	金额栏：价税合计销售额÷(1+3%) 税率栏：3% 税额栏：不含税销售额×3%	填写增值税纳税申报表附列资料（一）"二、简易计税方法计税"中"3%征收率的货物及加工修理修配劳务"相关栏次。增值税纳税申报表主表第5栏"（二）按简易办法计税销售额"和第21栏"简易计税办法计算的应纳税额"自动生成。
按 3% 征收率简易征收类（一般纳税人）	一般纳税人销售货物属于下列情形之一的，暂按简易办法依照 3% 征收率计算缴纳增值税： 1. 寄售商店代销寄售物品（包括居民个人寄售的物品在内）。 2. 典当业销售死当物品。 3. 经国务院或国务院授权机关批准的免税商店零售的免税品。	可以开具增值税专用发票	金额栏：价税合计销售额÷(1+3%) 税率栏：3% 税额栏：不含税销售额×3%	填写增值税纳税申报表附列资料（一）"二、简易计税方法计税"中"3%征收率的货物及加工修理修配劳务"相关栏次。增值税纳税申报表主表第5栏"（二）按简易办法计税销售额"和第21栏"简易计税办法计算的应纳税额"自动生成。

续表

类别	相关政策	发票类型	开具方法	申报表填写
可按 3% 征收率简易征收类（一般纳税人）	1. 属于增值税一般纳税人的药品经营企业销售生物制品，可以选择简易办法按照生物制品销售额和 3% 的征收率计算缴纳增值税。 2. 试点纳税人中的一般纳税人，以该地区试点实施之日前购进或者自制的有形动产为标的物提供的经营租赁服务，试点期间可以选择按照简易计税方法，依照 3% 的征收率计算缴纳增值税。 3. 试点纳税人中的一般纳税人提供的公共交通运输服务，可以选择按照简易计税方法，按照 3% 征收率计算缴纳增值税。公共交通运输服务，包括轮客渡、公交客运、地铁、城市轻轨、出租车、长途客运、班车。其中，班车是指按固定路线、固定时间运营并在固定站点停靠的运送旅客的陆路运输。 4. 试点纳税人中的一般纳税人提供的电影放映服务、仓储服务、装卸搬运服务和收派服务，可以选择按照简易计税办法，依照 3% 的征收率计算缴纳增值税。 5. 自本地区试点实施之日起至 2017 年 12 月 31 日，被认定为动漫企业的试点纳税人中的一般纳税人，为开发动漫产品提供的动漫脚本编撰、形象设计、背景设计、动画设计、分镜、动画制作、摄制、描线、上色、画面合成、配音、配乐、音效合成、剪辑、字幕制作、压缩转码（面向网络动漫、手机动漫格式适配）服务，以及在境内转让动漫版权（包括动漫品牌、形象或者内容的授权及再授权），可以选择按照简易计税方法，依照 3% 的征收率计算缴纳增值税。 6. 在 2015 年 12 月 31 日以前，境内单位中的一般纳税人通过卫星提供的语音通话服务、电子数据和信息的传输服务，可以选择按照简易计税方法计算缴纳增值税。	可以开具增值税专用发票	金额栏：价税合计销售额÷(1+3%) 税率栏：3% 税额栏：不含税销售额×3%	填写增值税纳税申报表附列资料（一）"二、简易计税方法计税"中"3% 征收率的货物及加工修理修配劳务"相关栏次。 增值税纳税申报表主表第 5 栏"（二）按简易办法计税销售额"和第 21 栏"简易计税办法计算的应纳税额"自动生成。
按照简易办法依照 3% 征收率减按 2% 征收增值税（一般纳税人）	1. 销售属于税法规定不得抵扣进项税额的固定资产，按照简易办法依照 3% 征收率减按 2% 征收增值税。 2. 销售旧货。	只能开具普通发票，不能开具增值税专用发票	增值税普通发票：金额栏：价税合计销售额÷(1+3%) 税率栏：3% 税额栏：不含税销售额×3%	填写增值税纳税申报表附列资料（一）"二、简易计税方法计税"中"3% 征收率的货物及加工修理修配劳务"相关栏次。 增值税纳税申报表主表第 5 栏"（二）按简易办法计税销售额"和第 21 栏"简易计税办法计算的应纳税额"自动生成。 将计算的减征税额填入主表第 23 栏"应纳税额减征额"栏次。

续表

类别	相关政策	发票类型	开具方法	申报表填写
按 2% 的征收率征收增值税（小规模纳税人）	1. 小规模纳税人销售自己使用过的固定资产。 2. 销售旧货。 旧货，是指进入二次流通的具有部分使用价值的货物（含旧机动车、旧摩托车和旧游艇），但不包括使用过的物品。	只能开具普通发票，不能代开增值税专用发票	金额栏：填写含税销售额 应纳税额＝含税销售额÷(1+3%)×2%	小规模纳税人销售自己使用过的固定资产和旧货，其不含税销售额填写在《增值税纳税申报表（适用于小规模纳税人）》第4栏"销售使用过的应税固定资产不含税销售额"，其利用税控器具开具的普通发票不含税销售额填写在第5栏。销售额＝含税销售额÷(1+3%)。 申报表第12栏"本期应纳税额"填写本期按征收率计算缴纳的应纳税额。第12栏"本期应纳税额"数据＝第4栏数据×2%＋第1栏数据×3%，在纳税申报时系统会自动生成。 第13栏"本期应纳税额减征额"填写纳税人本期按照税法规定减征的增值税应纳税额。包含可在增值税应纳税额中全额抵减的增值税税控系统专用设备费用以及技术维护费，可在增值税应纳税额中抵免的购置税控收款机的增值税税额。因此，小规模纳税人销售自己使用过的固定资产和旧货的减征额不填在此栏。
按 3% 征收率简易征收类（小规模纳税人）	小规模纳税人销售自己使用过的除固定资产以外的物品，应按3%的征收率征收增值税。	开具普通发票，可代开增值税专用发票	金额栏：填写含税销售额 应纳税额＝含税销售额÷(1+3%)×3%	将不含税销售额填入增值税纳税申报表第1栏"应征增值税不含税销售额"。其中，税务机关代开的增值税专用发票销售额填入第2栏"税务机关代开的增值税专用发票不含税销售额"。税控器具开具的应税货物及劳务、应税服务的普通发票注明的金额换算的不含税销售额填入第3栏"税控器具开具的普通发票不含税销售额"，申报表第12栏"本期应纳税额"数据＝第4栏数据×2%＋第1栏数据×3%，在纳税申报时系统会自动生成。

续表

类别	相关政策	发票类型	开具方法	申报表填写
政策依据	《中华人民共和国增值税暂行条例》（国务院令538号）、《中华人民共和国增值税暂行条例实施细则》（财政部、国家税务总局令50号）、《国家税务总局关于增值税简易征收政策有关管理问题的通知》（国税函〔2009〕90号）、《财政部 国家税务总局关于部分货物适用增值税低税率和简易办法征收增值税政策的通知》（财税〔2009〕9号）、《国家税务总局关于药品经营企业销售生物制品有关增值税问题的公告》（国家税务总局公告2012年第20号）、《财政部 国家税务总局关于简并增值税征收率政策的通知》（财税〔2014〕57号）、《国家税务总局关于简并增值税征收率有关问题的公告》（国家税务总局公告2014年第36号）、《财政部 国家税务总局关于将铁路运输和邮政业纳入营业税改征增值税试点的通知》（财税〔2013〕106号）、《财政部 国家税务总局关于将电信业纳入营业税改征增值税试点的通知》（财税〔2014〕43号）			

温馨提醒

1. 增值税一般纳税人按简易征收办法征税后，对生产销售简易征收货物购进的进项税额不得抵扣，例如，对属于一般纳税人的自来水公司销售自来水按简易办法依照3‰征收率征收增值税，不得抵扣其购进自来水取得增值税扣税凭证上注明的增值税税款。

2. 一般纳税人选择3‰征收率简易征收办法计算缴纳增值税后，36个月内不得变更计税方法。

3. 开具发票一定要准确掌握税率，特别是一些比较容易搞错的情况，举例如下：

（1）金属矿采选产品、非金属矿采选产品增值税税率为17‰，但居民用煤炭制品与自来水、暖气、煤气等生活必需品适用13‰的低税率。

（2）环氧大豆油、氢化植物油不属于食用植物油的征税范围，应适用17‰增值税税率。（国家税务总局公告2011年第43号）

（3）国内印刷企业承印的经新闻出版主管部门批准印刷且采用国际标准书号编序的境外图书，属于《中华人民共和国增值税暂行条例》第二条规定的"图书"，适用13‰增值税税率。（国家税务总局公告2013年第10号）

（4）农用挖掘机、养鸡设备系列、养猪设备系列产品属于农机，适用13‰增值税税率。（国家税务总局公告2014年第12号）

（四）纳税人销售自己使用过的固定资产、旧货、其他物品等疑难事

对于纳税人销售自己使用过的固定资产、旧货、其他物品等，又有多种情形，其

税务处理、发票开具类型和计税公式等问题比较复杂，在实务中容易混淆，此处编写"销售自己使用过的固定资产、旧货、其他物品疑难问题汇总表"一份贡献给大家，见表1-4。

表1-4　　　　销售自己使用过的固定资产、旧货、其他物品疑难问题汇总表

纳税人	销售情形	税务处理	发票类型	计税公式
一般纳税人	1. 纳税人购进或者自制固定资产时为小规模纳税人，登记为一般纳税人后销售该固定资产。 2. 增值税一般纳税人发生按简易办法征收增值税应税行为，销售其按照规定不得抵扣且未抵扣进项税额的固定资产。 （国家税务总局公告2012年1号）	按照简易办法依照3%征收率减按2%征收增值税	只能开具增值税普通发票（税率一栏按3%）	增值税＝售价/（1＋3%）×2%
	2009年1月1日前购进或者自制的固定资产	按照简易办法依照3%征收率减按2%征收增值税	只能开具增值税普通发票（税率一栏按3%）	增值税＝售价/（1＋3%）×2%
	2009年1月1日后购进或者自制的固定资产（国家税务总局公告2012年1号规定的情形除外）	按照适用税率征收增值税	可以开具增值税专用发票（税率一栏按适用税率）	增值税＝售价/（1＋17%）×17%（适用税率一般为17%）
	销售自己使用过的除固定资产以外的其他物品	按照适用税率征收增值税		
	销售旧货	按照简易办法依照3%征收率减按2%征收增值税	只能开具增值税普通发票（税率一栏按3%）	增值税＝售价/（1＋3%）×2%
小规模纳税人（除其他个人外）	1. 销售旧货 2. 销售自己使用过的固定资产（不区分购进年限）	按2%征收率征收增值税	只能开具普通发票，不得代开增值税专用发票	增值税＝售价/（1＋3%）×2%
	销售自己使用过的除固定资产以外的其他物品	按3%征收率征收增值税	可以代开增值税专用发票	增值税＝售价/（1＋3%）×3%

说明：旧货，是指进入二次流通的具有部分使用价值的货物（含旧机动车、旧摩托车和旧游艇），但不包括使用过的物品。

（五）各种销售结算方式的发票开具时间也是一件重点事

在实务中，有多种销售结算方式，而销售结算方式不同，相应的增值税纳税义务发生时间不同，即发票开具时间会不同。在不该开具发票的时候开具发票会造成一定的损失，例如分期收款结算方式应该在书面合同约定的收款日期的当天开具发票，若

企业在货物发出的当天就开具发票，则要按照开具发票金额缴纳增值税款，享受不到递延税款的好处，给企业造成损失。可见，掌握各种销售结算方式的发票开具时间是很有必要的。

1.《增值税专用发票使用规定》（国税发〔2006〕156号）第十一条规定，增值税专用发票按照增值税纳税义务的发生时间开具。

2. 根据《中华人民共和国增值税暂行条例》第十九条规定，增值税纳税义务发生时间为：

（1）销售货物或者应税劳务，为收讫销售款项或者取得索取销售款项凭据的当天；先开具发票的，为开具发票的当天。

（2）进口货物，为报关进口的当天。

增值税扣缴义务发生时间为纳税人增值税纳税义务发生的当天。

3.《中华人民共和国增值税暂行条例实施细则》第三十八条规定，条例第十九条第一款第（一）项规定的收讫销售款项或者取得索取销售款项凭据的当天，按销售结算方式的不同，具体为：

（1）采取直接收款方式销售货物，不论货物是否发出，均为收到销售款或者取得索取销售款凭据的当天；

（2）采取托收承付和委托银行收款方式销售货物，为发出货物并办妥托收手续的当天；

（3）采取赊销和分期收款方式销售货物，为书面合同约定的收款日期的当天，无书面合同的或者书面合同没有约定收款日期的，为货物发出的当天；

（4）采取预收货款方式销售货物，为货物发出的当天，但生产销售生产工期超过12个月的大型机械设备、船舶、飞机等货物，为收到预收款或者书面合同约定的收款日期的当天；

（5）委托其他纳税人代销货物，为收到代销单位的代销清单或者收到全部或者部分货款的当天。未收到代销清单及货款的，为发出代销货物满180天的当天；

（6）销售应税劳务，为提供劳务同时收讫销售款或者取得索取销售款的凭据的当天；

（7）纳税人发生本细则第四条第（三）项至第（八）项所列视同销售货物行为，为货物移送的当天。

4. 根据《营业税改征增值税试点实施办法》（财税〔2013〕106号附件1）第四十一条规定，增值税纳税义务发生时间为：

（1）纳税人提供应税服务并收讫销售款项或者取得索取销售款项凭据的当天；先开具发票的，为开具发票的当天。

收讫销售款项，是指纳税人提供应税服务过程中或者完成后收到款项。

取得索取销售款项凭据的当天，是指书面合同确定的付款日期；未签订书面合同或者书面合同未确定付款日期的，为应税服务完成的当天。

（2）纳税人提供有形动产租赁服务采取预收款方式的，其纳税义务发生时间为收到预收款的当天。

（3）纳税人发生本办法第十一条视同提供应税服务的，其纳税义务发生时间为应税服务完成的当天。

（4）增值税扣缴义务发生时间为纳税人增值税纳税义务发生的当天。

【例1-4】　甲公司与客户乙公司于2月签订了一份货物销售合同，合同约定，2月20日甲公司向乙公司提供50万元的货物，乙公司应于3月10日之前支付全部款项。3月初乙公司由于突发事件，资金紧张，暂时无力支付。3月份公司已实现增值税10万元，若再申报缴纳该笔业务税款，由于未能收回货款，将造成公司资金周转困难，于是财务人员决定暂不申报缴纳该笔业务的税款，待实际收到款项时再进行申报纳税。7月份收到款项后，财务人员开具专用发票，申报缴纳了税款。财务人员认为自己只是延迟缴纳税款，并未少缴税款。7月份稽查局对甲公司上半年的增值税纳税情况进行专项检查，发现这笔业务，稽查局认为该公司未按规定期限申报纳税，为逃避缴纳税款行为，决定给予公司未按期缴纳税款的0.5倍的罚款并加收滞纳金的处理。稽查局的处理决定正确吗？

稽查局的处理决定正确。因为，根据税法规定，纳税义务发生时间为书面合同确定的付款日期。因此，不论甲公司在3月10日是否收回货款，均应申报缴纳税款。

【例1-5】　甲公司与客户丙公司于2月签订了一份咨询服务合同，合同约定，2月28日甲公司向丙公司提供100万元的咨询服务，丙公司应于3月10日之前支付全部款项。2月28日甲公司已就此项业务开具发票。甲公司纳税义务发生时间为哪一天？

根据税法规定，增值税纳税义务发生时间为纳税人提供应税服务并收讫销售款项或者取得索取销售款项凭据的当天；先开具发票的，为开具发票的当天。因此，该业务纳税义务发生时间应为2月28日，而不是3月10日。

【例1-6】　甲公司7月份出租一台货车，租金6 000元/月，8月1日一次性预收了对方半年的租金共36 000元，甲公司纳税义务发生时间为哪一天？

根据税法规定，纳税人提供有形动产租赁服务采取预收款方式的，其纳税义务发生时间为收到预收款的当天。因此，该业务纳税义务发生时间应为收到36 000元租金的当天，即8月1日，8月份应确认收入36 000元。

【例1-7】　甲公司9月27日与乙公司签订运输服务合同，合同金额为30万元，书面合同未确定付款日期，甲公司9月28日开始运输，10月1日抵达目的地。期间于9月28日收到运费5万元，9月30日收到运费10万元，11月2日收到剩余运费15万元，甲公司纳税义务发生时间为哪一天？

根据税法规定，增值税纳税义务发生时间为纳税人提供应税服务并收讫销售款项或者取得索取销售款项凭据的当天，该业务纳税义务发生时间应为9月28日、9月30日收到运费的当天，而不是等到运输劳务提供完成的10月1日，9月份此业务销售额确认15万元。

根据税法规定，取得索取销售款项凭据的当天，是指书面合同确定的付款日期；未签订书面合同或者书面合同未确定付款日期的，为应税服务完成的当天。尽管余款15万元于11月2日才收到，但是运输劳务提供完成日期为10月1日，因此该业务纳税义务发生时间应为10月1日，10月份此业务销售额确认15万元，并开具发票。

（六）增值税专用发票开具的几件常见疑难事

下面这些情况都是企业在日常的增值税专用发票开具中，经常遇到的疑难事，同时也是日常税务咨询中的热点问题。

1. 混合销售、兼营业务、混业经营行为怎样开具发票。

这是纳税人在日常生活中经常遇到的问题，比如购货方收到了一张专用发票，上面"货物或应税劳务、服务名称"第一栏是货物名称，第二栏是"安装费"，或者收到了一张专用发票，"货物或应税劳务、服务名称"仅为"安装费"，这些发票能不能抵扣呢？销货方这样开具发票符合规定吗？会计人员要么不懂，不管三七二十一就抵扣了，给企业带来了纳税风险；要么不知该如何是好，难以做出正确的判断。

我们先来看看相关税收政策规定。

《中华人民共和国增值税暂行条例实施细则》第五条规定，一项销售行为如果既涉及货物又涉及非增值税应税劳务，为混合销售行为。除本细则第六条的规定外，从事货物的生产、批发或者零售的企业、企业性单位和个体工商户的混合销售行为，视为销售货物，应当缴纳增值税；其他单位和个人的混合销售行为，视为销售非增值税应税劳务，不缴纳增值税。

本条第一款所称非增值税应税劳务，是指属于应缴营业税的交通运输业、建筑业、金融保险业、邮电通信业、文化体育业、娱乐业、服务业税目征收范围的劳务。

本条第一款所称从事货物的生产、批发或者零售的企业、企业性单位和个体工商户，包括以从事货物的生产、批发或者零售为主，并兼营非增值税应税劳务的单位和个体工商户在内。

《中华人民共和国增值税暂行条例实施细则》第六条规定，纳税人的下列混合销售行为，应当分别核算货物的销售额和非增值税应税劳务的营业额，并根据其销售货物的销售额计算缴纳增值税，非增值税应税劳务的营业额不缴纳增值税；未分别核算的，由主管税务机关核定其货物的销售额：

（1）销售自产货物并同时提供建筑业劳务的行为；

（2）财政部、国家税务总局规定的其他情形。

《中华人民共和国增值税暂行条例实施细则》第七条规定，纳税人兼营非增值税应税项目的，应分别核算货物或者应税劳务的销售额和非增值税应税项目的营业额；未分别核算的，由主管税务机关核定货物或者应税劳务的销售额。

《营业税改征增值税试点有关事项的规定》(财税〔2013〕106 号附件 2)第一条第
(一)项关于混业经营的规定如下:

试点纳税人兼有不同税率或者征收率的销售货物、提供加工修理修配劳务或者应
税服务的,应当分别核算适用不同税率或者征收率的销售额,未分别核算销售额的,
按照以下方法适用税率或者征收率:

(1)兼有不同税率的销售货物、提供加工修理修配劳务或者应税服务的,从高适
用税率。

(2)兼有不同征收率的销售货物、提供加工修理修配劳务或者应税服务的,从高
适用征收率。

(3)兼有不同税率和征收率的销售货物、提供加工修理修配劳务或者应税服务的,
从高适用税率。

通过上述规定,我们可以看出,混合销售除了销售自产货物并同时提供建筑业劳务
的行为分别缴纳增值税和营业税以外,其他混合销售行为均根据企业主业缴纳一种税。

对于主业是增值税业务的企业来说,混合销售按照规定需要缴纳增值税,因此需
要对货物和安装费全部价款开具增值税发票。由于增值税一般纳税人的销售货物和提
供非增值税应税劳务是同时发生的,因此,只有将销售货物和提供非增值税应税劳务
同时开在一张发票上才能体现混合销售行为的完整性,如商业企业销售货物的同时负
责安装,增值税发票"货物或应税劳务、服务名称"第一栏是货物名称,第二栏是
"安装费"。增值税发票"货物或应税劳务、服务名称"不能单独开具安装费等非增值
税应税劳务,否则就属于未按规定开具发票,即使取得增值税专用发票也是不允许抵
扣的。

对于主业是营业税业务的企业来说,混合销售按照规定需要缴纳营业税。如建安
企业销售货物的同时负责安装,应当将货物和安装费全部价款开具建筑业发票。

销售自产的货物并同时提供建筑业劳务,是混合销售的一种特例,应按照规定分
别核算货物销售额和建筑业劳务营业额,分别缴纳增值税和营业税。如一家生产企业
销售自产的货物同时负责安装,根据其销售货物的销售额计算缴纳增值税,安装的营
业额缴纳营业税,应当就货物销售额和安装营业额分别开具增值税发票和营业税发票。

在建筑业营改增之后,销售货物同时提供建筑业劳务就不再是混合销售业务,而
属于混业经营业务了,混业经营业务只涉及增值税,只是税率或征收率不同,分别按
照各自的税率或征收率开具增值税发票即可。

兼营业务虽然也涉及销售货物和提供营业税应税劳务,但是和混合销售不同,需
要分别核算货物或者应税劳务的销售额和非增值税应税项目的营业额,因此应该分别
开具增值税发票和营业税发票。

2. 纳税人取得的价外费用怎样开具发票。

销售方销售货物或者应税劳务、提供应税服务同时收取手续费、贴现息等费用,

销售方因客户没有按照合同约定按时付款而收取逾期付款利息，这些费用怎样开具发票呢？购货方取得的"货物或应税劳务、服务名称"为手续费、贴现息、逾期付款利息等名称的专用发票是否可以抵扣呢？这个问题困扰着许多财务人员。

销售额为纳税人销售货物或者应税劳务、提供应税服务向购买方收取的全部价款和价外费用，但是不包括收取的销项税额。

价外费用包括价外向购买方收取的手续费、补贴、基金、集资费、返还利润、奖励费、违约金、滞纳金、延期付款利息、赔偿金、代收款项、代垫款项、包装费、包装物租金、储备费、优质费、运输装卸费以及其他各种性质的价外收费。但下列项目不包括在内：

（1）受托加工应征消费税的消费品所代收代缴的消费税；

（2）同时符合以下条件的代垫运输费用：

①承运部门的运输费用发票开具给购买方的；

②纳税人将该项发票转交给购买方的。

（3）同时符合以下条件代为收取的政府性基金或者行政事业性收费：

①由国务院或者财政部批准设立的政府性基金，由国务院或者省级人民政府及其财政、价格主管部门批准设立的行政事业性收费；

②收取时开具省级以上财政部门印制的财政票据；

③所收款项全额上缴财政。

（4）销售货物的同时代办保险等而向购买方收取的保险费，以及向购买方收取的代购买方缴纳的车辆购置税、车辆牌照费。

作为纳税人销售货物或者应税劳务、提供应税服务向购买方收取的价外费用，可与销售货物或者应税劳务、提供应税服务合并开具增值税专用发票，但需要在不同栏次中注明，也可单独开具增值税专用发票，货物名称一栏可填写为手续费、贴现息、逾期付款利息等价外费用名称。

不作为纳税人销售货物或者应税劳务、提供应税服务向购买方收取的价外费用，不得开具增值税发票，如销售货物的同时代办保险等而向购买方收取的保险费，不属于增值税应税范围，也不属于增值税价外费用，不得开具增值税发票。

3. 汇总开具发票怎样开具。

笔者在对企业进行纳税咨询服务时，发现很多企业对汇总开具发票不够重视，有的企业不知道汇总开具发票这回事，有的企业不开具销售清单，还有的企业虽然开具销售清单但是销售清单不是从防伪税控系统开具的，有的企业销售清单虽然符合规定但是单独保存，没有附在发票之后。

例如，某公司是一家销售食品的公司，食品品种较多，但是金额不大，每次都要开具很多发票，有什么办法可以减少开票份数呢？

方法当然有，《国家税务总局关于修订〈增值税专用发票使用规定〉的通知》（国税发〔2006〕156号）第十二条规定："一般纳税人销售货物或者提供应税劳务可汇总开具专用发票。汇总开具专用发票的，同时使用防伪税控系统开具《销售货物或者提供应税劳务清单》，并加盖发票专用章。"

因此，该公司可以汇总开具专用发票。如果所售货物适用的税率不一致，应按不同税率分别汇总填开专用发票。

纳税人汇总填开专用发票，"商品或劳务名称"栏不填写，"计量单位"、"数量"、"单价"栏可以不填写。但汇总填开的专用发票，必须附有使用防伪税控系统开具的加盖发票专用章的销货清单。销货清单应填写购销双方的单位名称、商品或劳务名称、计量单位、数量、单价、销售额，销货清单的汇总销售额应与专用发票"金额"栏的数字一致。销货清单应严格按国家税务总局规定使用，第一联存根联应当保存五年，保存期满后要处理销毁的，报主管税务机关批准。第二联、第三联应分别附在发票联和抵扣联之后，否则，该份增值税专用发票不得作为扣税凭证。

温馨提醒

《国家税务总局关于增值税防伪税控系统汉字防伪项目试运行有关问题的通知》（国税发〔2011〕44号）第四条规定，汉字防伪项目推行以后，纳税人不得通过防伪税控开票系统汇总开具增值税专用发票；开具的增值税专用发票和增值税普通发票的密文均为二维码形式，每张增值税专用发票和增值税普通发票最多填列七行商品。

因此，通过汉字防伪税控开票系统开具的密文均为二维码形式的增值税专用发票和普通发票不得汇总开具发票。

相 关 链 接

《国家税务总局关于机动车电子信息采集和最低计税价格核定有关事项的公告》（国家税务总局公告2013年第36号）规定：

1. 自2013年8月1日起，国内机动车生产企业和国外机动车进口企业（不含进口自用，以下统称机动车生产企业）销售本企业生产（改装）或进口的车辆配置序列号不同或者价格不同的机动车，开具增值税专用发票或增值税普通发票（以下称增值税发票）时，在发票（包括《销售货物或提供应税劳务清单》）"货物或应税名称"栏中应当分别开具，不应在同一行中混开。

2. 自2014年1月1日起，机动车生产企业销售本企业生产（改装）或进口的机动车，使用增值税防伪税控系统开具增值税发票后应导出发票信息，通过"合格证信息管理系统—车辆票据关联子系统"将发票信息与所售机动车的合格证电子信息或进口机动车车辆电子信息（以下简称合格证电子信息）进行关联。

已关联发票信息的合格证电子信息，将通过"合格证信息管理系统"自动上传至税务总局，税务总局实时采集每台应税车辆价格（增值税含税价格）信息。机动车生产企业未关联发票信息的合格证电子信息，自2014年1月1日起，将不能上传至税务总局。

4. 赊销和分期收款销售方式下怎样开具增值税专用发票。

根据《中华人民共和国增值税暂行条例》第十九条、《中华人民共和国增值税暂行条例实施细则》第三十八条、《国家税务总局关于修订〈增值税专用发票使用规定〉的通知》（国税发〔2006〕156号）第十一条规定，采用分期收款方式销售货物，纳税义务发生时间为书面合同约定的收款日期的当天，无书面合同的或者书面合同没有约定收款日期的，为货物发出的当天，发票应在发生纳税义务时开具。若先开具发票的，纳税义务发生时间为开具发票的当天。

在销售一般货物的情况下，在规定的开票时间，按照相应的数量、单价、金额开具发票即可。在实际纳税咨询中，纳税人咨询最多的是分期收款销售设备怎样开具发票。下面举例说明。

甲公司和乙公司均为增值税一般纳税人，7月份甲公司以分期收款方式向乙公司销售设备一台，合同约定设备价款100万元，增值税17万元，乙公司收到设备后付款30%，安装调试合格后再支付60%，剩余10%在1年质保期结束后支付，甲公司按照约定收款时间确认收入时，增值税专用发票的数量、单价栏怎样填开？

此笔业务增值税专用发票的填开方法为：单价按照设备的实际销售价格开具，数量按合同约定的当期收款数额占设备总价款的比例开具，最好在备注栏说明是分期付款的设备。

5. 折扣方式销售货物、提供应税服务怎样开具增值税专用发票。

笔者在对企业进行纳税检查中，发现某些企业采取折扣方式销售货物、提供应税服务开具的专用发票，虽然销售额和折扣额在同一张发票上分别注明，但是折扣额却是在专用发票的"备注"栏里注明的，殊不知这并不符合有关专用发票开具的规定。

《国家税务总局关于折扣额抵减增值税应税销售额问题通知》（国税函〔2010〕56号）明确规定，纳税人采取折扣方式销售货物，销售额和折扣额在同一张发票上分别注明是指销售额和折扣额在同一张发票上的"金额"栏分别注明的，可按折扣后的销售额征收增值税。未在同一张发票"金额"栏注明折扣额，而仅在发票的"备注"栏注明折扣额的，折扣额不得从销售额中减除。

《营业税改征增值税试点实施办法》（财税〔2013〕106号附件1）第三十九条规定，纳税人提供应税服务，将价款和折扣额在同一张发票上分别注明的，以折扣后的价款为销售额；未在同一张发票上分别注明的，以价款为销售额，不得扣减折扣额。

《国家税务总局关于纳税人折扣折让行为开具红字增值税专用发票问题的通知》（国税函〔2006〕1279号）规定，纳税人销售货物并向购买方开具增值税专用发票后，由于购货方在一定时期内累计购买货物达到一定数量，或者由于市场价格下降等原因，销货方给予购货方相应的价格优惠或补偿等折扣、折让行为，销货方可按现行《增值税专用发票使用规定》的有关规定开具红字增值税专用发票。

6. 商业企业向供货方收取的返利、进场费、展示费等能否开具增值税专用发票。

《国家税务总局关于商业企业向货物供应方收取的部分费用征收流转税问题的通知》（国税发〔2004〕136号）第二条规定，商业企业向供货方收取的各种收入，一律不得开具增值税专用发票。

一律不得开具增值税专用发票，那么应开具什么发票呢？

（1）对商业企业向供货方收取的与商品销售量、销售额挂钩（如以一定比例、金额、数量计算）的各种返还收入，均应按照平销返利行为的有关规定冲减当期增值税进项税额，不征收营业税。商业企业不必开具任何发票，由生产企业按照销售折让开具专用发票，一种是在销售时发生的返还费用，将销售额和返还费用（折让额）开在同一张发票上；一种是在开具发票后发生的返还费用，按《增值税专用发票使用规定》开具红字专用发票。

（2）对商业企业向供货方收取的与商品销售量、销售额无必然联系，且商业企业向供货方提供一定劳务的收入，例如进场费、广告促销费、上架费、展示费、管理费等，不属于平销返利，不冲减当期增值税进项税额，属于应税服务范围的征收增值税，由商业企业开具增值税发票，不属于应税服务范围的仍应按营业税的适用税目税率征收营业税，由商业企业开具服务业发票。

7. 与承租单位共用水电，怎样给承租单位开具增值税专用发票。

下面这个例子就是笔者去年接受的一家企业的税务咨询：

甲公司和乙公司均为增值税一般纳税人。乙公司在甲公司租赁了一间厂房，双方签订的租赁合同规定：水电费由甲公司代收代交，乙公司每月最后一天支付给甲公司水电费。甲公司支付水电费，取得自来水公司按3％的征收率开具的增值税专用发票和电力公司按17％税率开具的增值税专用发票，乙公司支付水电费时要求甲公司开具增值税专用发票，那么，甲公司不是自来水公司，也不是电力公司，可以开具增值税专用发票给乙公司吗？不能开怎么办？能开又怎么开才符合规定？

有人认为，根据《财政部 国家税务总局关于部分货物适用增值税低税率和简易办法征收增值税政策的通知》（财税〔2009〕9号）的规定，一般纳税人销售自产的自来水，可选择按照简易办法依照3％的征收率计算缴纳增值税，得出结论：甲公司可以给乙公司按照简易办法开具 3% 的征收率的增值税专用发票。

其实这个结论是不正确的，因为按简易办法征收仅适用于自来水公司销售的自产自来水（注意"自产"两个字），而甲公司属于转售自来水，因而不适用简易办法，甲公司应当按照《中华人民共和国增值税暂行条例》第二条规定的自来水 13% 的适用税率开具增值税专用发票给乙公司，乙公司可以凭专用发票抵扣进项税额。

对于电费，甲公司可以按照 17% 的适用税率开具增值税专用发票给乙公司，乙公司可以凭专用发票抵扣进项税额。

若乙公司不是一般纳税人，则可以开具增值税普通发票。若甲公司不能自行开具发票，可以申请税务机关代开发票。

8. 销货退回、开票有误、销售折让、应税服务中止等情形怎样开具发票。

在日常业务中，销货退回、开票有误、销售折让等情形时常发生，发生了就要处理，而处理的方式又与这些情形发生时间、发票认证情况等因素密切相关，处理方法一般有两种：一种方法是作废发票重新开具；一种方法是开具红字发票。下面详细说明。

第一种，一般纳税人在开具专用发票当月，发生销货退回、开票有误等情形，符合作废条件的可以直接作废发票，重新填写。

《国家税务总局关于修订〈增值税专用发票使用规定〉的通知》（国税发〔2006〕156 号）第十三条规定："一般纳税人在开具专用发票当月，发生销货退回、开票有误等情形，收到退回的发票联、抵扣联符合作废条件的，按作废处理；开具时发现有误的，可即时作废。作废专用发票须在防伪税控系统中将相应的数据电文按'作废'处理，在纸质专用发票（含未打印的专用发票）各联次上注明'作废'字样，全联次留存。"

第二十条规定："同时具有下列情形的，为本规定所称作废条件：（一）收到退回的发票联、抵扣联时间未超过销售方开票当月；（二）销售方未抄税并且未记账；（三）购买方未认证或者认证结果为'纳税人识别号认证不符'、'专用发票代码、号码认证不符'。本规定所称抄税，是报税前用 IC 卡或者 IC 卡和软盘抄取开票数据电文。"

第二种，开具红字发票。

《国家税务总局关于全面推行增值税发票系统升级版有关问题的公告》（国家税务总局公告 2015 年第 19 号）规定：

（1）一般纳税人开具增值税专用发票或货物运输业增值税专用发票（以下统称专用发票）后，发生销货退回、开票有误、应税服务中止以及发票抵扣联、发票联均无法认证等情形但不符合作废条件，或者因销货部分退回及发生销售折让，需要开具红字专用发票的，暂按以下方法处理：

①专用发票已交付购买方的，购买方可在增值税发票系统升级版中填开并上传《开具红字增值税专用发票信息表》或《开具红字货物运输业增值税专用发票信息表》

（以下统称《信息表》）。《信息表》所对应的蓝字专用发票应经税务机关认证（所购货物或服务不属于增值税扣税项目范围的除外）。经认证结果为"认证相符"并且已经抵扣增值税进项税额的，购买方在填开《信息表》时不填写相对应的蓝字专用发票信息，应暂依《信息表》所列增值税税额从当期进项税额中转出，未抵扣增值税进项税额的可列入当期进项税额，待取得销售方开具的红字专用发票后，与《信息表》一并作为记账凭证；经认证结果为"无法认证"、"纳税人识别号认证不符"、"专用发票代码、号码认证不符"，以及所购货物或服务不属于增值税扣税项目范围的，购买方不列入进项税额，不作进项税额转出，填开《信息表》时应填写相对应的蓝字专用发票信息。

专用发票尚未交付购买方或者购买方拒收的，销售方应于专用发票认证期限内在增值税发票系统升级版中填开并上传《信息表》。

②主管税务机关通过网络接收纳税人上传的《信息表》，系统自动校验通过后，生成带有"红字发票信息表编号"的《信息表》，并将信息同步至纳税人端系统中。

③销售方凭税务机关系统校验通过的《信息表》开具红字专用发票，在增值税发票系统升级版中以销项负数开具。红字专用发票应与《信息表》一一对应。

④纳税人也可凭《信息表》电子信息或纸质资料到税务机关对《信息表》内容进行系统校验。

⑤已使用增值税税控系统的一般纳税人，在纳入升级版之前暂可继续使用《开具红字增值税专用发票申请单》。

（2）税务机关为小规模纳税人代开专用发票需要开具红字专用发票的，按照一般纳税人开具红字专用发票的方法处理。

（3）纳税人需要开具红字增值税普通发票的，可以在所对应的蓝字发票金额范围内开具多份红字发票。红字机动车销售统一发票需与原蓝字机动车销售统一发票一一对应。

温馨提醒

1. 负数增值税普通发票（含农产品收购发票与农产品销售发票）与负数机动车销售统一发票的开具方法相同。

当企业所开发票有误或者由于商品质量等问题购方需要退货，但蓝字普通发票已抄税不能作废，此时可开具负数发票来冲抵。

负数普通发票的填开方法与红字专用发票不同，不受信息表管理的限制。在开具负数普通发票前，指定其对应的正数普通发票的代码和号码即可开具。

在打印负数普通发票时，系统自动将对应的正数发票的代码和号码打印在负数发票的"备注栏"内。

2. 红字专用发票填开的税务风险。

纳税人应当根据实际生产经营的需要按照税法规定开具增值税红字发票，对已开具的红字发票，纳税人要保留购销双方的合同或协议、出库单、退库单、验收单、运费发票等证明资料，以备税务机关的检查。

纳税人若想通过开具红字发票来达到逃避缴税、延迟纳税、调节税额等非法目的，则面临很大的税务风险。税务机关会通过系统的后台数字分析发现问题，实施重点检查，对超过正常开票一定比例的红字发票，税务机关会重点监控，各地税务机关会根据各地管理需要不同，制定红字发票金额占蓝字发票金额的比例，用于加强对红字发票的管理。

例如，几个企业之间频繁互开发票，同时又频繁用红字发票冲抵，税务机关就会质疑企业红字发票业务的真实性。如果经查该企业实际没有真实的销售与退货行为，这就属于虚开增值税专用发票，是严重的发票违法行为。

9. 视同销售行为和视同提供应税服务行为是否需要开具增值税专用发票。

根据《中华人民共和国增值税暂行条例实施细则》第四条规定，有8种视同销售行为：

（1）将货物交付其他单位或者个人代销；

（2）销售代销货物；

（3）设有两个以上机构并实行统一核算的纳税人，将货物从一个机构移送其他机构用于销售，但相关机构设在同一县（市）的除外；

（4）将自产或者委托加工的货物用于非增值税应税项目；

（5）将自产、委托加工的货物用于集体福利或者个人消费；

（6）将自产、委托加工或者购进的货物作为投资，提供给其他单位或者个体工商户；

（7）将自产、委托加工或者购进的货物分配给股东或者投资者；

（8）将自产、委托加工或者购进的货物无偿赠送其他单位或者个人。

根据《营业税改征增值税试点实施办法》第十一条规定，单位和个体工商户的下列情形，视同提供应税服务：

（1）向其他单位或者个人无偿提供交通运输业、邮政业和部分现代服务业服务，但以公益活动为目的或者以社会公众为对象的除外。

（2）财政部和国家税务总局规定的其他情形。

以上视同销售行为和视同提供应税服务行为能否开具增值税专用发票，有下列几种情况：

（1）纳税人将自产或委托加工的货物用于非增值税应税项目、集体福利或者个人消费，属于内部自产自用性质，不开具发票。比如企业将自产品用于不动产在建工程项目，就不用开具发票，试想企业总不能自己给自己开具发票吧，那有什么意义呢。

（2）视同销售货物若属于《中华人民共和国增值税暂行条例》和国税发〔2006〕156号等文件规定的不得开具专用发票的情形，不得开具专用发票。

（3）纳税人将自产、委托加工或购买的货物用作投资、分配给股东或投资者、无偿赠送，以物易物、以物抵债、委托代销等情形，按照有关规定，对方为增值税一般纳税人的，可以根据其要求开具专用发票。

（4）以公益活动为目的或者以社会公众为对象的除外，向其他单位或者个人无偿提供交通运输业、邮政业和部分现代服务业服务，视同提供应税服务缴纳增值税。类似增值税无偿赠送货物行为，视提供应税服务对象开具相应发票。

需要提醒的是，对于不需要开具发票的情形，或者需要开具发票但实际上没有开具发票的情形，只要纳税义务发生时间已到，在增值税纳税申报时都需要进行申报，填写在增值税纳税申报表附表一中的"未开具发票"栏即可。

温馨提醒

《财政部　国家税务总局关于创新药后续免费使用有关增值税政策的通知》（财税〔2015〕4号）规定：

1. 药品生产企业销售自产创新药的销售额，为向购买方收取的全部价款和价外费用，其提供给患者后续免费使用的相同创新药，不属于增值税视同销售范围。

2. 本通知所称创新药，是指经国家食品药品监督管理部门批准注册、获批前未曾在中国境内外上市销售，通过合成或者半合成方法制得的原料药及其制剂。

3. 药品生产企业免费提供创新药，应保留如下资料，以备税务机关查验：

（1）国家食品药品监督管理部门颁发的注明注册分类为1.1类的药品注册批件；

（2）后续免费提供创新药的实施流程；

（3）第三方（创新药代保管的医院、药品经销单位等）出具免费用药确认证明，以及患者在第三方登记、领取创新药的记录。

4. 本通知自2015年1月1日起执行。此前已发生并处理的事项，不再作调整；未处理的，按本通知规定执行。

10. 挂靠经营怎样开具发票。

在交通运输业，挂靠经营方式非常普遍，挂靠经营由谁开具发票，受票方能否抵扣进项税额，一直是困扰纳税人和税务机关的一个问题，也常常因此而产生税企争议。

在纳税咨询和纳税审查中，经常遇到这样的案例：

甲运输公司既有自有运输车辆，又有挂靠经营车辆。甲公司挂靠车辆为乙公司运送货物，运输合同是甲公司和乙公司签订的，发票由甲公司向乙公司开具，发票上的运输方和合同承运方一致，款项也由乙公司支付给承运方甲公司。但主管税务机关认为，运输业务是挂靠在甲公司名下的个体运输户李某运输的，甲公司存在为他人代开货运专用发票行为，属于虚开增值税专用发票，受票方乙公司不能抵扣进项税额。主管税务机关的看法是否正确？

《营业税改征增值税试点实施办法》规定，单位以承包、承租、挂靠方式经营的，承包人、承租人、挂靠人（以下统称承包人）以发包人、出租人、被挂靠人（以下统称发包人）名义对外经营并由发包人承担相关法律责任的，以该发包人为纳税人。否则，以承包人为纳税人。

《国家税务总局关于纳税人对外开具增值税专用发票有关问题的公告》（国家税务总局公告 2014 年第 39 号）规定，自 2014 年 8 月 1 日起，纳税人通过虚增增值税进项税额偷逃税款，但对外开具增值税专用发票同时符合以下情形的，不属于对外虚开增值税专用发票：（1）纳税人向受票方纳税人销售了货物，或者提供了增值税应税劳务、应税服务；（2）纳税人向受票方纳税人收取了所销售货物、所提供应税劳务或者应税服务的款项，或者取得了索取销售款项的凭据；（3）纳税人按规定向受票方纳税人开具的增值税专用发票相关内容，与所销售货物、所提供应税劳务或者应税服务相符，且该增值税专用发票是纳税人合法取得、并以自己名义开具的。受票方纳税人取得的符合上述情形的增值税专用发票，可以作为增值税扣税凭证抵扣进项税额。

对于挂靠经营如何适用本公告，需要视不同情况分别确定。第一，如果挂靠方以被挂靠方名义，向受票方纳税人销售货物、提供增值税应税劳务或者应税服务，应以被挂靠方为纳税人。被挂靠方作为货物的销售方或者应税劳务、应税服务的提供方，按照相关规定向受票方开具增值税专用发票，属于本公告规定的情形。第二，如果挂靠方以自己名义向受票方纳税人销售货物、提供增值税应税劳务或者应税服务，被挂靠方与此项业务无关，则应以挂靠方为纳税人。这种情况下，被挂靠方向受票方纳税人就该项业务开具增值税专用发票，不在本公告规定之列。

根据上述规定可以看出，以被挂靠方名义对外经营并由被挂靠方承担相关法律责任的，以被挂靠方为纳税人，因此被挂靠方应向受票方开具发票，受票方可以作为扣税凭证；若以挂靠方自己名义开展业务，或者虽以被挂靠方名义对外经营但被挂靠方并不承担相关法律责任的，均以挂靠方为纳税人，因此挂靠方应向受票方开具发票，这时若由被挂靠方开具发票则属于虚开行为。

本案例中，业务真实、合同签订、发票开具和付款对象相一致，甲公司不属于虚开增值税专用发票，乙公司可以抵扣进项税额。若挂靠人李某以自己名义向受票方乙公司提供运输服务，运输合同是受票方乙公司和挂靠人李某签订的，则挂靠人李某为纳税人，应由李某开具发票，这时若由被挂靠人甲公司开具，则属于虚开增值税专用发票行为，受票方属于恶意接受虚开增值税专用发票行为，不得抵扣进项税额。

11. 开票限额不能满足经营需要怎么办。

《增值税专用发票使用规定》第五条规定，专用发票实行最高开票限额管理。最高开票限额，是指单份专用发票开具的销售额合计数不得达到的上限额度。

纳税人开票限额不能满足经营需要，可以向税务机关申请最高开票限额。最高开票限额为十万元及以下的，由区县级税务机关审批；最高开票限额为一百万元的，由地市级税务机关审批；最高开票限额为一千万元及以上的，由省级税务机关审批。

《国家税务总局关于简化增值税发票领用和使用程序有关问题的公告》（国家税务总局公告 2014 年第 19 号）第二条规定，一般纳税人申请专用发票（包括增值税专用发票和货物运输业增值税专用发票，下同）最高开票限额不超过十万元的，主管税务机关不需事前进行实地查验。各省国税机关可在此基础上适当扩大不需事前实地查验的范围，实地查验的范围和方法由各省国税机关确定。

一般纳税人申请最高开票限额时，需提供下列材料：

（1）企业基本生产经营情况书面报告原件；

（2）企业法人、经办人员身份证明原件和复印件；

（3）《最高开票限额申请表》原件；

（4）《税务行政许可申请表》原件；

（5）对企业偶然发生大宗交易业务的，需要提供相关购销合同、协议或已认证的进项发票原件及复印件等；

（6）申请前一个月的《增值税纳税申报表》（主表）、《资产负债表》、《损益表》；

（7）税务机关规定应当提供的其他材料。

对以上材料，纳税人应当承诺其内容真实、可靠、完整，并加盖公章，其中原件核实后退还企业。

辅导期纳税人申请最高开票限额方法与一般纳税人相同，但是，主管税务机关对辅导期纳税人实行限量限额发售专用发票。

（1）实行纳税辅导期管理的小型商贸批发企业，领购专用发票的最高开票限额不得超过十万元；其他一般纳税人专用发票最高开票限额应根据企业实际经营情况重新核定。

（2）辅导期纳税人专用发票的领购实行按次限量控制，主管税务机关可根据纳税人的经营情况核定每次专用发票的供应数量，但每次发售专用发票数量不得超过 25 份。

辅导期纳税人领购的专用发票未使用完而再次领购的，主管税务机关发售专用发票的份数不得超过核定的每次领购专用发票份数与未使用完的专用发票份数的差额。

12. 不得开具增值税专用发票的情形有哪些。

根据税法规定，下列情形不得开具增值税专用发票：

（1）向消费者个人销售货物或者提供应税劳务（服务）的；

（2）销售货物或者应税劳务（服务）适用免税规定的；

（3）小规模纳税人销售货物或者提供应税劳务（服务）的；

（4）商业企业一般纳税人零售的烟、酒、食品、服装、鞋帽（不包括劳保专用部分）、化妆品等消费品。

（5）商业企业向供货方收取的各种收入，一律不得开具增值税专用发票。

（6）增值税一般纳税人销售免税货物，一律不得开具专用发票，但国有粮食购销企业销售免税粮食除外。

（7）一般纳税人销售自己使用过的固定资产，适用按简易办法依3%征收率减按2%征收增值税政策的，应开具普通发票，不得开具增值税专用发票。

（8）小规模纳税人销售自己使用过的固定资产，应开具普通发票，不得由税务机关代开增值税专用发票。

（9）纳税人销售旧货，应开具普通发票，不得自行开具或者由税务机关代开增值税专用发票。

（10）实行增值税退（免）税办法的增值税零税率应税服务不得开具增值税专用发票。

违反规定开具专用发票的，对其开具的销售额依照增值税适用税率全额征收增值税，不得抵扣进项税额，并按照《中华人民共和国发票管理办法》及其实施细则的有关规定予以处罚。

温馨提醒

上述1~3条是《中华人民共和国增值税暂行条例》第二十一条、《财政部国家税务总局关于将铁路运输和邮政业纳入营业税改征增值税试点的通知》（财税〔2013〕106号）第四十九条的规定。第4条是《国家税务总局关于修订〈增值税专用发票使用规定〉的通知》（国税发〔2006〕156号）第十条的规定，国税发〔2006〕156号文件还规定，增值税小规模纳税人需要开具专用发票的，可向主管税务机关申请代开。第5条是《国家税务总局关于商业企业向货物供应方收取的部分费用征收流转税问题的通知》（国税发〔2004〕136号）的规定。第6条是《国家税务总局关于加强免征增值税货物专用发票管理的通知》（国税函〔2005〕780号）的规定。第7~9条是《国家税务总局关于增值税简易征收政策有关管理问题的通知》（国税函〔2009〕90号）的规定。第10条是《国家税务总局关于发布〈适用增值税零税率应税服务退（免）税管理办法〉的公告》（国家税务总局公告2014年第11号）第七条的规定。

13. 简易征收项目可以开具增值税专用发票吗？

除财政部、国家税务总局特殊规定外，简易征收项目（含"营改增"简易征收项目）可开具增值税专用发票。自开票纳税人可自行开具增值税专用发票，小规模纳税人可向主管税务机关申请代开增值税专用发票。

目前财政部、国家税务总局关于不得开具增值税专用发票的简易征收项目的特殊规定包括：

（1）一般纳税人销售自己使用过的固定资产，凡根据财税〔2008〕170号和财税〔2009〕9号、财税〔2014〕57号等文件规定，适用按简易办法依3%征收率减按2%征收增值税政策的，应开具普通发票，不得开具增值税专用发票。

（2）小规模纳税人销售自己使用过的固定资产，应开具普通发票，不得由税务机关代开增值税专用发票。

（3）纳税人销售旧货，应开具普通发票，不得自行开具或者由税务机关代开增值税专用发票。

（4）一般纳税人的单采血浆站销售非临床用人体血液，可以按照简易办法依照3%征收率计算应纳税额，但不得对外开具增值税专用发票（国税函〔2009〕456号）。

14. 成品油生产企业开具的增值税发票的特殊要求。

《国家税务总局关于成品油生产企业开具的增值税发票纳入防伪税控系统汉字防伪项目管理的公告》（国家税务总局公告2013年第79号）规定，自2014年2月1日起，成品油生产企业必须通过增值税防伪税控开票系统（石脑油、燃料油专用版）开具增值税专用发票和增值税普通发票。

开具增值税发票的有关要求如下：

（1）成品油生产企业销售石脑油、燃料油开具增值税专用发票，应通过"石脑油、燃料油专用发票填开"模块选择油品类型填开。按照《国家税务总局关于发布〈用于生产乙烯、芳烃类化工产品的石脑油、燃料油退（免）消费税暂行办法〉的公告》（国家税务总局公告2012年第36号）的规定执行定点直供计划，向乙烯、芳烃生产企业销售免征消费税的石脑油、燃料油，应选择"石脑油DDZG"或"燃料油DDZG"油品类型；销售应征消费税的石脑油、燃料油，选择"石脑油"或"燃料油"油品类型。选中的油品类型作为扩展项显示在商品名称后，每张增值税专用发票只能选择一种油品类型填开，"单位"栏必须为吨，"数量"栏必须填写且不能为0；成品油生产企业销售石脑油、燃料油开具增值税普通发票，应通过"普通发票填开"模块开具。

（2）成品油生产企业销售其他货物、提供应税劳务或服务开具增值税专用发票，应通过"专用发票填开"模块开具；开具增值税普通发票，应通过"普通发票填开"模块开具。

（3）上述增值税专用发票都不得汇总开具，每张发票的"货物和应税劳务名称"

栏最多填列 7 行。

15. 成品油经销企业开具的增值税发票的特殊要求。

《国家税务总局关于成品油经销企业开具的增值税发票纳入防伪税控系统汉字防伪版管理的公告》（国家税务总局公告 2014 年第 33 号）规定，自 2014 年 8 月 1 日起，成品油经销企业应通过增值税防伪税控系统汉字防伪版开具增值税专用发票和增值税普通发票。

开具增值税发票的有关要求如下：

（1）成品油经销企业销售成品油开具增值税专用发票，应通过系统中"专用发票填开"模块开具，"单位"栏必须为吨，"数量"栏必须填写且不能为 0；开具增值税普通发票，应通过"普通发票填开"模块开具。

（2）上述增值税专用发票不得汇总开具，每张发票的"货物和应税劳务名称"栏最多填列 7 行。

16. 国家电网公司购买分布式光伏发电项目电力产品发票开具有何要求？

《国家税务总局关于国家电网公司购买分布式光伏发电项目电力产品发票开具等有关问题的公告》（国家税务总局公告 2014 年第 32 号）规定：

（1）国家电网公司所属企业从分布式光伏发电项目发电户处购买电力产品，可由国家电网公司所属企业开具普通发票。

国家电网公司所属企业应将发电户名称（姓名）、地址（住址）、联系方式、结算时间、结算金额等信息进行详细登记，以备税务机关查验。

（2）光伏发电项目发电户销售电力产品，按照税法规定应缴纳增值税的，可由国家电网公司所属企业按照增值税简易计税办法计算并代征增值税税款，同时开具普通发票；按照税法规定可享受免征增值税政策的，可由国家电网公司所属企业直接开具普通发票。

根据《财政部 国家税务总局关于光伏发电增值税政策的通知》（财税〔2013〕66 号），自 2013 年 10 月 1 日至 2015 年 12 月 31 日，国家电网公司所属企业应按发电户销售电力产品应纳税额的 50% 代征增值税税款。

主管税务机关应当与国家电网公司所属企业签订《委托代征协议书》，明确委托代征相关事宜。

（3）本公告所称发电户，为《中华人民共和国增值税暂行条例》及实施细则规定的"其他个人和不经常发生应税行为的非企业性单位"。

17. 固定业户临时外出经营怎样开具增值税专用发票？

《国家税务总局关于固定业户临时外出经营有关增值税专用发票管理问题的通知》（国税发〔1995〕87 号）、《国家税务总局关于简并增值税征收率有关问题的公告》（国家税务总局公告 2014 年第 36 号）规定：

固定业户（指增值税一般纳税人）临时到外省、市销售货物的，必须向经营地税务机关出示"外出经营活动税收管理证明"回原地纳税，需要向购货方开具专用发票的，亦回原地补开。

对未持"外出经营活动税收管理证明"的，经营地税务机关按 3％的征收率征税。对擅自携票外出，在经营地开具专用发票的，经营地主管税务机关根据发票管理的有关法规予以处罚并将其携带的专用发票逐联注明"违章使用作废"字样。

18. 怎样避免或减少作废发票？

（1）系统开具的发票都是顺号的，开具发票时必须将系统发票代码、号码与纸质发票代码、号码核对一致。

（2）要真实地填写专用发票中的相关项目，并与实际交易相符，不得开具品名、数量、金额与实际销售货物不符的发票。

（3）开具发票要准确、完整，特别是购买方名称、税号、地址、电话、开户银行及账号、货物名称、数量、单价、金额、税率、税额等，一定要检查无误后再打印。

（4）销售方要严格按照专用发票开具时限开具发票，并及时将发票安全的交给购买方。

（5）牢记不得开具增值税专用发票的情形。

四、增值税扣税凭证的认证和抵扣的重点事和疑难事

（一）增值税扣税凭证有哪些

纳税人取得的增值税扣税凭证不符合法律、行政法规或者国家税务总局有关规定的，其进项税额不得从销项税额中抵扣。

让我们先来认识一下增值税扣税凭证的基本规定都有哪些。

增值税扣税凭证，是指增值税专用发票、海关进口增值税专用缴款书、农产品收购发票、农产品销售发票和税收缴款凭证。

提醒纳税人注意，除上述规定之外的其他发票（如取得的增值税普通发票等）都不能作为抵扣进项税额的合法凭证。

1. 增值税专用发票（包括货物运输业增值税专用发票、税控系统开具的机动车销售统一发票），按增值税专用发票上注明的税额抵扣。

（1）增值税专用发票，分为三联票和六联票两种。

三联票由发票联、抵扣联和记账联三联组成，其中：发票联，作为购买方核算采购成本和增值税进项税额的记账凭证；抵扣联，作为购买方报送主管税务机关认证和

留存备查的凭证；记账联，作为销售方核算销售收入和增值税销项税额的记账凭证。

六联票由发票联、抵扣联和记账联三个基本联次附加其他联次构成，其他联次用途由一般纳税人自行确定。六联票通常用于工业企业。

（2）货物运输业增值税专用发票，是增值税一般纳税人提供货物运输服务开具的专用发票，其法律效力、基本用途、基本使用规定及安全管理要求等与现有增值税专用发票一致。

货物运输业增值税专用发票分为三联票和六联票两种。第一联：记账联，为承运人记账凭证；第二联：抵扣联，为受票方扣税凭证；第三联：发票联，为受票方记账凭证；第四联至第六联由发票使用单位自行安排使用。

（3）税控系统开具的机动车销售统一发票，增值税一般纳税人从事机动车（应征消费税的机动车和旧机动车除外）零售业务必须使用税控系统开具机动车销售统一发票。使用税控系统开具机动车销售统一发票视同增值税专用发票，属于增值税扣税凭证。

2. 海关进口增值税专用缴款书，按海关进口增值税专用缴款书上注明的税额抵扣。

目前货物进口环节的增值税是由海关负责代征的，试点纳税人在进口货物办理报关进口手续时，需向海关申报缴纳进口增值税并从海关取得完税证明，其取得的海关进口增值税专用缴款书上注明的增值税额准予抵扣。

海关进口增值税专用缴款书项目填写要齐全；能够提供相关单证，海关进口税专用缴款书原件、纸制抵扣清单及抵扣清单电子信息要一致，专用缴款书号码、进口口岸代码、进口口岸名称、填发日期、税款金额等项目一致，采集抵扣凭证份数与清单采集信息记录数目相符，纸质清单数据和清单电子信息一致。

海关进口增值税专用缴款书上标明有两个单位名称的，即，既有代理进口单位名称，又有委托进口单位名称的，只准予其中取得专用缴款书原件的一个单位抵扣税款。申报抵扣税款的委托进口单位，必须提供相应的海关进口增值税专用缴款书原件、委托代理合同及付款凭证，否则，不予抵扣进项税款。

3. 农产品收购发票或者销售发票，按照农产品收购发票或者销售发票上注明的农产品买价和13％的扣除率计算的进项税额抵扣。买价，包括纳税人购进农产品在农产品收购发票或者销售发票上注明的价款和按规定缴纳的烟叶税。进项税额计算公式如下：

$$进项税额 = 买价 \times 13\%$$

农产品收购发票仅限于从事农业产品收购、加工、经营业务的增值税一般纳税人领购使用。在增值税一般纳税人向农业生产者个人收购其自产农产品时，可以自行开具农产品收购发票。

增值税一般纳税人向农业生产单位收购农产品，以及向从事农产品经营的单位和个人购进农产品的，不得自行开具农产品收购发票，而应由农业生产单位或农产品经营者开具普通发票，或到税务机关申请代开发票；经营者是一般纳税人的可以按规定开具专用发票。

4．中华人民共和国税收缴款凭证。

接受境外单位或者个人提供的应税服务，从税务机关或者境内代理人取得的解缴税款的中华人民共和国税收缴款凭证上注明的增值税额准予从销项税额中抵扣。

纳税人凭税收缴款凭证抵扣进项税额的，应当具备书面合同、付款证明和境外单位的对账单或者发票。资料不全的，其进项税额不得从销项税额中抵扣。

温馨提醒

1．以税收缴款凭证作为扣税凭证，需满足两个条件：一是代扣代缴增值税，二是应税服务。

（1）接受境外单位或个人提供的营业税服务，代扣代缴营业税的税收缴款凭证不允许抵扣。

（2）接受境外单位或个人在境内提供的加工修理修配劳务，代扣代缴增值税的税收缴款凭证不允许抵扣。

税收缴款凭证具体包括《税收通用缴款书》、《税收电子转账专用完税凭证》及其他税收缴款凭证。

2．境外单位或者个人提供应税服务，无论以境内代理人还是接受方为增值税扣缴义务人，抵扣税款方均为接受方。

（二）增值税扣税凭证抵扣期限

1．增值税一般纳税人取得的增值税专用发票（含货物运输业增值税专用发票、税控机动车销售统一发票），应在开具之日起180日内到税务机关办理认证，并在认证通过的次月申报期内，向主管税务机关申报抵扣进项税额。

2．取得的海关进口增值税专用缴款书应自开具之日起180天内向主管税务机关报送《海关完税凭证抵扣清单》（电子数据），申请稽核比对，逾期未申请的其进项税额不予抵扣。

税务机关于每月纳税申报期内，向纳税人提供上月稽核比对结果，纳税人应向主管税务机关查询稽核比对结果信息。

对稽核比对结果为相符的海关缴款书，纳税人应在税务机关提供稽核比对结果的当月纳税申报期内申报抵扣，逾期的其进项税额不予抵扣。

稽核比对的结果分为相符、不符、滞留、缺联、重号五种：

相符，是指纳税人申请稽核的海关缴款书，其号码与海关已核销的海关缴款书号码一致，并且比对的相关数据也均相同。

不符，是指纳税人申请稽核的海关缴款书，其号码与海关已核销的海关缴款书号码一致，但比对的相关数据有一项或多项不同。

滞留，是指纳税人申请稽核的海关缴款书，在规定的稽核期内系统中暂无相对应的海关已核销海关缴款书号码，留待下期继续比对。

缺联，是指纳税人申请稽核的海关缴款书，在规定的稽核期结束时系统中仍无相对应的海关已核销海关缴款书号码。

重号，是指两个或两个以上的纳税人申请稽核同一份海关缴款书，并且比对的相关数据与海关已核销海关缴款书数据相同。

稽核比对结果异常的处理如下：

稽核比对结果异常，是指稽核比对结果为不符、缺联、重号、滞留。

（1）对于稽核比对结果为不符、缺联的海关缴款书，纳税人应于产生稽核结果的180日内，持海关缴款书原件向主管税务机关申请数据修改或者核对，逾期的其进项税额不予抵扣。属于纳税人数据采集错误的，数据修改后再次进行稽核比对；不属于数据采集错误的，纳税人可向主管税务机关申请数据核对，主管税务机关会同海关进行核查。经核查，海关缴款书票面信息与纳税人实际进口货物业务一致的，纳税人应在收到主管税务机关书面通知的次月申报期内申报抵扣，逾期的其进项税额不予抵扣。

（2）对于稽核比对结果为重号的海关缴款书，由主管税务机关进行核查。经核查，海关缴款书票面信息与纳税人实际进口货物业务一致的，纳税人应在收到税务机关书面通知的次月申报期内申报抵扣，逾期的其进项税额不予抵扣。

（3）对于稽核比对结果为滞留的海关缴款书，可继续参与稽核比对，纳税人不需申请数据核对。

3. 增值税一般纳税人取得的增值税专用发票（含货物运输业增值税专用发票、税控机动车销售统一发票）以及海关缴款书，未在规定期限内到税务机关办理认证、申报抵扣或者申请稽核比对的，不得作为合法的增值税扣税凭证，不得计算进项税额抵扣。

4. 对增值税一般纳税人发生真实交易但由于客观原因造成增值税扣税凭证逾期的，经主管税务机关审核、逐级上报，由国家税务总局认证、稽核比对后，对比对相符的增值税扣税凭证，允许纳税人继续抵扣其进项税额。增值税一般纳税人因客观原因造成增值税扣税凭证逾期的，可按照《逾期增值税扣税凭证抵扣管理办法》的规定，申请办理逾期抵扣手续。

增值税一般纳税人由于除下列客观原因规定以外的其他原因造成增值税扣税凭证逾期的，仍应按照增值税扣税凭证抵扣期限有关规定执行。

客观原因包括如下类型：

（1）因自然灾害、社会突发事件等不可抗力因素造成增值税扣税凭证逾期；

（2）增值税扣税凭证被盗、抢，或者因邮寄丢失、误递导致逾期；

（3）有关司法、行政机关在办理业务或者检查中，扣押增值税扣税凭证，纳税人不能正常履行申报义务，或者税务机关信息系统、网络故障，未能及时处理纳税人网上认证数据等导致增值税扣税凭证逾期；

（4）买卖双方因经济纠纷，未能及时传递增值税扣税凭证，或者纳税人变更纳税地点，注销旧户和重新办理税务登记的时间过长，导致增值税扣税凭证逾期；

（5）由于企业办税人员伤亡、突发危重疾病或者擅自离职，未能办理交接手续，导致增值税扣税凭证逾期；

（6）国家税务总局规定的其他情形。

5．增值税一般纳税人取得的增值税扣税凭证（增值税专用发票、海关进口增值税专用缴款书）已认证或已采集上报信息但未按照规定期限申报抵扣；实行纳税辅导期管理的增值税一般纳税人以及实行海关进口增值税专用缴款书"先比对后抵扣"管理办法的增值税一般纳税人，取得的增值税扣税凭证稽核比对结果相符但未按规定期限申报抵扣，属于发生真实交易且符合下列客观原因的，经主管税务机关审核，允许纳税人继续申报抵扣其进项税额。增值税一般纳税人发生符合规定未按期申报抵扣的增值税扣税凭证，可按照《未按期申报抵扣增值税扣税凭证抵扣管理办法》的规定，申请办理抵扣手续。

增值税一般纳税人除下列客观原因规定以外的其他原因造成增值税扣税凭证未按期申报抵扣的，仍按照现行增值税扣税凭证申报抵扣有关规定执行。

客观原因包括如下类型：

（1）因自然灾害、社会突发事件等不可抗力原因造成增值税扣税凭证未按期申报抵扣；

（2）有关司法、行政机关在办理业务或者检查中，扣押、封存纳税人账簿资料，导致纳税人未能按期办理申报手续；

（3）税务机关信息系统、网络故障，导致纳税人未能及时取得认证结果通知书或稽核结果通知书，未能及时办理申报抵扣；

（4）由于企业办税人员伤亡、突发危重疾病或者擅自离职，未能办理交接手续，导致未能按期申报抵扣；

（5）国家税务总局规定的其他情形。

温馨提醒

1. 增值税进项税额抵扣的基本原则：当期认证当期抵扣，认证的当期未抵扣的，不能转下期再抵扣。辅导期纳税人除外。

2. 目前未规定抵扣期限的增值税扣税凭证包括：

（1）购进农产品，取得的农产品收购发票或者销售发票。

（2）接受境外单位或者个人提供的应税服务，从税务机关或者境内代理人取得的解缴税款的中华人民共和国税收缴款凭证。

（三）增值税扣税凭证的认证、采集

1. 需要认证的发票有：增值税专用发票；货物运输业增值税专用发票；机动车销售统一发票。

用于抵扣增值税进项税额的专用发票应经税务机关认证相符（国家税务总局另有规定的除外）。认证相符的专用发票应作为购买方的记账凭证，不得退还销售方。专用发票抵扣联无法认证的，可使用专用发票发票联到主管税务机关认证。专用发票发票联复印件留存备查。

增值税专用发票的认证过程相当简单，目前纳税人基本上都能够在网上认证，非常方便，纳税人自己在单位通过认证系统将发票用扫描仪扫入，就可以轻轻松松完成发票认证。

认证操作非常简单，即扫描录入发票信息——上传认证信息——接收认证结果。

个别不能网上认证的地区也非常简单，每月月底您只需要拿着发票到办税大厅，由税务工作人员将发票信息扫入系统，由系统自动进行比对，就可以了。

2. 需要采集的发票有：海关进口增值税专用缴款书、农产品收购发票或销售发票。

这些发票无须认证，只需将其相关信息录入网上申报系统进行采集即可。

（四）增值税扣税凭证允许抵扣进项税额的计算

1. 增值税专用发票，按增值税专用发票上注明的税额抵扣。

2. 海关进口增值税专用缴款书，按海关进口增值税专用缴款书上注明的税额抵扣。

3. 农产品收购发票或者销售发票，按照农产品收购发票或者销售发票上注明的农产品买价和 13％的扣除率计算的进项税额抵扣。买价，包括纳税人购进农产品在农产品收购发票或者销售发票上注明的价款和按规定缴纳的烟叶税。进项税额计算公式：

进项税额＝买价×13％

温馨提醒

1.《财政部 国家税务总局关于在部分行业试行农产品增值税进项税额核定扣除办法的通知》（财税〔2012〕38 号）规定，自 2012 年 7 月 1 日起，以购进农产品为原料生产销售液体乳及乳制品、酒及酒精、植物油的增值税一般纳税人，纳入农产品增值税进项税额核定扣除试点范围，其购进农产品无论是否用于生产上述产品，增值税进项税额均按照《农产品增值税进项税额核定扣除试点实施办法》的规定抵扣。除纳入农产品增值税进项税额核定扣除试点范围以外的纳税人，其购进农产品仍按现行增值税的有关规定抵扣农产品进项税额。

试点纳税人购进农产品不再凭增值税扣税凭证抵扣增值税进项税额，购进除农产品以外的货物、应税劳务和应税服务，增值税进项税额仍按现行有关规定抵扣。

详细抵扣方法参见第二章"农产品增值税进项税额核定扣除的账务处理"。

2.《财政部 国家税务总局关于收购烟叶支付的价外补贴进项税额抵扣问题的通知》（财税〔2011〕21 号）规定，烟叶收购单位收购烟叶时按照国家有关规定以现金形式直接补贴烟农的生产投入补贴（以下简称价外补贴），属于农产品买价，为"价款"的一部分。烟叶收购单位，应将价外补贴与烟叶收购价格在同一张农产品收购发票或者销售发票上分别注明，否则，价外补贴不得计算增值税进项税额进行抵扣。

3.《财政部 国家税务总局关于免征部分鲜活肉蛋产品流通环节增值税政策的通知》（财税〔2012〕75 号）第三条规定，《中华人民共和国增值税暂行条例》第八条所列准予从销项税额中扣除的进项税额的第（三）项所称的"销售发票"，是指小规模纳税人销售农产品依照 3％征收率按简易办法计算缴纳增值税而自行开具或委托税务机关代开的普通发票。批发、零售纳税人享受免税政策后开具的普通发票不得作为计算抵扣进项税额的凭证。

4.《财政部 国家税务总局关于农民专业合作社有关税收政策的通知》（财税〔2008〕81 号）规定，增值税一般纳税人从农民专业合作社购进的免税农业产品，可按 13％的扣除率计算抵扣增值税进项税额。

4. 接受境外单位或者个人提供的应税服务，从税务机关或者境内代理人取得的解缴税款的中华人民共和国税收缴款凭证（以下称税收缴款凭证）上注明的增值税额。

（五）不得从销项税额中抵扣进项税额的情形

1.《中华人民共和国增值税暂行条例》第十条规定，下列项目的进项税额不得从销项税额中抵扣：

（1）用于非增值税应税项目、免征增值税项目、集体福利或者个人消费的购进货物或者应税劳务；

（2）非正常损失的购进货物及相关的应税劳务；

（3）非正常损失的在产品、产成品所耗用的购进货物或者应税劳务；

（4）国务院财政、税务主管部门规定的纳税人自用消费品；

（5）本条第（1）项至第（4）项规定的货物的运输费用和销售免税货物的运输费用。

对以上 5 条，《中华人民共和国增值税暂行条例实施细则》（以下简称《实施细则》）进行了解释：

（1）《实施细则》第二十一条规定，购进货物，不包括既用于增值税应税项目（不含免征增值税项目）也用于非增值税应税项目、免征增值税（以下简称免税）项目、集体福利或者个人消费的固定资产。前款所称固定资产，是指使用期限超过 12 个月的机器、机械、运输工具以及其他与生产经营有关的设备、工具、器具等。

温馨提醒

这条规定比较绕口，很多人感到不好理解，其实就一个意思，即：只有专门用于非增值税应税项目、免税项目、集体福利或者个人消费的机器设备进项税额才不得抵扣，其他混用的机器设备进项税额均可以抵扣。

征收增值税的混合销售行为中，用于非增值税应税项目的购进货物和应税劳务的进项税额也可以抵扣。

兼营免税项目或者非增值税应税劳务而无法划分不得抵扣的进项税额的，不得抵扣的进项税额＝当月无法划分的全部进项税额×当月免税项目销售额、非增值税应税劳务营业额合计÷当月全部销售额、营业额合计。

（2）《实施细则》第二十二条规定，个人消费包括纳税人的交际应酬消费。

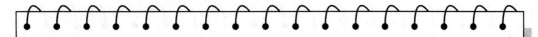

温馨提醒

　　集体福利或者个人消费，是指企业内部供职工使用的食堂、浴室、理发室、宿舍、幼儿园等福利设施及其设备、物品或者纳税人以福利、奖励、津贴等形式发放给职工的个人物品和纳税人的交际应酬消费。另外，劳保用品取得增值税专用发票的可以抵扣进项税额。

　　个人消费包括纳税人的交际应酬消费。如业务招待费中列支的各类礼品、烟、酒，不得抵扣进项税额。

　　（3）《实施细则》第二十三条规定，非增值税应税项目，是指提供非增值税应税劳务、转让无形资产、销售不动产和不动产在建工程。前款所称不动产是指不能移动或者移动后会引起性质、形状改变的财产，包括建筑物、构筑物和其他土地附着物。纳税人新建、改建、扩建、修缮、装饰不动产，均属于不动产在建工程。

温馨提醒

　　购进货物或劳务用于机器设备类的在建工程可以抵扣，只有用于房屋建筑物类的不动产在建工程才不可以抵扣。

　　（4）《实施细则》第二十四条规定，非正常损失，是指因管理不善造成被盗、丢失、霉烂变质的损失。

温馨提醒

　　自然灾害等其他损失均不属于非正常损失。

　　《营业税改征增值税试点实施办法》（财税〔2013〕106号附件1）第二十五条拓展了非正常损失的范围。非正常损失，是指因管理不善造成被盗、丢失、霉烂变质的损失，以及被执法部门依法没收或者强令自行销毁的货物。

　　（5）《实施细则》第二十五条规定，纳税人自用的应征消费税的摩托车、汽车、游艇，其进项税额不得从销项税额中抵扣。

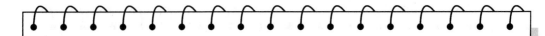

温馨提醒

　　本条规定现已废止。根据《营业税改征增值税试点有关事项的规定》（财税〔2013〕106 号附件 2）规定，原增值税一般纳税人自用的应征消费税的摩托车、汽车、游艇，其进项税额准予从销项税额中抵扣。

　　（6）发生上述行为的已抵扣进项税额的存货、固定资产要作进项税额转出，进项税额转出金额的确定：

　　购进货物和应税劳务按照购进货物和应税劳务时实际抵扣的进项税额进行转出，无法准确确定该项进项税额的，按照当期实际成本乘以适用税率计算，进口货物实际成本包括进价、运费、保险费等其他相关费用，国内购进货物实际成本包括进价和运费两部分。

温馨提醒

　　1. 若确定原材料购入时原抵扣的进项税额，直接转出即可，若不能确定则需要计算出原材料应该转出的进项税额，需要注意相应的运费进项税额也要一并转出，计算公式为：

　　材料为货物运输业营改增之后取得：

$$进项税额转出＝（材料成本－运费）×17\%＋运费×11\%$$

　　材料为货物运输业营改增之前取得：

$$进项税额转出＝（材料成本－运费）×17\%＋运费/（1－7\%）×7\%$$

　　2. 若原材料是免税农产品，计算公式为：

$$进项税额转出＝原材料成本/（1－13\%）×13\%$$

　　3. 在产品、产成品发生上述行为，在确定进项税额转出金额时，按照生产这些在产品、产成品所耗用购进货物或应税劳务已经抵扣了的进项税额计算，而不是在产品、产成品的实际成本，因为实际成本里还包括一些没有抵扣过的诸如人工费、折旧费等成本费用。

　　在产品、产成品所耗用购进货物或应税劳务已经抵扣了的进项税额能够确定的，直接转出，不能确定的则计算转出，计算公式同 1.。

4. 已抵扣进项税额的固定资产在发生上述行为的情况下，按下列公式确定进项税额转出金额：

$$进项税额转出＝固定资产净值×适用税率$$

2.《营业税改征增值税试点实施办法》（财税〔2013〕106 号附件 1）第二十四条规定，下列项目的进项税额不得从销项税额中抵扣：

（1）用于适用简易计税方法计税项目、非增值税应税项目、免征增值税项目、集体福利或者个人消费的购进货物、接受加工修理修配劳务或者应税服务。其中涉及的固定资产、专利技术、非专利技术、商誉、商标、著作权、有形动产租赁，仅指专用于上述项目的固定资产、专利技术、非专利技术、商誉、商标、著作权、有形动产租赁。

温馨提醒

只有专门用于简易计税方法计税项目、非增值税应税项目、免征增值税项目、集体福利或者个人消费的固定资产、专利技术、非专利技术、商誉、商标、著作权、有形动产租赁的进项税额才不得抵扣，其他混用的固定资产、专利技术、非专利技术、商誉、商标、著作权、有形动产租赁的进项税额均可以抵扣。

征收增值税的混合销售行为中，用于非增值税应税项目的购进货物和应税劳务的进项税额也可以抵扣。

（2）非正常损失的购进货物及相关的加工修理修配劳务和交通运输业服务。

（3）非正常损失的在产品、产成品所耗用的购进货物（不包括固定资产）、加工修理修配劳务或者交通运输业服务。

（4）接受的旅客运输服务。

对于以上 4 条，《营业税改征增值税试点实施办法》（财税〔2013〕106 号附件 1）第二十五条进行了解释：

（1）非增值税应税项目，是指非增值税应税劳务、转让无形资产（专利技术、非专利技术、商誉、商标、著作权除外）、销售不动产以及不动产在建工程。

非增值税应税劳务，是指《应税服务范围注释》所列项目以外的营业税应税劳务。

温馨提醒

　　随着营改增的进行，《应税服务范围注释》中的应税服务范围不断扩大，非增值税应税项目和非增值税应税劳务的范围必将进一步缩小，纳税人应不断关注最新政策。

　　不动产，是指不能移动或者移动后会引起性质、形状改变的财产，包括建筑物、构筑物和其他土地附着物。

　　纳税人新建、改建、扩建、修缮、装饰不动产，均属于不动产在建工程。

　　个人消费，包括纳税人的交际应酬消费。

　　固定资产，是指使用期限超过 12 个月的机器、机械、运输工具以及其他与生产经营有关的设备、工具、器具等有形动产。

　　（2）非正常损失，是指因管理不善造成被盗、丢失、霉烂变质的损失，以及被执法部门依法没收或者强令自行销毁的货物。

温馨提醒

　　本规定拓展了《实施细则》中关于非正常损失的范围。

　　非正常损失，是指因管理不善造成被盗、丢失、霉烂变质的损失，以及被执法部门依法没收或者强令自行销毁的货物，那么如何理解"管理不善"？

　　一般来说，管理不善属于主观原因，企业是可以避免发生的，但企业还是发生该类损失，则企业应该自己承担责任，税收上不应鼓励。如果是企业难以控制的一些原因，如自然灾害损失等不可抗力形成的资产损失，纳税人已经尽到保护的义务，国家则不应再加重其负担。另外市场环境的突然变化，使大量存货滞销导致产品过期而产生的损失，并非由于管理不善而引起，也应属于正常损失。

　　实务操作中，纳税人在遇到货物损失时应区别对待，而不是全部做进项税额转出处理。例如，实施细则明确非正常损失为管理不善造成被盗、丢失、霉烂变质等损失，而自然灾害也会造成货物霉烂变质，但自然灾害不属于非正常损失，这种情况下，企业应保留相关证据，或由中介机构出具货物损失鉴证，这样才能确保非正常损失的真实性，税务机关才能相信和认可。

　　【例 1-8】　企业生产不合格产品所耗用的原材料是否属于非正常损失，已抵扣的进项税额需要转出吗？

　　根据上述规定，企业生产不合格产品不属于非正常损失，进项税额不必转出。

　　【例 1-9】　新华书店的图书盘亏、毁损损失，因政策变动而积压的财税图书，是否需要做进项税额转出？

　　新华书店的图书盘亏、毁损损失显然属于因人为管理责任而毁损、被盗造成的非正常损失，该类资产损失进项税额应予以转出。而因政策变动而积压的财税图书可以理解为"政策因素造成的损失"，是企业无法控制的，不是因为管理不善引起的，属于正常损失，进项税额无须转出。

　　【例 1-10】　过期商品是否属于"非正常损失"？

　　商品过期一般有下列几种情形：

　　对于鲜活、易腐烂变质或者易失效的商品（保质期 15 天以内），如鲜奶，如果超过保质期报废，一般不属于非正常损失。除此之外的商品，如果超过保质期导致商品报废，属于主观上应当或应当可以控制的情形，应当界定为管理不善，属于非正常损失，否则属于正常损失。

　　产品过期（不含鲜活等），按照以销定产或以销定购的管理理论，属于管理不善造成的霉烂变质，应当进行进项税额转出，不属于管理不善造成的霉烂变质，不需进行进项税额转出。

　　产品过季节、断码等，如果还具有原商品属性，售价虽然可能偏低，但是存在合理理由，则不需要进行进项税额转出。

　　在实践中存在争议，但是部分地区的国税部门发布了规定，明确过期商品的损失不属于非正常损失的范围，例如：

　　《青海省国家税务局关于增值税有关业务问题的通知》（青国税函〔2006〕113 号）规定，"有保质期的货物因过期报废而造成的损失，除责任事故以外，可以按照不属于《增值税暂行条例》和《实施细则》规定的非正常损失，准予从销项税额中抵扣其进项税额"；

　　《四川省国家税务局关于印发〈增值税若干政策问题解答（之一）〉的通知》（川国税函〔2008〕155 号）规定，"企业销售过期、过季节商品、缺码（不配套）商品、工业企业报废产品等属正常损失范围，其外购货物或应税劳务的进项税额允许抵扣，不作进项转出"；

　　《安徽省国家税务局关于若干增值税政策和管理问题的通知》（皖国税函〔2008〕10 号）规定，"纳税人因库存商品已过保质期、商品滞销或被淘汰等原因，将库存货物报废或低价销售处理的，不属于非正常损失，不需要作进项税额转出处理"；

2009 年 11 月 9 日，国家税务总局纳税服务司问题解答中也指出，"纳税人生产或购入在货物外包装或使用说明书中注明有使用期限的货物，超过有效（保质）期无法进行正常销售，需作销毁处理的，可视作企业在经营过程中的正常经营损失，不纳入非正常损失"。

（3）已抵扣进项税额的购进货物、接受加工修理修配劳务或者应税服务，发生上述 1～4 条规定情形（简易计税方法计税项目、非增值税应税劳务、免征增值税项目除外）的，应当将该进项税额从当期进项税额中扣减；无法确定该进项税额的，按照当期实际成本计算应扣减的进项税额。

3. 根据《增值税暂行条例实施细则》第三十四条和《营业税改征增值税试点实施办法》（财税〔2013〕106 号附件 1）第二十九条规定：

有下列情形之一者，应当按照销售额和增值税税率计算应纳税额，不得抵扣进项税额，也不得使用增值税专用发票：

（1）一般纳税人会计核算不健全，或者不能够提供准确税务资料的。

（2）应当申请办理一般纳税人资格登记而未申请的。

（六）增值税扣税凭证其他特殊事项的处理

1. 增值税一般纳税人丢失增值税专用发票怎样处理。

《国家税务总局关于简化增值税发票领用和使用程序有关问题的公告》（国家税务总局公告 2014 年第 19 号）第三条规定：

一般纳税人丢失已开具专用发票的发票联和抵扣联，如果丢失前已认证相符的，购买方可凭销售方提供的相应专用发票记账联复印件及销售方主管税务机关出具的《丢失增值税专用发票已报税证明单》或《丢失货物运输业增值税专用发票已报税证明单》（以下统称《证明单》），作为增值税进项税额的抵扣凭证；如果丢失前未认证的，购买方凭销售方提供的相应专用发票记账联复印件进行认证，认证相符的可凭专用发票记账联复印件及销售方主管税务机关出具的《证明单》，作为增值税进项税额的抵扣凭证。专用发票记账联复印件和《证明单》留存备查。

一般纳税人丢失已开具专用发票的抵扣联，如果丢失前已认证相符的，可使用专用发票发票联复印件留存备查；如果丢失前未认证的，可使用专用发票发票联认证，专用发票发票联复印件留存备查。

一般纳税人丢失已开具专用发票的发票联，可将专用发票抵扣联作为记账凭证，专用发票抵扣联复印件留存备查。

温馨提醒

《国家税务总局关于被盗、丢失增值税专用发票的处理意见的通知》（国税函〔1995〕292号）规定：

1. 纳税人必须严格按《增值税专用发票使用法规》保管使用专用发票、对违反法规发生被盗、丢失专用发票的纳税人，主管税务机关必须严格按《中华人民共和国税收征收管理法》和《中华人民共和国发票管理办法》的法规，处以一万元以下的罚款，并可视具体情况，对丢失专用发票纳税人，在一定期限内（最长不超过半年）停止领购专用发票。对纳税人申报遗失的专用发票，如发现非法代开、虚开问题的，该纳税人应承担偷税、骗税的连带责任。

2. 为便于各地税务机关、纳税人对照查找被盗、丢失的专用发票，减轻各地税务机关相互之间传（寄）专用发票遗失通报的工作量，对发生被盗、丢失专用发票的纳税人，必须要求统一在《中国税务报》上刊登"遗失声明"。

3. 纳税人丢失专用发票后，必须按法规程序向当地主管税务机关、公安机关报失。各地税务机关对丢失专用发票的纳税人按法规进行处罚的同时，代收取"挂失登报费"，并将丢失专用发票的纳税人名称、发票份数、字轨号码、盖章与否等情况，统一传（寄）中国税务报社刊登"遗失声明"。传（寄）中国税务报社的"遗失声明"，必须经县（市）国家税务机关审核盖章、签注意见。

4. 实行在《中国税务报》上刊登"遗失声明"这一办法后，各地税务机关不再相互传递专用发票遗失通报，可对照《中国税务报》上刊登的"遗失声明"及字轨号码审核进项发票。

2. 增值税一般纳税人丢失海关进口增值税专用缴款书怎样处理。

《国家税务总局关于调整增值税扣税凭证抵扣期限有关问题的通知》（国税函〔2009〕617号）第四条规定，增值税一般纳税人丢失海关缴款书，应在规定期限内，凭报关地海关出具的相关已完税证明，向主管税务机关提出抵扣申请。主管税务机关受理申请后，应当进行审核，并将纳税人提供的海关缴款书电子数据纳入稽核系统进行比对。稽核比对无误后，方可允许计算进项税额抵扣。

3. 外贸企业丢失增值税专用发票抵扣联怎样申报出口退税。

《国家税务总局关于外贸企业使用增值税专用发票办理出口退税有关问题的公告》（国家税务总局公告2012年第22号）规定：

（1）外贸企业丢失已开具增值税专用发票发票联和抵扣联的，在增值税专用发票认证相符后，可凭增值税专用发票记账联复印件及销售方所在地主管税务机关出具的《丢失增值税专用发票已报税证明单》，经购买方主管税务机关审核同意后，向主管出口退税的税务机关申报出口退税。

（2）外贸企业丢失已开具增值税专用发票抵扣联的，在增值税专用发票认证相符后，可凭增值税专用发票发票联复印件向主管出口退税的税务机关申报出口退税。

4. 一般纳税人丢失增值税普通发票怎样处理。

根据《发票管理办法》第三十六条、《发票管理办法实施细则》第四十一条、第五十条的相关规定，丢失普通发票的纳税人应于丢失当日书面报告主管税务机关、填写《发票挂失声明申请审批表》等税务申请文书、向税务机关指定的报刊等媒介刊登公告声明作废，然后接受主管税务机关责令限改并处 10 000 元以下的罚款。

增值税普通发票一旦丢失，纳税人则无法凭借增值税普通发票进行账务处理，而只能够使用收据、复印件等其他证明材料入账（实际工作中，很多地市国税机关不允许使用发票复印件入账），这样将使财务工作显得很不规范，而且与之相关的成本费用在企业所得税汇算清缴时也不允许税前扣除。

增值税专用发票的发票联和抵扣联丢失还有办法补救，但是，对于增值税普通发票丢失的情况怎样处理，目前税法还没有明确的规定（有些地区的税务机关做出了相应的规定，可以按照当地税务机关规定办理）。因此，纳税人一定要高度重视增值税普通发票或运输发票的保管。

5. 失控发票可作为购买方抵扣增值税进项税额的凭证吗？

《国家税务总局关于失控增值税专用发票处理的批复》（国税函〔2008〕607号）规定：

在税务机关按非正常户登记失控增值税专用发票（以下简称失控发票）后，增值税一般纳税人又向税务机关申请防伪税控报税的，其主管税务机关可以通过防伪税控报税子系统的逾期报税功能受理报税。

购买方主管税务机关对认证发现的失控发票，应按照规定移交稽查部门组织协查。属于销售方已申报并缴纳税款的，可由销售方主管税务机关出具书面证明，并通过协查系统回复购买方主管税务机关，该失控发票可作为购买方抵扣增值税进项税额的凭证。

6. 外贸企业取得失控增值税专用发票可以办理出口退税吗？

《国家税务总局关于外贸企业使用增值税专用发票办理出口退税有关问题的公告》（国家税务总局公告2012年第22号）规定：

外贸企业取得的失控增值税专用发票，销售方已申报并缴纳税款的，可由销售方主管税务机关出具书面证明，并通过协查系统回复购买方主管税务机关。外贸企业可凭增值税专用发票向主管出口退税的税务机关申报出口退税。

另外，国家税务总局2012年第22号公告还规定下列两种情况，外贸企业也可凭增值税专用发票向主管出口退税的税务机关申报出口退税：

（1）《国家税务总局关于印发〈增值税专用发票审核检查操作规程（试行）〉的通知》（国税发〔2008〕33号）第十八条第一款规定的允许抵扣的稽核比对结果属于异常的增值税专用发票，外贸企业可凭增值税专用发票向主管出口退税的税务机关申报出口退税。

（2）《国家税务总局关于逾期增值税扣税凭证抵扣问题的公告》（国家税务总局公告2011年第50号）规定的允许抵扣的增值税专用发票，外贸企业可凭增值税专用发票（原件丢失的，可凭增值税专用发票复印件）向主管出口退税的税务机关申报出口退税。

7. 企业用加油卡加油是否可以要求加油站直接开具专用发票？

根据《成品油零售加油站增值税征收管理办法》（国家税务总局令〔2002〕2号）第十二条规定，发售加油卡、加油凭证销售成品油的纳税人（以下简称"预售单位"）在售卖加油卡、加油凭证时，应按预收账款方法作相关账务处理，不征收增值税。预售单位在发售加油卡或加油凭证时可开具普通发票，如购油单位要求开具增值税专用发票，待用户凭卡或加油凭证加油后，根据加油卡或加油凭证回笼纪录，向购油单位开具增值税专用发票。接受加油卡或加油凭证销售成品油的单位与预售单位结算油款时，接受加油卡或加油凭证销售成品油的单位根据实际结算的油款向预售单位开具增值税专用发票。

因此，加油站在售卖加油卡时，企业可以要求其提前开具普通发票，但不能提前开具增值税专用发票。只有待企业凭卡或加油凭证加油后，根据加油卡或加油凭证回笼记录，要求加油站开具增值税专用发票。

8. 一般纳税人经营地点迁移后仍继续经营，其一般纳税人资格是否可以继续保留以及尚未抵扣进项税额是否允许继续抵扣？

《国家税务总局关于一般纳税人迁移有关增值税问题的公告》（国家税务总局公告2011年第71号）规定：

（1）增值税一般纳税人因住所、经营地点变动，按照相关规定，在工商行政管理部门作变更登记处理，但因涉及改变税务登记机关，需要办理注销税务登记并重新办理税务登记的，在迁达地重新办理税务登记后，其增值税一般纳税人资格予以保留，办理注销税务登记前尚未抵扣的进项税额允许继续抵扣。

（2）迁出地主管税务机关应认真核实纳税人在办理注销税务登记前尚未抵扣的进项税额，填写《增值税一般纳税人迁移进项税额转移单》，一式三份，迁出地主管税务机关留存一份，缴纳税人一份，传递迁达地主管税务机关一份。

（3）迁达地主管税务机关应将迁出地主管税务机关传递来的《增值税一般纳税人

迁移进项税额转移单》与纳税人报送资料进行认真核对，对其迁移前尚未抵扣的进项税额，在确认无误后，允许纳税人继续申报抵扣。

9. 增值税一般纳税人在资产重组过程中按程序办理注销税务登记的，其在办理注销登记前尚未抵扣的进项税额可结转至新纳税人处继续抵扣吗？

《国家税务总局关于纳税人资产重组增值税留抵税额处理有关问题的公告》（国家税务总局公告 2012 年第 55 号）规定：

（1）增值税一般纳税人（以下称"原纳税人"）在资产重组过程中，将全部资产、负债和劳动力一并转让给其他增值税一般纳税人（以下称"新纳税人"），并按程序办理注销税务登记的，其在办理注销登记前尚未抵扣的进项税额可结转至新纳税人处继续抵扣。

（2）原纳税人主管税务机关应认真核查纳税人资产重组相关资料，核实原纳税人在办理注销税务登记前尚未抵扣的进项税额，填写《增值税一般纳税人资产重组进项留抵税额转移单》。

《增值税一般纳税人资产重组进项留抵税额转移单》一式三份，原纳税人主管税务机关留存一份，交纳税人一份，传递新纳税人主管税务机关一份。

（3）新纳税人主管税务机关应将原纳税人主管税务机关传递来的《增值税一般纳税人资产重组进项留抵税额转移单》与纳税人报送资料进行认真核对，对原纳税人尚未抵扣的进项税额，在确认无误后，允许新纳税人继续申报抵扣。

10. 增值税发票使用问题。

增值税一般纳税人提供货物运输服务的，使用货物运输业增值税专用发票（以下简称货运专票）和普通发票；提供货物运输服务之外其他增值税应税项目的，统一使用增值税专用发票（以下简称专用发票）和增值税普通发票。

小规模纳税人提供货物运输服务，服务接受方索取货运专票的，可向主管税务机关申请代开，填写《代开货物运输业增值税专用发票缴纳税款申报单》。代开货运专票按照代开专用发票的有关规定执行。

（1）中国铁路总公司及其所属运输企业（含分支机构）可暂延用其自行印制的铁路票据，其他提供铁路运输服务的纳税人以及提供邮政服务的纳税人，其普通发票的使用由各省国税局确定。

（2）提供铁路运输服务的纳税人有 2 个以上开票点且分布在不同省（自治区、直辖市）的，可以携带空白发票在开票点所在地开具。

《中华人民共和国发票管理办法》第二十五规定，除国务院税务主管部门规定的特殊情形外，发票限于领购单位和个人在本省、自治区、直辖市内开具。省、自治区、直辖市税务机关可以规定跨市、县开具发票的办法。第二十六条规定，除国务院税务主管部门规定的特殊情形外，任何单位和个人不得跨规定的使用区域携带、邮寄、运输空白发票。铁路运输行业由于其经营模式的特殊性，存在提供铁路运输服务的纳税人有 2 个以上开票点且分布在不同省（自治区、直辖市）的，公告明确其可以携带空白发票并在开票点所在地开具。

（3）提供港口码头服务、货运客运场站服务、装卸搬运服务、旅客运输服务的一般纳税人，可以选择使用定额普通发票。

（4）从事国际货物运输代理业务的一般纳税人，应使用六联专用发票或五联增值税普通发票，其中第四联用作购付汇联；从事国际货物运输代理业务的小规模纳税人，应使用普通发票，其中第四联用作购付汇联。

（5）货运专用发票开具问题。

①一般纳税人提供应税货物运输服务，使用货运专票；提供其他增值税应税项目、免税项目或非增值税应税项目的，不得使用货运专票。

②货运专票中"承运人及纳税人识别号"栏填写提供货物运输服务、开具货运专票的一般纳税人信息；"实际受票方及纳税人识别号"栏填写实际负担运输费用、抵扣进项税额的一般纳税人信息；"费用项目及金额"栏填写应税货物运输服务明细项目及不含增值税的销售额；"合计金额"栏填写应税货物运输服务项目不含增值税的销售额合计；"税率"栏填写增值税税率；"税额"栏填写按照应税货物运输服务项目不含增值税的销售额和适用税率计算得出的增值税额；"价税合计（大写）（小写）"栏填写不含增值税的销售额和增值税额的合计；"机器编号"栏填写货运专票税控系统税控盘编号。

③税务机关在代开货运专票时，货运专票税控系统在货运专票左上角自动打印"代开"字样；"税率"栏填写小规模纳税人增值税征收率；"税额"栏填写按照应税货物运输服务项目不含增值税的销售额和小规模纳税人增值税征收率计算得出的增值税额；"备注"栏填写税收完税凭证号码；其他栏次内容与第②项相同。

五、抄税、报税、税款缴纳的重点事和疑难事

在完成前述的增值税专用发票和普通发票开具以及增值税扣税凭证认证之后，就到了增值税业务流程中的抄报税环节，为了让非税务会计和会计新手们轻松快速掌握抄报税技术，让在职税务会计提升办税技能和提高申报质量，我们将以甲公司 6 月份的增值税业务为实例进行一次身临其境的实战。

这一环节中，增值税纳税申报表的填写是一项重要内容。

自 2013 年 9 月 1 日起，中华人民共和国境内增值税纳税人均应按照《国家税务总

局关于调整增值税纳税申报有关事项的公告》（国家税务总局公告 2013 年第 32 号）的规定进行增值税纳税申报。

为认真落实扶持小微企业发展的有关税收优惠政策，《国家税务总局关于调整增值税纳税申报有关事项的公告》（国家税务总局公告 2014 年第 58 号）对小规模纳税人增值税纳税申报有关事项进行了调整，自 2014 年 11 月 1 日起施行。

为准确掌握纳税人享受增值税减免税优惠政策情况，《国家税务总局关于调整增值税纳税申报有关事项的公告》（国家税务总局公告 2015 年第 23 号）对增值税纳税申报有关事项进行了调整，自 2015 年 7 月 1 日起施行。

为配合消费税制度改革，《国家税务总局关于调整增值税纳税申报有关事项的公告》（国家税务总局公告 2014 年第 69 号）对增值税纳税申报有关事项进行了调整，自 2015 年 2 月 1 日起施行。

纳税申报资料包括纳税申报表及其附列资料和纳税申报其他资料。纳税申报表及其附列资料为必报资料。纳税申报其他资料的报备要求由各省、自治区、直辖市和计划单列市国家税务局确定。

（一）纳税申报表及其附列资料

1. 增值税一般纳税人（以下简称一般纳税人）纳税申报表及其附列资料包括：
（1）《增值税纳税申报表（一般纳税人适用)》（见表 1-5）。
（2）《增值税纳税申报表附列资料（一）》（本期销售情况明细）（见表 1-6）。
（3）《增值税纳税申报表附列资料（二）》（本期进项税额明细）（见表 1-7）。
（4）《增值税纳税申报表附列资料（三）》（应税服务扣除项目明细）（见表 1-8）。
一般纳税人提供应税服务，在确定应税服务销售额时，按照有关规定可以从取得的全部价款和价外费用中扣除价款的，需填报《增值税纳税申报表附列资料（三）》。其他情况不填写该附列资料。
（5）《增值税纳税申报表附列资料（四）》（税收抵减情况表）（见表 1-9）。
（6）《固定资产进项税额抵扣情况表》（见表 1-10）。
2. 增值税小规模纳税人（以下简称小规模纳税人）纳税申报表及其附列资料包括：
（1）《增值税纳税申报表（小规模纳税人适用)》（见表 1-13）。
（2）《增值税纳税申报表（小规模纳税人适用）附列资料》（见表 1-14）。
小规模纳税人提供应税服务，在确定应税服务销售额时，按照有关规定可以从取得的全部价款和价外费用中扣除价款的，需填报《增值税纳税申报表（小规模纳税人适用）附列资料》。其他情况不填写该附列资料。

(二) 纳税申报其他资料

1. 已开具的税控"机动车销售统一发票"和普通发票的存根联。

2. 符合抵扣条件且在本期申报抵扣的防伪税控"增值税专用发票"、"货物运输业增值税专用发票"、税控"机动车销售统一发票"的抵扣联。

按规定仍可以抵扣且在本期申报抵扣的"公路、内河货物运输业统一发票"的抵扣联。

3. 符合抵扣条件且在本期申报抵扣的海关进口增值税专用缴款书、购进农产品取得的普通发票的复印件。

4. 符合抵扣条件且在本期申报抵扣的中华人民共和国税收缴款凭证及其清单，书面合同、付款证明和境外单位的对账单或者发票。

5. 已开具的农产品收购凭证的存根联或报查联。

6. 纳税人提供应税服务，在确定应税服务销售额时，按照有关规定从取得的全部价款和价外费用中扣除价款的合法凭证及其清单。

7. 《增值税减免税申报明细表》(见表1-11)。

8. 《部分产品销售统计表》(见表1-12)。

9. 主管税务机关规定的其他资料。

(三) 一般纳税人申报表填列特别需要注意的事项

1. 按照税法规定享受即征即退税收优惠政策的纳税人要特别注意：应当将一般货物及劳务和应税服务与即征即退货物及劳务和应税服务的数据分别填写在增值税纳税申报表的"一般货物及劳务和应税服务"和"即征即退货物及劳务和应税服务"栏内。

"即征即退货物及劳务和应税服务"栏只填写纳税人按照税法规定享受即征即退税收优惠政策，由税务机关负责征收并直接办理退税的增值税应税货物及劳务和应税服务，不填写由财政部门返还增值税的货物及劳务和应税服务。

但享受即征即退税收优惠政策的货物及劳务和应税服务经税务稽查发现偷税的，不得填入"即征即退货物及劳务和应税服务"部分，而应将本部分销售额在"一般货物及劳务和应税服务"栏中反映。

2. 虽然一般纳税人增值税纳税申报表的"25栏"、"27栏"、"30栏"的数据由系统自动生成，但是某些时候会出现错误（如辅导期纳税人预缴税款、转为正式一般纳税人的几个月份，"25栏"可能出现错误；一般纳税人申请延期缴纳税款时，"27栏"、"30栏"可能出现错误），税务会计要认真核对申报数据，按照实际情况进行修改，修改正确后，再点击"提交"，否则会造成数据错误。

3. 按3%征收率减按2%征收的情况下，不能在附表一中直接按减按2%后的税额填写。具体填写方法为：

（1）填写增值税纳税申报表附表一"二、简易计税方法计税"中"开具其他发票"的"3%征收率的货物及加工修理修配劳务"相关栏次。

（2）增值税纳税申报表第5栏"（二）按简易办法计税销售额"和第21栏"简易计税办法计算的应纳税额"自动生成。将计算的减征税额填入增值税纳税申报表第23栏"应纳税额减征额"栏次。

4. 附表一第1至8列分别是填写纳税人取得的销售额以及销项（应纳）税额。"开具税控增值税专用发票"部分包括开具防伪税控增值税专用发票部分，货运增值税专用发票部分以及机动车销售统一发票的销售额及销项（应纳）税额；"开具其他发票部分"填写纳税人开具上述几种发票以外的发票所取得的销售额及销项（应纳）税额。

纳税人必须根据发票类型、税率分别在相应的栏次填写销售额和税额，与防伪税控开票系统开票数据认真核对，确保申报数据与系统数据完全一致。

纳税人操作失误的，也必须按照防伪税控开票系统开票数据进行纳税申报，次月再进行调整，如发票税率开错，将6%开成17%，本月按17%的发票申报，次月红字冲回后重新开具6%的发票再申报；再如，开具的纸质发票作废但系统发票未作废，本月按系统发票数额申报，下月红字冲回后再进行负数申报。

5. 附表二第一部分"申报抵扣的进项税额"涉及的主要增值税扣税凭证：

（1）增值税专用发票（含机动车销售统一发票），在第1行填列。

（2）货物运输业增值税专用发票，包括纳税人自开的货物运输业增值税专用发票和税务机关代开的货物运输业增值税专用发票，在第1行填列。

（3）海关进口增值税专用缴款书，在第5行填列。

（4）农产品收购发票或者销售发票，在第6行填列。

（5）代扣代缴税收缴款凭证，在第7行填列，同时应填写"代扣代缴税收缴款凭证抵扣清单"，采集合法的代扣代缴税收缴款凭证明细。

代扣代缴税收缴款凭证，指营改增的纳税人，接受境外单位或个人提供的应税服务，境内的代理人或实际接受人代扣代缴增值税的税收缴款凭证。有两点必须注意：

①接受境外单位或个人提供的营业税服务，代扣代缴营业税的税收缴款凭证不允许抵扣，因此不得填入本栏。

②接受境外单位或个人在境内提供的加工修理修配劳务，代扣代缴增值税的税收缴款凭证不允许抵扣，因此不得填入本栏。

6. 附表二第二部分"进项税额转出额"主要涉及两种类型的进项税额转出：

（1）填写纳税人已经抵扣，但按税法规定不允许抵扣，需做进项税额转出的部分。

（2）发生服务中止、购进货物退出、折让而收回的增值税额，应从当期的进项税额中扣减。

纳税人填写时需注意：

（1）纳税人进项税额转出栏次需要填写准确，如不能将红字专用发票通知单注明的进项税额填入第 23 行"其他应作进项税额转出的情形"，而应填入第 20 行"红字专用发票通知单注明的进项税额"。

（2）购买方取得的红字专用发票不需要认证，直接在附表二第 20 行转出，若企业已经将红字发票认证，在第 23 行填写负数进行更正。

7. 附表二第三部分"待抵扣进项税额"主要是辅导期一般纳税人来填写。

辅导期纳税人当月认证，待取得稽核比对通知书后才能按通知书结果申报抵扣。纳税人需注意以下栏次的填写：

（1）辅导期纳税人在填报附表二时，一定要注意：第 3 栏、第 25 栏、第 26 栏、第 27 栏是否正确，若填写不正确可能会导致辅导期纳税人抵扣税额不正确。

对于本期认证的进项税额部分，在账务处理时计入"待抵扣进项税额"，并在增值税申报表附表二第 26 栏"本期认证相符且本期未申报抵扣"内填写此行内容。下期收到《稽核比对结果通知书》后，在增值税申报表附表二第 3 栏"前期认证相符且本期申报抵扣"自动生成数据，第 25 栏"期初已认证相符但未申报抵扣"的数据必须手工录入，因为这四栏勾稽计算关系为"第 3 栏＝第 25 栏＋第 26 栏－第 27 栏"，第 25 栏如果不录入数据，第 27 栏容易出错，有时候还可能出现负数。所以会计人员一定要搞清附表二的勾稽计算关系，以免造成不必要的麻烦。

另外，遇到数据出错或者以前认证的数据未在报表上体现出来等情况，一定要及时联系所属分局操作人员，否则出现跨月后，将无法抵扣，从而给企业造成巨大损失。

（2）第 5 栏填写税务机关告知的《稽核比对结果通知书》及其明细清单注明的本期稽核相符的海关进口增值税专用缴款书、协查结果中允许抵扣的海关进口增值税专用缴款书的份数、金额、税额。

（3）第 30 栏填写本月未收到稽核比对结果的海关进口增值税专用缴款书。

8. 附表三填写应税服务扣除项目明细，不同税率应税服务差额应分别扣除，不能通扣。应税服务有扣除项目的一般纳税人应到主管税务机关进行增值税税收优惠事项备案（差额征税类），同时填写"应税服务减除项目清单"，采集合法的扣除凭证明细，否则无法填报附表三。

9. 在纳税申报中，需要认真核对申报数据，如遇到数据出现错误或异常，比如申报表累计数据出错、留抵税款、期初未缴税款、预缴税款、机动车认证数据和红字发票通知单等数据出现错误或异常，必须及时改正，无法自行修改的应该及时联系所属国税分局，及时改正，如果申报完成，数据导入到省局数据库，则无法修改，从而给企业造成不必要的麻烦。

六、增值税财税处理及纳税申报操作综合案例

（一）丰收公司的基本信息

B市丰收计算机有限公司（以下简称丰收公司）是增值税一般纳税人，主要从事计算机的生产和销售业务、技术服务，还兼营运输业务。其基本信息如下：

纳税人识别号：000000000000066

所属行业：计算机整机制造

法定代表人姓名：雨泽

注册地址：B市××区××路6号

营业地址：B市××区××路6号

开户银行及账号：30000000800310000000

企业登记注册类型：有限责任公司

电话号码：6668888

20×3年1—5月数据：应税货物销售额200 800 000元，应税劳务销售额8 500 000元，销项税额34 931 500元，进项税额27 047 935元，进项税额转出52 030元。20×3年初有上年未交增值税2 004 250元，本月缴纳上月增值税。

（二）20×3年6月份丰收公司发生的相关增值税业务

（1）丰收公司购入用于生产电脑的原材料，取得增值税专用发票40份，增值税专用发票上注明金额2 900万元，税额493万元，取得货物运输业增值税专用发票9份，货物运输业增值税专用发票上注明金额20万元，税额2.2万元。以银行存款支付价款货款，材料已到达并验收入库。

（2）丰收公司购入生产用设备一台，取得增值税专用发票1份，增值税专用发票上注明金额50 000元，税额8 500元，款项均以银行存款支付。

（3）丰收公司以直接销售方式将6 000台电脑按6 000元/台的不含税价格销售给代理商，已经全部开具增值税专用发票，共计40份，不含税金额3 600万元，税额612万元，截止本月底已经收到货款4 000万元，尚有212万元货款未收到。

（4）丰收公司与乙公司签订委托代销协议，按照协议规定，乙公司应按不含税销售价格为6 000元/台进行销售，丰收公司按照200元/台向乙公司支付手续费。20×3

年6月丰收公司发出电脑1 300台，电脑实际成本为5 000元/台，至6月底结账时，收到乙公司的代销清单，代销清单显示乙公司销售1 000台，丰收公司按销售清单确认的销售数量1 000台和不含税销售金额600万元开具增值税专用发票7份。

（5）丰收公司将电脑400台按6 000元/台的不含税价格赊销给代理商丙公司，双方约定，丙公司7月20日付款，丰收公司收到货款的当天开具增值税专用发票。

（6）丰收公司直接向个人销售电脑20台，取得不含税销售收入12万元，开具增值税普通发票20份。

（7）将自产电脑10台无偿赠送给B市的一所中学，电脑实际成本为5 000元/台，同期销售价格6 000元/台。

（8）丰收公司提供的电脑修理修配劳务开具增值税专用发票10份，不含税金额12万元。

（9）丰收公司取得技术服务费收入106万元，开具增值税专用发票20份，销售额100万元，销项税额6万元。

（10）丰收公司取得运输收入77.7万元，开具货物运输业增值税专用发票9份，销售额70万元，销项税额7.7万元。

（11）外购自来水、电力，支付含税价款合计4.68万元，取得增值税普通发票2份。外购低值易耗品，支付含税价款合计3.51万元，取得增值税专用发票5份。

（12）销售本公司一台旧的机器设备，取得含税销售额10.3万元，该设备为2008年12月购买。丰收公司按规定开具了普通发票1份。

（13）公司管理部门领用生产用原材料一批用于集体福利和个人消费，实际成本为20 000元。

（14）由于保管不善，原材料发生非常损失，其实际成本为8 000元。

（15）期初未缴税额2 165 266元，6月份缴纳上期税款2 165 266元。

（16）计算本期应交增值税税款。

（三）丰收公司6月份发生的增值税业务账务处理（非增值税业务会计分录略）

（1）进项税额＝493＋2.2＝495.2（万元）

原材料入账价值＝2 900＋20＝2 920（万元）

账务处理：

借：原材料　　　　　　　　　　　　　　　　　　　　　29 200 000

应交税费——应交增值税（进项税额）　　　　　 4 952 000

贷：银行存款　　　　　　　　　　　　　　　　　　 34 152 000

（2）账务处理：

```
    借：固定资产                                          50 000
       应交税费——应交增值税（进项税额）                  8 500
       贷：银行存款                                            58 500
```

（3）账务处理：

```
    借：银行存款                                      40 000 000
       应收账款                                        2 120 000
       贷：主营业务收入                                      36 000 000
          应交税费——应交增值税（销项税额）                   6 120 000
```

（4）收到乙公司的代销清单时，账务处理：

```
    借：应收账款                                       7 020 000
       贷：主营业务收入                                       6 000 000
          应交税费——应交增值税（销项税额）                   1 020 000
```

（5）由于丰收公司与丙公司约定 7 月付款，所以当期的销项税额是 0。

（6）账务处理：

```
    借：银行存款                                         140 400
       贷：主营业务收入                                         120 000
          应交税费——应交增值税（销项税额）                      20 400
```

（7）无偿赠送增值税销项税额＝10×6 000×17％＝10 200（元），账务处理：

```
    借：营业外支出                                        60 200
       贷：库存商品                                              50 000
          应交税费——应交增值税（销项税额）                      10 200
```

（8）账务处理：

```
    借：银行存款                                         140 400
       贷：主营业务收入                                         120 000
          应交税费——应交增值税（销项税额）                      20 400
```

（9）取得技术服务收入：

```
    借：银行存款                                       1 060 000
       贷：主营业务收入                                       1 000 000
          应交税费——应交增值税（销项税额）                      60 000
```

（10）取得运输收入：

```
    借：银行存款                                         777 000
       贷：主营业务收入                                         700 000
          应交税费——应交增值税（销项税额）                      77 000
```

（11）外购自来水、电力，取得增值税普通发票，不能抵扣。外购低值易耗品，支付含税价款合计 3.51 万元，取得增值税专用发票 5 份，可以抵扣。账务处理：

借：周转材料 30 000
　　应交税费——应交增值税（进项税额） 5 100
　　贷：银行存款 35 100

（12）销售使用过的机器设备应缴纳的增值税额＝10.3/（1＋3%）×10 000×2%＝2 000（元），账务处理：

借：银行存款 103 000
　　贷：固定资产清理 100 000
　　　　应交税费——未交增值税 3 000
借：应交税费——未交增值税 1 000
　　贷：营业外收入 1 000

（13）公司管理部门领用生产用原材料一批用于集体福利和个人消费，应作进项税额转出，账务处理：

借：营业外支出 23 400
　　贷：原材料 20 000
　　　　应交税费——应交增值税（进项税额转出） 3 400

（14）账务处理：

借：待处理财产损溢——待处理流动资产损溢 9 360
　　贷：原材料 8 000
　　　　应交税费——应交增值税（进项税额转出） 1 360

（15）账务处理：

借：应交税费——未交增值税 2 165 266
　　贷：银行存款 2 165 266

（16）计算本月应交增值税＝销项税额－进项税额＋进项税额转出＝7 328 000－4 965 600＋4 760＝2 367 160（元）。

借：应交税费——应交增值税（转出未交增值税） 2 367 160
　　贷：应交税费——未交增值税 2 367 160

（四）丰收公司整理 6 月份纳税资料

（1）开具增值税专用发票和普通发票情况。

金税设备月度资料统计功能主要用于查询企业金税盘某一个会计月的各种发票领用存及销项金额、税额等统计资料。点击"报税处理/发票资料统计/金税设备月度资料统计"菜单项或快捷图标"月度统计"，在弹出的指定汇总范围窗口中，选择发票种类、年份、月份和所属税期后点击"确认"按钮。系统弹出月度资料统计窗口，显示该种发票的统计数据：

本期共开具防伪税控系统开具的增值税专用发票 86 份，其中：47 份增值税专用发票为销售电脑，金额为 42 000 000 元，税率 17％，税额 7 140 000 元；10 份增值税专用发票为提供修理修配劳务，金额为 120 000 元，税率 17％，税额 20 400 元；20 份增值税专用发票为技术服务费收入，金额为 100 万元，税率 6％，税额 6 万元；9 份货物运输业增值税专用发票为运输收入，金额为 70 万元，税率 11％，税额 7.7 万元。

本期共开具增值税普通发票 20 份，金额为 120 000 元，税额 20 400 元。

（2）未开具发票情况。

将自产电脑 10 台无偿赠送给 B 市的一所中学未开具发票，应按视同销售缴纳增值税，同期销售金额 60 000 元，增值税税额 10 200 元。

（3）简易征收办法征收增值税情况。

销售本公司一台旧的机器设备，按 3％征收率减按 2％征收增值税，开具普通发票 1 份，税率 3％，销售金额 100 000 元和应纳税额 3 000 元，按 2％征收增值税 2 000 元，即减征额 1 000 元。

（4）发票认证情况。

将本月取得的增值税专用发票全部认证，《认证结果通知书》及认证结果清单显示：已认证相符的、符合本期抵扣条件的增值税专用发票（含货物运输业增值税专用发票）55 份，金额 29 280 000 元，税额 4 965 600 元。

（5）进项税额转出情况。

①公司管理部门领用生产用原材料一批用于集体福利和个人消费，实际成本为 20 000 元，进项税额转出 3 400 元。

②由于保管不善，原材料发生非常损失，其实际成本为 8 000 元，进项税额转出 1 360 元。

（6）其他情况。

①上期留抵税额为 0；

②20×3 年 1—5 月数据：应税货物销售额 200 800 000 元，应税劳务销售额 8 500 000 元，销项税额 34 931 500 元，进项税额 27 047 935 元，进项税额转出 52 030 元。20×3 年初有上年未交增值税 2 004 250 元，本月缴纳上月增值税。

（五）《增值税纳税申报表》主表及附表的填列

（1）根据资料"（1）开具增值税专用发票和普通发票情况"填列。

①将销售额 42 120 000 元、销项税额 7 160 400 元填列在《增值税纳税申报表附列资料（一）》第 1 行"17％税率的货物及加工修理修配劳务"第 1、2 列"开具税控增值税专用发票"栏内。

②将销售额 700 000 元、销项税额 77 000 元填列在《增值税纳税申报表附列资料（一）》第 4 行"11%税率"第 1、2 列"开具税控增值税专用发票"栏内。

③将销售额 1 000 000 元、销项税额 60 000 元填列在《增值税纳税申报表附列资料（一）》第 5 行"6%税率"第 1、2 列"开具税控增值税专用发票"栏内。

（2）根据资料"（1）开具增值税专用发票和普通发票情况"填列。

将销售额 120 000 元、销项税额 20 400 元填列在《增值税纳税申报表附列资料（一）》第 1 行"17%税率的货物及加工修理修配劳务"第 3、4 列"开具其他发票"栏内。

（3）根据资料"（2）未开具发票情况"填列。

将销售额 60 000 元、销项税额 10 200 元填列在《增值税纳税申报表附列资料（一）》第 1 行"17%税率的货物及加工修理修配劳务"第 5、6 列"未开具发票"栏内。

（4）根据资料"（3）简易征收办法征收增值税情况"填列。

将销售额 100 000 元、销项税额 3 000 元填列在《增值税纳税申报表附列资料（一）》第 11 行"3%征收率的货物及加工修理修配劳务"第 3、4 列"开具其他发票"栏内。

（5）根据资料"（4）发票认证情况"填列。

《增值税纳税申报表附列资料（二）》第 2 栏"其中：本期认证相符且本期申报抵扣"中的"份数、金额、税额"栏内的数据分别为"55"、"29280000"、"4965600"。

《增值税纳税申报表附列资料（二）》第 35 栏"本期认证相符的税控增值税专用发票"中的"份数、金额、税额"栏内的数据分别为"55"、"29280000"、"4965600"。

（6）根据资料"（5）进项税额转出情况"填列。

将公司管理部门领用生产用原材料进项税转出额 3 400 元填列在《增值税纳税申报表附列资料（二）》第 15 栏"非应税项目用、集体福利、个人消费"中的"税额"栏内。

将原材料发生非常损失进项税转出额 1 360 元填列在《增值税纳税申报表附列资料（二）》第 16 栏"非正常损失"中的"税额"栏内。

（7）其他数据的填列。

在完成以上数据填列后，增值税纳税申报表附列资料（一）、（二）中的其他栏次的数据都会自动生成。

在对增值税纳税申报表附列资料（一）、（二）进行保存后，增值税纳税申报表主表的大部分数据已经自动生成。这时可以检查自动生成的数据是否正确，一般来说，只要附表正确，主表也会正确。

对于不能自动生成的数据要手工填入：根据资料"（3）简易征收办法征收增值税情况"将 1 000 元直接填入第 23 栏"应纳税额减征额"。

至此，增值税申报表填列完成，详见表 1-5 至表 1-12，未发生业务的表格不需要填写，可以进行 0 申报。

增值税纳税申报表主表及附表填列完成了，随同资产负债表、利润表、现金流量表进行纳税申报。除了这些全国统一的报表外，个别省份可能还需要填报一些其他报表，其他报表通常比较简单，不再赘述。

表 1-5   **增值税纳税申报表**

（适用于增值税一般纳税人）

根据国家税收法律法规及增值税相关规定制定本表。纳税人不论有无销售额，均应按税务机关核定的纳税期限填写本表，并向当地税务机关申报。

税款所属时间：自 20×3 年 06 月 01 日至 20×3 年 06 月 30 日   填表日期：20×3 年 07 月 07 日   金额单位：元至角分

纳税人识别号	000000000000066			所属行业		计算机整机制造		
纳税人名称	B 市丰收计算机有限公司（公章）	法定代表人姓名	雨泽	注册地址	B 市××区××路 6 号	生产经营地址	B 市××区××路 6 号	
开户银行及账号	30000000800310000000			企业登记注册类型	有限责任公司	电话号码	6668888	

项目		栏次	一般货物、劳务和应税服务		即征即退货物、劳务和应税服务	
			本月数	本年累计	本月数	本年累计
销售额	（一）按适用税率计税销售额	1	44 000 000	253 300 000		
	其中：应税货物销售额	2	42 300 000	243 100 000		
	应税劳务销售额	3	1 700 000	10 200 000		
	纳税检查调整的销售额	4				
	（二）按简易办法计税销售额	5	100 000	100 000		
	其中：纳税检查调整的销售额	6				
	（三）免、抵、退办法出口销售额	7			—	—
	（四）免税销售额	8			—	—
	其中：免税货物销售额	9			—	—
	免税劳务销售额	10			—	—
税款计算	销项税额	11	7 328 000	42 259 500		
	进项税额	12	4 965 600	32 013 535		
	上期留抵税额	13				—
	进项税额转出	14	4 760	56 790		
	免、抵、退应退税额	15			—	—

续表

项目		栏次	一般货物、劳务和应税服务		即征即退货物、劳务和应税服务	
			本月数	本年累计	本月数	本年累计
税款计算	按适用税率计算的纳税检查应补缴税额	16				
	应抵扣税额合计	17＝12＋13－14－15＋16	4 960 840	—		—
	实际抵扣税额	18（如 17＜11，则为 17，否则为 11）	4 960 840	31 956 745		
	应纳税额	19＝11－18	2 367 160	10 302 755		
	期末留抵税额	20＝17－18				
	简易计税办法计算的应纳税额	21	3 000	3 000		
	按简易计税办法计算的纳税检查应补缴税额	22			—	
	应纳税额减征额	23	1 000	1 000		
	应纳税额合计	24＝19＋21－23	2 369 160	10 304 755		
税款缴纳	期初未缴税额（多缴为负数）	25	2 165 266	2 004 250		
	实收出口开具专用缴款书退税额	26			—	
	本期已缴税额	27＝28＋29＋30＋31	2 165 266	9 939 845		
	①分次预缴税额	28			—	
	②出口开具专用缴款书预缴税额	29			—	
	③本期缴纳上期应纳税额	30	2 165 266	9 939 845		
	④本期缴纳欠缴税额	31				
	期末未缴税额（多缴为负数）	32＝24＋25＋26－27	2 369 160	2 369 160		
	其中：欠缴税额（≥0）	33＝25＋26－27			—	—
	本期应补（退）税额	34＝24－28－29	2 369 160			
	即征即退实际退税额	35			—	
	期初未缴查补税额	36			—	
	本期入库查补税额	37			—	
	期末未缴查补税额	38＝16＋22＋36－37			—	
授权声明	如果你已委托代理人申报，请填写下列资料： 为代理一切税务事宜，现授权 （地址）　为本纳税人的代理申报人，任何与本申报表有关的往来文件都可寄与此人。 授权人签字：		申报人声明	本纳税申报表是根据国家税收法律法规及相关规定填报的，我确定它是真实的、可靠的、完整的。 声明人签字：		

主管税务机关：　　　　　接收人：　　　　　接收日期：

表 1-6

增值税纳税申报表附列资料（一）
（本期销售情况明细）

纳税人名称：B 市丰收计算机有限公司（公章）　　税款所属时间：20×3 年 06 月 01 日至 20×3 年 06 月 30 日　　金额单位：元至角分

项目及栏次		开具税控增值税专用发票		开具其他发票		未开具发票		纳税检查调整		合计			应税服务扣除项目	扣除后	
		销售额	销项（应纳）税额	销售额	销项（应纳）税额	销售额	销项（应纳）税额	销售额	销项（应纳）税额	销售额	销项（应纳）税额	价税合计	本期实际扣除金额	含税（免税）销售额	销项（应纳）税额
		1	2	3	4	5	6	7	8	9=1+3+5+7	10=2+4+6+8	11=9+10	12	13=11-12	14=13÷(100%+税率或征收率)×税率或征收率
一、一般计税方法征税 全部征税项目															
17%税率的货物及加工修理修配劳务	1	42 120 000	7 160 400	120 000	20 400	60 000	10 200			42 300 000	7 191 000	—	—	—	
17%税率的有形动产租赁服务	2											—	—	—	—
13%税率	3											—	—	—	—
11%税率	4	700 000	77 000							700 000	77 000	777 000	—	777 000	77 000
6%税率	5	1 000 000	60 000							1 000 000	60 000	1 060 000	—	1 060 000	60 000
其中：即征即退项目 即征即退货物及加工修理修配劳务	6	—	—									—	—	—	—
即征即退应税服务	7	—	—									—	—	—	—

续表

项目及栏次		开具税控增值税专用发票 销售额 [1]	开具税控增值税专用发票 销项（应纳）税额 [2]	开具其他发票 销售额 [3]	开具其他发票 销项（应纳）税额 [4]	未开具发票 销售额 [5]	未开具发票 销项（应纳）税额 [6]	纳税检查调整 销售额 [7]	纳税检查调整 销项（应纳）税额 [8]	合计 销售额 [9=1+3+5+7]	合计 销项（应纳）税额 [10=2+4+6+8]	价税合计 [11=9+10]	应税项目扣除项目本期实际扣除金额 [12]	扣除后 含税（免税）销售额 [13=11-12]	扣除后 销项（应纳）税额 [14=13÷(100%+税率 或 征收率)×税率 或 征收率]
二、简易计税方法征税 全部征税项目	6%征收率 8												—	—	—
	5%征收率 9												—	—	—
	4%征收率 10												—	—	—
	3%征收率的货物及加工修理修配劳务 11			100 000	3 000					100 000	3 000		—	—	—
	3%征收率的应税服务 12														
	预征率 % 13a												—	—	—
	预征率 % 13b												—	—	—
	预征率 % 13c												—	—	—
其中：即征即退	即征即退货物及加工修理修配劳务 14	—	—	—	—	—	—	—	—	—	—	—	—	—	—
	即征即退应税服务 15	—	—	—	—	—	—	—	—	—	—	—	—	—	—
三、免抵退税	货物及加工修理修配劳务 16	—	—	—	—	—	—	—	—	—	—	—	—	—	—
	应税服务 17	—	—	—	—	—	—	—	—	—	—	—	—	—	—
四、免抵退税	货物及加工修理修配劳务 18	—	—	—	—	—	—	—	—	—	—	—	—	—	—
	应税服务 19	—	—	—	—	—	—	—	—	—	—	—	—	—	—

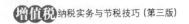

表 1-7 　　　　　　　　　增值税纳税申报表附列资料（二）
（本期进项税额明细）

税款所属时间：20×3 年 06 月 01 日至 20×3 年 06 月 30 日

纳税人名称：B 市丰收计算机有限公司（公章）　　　　　　　　　　金额单位：元至角分

一、申报抵扣的进项税额				
项目	栏次	份数	金额	税额
（一）认证相符的税控增值税专用发票	1＝2＋3	55	29 280 000	4 965 600
其中：本期认证相符且本期申报抵扣	2	55	29 280 000	4 965 600
前期认证相符且本期申报抵扣	3			
（二）其他扣税凭证	4＝5＋6＋7＋8			
其中：海关进口增值税专用缴款书	5			
农产品收购发票或者销售发票	6			
代扣代缴税收缴款凭证	7		—	
运输费用结算单据	8			
	9	—	—	—
	10	—	—	—
（三）外贸企业进项税额抵扣证明	11	—	—	—
当期申报抵扣进项税额合计	12＝1＋4＋11	55		4 965 600
二、进项税额转出额				
项目	栏次		税额	
本期进项税转出额	13＝14 至 23 之和		4 760	
其中：免税项目用	14			
非应税项目用、集体福利、个人消费	15		3 400	
非正常损失	16		1 360	
简易计税方法征税项目用	17			
免抵退税办法不得抵扣的进项税额	18			
纳税检查调减进项税额	19			
红字专用发票通知单注明的进项税额	20			
上期留抵税额抵减欠税	21			
上期留抵税额退税	22			
其他应作进项税额转出的情形	23			
三、待抵扣进项税额				
项目	栏次	份数	金额	税额
（一）认证相符的税控增值税专用发票	24	—	—	—
期初已认证相符但未申报抵扣	25			
本期认证相符且本期未申报抵扣	26			

续表

三、待抵扣进项税额				
项目	栏次	份数	金额	税额
期末已认证相符但未申报抵扣	27			
其中：按照税法规定不允许抵扣	28			
（二）其他扣税凭证	29＝30至33之和			
其中：海关进口增值税专用缴款书	30			
农产品收购发票或者销售发票	31			
代扣代缴税收缴款凭证	32		—	
运输费用结算单据	33			
	34			
四、其他				
项目	栏次	份数	金额	税额
本期认证相符的税控增值税专用发票	35	55	29 280 000	4 965 600
代扣代缴税额	36	—	—	

表 1-8　　　　　　　**增值税纳税申报表附列资料（三）**
（应税服务扣除项目明细）

税款所属时间：20×3年06月01日至20×3年06月30日

纳税人名称：B市丰收计算机有限公司（公章）　　　　　　　　金额单位：元至角分

项目及栏次	本期应税服务价税合计额（免税销售额）	应税服务扣除项目				
		期初余额	本期发生额	本期应扣除金额	本期实际扣除金额	期末余额
	1	2	3	4＝2＋3	5（5≤1且5≤4）	6＝4－5
17%税率的有形动产租赁服务						
11%税率的应税服务						
6%税率的应税服务						
3%征收率的应税服务						
免抵退税的应税服务						
免税的应税服务						

注：本表仅有差额征收项目的企业填写，一般企业没有差额征收项目不需填写。

表 1-9

增值税纳税申报表附列资料（四）
（税额抵减情况表）

税款所属时间：20×3 年 06 月 01 日至 20×3 年 06 月 30 日

纳税人名称：B 市丰收计算机有限公司（公章）　　　　　　　　　金额单位：元至角分

序号	抵减项目	期初余额	本期发生额	本期应抵减税额	本期实际抵减税额	期末余额
		1	2	3＝1＋2	4≤3	5＝3－4
1	增值税税控系统专用设备费及技术维护费					
2	分支机构预征缴纳税款					
3						
4						
5						
6						

注：B 市丰收计算机有限公司本月未发生此项业务不需填写。

表 1-10

固定资产进项税额抵扣情况表

填表日期：20×3 年　年 07 月 07 日

纳税人名称（公章）：B 市丰收计算机有限公司　　　　　　　　　金额单位：元至角分

项目	当期申报抵扣的固定资产进项税额	申报抵扣的固定资产进项税额累计
增值税专用发票	8 500	8 500
海关进口增值税专用缴款书		
合　计	8 500	8 500

表 1-11

增值税减免税申报明细表

税款所属时间：20×3 年 06 月 01 日至 20×3 年 06 月 30 日

纳税人名称（公章）：B 市丰收计算机有限公司　　　　　　　　　金额单位：元（列至角分）

一、减税项目						
减税性质代码及名称	栏次	期初余额	本期发生额	本期应抵减税额	本期实际抵减税额	期末余额
		1	2	3＝1＋2	4≤3	5＝3－4
合计	1					
××××减税性质代码及名称	2					
××××减税性质代码及名称	3					
××××减税性质代码及名称	4					

续表

二、免税项目						
免税性质代码及名称	栏次	免征增值税项目销售额	免税销售额扣除项目本期实际扣除金额	扣除后免税销售额	免税销售额对应的进项税额	免税额
	5	1	2	3＝1＋2	4	5
	6					
合计	7					
出口免税	8		—	—	—	
××××免税性质代码及名称	9					
××××免税性质代码及名称	10					
××××免税性质代码及名称	11					
	12					
	13					
	14					
	15					

注：B市丰收计算机有限公司没有减免优惠项目，不需填写。

表1-12　　　　　　　　　　部分产品销售统计表

税款所属期：　　年　月　日至　　年　月　日

纳税人名称（公章）：　　　　　　　　　　　　纳税人识别号：

填表日期：　　年　月　日　　　　　　　　　　金额单位：元（列至角分）

产品名称＼项目	栏次	销售数量	销售额
一、轮胎	1＝2＋3		
其中：子午线轮胎	2		
斜交轮胎	3		
二、酒精	4＝5＋6＋7		
其中：用于乙醇汽油的酒精	5		
食用酒精	6		
其他酒精	7		
三、摩托车（排量＜250毫升）	8		

注：B市丰收计算机有限公司没有此项目，不需填写。
填表说明：
一、本表由生产轮胎、酒精、摩托车的增值税一般纳税人按月填报。
二、本表"销售数量"的计量单位：轮胎为条；酒精为吨；摩托车为辆。

（六）抄税、报税、税款缴纳的流程

增值税纳税申报表填列完成了，再填写资产负债表、利润表、现金流量表及其他报表（比较简单，不再赘述），检查一遍确保没什么问题，就可以进行纳税申报了。

抄税、报税、税款缴纳的流程很简单，主要有以下几步：

（1）抄税写盘：进入防伪税控系统，点击"报税处理/报税管理/办税厅抄报"菜单或快捷图标"办税厅抄报"——系统弹出"请选择要抄税的票种"对话框，可按照票种进行抄税。对话框中显示本企业授权的票种——选择需要抄税的票种后点击"确定"按钮，弹出"抄税介质"对话框，根据实际情况选择抄税介质，点击"抄税"按钮——系统提示抄税成功。

温馨提醒

1. 抄税分为征期抄税和非征期抄税两种。

征期抄税：每月1日必须抄税，否则无法开票；报税期内必须报税，否则，系统自动锁死；

非征期抄税：抄税时间不受限制，但在下次抄税前必须报税。

一般情况下，我们只需要征期抄税。

2. 由于金税盘损坏等意外原因，造成销项发票数据无法通过报税盘正常报税时，可在更换金税盘后，通过报税资料传出功能将存储在硬盘数据库中的发票明细传出并传入报税子系统（正常情况下报税时不需要进行报税资料传出）。如需使用该功能，必须由服务单位的技术人员执行。

（2）发票资料查询打印：点击"报税处理/报税管理/发票资料查询打印"或快捷图标"发票资料"——通过"选择月份"和"所属税期"设定，点击"刷新"按钮后列出查询数据——点击"预览打印"按钮按照当地税局的要求打印各种报表。

发票资料查询打印功能可以按照月份、发票种类和所属税期等条件生成销项发票的汇总表与各种明细表，以供查询和打印。

（3）网上申报：进入申报系统——填写财务报表和增值税纳税申报表主表、附表及其他资料——提交——正式申报——打印。

（4）远程抄报：点击"报税处理/报税管理/远程抄报管理"菜单项——点击"远

程抄报"按钮，弹出"数据上传成功"界面——点击"远程清卡"按钮执行清卡操作。清卡成功后，弹出清卡成功提示框，确定后退出并重新启动开票软件。

温馨提醒

通过网络报税并在网上清卡，远程抄报前必须确保所有离线开具的发票已上传。

（5）抄报税成功后系统自动扣款；扣款后，到银行取完税凭证。

七、小规模纳税人增值税的纳税申报

小规模纳税人增值税业务流程非常简单，其账务处理和增值税纳税申报表的填写处理也相对简单，但与一般纳税人的处理存在区别。

（一）小规模纳税人常见业务账务处理

小规模纳税人只需设置应交增值税明细科目，不需要在应交增值税明细科目中设置专栏。每个月应交增值税额一般为"应交税费——应交增值税"的贷方发生额。

1. 购入货物或接受应税劳务的账务处理。

由于小规模纳税企业实行简易办法计算缴纳增值税，其购入货物或接受应税劳务所支付的增值税额应直接计入有关货物及劳务的成本。在编制会计分录时，应按支付的全部价款和增值税，借记"材料采购"、"原材料"、"制造费用"、"管理费用"、"销售费用"、"其他业务成本"等科目，贷记"银行存款"、"应付账款"、"应付票据"等科目。

2. 销售货物或提供应税劳务的账务处理。

小规模纳税企业销售货物或提供应税劳务，应按实现的销售收入（不含税）与按规定收取的增值税额合计，借记"银行存款"、"应收账款"、"应收票据"等科目，按实现的不含税销售收入，贷记"主营业务收入"、"其他业务收入"等科目，按规定收取的增值税额，贷记"应交税费——应交增值税"科目。发生的销货退回，做相反的会计分录。

小规模纳税人销售自己使用过的固定资产和旧货，减按 2% 的征收率征收增值税，应开具普通发票，不得由税务机关代开增值税专用发票。按下列公式确定销售额和应纳税额：

$$销售额 = 含税销售额 / (1 + 3\%)$$

$$应纳税额 = 销售额 \times 2\%$$

小规模纳税企业发生视同销售行为的，按税法规定进行账务处理。

3. 缴纳增值税款的账务处理。

小规模纳税人按规定的纳税期限上缴税款时，借记"应交税费——应交增值税"科目，贷记"银行存款"等科目。收到退回多缴的增值税时，做相反的会计分录。

（二）小规模纳税人纳税申报

小规模纳税人纳税申报所填纳税申报表比较简单，见表 1-13、表 1-14。

表 1-13　　　　　　　　　　**增值税纳税申报表**
（小规模纳税人适用）

纳税人识别号：

纳税人名称（公章）：　　　　　　　　　　　　　　　　　　金额单位：　　元至角分

税款所属期：　　年　月　日至　　年　月　日　　　　　　填表日期：　　年　月　日

项目		栏次	本期数		本年累计	
			应税货物及劳务	应税服务	应税货物及劳务	应税服务
一、计税依据	（一）应征增值税不含税销售额	1				
	税务机关代开的增值税专用发票不含税销售额	2				
	税控器具开具的普通发票不含税销售额	3				
	（二）销售使用过的应税固定资产不含税销售额	4（4≥5）	——		——	
	其中：税控器具开具的普通发票不含税销售额	5	——		——	
	（三）免税销售额	6=7+8+9				
	其中：小微企业免税销售额	7				
	未达起征点销售额	8				
	其他免税销售额	9				
	（四）出口免税销售额	10（10≥11）				
	其中：税控器具开具的普通发票销售额	11				

续表

| 项目 | 栏次 | 本期数 | | 本年累计 | |
		应税货物及劳务	应税服务	应税货物及劳务	应税服务
二、税款计算 本期应纳税额	12				
本期应纳税额减征额	13				
本期免税额	14				
其中：小微企业免税额	15				
未达起征点免税额	16				
应纳税额合计	17＝12－13				
本期预缴税额	18			——	——
本期应补（退）税额	19＝17－18			——	——

纳税人或代理人声明： 本纳税申报表是根据国家税收法律法规及相关规定填报的，我确定它是真实的、可靠的、完整的。	如纳税人填报，由纳税人填写以下各栏：
	办税人员：　　　财务负责人：
	法定代表人：　　　联系电话：
	如委托代理人填报，由代理人填写以下各栏：
	代理人名称（公章）：　　　经办人：
	联系电话：

主管税务机关：　　　　　　　　　　接收人：　　　　　　　　　　接收日期：

　　表 1-14　　　　　　　**增值税纳税申报表（小规模纳税人适用）附列资料**

税款所属期：　　年　月　日至　　年　月　日　　　　　　　填表日期：　　年　月　日
纳税人名称（公章）：　　　　　　　　　　　　　　　　　　金额单位：　元至角分

应税服务扣除额计算			
期初余额	本期发生额	本期扣除额	期末余额
1	2	3（3≤1＋2 之和，且 3≤5）	4＝1＋2－3
应税服务计税销售额计算			
全部含税收入	本期扣除额	含税销售额	不含税销售额
5	6＝3	7＝5－6	8＝7÷1.03

附　件

附件1　《增值税纳税申报表（一般纳税人适用）》及其附列资料填表说明

本纳税申报表及其附列资料填写说明（以下简称本表及填写说明）适用于增值税一般纳税人（以下简称纳税人）。

一、名词解释

（一）本表及填写说明所称"应税货物"，是指增值税的应税货物。

（二）本表及填写说明所称"应税劳务"，是指增值税的应税加工、修理、修配劳务。

（三）本表及填写说明所称"应税服务"，是指营业税改征增值税的应税服务。

（四）本表及填写说明所称"按适用税率计税"、"按适用税率计算"和"一般计税方法"，均指按"应纳税额＝当期销项税额－当期进项税额"公式计算增值税应纳税额的计税方法。

（五）本表及填写说明所称"按简易办法计税"、"按简易征收办法计算"和"简易计税方法"，均指按"应纳税额＝销售额×征收率"公式计算增值税应纳税额的计税方法。

（六）本表及填写说明所称"应税服务扣除项目"，是指纳税人提供应税服务，在确定应税服务销售额时，按照有关规定允许其从取得的全部价款和价外费用中扣除价款的项目。

（七）本表及填写说明所称"税控增值税专用发票"，包括以下3种：

1. 增值税防伪税控系统开具的防伪税控"增值税专用发票"；

2. 货物运输业增值税专用发票税控系统开具的"货物运输业增值税专用发票"；

3. 机动车销售统一发票税控系统开具的税控"机动车销售统一发票"。

二、《增值税纳税申报表（一般纳税人适用）》填写说明

（一）"税款所属时间"：指纳税人申报的增值税应纳税额的所属时间，应填写具体的起止年、月、日。

（二）"填表日期"：指纳税人填写本表的具体日期。

（三）"纳税人识别号"：填写纳税人的税务登记证号码。

（四）"所属行业"：按照国民经济行业分类与代码中的小类行业填写。

（五）"纳税人名称"：填写纳税人单位名称全称。

（六）"法定代表人姓名"：填写纳税人法定代表人的姓名。

（七）"注册地址"：填写纳税人税务登记证所注明的详细地址。

（八）"生产经营地址"：填写纳税人实际生产经营地的详细地址。

（九）"开户银行及账号"：填写纳税人开户银行的名称和纳税人在该银行的结算账户号码。

（十）"登记注册类型"：按纳税人税务登记证的栏目内容填写。

（十一）"电话号码"：填写可联系到纳税人的常用电话号码。

（十二）"即征即退货物、劳务和应税服务"列：填写纳税人按规定享受增值税即征即退政策的货物、劳务和应税服务的征（退）税数据。

（十三）"一般货物、劳务和应税服务"列：填写除享受增值税即征即退政策以外的货物、劳务和应税服务的征（免）税数据。

（十四）"本年累计"列：一般填写本年度内各月"本月数"之和。其中，第13、20、25、32、36、38栏及第18栏"实际抵扣税额""一般货物、劳务和应税服务"列的"本年累计"分别按本填写说明第（二十七）、（三十四）、（三十九）、（四十六）、（五十）、（五十二）、（三十二）条要求填写。

（十五）第1栏"（一）按适用税率计税销售额"：填写纳税人本期按一般计税方法计算缴纳增值税的销售额，包含：在财务上不作销售但按税法规定应缴纳增值税的视同销售和价外费用的销售额；外贸企业作价销售进料加工复出口货物的销售额；税务、财政、审计部门检查后按一般计税方法计算调整的销售额。

营业税改征增值税的纳税人，应税服务有扣除项目的，本栏应填写扣除之前的不含税销售额。

本栏"一般货物、劳务和应税服务"列"本月数"=《附列资料（一）》第9列第1至5行之和－第9列第6、7行之和；本栏"即征即退货物、劳务和应税服务"列"本月数"=《附列资料（一）》第9列第6、7行之和。

（十六）第2栏"其中：应税货物销售额"：填写纳税人本期按适用税率计算增值税的应税货物的销售额。包含在财务上不作销售但按税法规定应缴纳增值税的视同销售货物和价外费用销售额，以及外贸企业作价销售进料加工复出口货物的销售额。

（十七）第3栏"应税劳务销售额"：填写纳税人本期按适用税率计算增值税的应税劳务的销售额。

（十八）第4栏"纳税检查调整的销售额"：填写纳税人因税务、财政、审计部门检查，并按一般计税方法在本期计算调整的销售额。但享受增值税即征即退政策的货物、劳务和应税服务，经纳税检查发现偷税的，不填入"即征即退货物、劳务和应税服务"列，而应填入"一般货物、劳务和应税服务"列。

营业税改征增值税的纳税人，应税服务有扣除项目的，本栏应填写扣除之前的不含税销售额。

本栏"一般货物、劳务和应税服务"列"本月数"＝《附列资料（一）》第 7 列第 1 至 5 行之和。

（十九）第 5 栏"按简易办法计税销售额"：填写纳税人本期按简易计税方法计算增值税的销售额。包含纳税检查调整按简易计税方法计算增值税的销售额。

营业税改征增值税的纳税人，应税服务有扣除项目的，本栏应填写扣除之前的不含税销售额；应税服务按规定汇总计算缴纳增值税的分支机构，其当期按预征率计算缴纳增值税的销售额也填入本栏。

本栏"一般货物、劳务和应税服务"列"本月数"≥《附列资料（一）》第 9 列第 8 至 13 行之和－第 9 列第 14、15 行之和；本栏"即征即退货物、劳务和应税服务"列"本月数"≥《附列资料（一）》第 9 列第 14、15 行之和。

（二十）第 6 栏"其中：纳税检查调整的销售额"：填写纳税人因税务、财政、审计部门检查，并按简易计税方法在本期计算调整的销售额。但享受增值税即征即退政策的货物、劳务和应税服务，经纳税检查发现偷税的，不填入"即征即退货物、劳务和应税服务"列，而应填入"一般货物、劳务和应税服务"列。

营业税改征增值税的纳税人，应税服务有扣除项目的，本栏应填写扣除之前的不含税销售额。

（二十一）第 7 栏"免、抵、退办法出口销售额"：填写纳税人本期适用免、抵、退税办法的出口货物、劳务和应税服务的销售额。

营业税改征增值税的纳税人，应税服务有扣除项目的，本栏应填写扣除之前的销售额。

本栏"一般货物、劳务和应税服务"列"本月数"＝《附列资料（一）》第 9 列第 16、17 行之和。

（二十二）第 8 栏"免税销售额"：填写纳税人本期按照税法规定免征增值税的销售额和适用零税率的销售额，但零税率的销售额中不包括适用免、抵、退税办法的销售额。

营业税改征增值税的纳税人，应税服务有扣除项目的，本栏应填写扣除之前的免税销售额。

本栏"一般货物、劳务和应税服务"列"本月数"＝《附列资料（一）》第 9 列第 18、19 行之和。

（二十三）第 9 栏"其中：免税货物销售额"：填写纳税人本期按照税法规定免征增值税的货物销售额及适用零税率的货物销售额，但零税率的销售额中不包括适用免、抵、退税办法出口货物的销售额。

（二十四）第 10 栏"免税劳务销售额"：填写纳税人本期按照税法规定免征增值税的劳务销售额及适用零税率的劳务销售额，但零税率的销售额中不包括适用免、抵、退税办法的劳务的销售额。

（二十五）第 11 栏"销项税额"：填写纳税人本期按一般计税方法计税的货物、劳务和应税服务的销项税额。

营业税改征增值税的纳税人，应税服务有扣除项目的，本栏应填写扣除之后的销项税额。

本栏"一般货物、劳务和应税服务"列"本月数"＝《附列资料（一）》（第 10 列第 1、3 行之和－10 列第 6 行）＋（第 14 列第 2、4、5 行之和－14 列第 7 行）；

本栏"即征即退货物、劳务和应税服务"列"本月数"＝《附列资料（一）》第 10 列第 6 行＋第 14 列第 7 行。

（二十六）第 12 栏"进项税额"：填写纳税人本期申报抵扣的进项税额。

本栏"一般货物、劳务和应税服务"列"本月数"＋"即征即退货物、劳务和应税服务"列"本月数"＝《附列资料（二）》第 12 栏"税额"。

（二十七）第 13 栏"上期留抵税额"

1. 上期留抵税额按规定须挂账的纳税人，按以下要求填写本栏的"本月数"和"本年累计"。

上期留抵税额按规定须挂账的纳税人是指试点实施之日前一个税款所属期的申报表第 20 栏"期末留抵税额""一般货物及劳务"列"本月数"大于零，且兼有营业税改征增值税应税服务的纳税人（下同）。其试点实施之日前一个税款所属期的申报表第 20 栏"期末留抵税额""一般货物及劳务"列"本月数"，以下称为货物和劳务挂账留抵税额。

（1）本栏"一般货物、劳务和应税服务"列"本月数"：试点实施之日的税款所属期填写"0"；以后各期按上期申报表第 20 栏"期末留抵税额""一般货物、劳务和应税服务"列"本月数"填写。

（2）本栏"一般货物、劳务和应税服务"列"本年累计"：反映货物和劳务挂账留抵税额本期期初余额。试点实施之日的税款所属期按试点实施之日前一个税款所属期的申报表第 20 栏"期末留抵税额""一般货物及劳务"列"本月数"填写；以后各期按上期申报表第 20 栏"期末留抵税额""一般货物、劳务和应税服务"列"本年累计"填写。

（3）本栏"即征即退货物、劳务和应税服务"列"本月数"：按上期申报表第 20 栏"期末留抵税额""即征即退货物、劳务和应税服务"列"本月数"填写。

2. 其他纳税人，按以下要求填写本栏"本月数"和"本年累计"。

其他纳税人是指除上期留抵税额按规定须挂账的纳税人之外的纳税人（下同）。

（1）本栏"一般货物、劳务和应税服务"列"本月数"：按上期申报表第 20 栏"期末留抵税额""一般货物、劳务和应税服务"列"本月数"填写。

（2）本栏"一般货物、劳务和应税服务"列"本年累计"：填写"0"。

（3）本栏"即征即退货物、劳务和应税服务"列"本月数"：按上期申报表第 20 栏"期末留抵税额""即征即退货物、劳务和应税服务"列"本月数"填写。

（二十八）第 14 栏"进项税额转出"：填写纳税人已经抵扣，但按税法规定本期应转出的进项税额。

本栏"一般货物、劳务和应税服务"列"本月数"＋"即征即退货物、劳务和应税服务"列"本月数"＝《附列资料（二）》第 13 栏"税额"。

（二十九）第 15 栏"免、抵、退应退税额"：反映税务机关退税部门按照出口货物、劳务和应税服务免、抵、退办法审批的增值税应退税额。

（三十）第 16 栏"按适用税率计算的纳税检查应补缴税额"：填写税务、财政、审计部门检查，按一般计税方法计算的纳税检查应补缴的增值税税额。

本栏"一般货物、劳务和应税服务"列"本月数"≤《附列资料（一）》第 8 列第 1 至 5 行之和＋《附列资料（二）》第 19 栏。

（三十一）第 17 栏"应抵扣税额合计"：填写纳税人本期应抵扣进项税额的合计数。按表中所列公式计算填写。

（三十二）第 18 栏"实际抵扣税额"

1. 上期留抵税额按规定须挂账的纳税人，按以下要求填写本栏的"本月数"和"本年累计"。

（1）本栏"一般货物、劳务和应税服务"列"本月数"：按表中所列公式计算填写。

（2）本栏"一般货物、劳务和应税服务"列"本年累计"：填写货物和劳务挂账留抵税额本期实际抵减一般货物和劳务应纳税额的数额。将"货物和劳务挂账留抵税额本期期初余额"与"一般计税方法的一般货物及劳务应纳税额"两个数据相比较，取二者中小的数据。

其中：货物和劳务挂账留抵税额本期期初余额＝第 13 栏"上期留抵税额""一般货物、劳务和应税服务"列"本年累计"；

一般计税方法的一般货物及劳务应纳税额＝（第 11 栏"销项税额""一般货物、劳务和应税服务"列"本月数"－第 18 栏"实际抵扣税额""一般货物、劳务和应税服务"列"本月数"）×一般货物及劳务销项税额比例；

一般货物及劳务销项税额比例＝（《附列资料（一）》第 10 列第 1、3 行之和－第 10 列第 6 行）÷第 11 栏"销项税额""一般货物、劳务和应税服务"列"本月数"×100％。

（3）本栏"即征即退货物、劳务和应税服务"列"本月数"：按表中所列公式计算填写。

2. 其他纳税人，按以下要求填写本栏的"本月数"和"本年累计"：

（1）本栏"一般货物、劳务和应税服务"列"本月数"：按表中所列公式计算填写。

（2）本栏"一般货物、劳务和应税服务"列"本年累计"：填写"0"。

（3）本栏"即征即退货物、劳务和应税服务"列"本月数"：按表中所列公式计算填写。

（三十三）第 19 栏"应纳税额"：反映纳税人本期按一般计税方法计算并应缴纳的增值税额。按以下公式计算填写：

1. 本栏"一般货物、劳务和应税服务"列"本月数"＝第 11 栏"销项税额""一般货物、劳务和应税服务"列"本月数"－第 18 栏"实际抵扣税额""一般货物、劳务和应税服务"列"本月数"－第 18 栏"实际抵扣税额""一般货物、劳务和应税服务"列"本年累计"。

2. 本栏"即征即退货物、劳务和应税服务"列"本月数"＝第 11 栏"销项税额""即征即退货物、劳务和应税服务"列"本月数"－第 18 栏"实际抵扣税额""即征即退货物、劳务和应税服务"列"本月数"。

（三十四）第 20 栏"期末留抵税额"

1. 上期留抵税额按规定须挂账的纳税人，按以下要求填写本栏的"本月数"和"本年累计"：

（1）本栏"一般货物、劳务和应税服务"列"本月数"：反映试点实施以后，一般货物、劳务和应税服务共同形成的留抵税额。按表中所列公式计算填写。

（2）本栏"一般货物、劳务和应税服务"列"本年累计"：反映货物和劳务挂账留抵税额，在试点实施以后抵减一般货物和劳务应纳税额后的余额。按以下公式计算填写：

本栏"一般货物、劳务和应税服务"列"本年累计"＝第 13 栏"上期留抵税额""一般货物、劳务和应税服务"列"本年累计"－第 18 栏"实际抵扣税额""一般货物、劳务和应税服务"列"本年累计"。

（3）本栏"即征即退货物、劳务和应税服务"列"本月数"：按表中所列公式计算填写。

2. 其他纳税人，按以下要求填写本栏"本月数"和"本年累计"：

（1）本栏"一般货物、劳务和应税服务"列"本月数"：按表中所列公式计算填写。

（2）本栏"一般货物、劳务和应税服务"列"本年累计"：填写"0"。

（3）本栏"即征即退货物、劳务和应税服务"列"本月数"：按表中所列公式计算填写。

（三十五）第 21 栏"简易计税办法计算的应纳税额"：反映纳税人本期按简易计税方法计算并应缴纳的增值税额，但不包括按简易计税方法计算的纳税检查应补缴税额。按以下公式计算填写：

本栏"一般货物、劳务和应税服务"列"本月数"＝《附列资料（一）》（第 10 列第 8 至 11 行之和－第 10 列第 14 行）＋（第 14 列第 12 行至 13 行之和－第 14 列第 15 行）

本栏"即征即退货物、劳务和应税服务"列"本月数"＝《附列资料（一）》第 10 列第 14 行＋第 14 列第 15 行。

营业税改征增值税的纳税人，应税服务按规定汇总计算缴纳增值税的分支机构，应将预征增值税额填入本栏。预征增值税额＝应预征增值税的销售额×预征率。

（三十六）第 22 栏"按简易计税办法计算的纳税检查应补缴税额"：填写纳税人本期因税务、财政、审计部门检查并按简易计税方法计算的纳税检查应补缴税额。

（三十七）第 23 栏"应纳税额减征额"：填写纳税人本期按照税法规定减征的增值税应纳税额。包含按照规定可在增值税应纳税额中全额抵减的增值税税控系统专用设备费用以及技术维护费。

当本期减征额小于或等于第 19 栏"应纳税额"与第 21 栏"简易计税办法计算的应纳税额"之和时，按本期减征额实际填写；当本期减征额大于第 19 栏"应纳税额"与第 21 栏"简易计税办法计算的应纳税额"之和时，按本期第 19 栏与第 21 栏之和填写。本期减征额不足抵减部分结转下期继续抵减。

（三十八）第 24 栏"应纳税额合计"：反映纳税人本期应缴增值税的合计数。按表中所列公式计算填写。

（三十九）第 25 栏"期初未缴税额（多缴为负数）"："本月数"按上一税款所属期申报表第 32 栏"期末未缴税额（多缴为负数）""本月数"填写。"本年累计"按上年度最后一个税款所属期申报表第 32 栏"期末未缴税额（多缴为负数）""本年累计"填写。

（四十）第 26 栏"实收出口开具专用缴款书退税额"：本栏不填写。

（四十一）第 27 栏"本期已缴税额"：反映纳税人本期实际缴纳的增值税额，但不包括本期入库的查补税款。按表中所列公式计算填写。

（四十二）第 28 栏"①分次预缴税额"：填写纳税人本期已缴纳的准予在本期增值税应纳税额中抵减的税额。

营业税改征增值税的纳税人，应税服务按规定汇总计算缴纳增值税的总机构，其可以从本期增值税应纳税额中抵减的分支机构已缴纳的税款，按当期实际可抵减数填入本栏，不足抵减部分结转下期继续抵减。

（四十三）第 29 栏"②出口开具专用缴款书预缴税额"：本栏不填写。

（四十四）第 30 栏"③本期缴纳上期应纳税额"：填写纳税人本期缴纳上一税款所属期应缴未缴的增值税额。

（四十五）第 31 栏"④本期缴纳欠缴税额"：反映纳税人本期实际缴纳和留抵税额抵减的增值税欠税额，但不包括缴纳入库的查补增值税额。

（四十六）第 32 栏"期末未缴税额（多缴为负数）"："本月数"反映纳税人本期期

末应缴未缴的增值税额，但不包括纳税检查应缴未缴的税额。按表中所列公式计算填写。"本年累计"与"本月数"相同。

（四十七）第33栏"其中：欠缴税额（≥0）"：反映纳税人按照税法规定已形成欠税的增值税额。按表中所列公式计算填写。

（四十八）第34栏"本期应补（退）税额"：反映纳税人本期应纳税额中应补缴或应退回的数额。按表中所列公式计算填写。

（四十九）第35栏"即征即退实际退税额"：反映纳税人本期因符合增值税即征即退政策规定，而实际收到的税务机关退回的增值税额。

（五十）第36栏"期初未缴查补税额"："本月数"按上一税款所属期申报表第38栏"期末未缴查补税额""本月数"填写。"本年累计"按上年度最后一个税款所属期申报表第38栏"期末未缴查补税额""本年累计"填写。

（五十一）第37栏"本期入库查补税额"：反映纳税人本期因税务、财政、审计部门检查而实际入库的增值税额，包括按一般计税方法计算并实际缴纳的查补增值税额和按简易计税方法计算并实际缴纳的查补增值税额。

（五十二）第38栏"期末未缴查补税额"："本月数"反映纳税人接受纳税检查后应在本期期末缴纳而未缴纳的查补增值税额。按表中所列公式计算填写，"本年累计"与"本月数"相同。

三、《增值税纳税申报表附列资料（一）》（本期销售情况明细）填写说明

（一）"税款所属时间"、"纳税人名称"的填写同主表。

（二）各列说明

1. 第1至2列"开具税控增值税专用发票"：反映本期开具防伪税控"增值税专用发票"、"货物运输业增值税专用发票"和税控"机动车销售统一发票"的情况。

2. 第3至4列"开具其他发票"：反映除上述三种发票以外本期开具的其他发票的情况。

3. 第5至6列"未开具发票"：反映本期未开具发票的销售情况。

4. 第7至8列"纳税检查调整"：反映经税务、财政、审计部门检查并在本期调整的销售情况。

5. 第9至11列"合计"：按照表中所列公式填写。

营业税改征增值税的纳税人，应税服务有扣除项目的，第1至11列应填写扣除之前的征（免）税销售额、销项（应纳）税额和价税合计额。

6. 第12列"应税服务扣除项目本期实际扣除金额"：营业税改征增值税的纳税人，应税服务有扣除项目的，按《附列资料（三）》第5列对应各行次数据填写；应税服务无扣除项目的，本列填写"0"。其他纳税人不填写。

营业税改征增值税的纳税人，应税服务按规定汇总计算缴纳增值税的分支机构，当期应税服务有扣除项目的，填入本列第13行。

7. 第 13 列"扣除后""含税（免税）销售额"：营业税改征增值税的纳税人，应税服务有扣除项目的，本列各行次＝第 11 列对应各行次－第 12 列对应各行次。其他纳税人不填写。

8. 第 14 列"扣除后""销项（应纳）税额"：营业税改征增值税的纳税人，应税服务有扣除项目的，按以下要求填写本列，其他纳税人不填写。

（1）应税服务按照一般计税方法计税

本列各行次＝第 13 列÷（100％＋对应行次税率）×对应行次税率

本列第 7 行"按一般计税方法计税的即征即退应税服务"不按本列的说明填写。具体填写要求见"各行说明"第 2 条第（2）项第③点的说明。

（2）应税服务按照简易计税方法计税

本列各行次＝第 13 列÷（100％＋对应行次征收率）×对应行次征收率

本列第 13 行"预征率 ％"不按本列的说明填写。具体填写要求见"各行说明"第 4 条第（2）项。

（3）应税服务实行免抵退税或免税的，本列不填写。

（三）各行说明

1. 第 1 至 5 行"一、一般计税方法计税""全部征税项目"各行：按不同税率和项目分别填写按一般计税方法计算增值税的全部征税项目。有即征即退征税项目的纳税人，本部分数据中既包括即征即退征税项目，又包括不享受即征即退政策的一般征税项目。

2. 第 6 至 7 行"一、一般计税方法计税""其中：即征即退项目"各行：只反映按一般计税方法计算增值税的即征即退项目。按照税法规定不享受即征即退政策的纳税人，不填写本行。即征即退项目是全部征税项目的其中数。

（1）第 6 行"即征即退货物及加工修理修配劳务"：反映按一般计税方法计算增值税且享受即征即退政策的货物和加工修理修配劳务。本行不包括应税服务的内容。

①本行第 9 列"合计""销售额"栏：反映按一般计税方法计算增值税且享受即征即退政策的货物及加工修理修配劳务的不含税销售额。该栏不按第 9 列所列公式计算，应按照税法规定据实填写。

②本行第 10 列"合计""销项（应纳）税额"栏：反映按一般计税方法计算增值税且享受即征即退政策的货物及加工修理修配劳务的销项税额。该栏不按第 10 列所列公式计算，应按照税法规定据实填写。

（2）第 7 行"即征即退应税服务"：反映按一般计税方法计算增值税且享受即征即退政策的应税服务。本行不包括货物及加工修理修配劳务的内容。

①本行第 9 列"合计""销售额"栏：反映按一般计税方法计算增值税且享受即征

即退政策的应税服务的不含税销售额。应税服务有扣除项目的，按扣除之前的不含税销售额填写。该栏不按第 9 列所列公式计算，应按照税法规定据实填写。

②本行第 10 列"合计""销项（应纳）税额"栏：反映按一般计税方法计算增值税且享受即征即退政策的应税服务的销项税额。应税服务有扣除项目的，按扣除之前的销项税额填写。该栏不按第 10 列所列公式计算，应按照税法规定据实填写。

③本行第 14 列"扣除后""销项（应纳）税额"栏：反映按一般计税方法征收增值税且享受即征即退政策的应税服务实际应计提的销项税额。应税服务有扣除项目的，按扣除之后的销项税额填写；应税服务无扣除项目的，按本行第 10 列填写。该栏不按第 14 列所列公式计算，应按照税法规定据实填写。

3. 第 8 至 12 行"二、简易计税方法计税""全部征税项目"各行：按不同征收率和项目分别填写按简易计税方法计算增值税的全部征税项目。有即征即退征税项目的纳税人，本部分数据中既包括即征即退项目，也包括不享受即征即退政策的一般征税项目。

4. 第 13 行"二、简易计税方法计税""预征率 ％"：反映营业税改征增值税的纳税人，应税服务按规定汇总计算缴纳增值税的分支机构预征增值税销售额、预征增值税应纳税额。

（1）本行第 1 至 6 列按照销售额和销项税额的实际发生数填写。

（2）本行第 14 列，纳税人按"应预征缴纳的增值税＝应预征增值税销售额×预征率"公式计算后据实填写。

5. 第 14 至 15 行"二、简易计税方法计税""其中：即征即退项目"各行：只反映按简易计税方法计算增值税的即征即退项目。按照税法规定不享受即征即退政策的纳税人，不填写本行。即征即退项目是全部征税项目的其中数。

（1）第 14 行"即征即退货物及加工修理修配劳务"：反映按简易计税方法计算增值税且享受即征即退政策的货物及加工修理修配劳务。本行不包括应税服务的内容。

①本行第 9 列"合计""销售额"栏：反映按简易计税方法计算增值税且享受即征即退政策的货物及加工修理修配劳务的不含税销售额。该栏不按第 9 列所列公式计算，应按照税法规定据实填写。

②本行第 10 列"合计""销项（应纳）税额"栏：反映按简易计税方法计算增值税且享受即征即退政策的货物及加工修理修配劳务的应纳税额。该栏不按第 10 列所列公式计算，应按照税法规定据实填写。

（2）第 15 行"即征即退应税服务"：反映按简易计税方法计算增值税且享受即征即退政策的应税服务。本行不包括货物及加工修理修配劳务的内容。

①本行第 9 列"合计""销售额"栏：反映按简易计税方法计算增值税且享受即征即退政策的应税服务的不含税销售额。应税服务有扣除项目的，按扣除之前的不含税销售额填写。该栏不按第 9 列所列公式计算，应按照税法规定据实填写。

②本行第 10 列"合计""销项（应纳）税额"栏：反映按简易计税方法计算增值税且享受即征即退政策的应税服务的应纳税额。应税服务有扣除项目的，按扣除之前的应纳税额填写。该栏不按第 10 列所列公式计算，应按照税法规定据实填写。

③本行第 14 列"扣除后""销项（应纳）税额"栏：反映按简易计税方法计算增值税且享受即征即退政策的应税服务实际应计提的应纳税额。应税服务有扣除项目的，按扣除之后的应纳税额填写；应税服务无扣除项目的，按本行第 10 列填写。

6．第 16 行"三、免抵退税""货物及加工修理修配劳务"：反映适用免、抵、退税政策的出口货物、加工修理修配劳务。

7．第 17 行"三、免抵退税""应税服务"：反映适用免、抵、退税政策的应税服务。

8．第 18 行"四、免税""货物及加工修理修配劳务"：反映按照税法规定免征增值税的货物及劳务和适用零税率的出口货物及劳务，但零税率的销售额中不包括适用免、抵、退税办法的出口货物及劳务。

9．第 19 行"四、免税""应税服务"：反映按照税法规定免征增值税的应税服务和适用零税率的应税服务，但零税率的销售额中不包括适用免、抵、退税办法的应税服务。

四、《增值税纳税申报表附列资料（二）》（本期进项税额明细）填写说明

（一）"税款所属时间"、"纳税人名称"的填写同主表。

（二）第 1 至 12 栏"一、申报抵扣的进项税额"：分别反映纳税人按税法规定符合抵扣条件，在本期申报抵扣的进项税额。

1．第 1 栏"（一）认证相符的税控增值税专用发票"：反映纳税人取得的认证相符本期申报抵扣的防伪税控"增值税专用发票"、"货物运输业增值税专用发票"和税控"机动车销售统一发票"的情况。该栏应等于第 2 栏"本期认证相符且本期申报抵扣"与第 3 栏"前期认证相符且本期申报抵扣"数据之和。

2．第 2 栏"其中：本期认证相符且本期申报抵扣"：反映本期认证相符且本期申报抵扣的防伪税控"增值税专用发票"、"货物运输业增值税专用发票"和税控"机动车销售统一发票"的情况。本栏是第 1 栏的其中数，本栏只填写本期认证相符且本期申报抵扣的部分。

3．第 3 栏"前期认证相符且本期申报抵扣"：反映前期认证相符且本期申报抵扣的防伪税控"增值税专用发票"、"货物运输业增值税专用发票"和税控"机动车销售统一发票"的情况。辅导期纳税人依据税务机关告知的稽核比对结果通知书及明细清单注明的稽核相符的税控增值税专用发票填写本栏。本栏是第 1 栏的其中数，只填写前期认证相符且本期申报抵扣的部分。

4．第 4 栏"（二）其他扣税凭证"：反映本期申报抵扣的除税控增值税专用发票之外的其他扣税凭证的情况。具体包括：海关进口增值税专用缴款书、农产品收购发票或者销售发票（含农产品核定扣除的进项税额）、代扣代缴税收缴款凭证。该栏应等于第 5 至 8 栏之和。

5. 第 5 栏"海关进口增值税专用缴款书"：反映本期申报抵扣的海关进口增值税专用缴款书的情况。按规定执行海关进口增值税专用缴款书先比对后抵扣的，纳税人需依据税务机关告知的稽核比对结果通知书及明细清单注明的稽核相符的海关进口增值税专用缴款书填写本栏。

6. 第 6 栏"农产品收购发票或者销售发票"：反映本期申报抵扣的农产品收购发票和农产品销售普通发票的情况。执行农产品增值税进项税额核定扣除办法的，填写当期允许抵扣的农产品增值税进项税额，不填写"份数"、"金额"。

7. 第 7 栏"代扣代缴税收缴款凭证"：填写本期按规定准予抵扣的中华人民共和国税收缴款凭证上注明的增值税额。

8. 第 8 栏"运输费用结算单据"：反映按规定本期可以申报抵扣的交通运输费用结算单据的情况。目前此栏已无须填写。

9. 第 11 栏"（三）外贸企业进项税额抵扣证明"：填写本期申报抵扣的税务机关出口退税部门开具的《出口货物转内销证明》列明允许抵扣的进项税额。

10. 第 12 栏"当期申报抵扣进项税额合计"：反映本期申报抵扣进项税额的合计数。按表中所列公式计算填写。

（三）第 13 至 23 栏"二、进项税额转出额"各栏：分别反映纳税人已经抵扣但按规定应在本期转出的进项税额明细情况。

1. 第 13 栏"本期进项税额转出额"：反映已经抵扣但按规定应在本期转出的进项税额合计数。按表中所列公式计算填写。

2. 第 14 栏"免税项目用"：反映用于免征增值税项目，按规定应在本期转出的进项税额。

3. 第 15 栏"非应税项目、集体福利、个人消费用"：反映用于非增值税应税项目、集体福利或者个人消费，按规定应在本期转出的进项税额。

4. 第 16 栏"非正常损失"：反映纳税人发生非正常损失，按规定应在本期转出的进项税额。

5. 第 17 栏"简易计税方法征税项目用"：反映用于按简易计税方法征税项目，按规定应在本期转出的进项税额。

营业税改征增值税的纳税人，应税服务按规定汇总计算缴纳增值税的分支机构，当期应由总机构汇总的进项税额也填入本栏。

6. 第 18 栏"免抵退税办法不得抵扣的进项税额"：反映按照免、抵、退税办法的规定，由于征税税率与退税税率存在税率差，在本期应转出的进项税额。

7. 第 19 栏"纳税检查调减进项税额"：反映税务、财政、审计部门检查后而调减的进项税额。

8. 第 20 栏"红字专用发票通知单注明的进项税额"：填写主管税务机关开具的

《开具红字增值税专用发票通知单》、《开具红字货物运输业增值税专用发票通知单》等注明的在本期应转出的进项税额。

9. 第21栏"上期留抵税额抵减欠税"：填写本期经税务机关同意，使用上期留抵税额抵减欠税的数额。

10. 第22栏"上期留抵税额退税"：填写本期经税务机关批准的上期留抵税额退税额。

11. 第23栏"其他应作进项税额转出的情形"：反映除上述进项税额转出情形外，其他应在本期转出的进项税额。

（四）第24至34栏"三、待抵扣进项税额"各栏：分别反映纳税人已经取得，但按税法规定不符合抵扣条件，暂不予在本期申报抵扣的进项税额情况及按税法规定不允许抵扣的进项税额情况。

1. 第24至28栏均包括防伪税控"增值税专用发票"、"货物运输业增值税专用发票"和税控"机动车销售统一发票"的情况。

2. 第25栏"期初已认证相符但未申报抵扣"：反映前期认证相符，但按照税法规定暂不予抵扣及不允许抵扣，结存至本期的税控增值税专用发票情况。辅导期纳税人填写认证相符但未收到稽核比对结果的税控增值税专用发票期初情况。

3. 第26栏"本期认证相符且本期未申报抵扣"：反映本期认证相符，但按税法规定暂不予抵扣及不允许抵扣，而未申报抵扣的税控增值税专用发票情况。辅导期纳税人填写本期认证相符但未收到稽核比对结果的税控增值税专用发票情况。

4. 第27栏"期末已认证相符但未申报抵扣"：反映截至本期期末，按照税法规定仍暂不予抵扣及不允许抵扣且已认证相符的税控增值税专用发票情况。辅导期纳税人填写截至本期期末已认证相符但未收到稽核比对结果的税控增值税专用发票期末情况。

5. 第28栏"其中：按照税法规定不允许抵扣"：反映截至本期期末已认证相符但未申报抵扣的税控增值税专用发票中，按照税法规定不允许抵扣的税控增值税专用发票情况。

6. 第29栏"（二）其他扣税凭证"：反映截至本期期末仍未申报抵扣的除税控增值税专用发票之外的其他扣税凭证情况。具体包括：海关进口增值税专用缴款书、农产品收购发票或者销售发票、代扣代缴税收缴款凭证。该栏应等于第30至33栏之和。

7. 第30栏"海关进口增值税专用缴款书"：反映已取得但截至本期期末仍未申报抵扣的海关进口增值税专用缴款书情况，包括纳税人未收到稽核比对结果的海关进口增值税专用缴款书情况。

8. 第31栏"农产品收购发票或者销售发票"：反映已取得但截至本期期末仍未申报抵扣的农产品收购发票和农产品销售普通发票情况。

9. 第32栏"代扣代缴税收缴款凭证"：反映已取得但截至本期期末仍未申报抵扣的代扣代缴税收缴款凭证情况。

10. 第 33 栏"运输费用结算单据"：反映已取得但截至本期期末仍未申报抵扣的运输费用结算单据情况。目前此栏已无须填写。

（五）第 35 至 36 栏"四、其他"各栏

1. 第 35 栏"本期认证相符的税控增值税专用发票"：反映本期认证相符的防伪税控"增值税专用发票"、"货物运输业增值税专用发票"和税控"机动车销售统一发票"的情况。

2. 第 36 栏"代扣代缴税额"：填写纳税人根据《中华人民共和国增值税暂行条例》第十八条扣缴的应税劳务增值税额与根据营业税改征增值税有关政策规定扣缴的应税服务增值税额之和。

五、《增值税纳税申报表附列资料（三）》（应税服务扣除项目明细）填写说明

（一）本表由营业税改征增值税应税服务有扣除项目的纳税人填写。其他纳税人不填写。

（二）"税款所属时间"、"纳税人名称"的填写同主表。

（三）第 1 列"本期应税服务价税合计额（免税销售额）"：营业税改征增值税的应税服务属于征税项目的，填写扣除之前的本期应税服务价税合计额；营业税改征增值税的应税服务属于免抵退税或免税项目的，填写扣除之前的本期应税服务免税销售额。本列各行次等于《附列资料（一）》第 11 列对应行次。

营业税改征增值税的纳税人，应税服务按规定汇总计算缴纳增值税的分支机构，本列各行次之和等于《附列资料（一）》第 11 列第 13 行。

（四）第 2 列"应税服务扣除项目""期初余额"：填写应税服务扣除项目上期期末结存的金额，试点实施之日的税款所属期填写"0"。本列各行次等于上期《附列资料（三）》第 6 列对应行次。

（五）第 3 列"应税服务扣除项目""本期发生额"：填写本期取得的按税法规定准予扣除的应税服务扣除项目金额。

（六）第 4 列"应税服务扣除项目""本期应扣除金额"：填写应税服务扣除项目本期应扣除的金额。

本列各行次＝第 2 列对应各行次＋第 3 列对应各行次

（七）第 5 列"应税服务扣除项目""本期实际扣除金额"：填写应税服务扣除项目本期实际扣除的金额。

本列各行次≤第 4 列对应各行次且本列各行次≤第 1 列对应各行次。

（八）第 6 列"应税服务扣除项目""期末余额"：填写应税服务扣除项目本期期末结存的金额。

本列各行次＝第 4 列对应各行次－第 5 列对应各行次

六、《增值税纳税申报表附列资料（四）》（税额抵减情况表）填写说明

本表第 1 行由发生增值税税控系统专用设备费用和技术维护费的纳税人填写，反

映纳税人增值税税控系统专用设备费用和技术维护费按规定抵减增值税应纳税额的情况。本表第2行由营业税改征增值税纳税人，应税服务按规定汇总计算缴纳增值税的总机构填写，反映其分支机构预征缴纳税款抵减总机构应纳增值税税额的情况。其他纳税人不填写本表。

七、《固定资产进项税额抵扣情况表》填写说明

本表反映纳税人在《附列资料（二）》"一、申报抵扣的进项税额"中固定资产的进项税额。本表按增值税专用发票、海关进口增值税专用缴款书分别填写。税控《机动车销售统一发票》填入增值税专用发票栏内。

附件2 《增值税纳税申报表（小规模纳税人适用）》及其附列资料填表说明

本纳税申报表及其附列资料填写说明（以下简称本表及填写说明）适用于增值税小规模纳税人（以下简称纳税人）。

一、名词解释

（一）本表及填写说明所称"应税货物"，是指增值税的应税货物。

（二）本表及填写说明所称"应税劳务"，是指增值税的应税加工、修理、修配劳务。

（三）本表及填写说明所称"应税服务"，是指营业税改征增值税的应税服务。

（四）本表及填写说明所称"应税服务扣除项目"，是指纳税人提供应税服务，在确定应税服务销售额时，按照有关规定允许其从取得的全部价款和价外费用中扣除价款的项目。

二、《增值税纳税申报表（小规模纳税人适用）》填写说明

本表"应税货物及劳务"与"应税服务"各项目应分别填写。

（一）"税款所属期"是指纳税人申报的增值税应纳税额的所属时间，应填写具体的起止年、月、日。

（二）"纳税人识别号"栏，填写纳税人的税务登记证号码。

（三）"纳税人名称"栏，填写纳税人单位名称全称。

（四）第1栏"应征增值税不含税销售额"：填写应税货物及劳务、应税服务的不含税销售额，不包括销售使用过的应税固定资产和销售旧货的不含税销售额、免税销售额、出口免税销售额、查补销售额。

应税服务有扣除项目的纳税人，本栏填写扣除后的不含税销售额，与当期《增值税纳税申报表（小规模纳税人适用）附列资料》第8栏数据一致。

（五）第2栏"税务机关代开的增值税专用发票不含税销售额"：填写税务机关代开的增值税专用发票销售额合计。

（六）第3栏"税控器具开具的普通发票不含税销售额"：填写税控器具开具的应

税货物及劳务、应税服务的普通发票注明的金额换算的不含税销售额。

（七）第4栏"销售使用过的应税固定资产不含税销售额"：填写销售自己使用过的应税固定资产和销售旧货的不含税销售额，销售额＝含税销售额/（1＋3％）。

（八）第5栏"税控器具开具的普通发票不含税销售额"：填写税控器具开具的销售自己使用过的应税固定资产和销售旧货的普通发票金额换算的不含税销售额。

（九）第6栏"免税销售额"：填写销售免征增值税的应税货物及劳务、应税服务的销售额，不包括出口免税销售额。

应税服务有扣除项目的纳税人，填写扣除之前的销售额。

（十）第7栏"小微企业免税销售额"：填写符合小微企业免征增值税政策的免税销售额，不包括符合其他增值税免税政策的销售额。个体工商户和其他个人不填写本栏次。

（十一）第8栏"未达起征点销售额"：填写个体工商户和其他个人未达起征点（含支持小微企业免征增值税政策）的免税销售额，不包括符合其他增值税免税政策的销售额。本栏次由个体工商户和其他个人填写。

（十二）第9栏"其他免税销售额"：填写销售免征增值税的应税货物及劳务、应税服务的销售额，不包括符合小微企业免征增值税和未达起征点政策的免税销售额。

（十三）第10栏"出口免税销售额"：填写出口免征增值税应税货物及劳务、出口免征增值税应税服务的销售额。

应税服务有扣除项目的纳税人，填写扣除之前的销售额。

（十四）第11栏"税控器具开具的普通发票销售额"：填写税控器具开具的出口免征增值税应税货物及劳务、出口免征增值税应税服务的普通发票销售额。

（十五）第12栏"本期应纳税额"：填写本期按征收率计算缴纳的应纳税额。

（十六）第13栏"本期应纳税额减征额"：填写纳税人本期按照税法规定减征的增值税应纳税额。包含可在增值税应纳税额中全额抵减的增值税税控系统专用设备费用以及技术维护费，可在增值税应纳税额中抵免的购置税控收款机的增值税税额。其抵减、抵免增值税应纳税额情况，需填报《增值税纳税申报表附列资料（四）》（税额抵减情况表）予以反映。无抵减、抵免情况的纳税人，不填报此表。《增值税纳税申报表附列资料（四）》表式见《国家税务总局关于调整增值税纳税申报有关事项的公告》（国家税务总局公告2013年第32号）。

当本期减征额小于或等于第12栏"本期应纳税额"时，按本期减征额实际填写；当本期减征额大于第12栏"本期应纳税额"时，按本期第12栏填写，本期减征额不足抵减部分结转下期继续抵减。

（十七）第14栏"本期免税额"：填写纳税人本期增值税免税额，免税额根据第6栏"免税销售额"和征收率计算。

（十八）第15栏"小微企业免税额"：填写符合小微企业免征增值税政策的增值

免税额，免税额根据第7栏"小微企业免税销售额"和征收率计算。

（十九）第16栏"未达起点免税额"：填写个体工商户和其他个人未达起征点（含支持小微企业免征增值税政策）的增值税免税额，免税额根据第8栏"未达起征点销售额"和征收率计算。

（二十）第18栏"本期预缴税额"：填写纳税人本期预缴的增值税额，但不包括查补缴纳的增值税额。

三、《增值税纳税申报表（小规模纳税人适用）附列资料》填写说明

本附列资料由应税服务有扣除项目的纳税人填写，各栏次均不包含免征增值税应税服务数额。

（一）"税款所属期"是指纳税人申报的增值税应纳税额的所属时间，应填写具体的起止年、月、日。

（二）"纳税人名称"栏，填写纳税人单位名称全称。

（三）第1栏"期初余额"：填写应税服务扣除项目上期期末结存的金额，试点实施之日的税款所属期填写"0"。

（四）第2栏"本期发生额"：填写本期取得的按税法规定准予扣除的应税服务扣除项目金额。

（五）第3栏"本期扣除额"：填写应税服务扣除项目本期实际扣除的金额。

第3栏"本期扣除额"≤第1栏"期初余额"＋第2栏"本期发生额"之和，且第3栏"本期扣除额"≤5栏"全部含税收入"

（六）第4栏"期末余额"：填写应税服务扣除项目本期期末结存的金额。

（七）第5栏"全部含税收入"：填写纳税人提供应税服务取得的全部价款和价外费用数额。

（八）第6栏"本期扣除额"：填写本附列资料第3项"本期扣除额"栏数据。

第6栏"本期扣除额"＝第3栏"本期扣除额"

（九）第7栏"含税销售额"：填写应税服务的含税销售额。

第7栏"含税销售额"＝第5栏"全部含税收入"－第6栏"本期扣除额"

（十）第8栏"不含税销售额"：填写应税服务的不含税销售额。

第8栏"不含税销售额"＝第7栏"含税销售额"÷1.03，与《增值税纳税申报表（小规模纳税人适用）》第1栏"应征增值税不含税销售额""本期数""应税服务"栏数据一致。

附件3 《增值税减免税申报明细表》填写说明

《增值税减免税申报明细表》由享受增值税减免税优惠政策的增值税一般纳税人和小规模纳税人在办理增值税纳税申报时填报。仅享受月销售额不超过3万元（按季纳税9万元）免征增值税政策或未达起征点的增值税小规模纳税人不需填报明细表，即小规模纳税人当期增值税纳税申报表主表第9栏"其他免税销售额""本期数"和第13栏"本期应纳税额减征额""本期数"均无数据时，不需填报明细表。

一、本表由享受增值税减免税优惠政策的增值税一般纳税人和小规模纳税人填写。

二、"税款所属时间"、"纳税人名称"的填写同增值税纳税申报表主表（以下简称主表）。

三、"一、减税项目"由本期按照税收法律、法规及国家有关税收规定享受减征（包含税额式减征、税率式减征）增值税优惠的纳税人填写。

（一）"减税性质代码及名称"：根据国家税务总局最新发布的《减免性质及分类表》所列减免性质代码、项目名称填写。同时有多个减征项目的，应分别填写。

（二）第1列"期初余额"：填写应纳税额减征项目上期"期末余额"，为对应项目上期应抵减而不足抵减的余额。

（三）第2列"本期发生额"：填写本期发生的按照规定准予抵减增值税应纳税额的金额。

（四）第3列"本期应抵减税额"：填写本期应抵减增值税应纳税额的金额。本列按表中所列公式填写。

（五）第4列"本期实际抵减税额"：填写本期实际抵减增值税应纳税额的金额。本列各行≤第3列对应各行。

一般纳税人填写时，第1行"合计"本列数＝主表第23行"一般货物、劳务和应税服务"列"本月数"－《附列资料（四）》第2行"分支机构预征缴纳税款"第4列"本期实际抵减税额"。

小规模纳税人填写时，第1行"合计"本列数＝主表第13行"本期应纳税额减征额""本期数"。

（六）第5列"期末余额"：按表中所列公式填写。

四、"二、免税项目"由本期按照税收法律、法规及国家有关税收规定免征增值税的纳税人填写。仅享受小微企业免征增值税政策或未达起征点的小规模纳税人不需填写，即小规模纳税人申报表主表第9栏"其他免税销售额""本期数"无数据时，不需填写本栏。

（一）"免税性质代码及名称"：根据国家税务总局最新发布的《减免性质及分类表》所列减免性质代码、项目名称填写。同时有多个免税项目的，应分别填写。

（二）"出口免税"填写纳税人本期按照税法规定出口免征增值税的销售额，但不包括适用免、抵、退税办法出口的销售额。小规模纳税人不填写本栏。

（三）第1列"免征增值税项目销售额"：填写纳税人免税项目的销售额。免税销售额按照有关规定允许从取得的全部价款和价外费用中扣除价款的，应填写扣除之前的销售额。

一般纳税人填写时，本列"合计"等于主表第 8 行"一般货物、劳务和应税服务"列"本月数"。

小规模纳税人填写时，本列"合计"等于主表第 9 行"其他免税销售额""本期数"。

（四）第 2 列"免税销售额扣除项目本期实际扣除金额"：免税销售额按照有关规定允许从取得的全部价款和价外费用中扣除价款的，据实填写扣除金额；无扣除项目的，本列填写"0"。

（五）第 3 列"扣除后免税销售额"：按表中所列公式填写。

（六）第 4 列"免税销售额对应的进项税额"：本期用于增值税免税项目的进项税额。小规模纳税人不填写本列，一般纳税人按下列情况填写：

1. 纳税人兼营应税和免税项目的，按当期免税销售额对应的进项税额填写；

2. 纳税人本期销售收入全部为免税项目，且当期取得合法扣税凭证的，按当期取得的合法扣税凭证注明或计算的进项税额填写；

3. 当期未取得合法扣税凭证的，纳税人可根据实际情况自行计算免税项目对应的进项税额；无法计算的，本栏次填"0"。

（七）第 5 列"免税额"：一般纳税人和小规模纳税人分别按下列公式计算填写，且本列各行数应大于或等于 0。

一般纳税人公式：

$$第 5 列"免税额"＝第 3 列"扣除后免税销售额"×适用税率$$
$$－第 4 列"免税销售额对应的进项税额"$$

小规模纳税人公式：

$$第 5 列"免税额"＝第 3 列"扣除后免税销售额"×征收率$$

TAX PAYMENT PRACTICE &
TAX—SAVING SKILLS
OF VAT

第二章

重点解析 难点突破
——一般纳税人增值税业务账务处理

一般情况下，营改增纳税人与增值税相关的财税处理方法基本上和现行的增值税规定一致，其中最基本的特征是按照当期应税服务销售额（不含税）和适用的增值税率计算增值税销项税额，在扣除当期购买的应税产品和服务的进项税额后，净额为应向税务机关申报和缴纳的当期增值税应纳税额。另外，对于那些达不到一般纳税人条件的小规模试点企业，增值税的征收率为 3％，不得抵扣进项税额，其处理方法和现行增值税制度下对小规模纳税人的处理方法一致。营改增纳税人也是增值税纳税人，没有必要分别讲述，在此我们融合了所有纳税人的增值税业务的财税处理。

一、纳税人增值税会计科目的设置

（一）一般纳税人增值税会计科目的设置

我国增值税实行"价外计税"的办法，即以不含税的价格为计税依据。同时，增值税一般纳税人根据增值税专用发票上注明的税额实行税款抵扣制度计算应纳税额。因此，购进货物、接受加工修理修配劳务或者应税服务的价款、税款应分别核算。为准确反映和核算增值税的应交、抵扣、已交、退税及转出等情况，增值税一般纳税人应在"应交税费"科目下设置"应交增值税"和"未交增值税"两个明细科目。

在税务机关对增值税进行纳税检查时，查处调增或调减增值税税额的，企业还应当设置"应交税费——增值税检查调整"科目进行核算。

辅导期纳税人还应当在"应交税费"科目下增设"待抵扣进项税额"明细科目进行核算。

在"应交增值税"明细账中，应根据企业的实际需要设置"进项税额"、"销项税额"、"进项税额转出"、"出口退税"、"出口抵减内销产品应纳税额"、"已交税金"、"减免税款"、"转出未交增值税"、"转出多交增值税"、"营改增抵减的销项税额"等专栏。

1. 进项税额。

"进项税额"主要核算企业购进货物或者接受加工修理修配劳务和应税服务而支付的、准予从销项税额中抵扣的增值税。企业根据取得的增值税专用发票、海关进口增值税专用缴款书、农产品收购发票、农产品销售发票和税收缴款凭证等增值税扣税凭证确认进项税额，借记"应交税费——应交增值税（进项税额）"。

2. 销项税额。

"销项税额"主要核算企业销售货物、提供应税劳务或者应税服务应收取的增值税额。企业销售货物、提供应税劳务或者应税服务，按当期实现的应税销售额和规定的增值税税率（或征收率）确认销项税额。企业将自产或委托加工的货物用于非应税项目、对外投资、集体福利或个人消费、赠送他人等，应视同销售货物计算应交增值税确认销项税额。企业向其他单位或者个人无偿提供交通运输业和部分现代服务业服务应视同提供应税服务的需要计算应交增值税确认销项税额。随同产品销售单独计价包装物及出租、出借逾期未收回而没收的押金应按规定确认销项税额。确认的增值税销项税额贷记"应交税费——应交增值税（销项税额）"。

3. 进项税额转出。

"进项税额转出"主要核算企业的购进货物、在产品、库存商品等发生非正常损失以及因其他原因而不应从销项税额中抵扣，按规定转出的进项税额。企业购进货物、在产品、库存商品发生非正常损失，其相关的进项税额应当列为进项税额转出计入损失。购进货物改变用途，其进项税额不能用于抵扣时，应确认为进项税额转出计入有关成本费用。有进出口经营权的生产企业实行"免、抵、退"办法，按规定计算当期出口货物不予免征、抵扣和退税额应确认为进项税额转出并计入出口货物的成本。用于适用简易计税方法计税项目、非增值税应税项目、免征增值税项目、集体福利或者个人消费的购进货物、接受加工修理修配劳务或者应税服务的进项税额不得抵扣，应作为进项税额转出。通俗一点的说法就是，把不能抵扣的进项税额剔出来。对确认的进项税额转出贷记"应交税费——应交增值税（进项税额转出）"。

4. 出口退税。

"出口退税"主要核算企业出口适用零税率的货物（服务），向海关办理报关出口手续后，凭出口报关单等有关凭证，向税务机关办理退税而收到退回的税款。有出口经营权的生产性企业实行"免、抵、退"办法，按规定计算的当期应予抵扣的增值税额，应作为出口退税予以确认。不论是出口抵减内销产品应纳税额，还是应抵扣的税额大于应纳税额而未全部抵扣应予退回的税额，均贷记"应交税费——应交增值税（出口退税）"。

5. 出口抵减内销产品应纳税额。

"出口抵减内销产品应纳税额"主要核算内资企业以及 1993 年 12 月 31 日以后批准设立的外商投资企业直接出口或委托外贸企业代理出口的货物，按国务院规定的退税率计算的出口货物的进项税额抵减内销产品的应纳税额。有进出口经营权的生产企业实行"免、抵、退"办法，按规定计算当期应予抵扣的增值税额应确认为出口抵减内销产品应纳税额，借记"应交税费——应交增值税（出口抵减内销产品应纳税额）"。

6. 已交税金。

"已交税金"主要核算企业当期已缴纳的增值税额。本月上缴本月应交增值税，确认为已交税金，借记"应交税费——应交增值税（已交税金）"。

7. 减免税款。

"减免税款"主要核算企业经主管税务机关批准，实际减免的增值税额。

8. 转出未交增值税、转出多交增值税。

"转出未交增值税"主要核算企业月终当月发生的应交未交增值税的转出额。"转出多交增值税"专栏记录企业月终当月多交的增值税的转出额。月度终了，对本月应交未交的增值税额应作为转出未交增值税予以确认，借记"应交税费——应交增值税（转出未交增值税）"；对本月多交的增值税应作为转出多交增值税予以确认，贷记"应交税费——应交增值税（转出多交增值税）"。结转后，"应交增值税"明细科目的借方余额表示企业期末尚未抵扣的增值税。

9. 未交增值税。

"未交增值税"主要核算企业本月应交未交的增值税额或多交的增值税额。月度终了，将本月应交未交的增值税自"应交税费——应交增值税"明细科目转入"应交税费——未交增值税"明细科目，借记"应交税费——应交增值税（转出未交增值税）"，贷记"应交税费——未交增值税"；若本月为多交增值税也应进行转账，借记"应交税费——未交增值税"，贷记"应交税费——应交增值税（转出多交增值税）"。本月上缴上期应交未交增值税，借记"应交税费——未交增值税"，贷记"银行存款"。"未交增值税"明细科目的期末余额反映企业累计应交未交增值税；若为借方余额，则表示企业累计多交增值税。

10. 增值税检查调整。

"增值税检查调整"主要核算税务机关查处的调增或调减增值税税额。凡检查后应调减账面进项税额或调增销项税额和进项税额转出数额的，借记有关科目，贷记"应交税费——增值税检查调整"；凡检查后应调增账面进项税额或调减销项税额和进项税额转出数额的，借记"应交税费——增值税检查调整"，贷记有关科目；全部调账事宜入账后，应结出本账户的余额，并对该项余额进行处理。

11. 待抵扣进项税额。

"待抵扣进项税额"主要核算辅导期纳税人尚未交叉稽核比对的专用发票抵扣联、海关进口增值税专用缴款书（以下简称增值税抵扣凭证）注明或者计算的进项税额。辅导期纳税人取得增值税抵扣凭证后，借记"应交税费——待抵扣进项税额"明细科目，贷记相关科目。交叉稽核比对无误后，借记"应交税费——应交增值税（进项税额）"科目，贷记"应交税费——待抵扣进项税额"科目。经核实不得抵扣的进项税额，红字借记"应交税费——待抵扣进项税额"，红字贷记相关科目。

12. 营改增抵减的销项税额。

"营改增抵减的销项税额"主要核算试点期间一般纳税人提供应税服务按照营业税改征增值税有关规定允许扣减销售额而减少的销项税额。

13. 增值税留抵税额。

"增值税留抵税额"主要核算开始试点当月月初一般纳税人按照规定不得从应税服务的销项税额中抵扣的增值税留抵税额。

（二）小规模纳税人增值税会计科目的设置

小规模纳税人核算较为简单，只需设置"应交税费——应交增值税"科目，无须设置三级科目。

二、纳税人购入货物或接受应税劳务（服务）的增值税账务处理

对于购入货物或接受应税劳务（服务）业务的账务处理，首先要看取得的发票类型，然后分析购进货物或接受应税劳务（服务）的用途，最后再考虑是否可以抵扣，据此做出正确的账务处理。企业最常见的购进货物或接受应税劳务（服务）业务有以下几种：

1. 企业购进货物或接受应税劳务（服务），取得的增值税扣税凭证，按税法规定符合抵扣条件可在本期申报抵扣的进项税额，借记"应交税费——应交增值税（进项税额）"科目，按照增值税扣税凭证上记载的应计入成本的金额，借记"材料采购"、"原材料"、"委托加工材料"、"制造费用"、"管理费用"、"销售费用"、"应付职工薪

酬"、"主营业务成本"、"其他业务成本"、"在建工程"等科目，按照应付或实际支付的金额，贷记"应付账款"、"应付票据"、"银行存款"等科目。购入货物发生的退货或接受服务中止，做相反的会计分录。

企业在采购货物过程中支付的运输费用，应作为采购费用计入采购成本。

【例2-1】　甲公司系增值税一般纳税人（除特别注明为小规模纳税人外，均为一般纳税人，下同），增值税税率17%（下同）。20×3年7月购入一批原材料用于生产产品，增值税专用发票上注明原材料价款为100万元，增值税17万元，以银行存款支付价款货款，另支付运费2.22万元，取得货物运输业增值税专用发票。材料已到达并验收入库。该公司对存货采用实际成本法核算。

该批原材料的入账价值为：$1\,000\,000+22\,200/(1+11\%)=1\,020\,000$（元），可抵扣的进项税额为：$170\,000+22\,200/(1+11\%)\times11\%=172\,200$（元），则甲公司会计处理为：

借：原材料　　　　　　　　　　　　　　　　　　　　　1 020 000
　　应交税费——应交增值税（进项税额）　　　　　　　　172 200
　　贷：银行存款　　　　　　　　　　　　　　　　　　1 192 200

【例2-2】　甲物流公司系增值税一般纳税人，1月份提供交通运输收入100万元，按照适用税率开具增值税专用发票，款项已收。当月委托上海乙公司一项运输业务，取得乙公司开具的货物运输业增值税专用发票，不含税价款10万元，注明的增值税额为1.1万元。

甲物流公司取得乙公司货物运输业增值税专用发票后的账务处理为：

借：主营业务成本　　　　　　　　　　　　　　　　　　100 000
　　应交税费——应交增值税（进项税额）　　　　　　　　 11 000
　　贷：应付账款　　　　　　　　　　　　　　　　　　 111 000

【例2-3】　甲公司与乙物流公司于7月7日签订合同，乙物流公司为甲公司提供运输货物服务，甲公司于当日取得乙公司开具的货物运输业增值税专用发票，价税合计11.1万元，款项未付。7月17日，双方因故中止履行合同。甲公司将尚未认证的发票退还给乙物流公司。

甲公司取得发票的账务处理为：

借：材料采购　　　　　　　　　　　　　　　　　　　　100 000
　　应交税费——应交增值税（进项税额）　　　　　　　　 11 000
　　贷：应付账款　　　　　　　　　　　　　　　　　　 111 000

甲公司在服务中止时的账务处理为：

借：材料采购　　　　　　　　　　　　　　　　　　　　－100 000
　　应交税费——应交增值税（进项税额）　　　　　　　　－11 000
　　贷：应付账款　　　　　　　　　　　　　　　　　　 －111 000

【例2-4】 甲仓储服务公司，正在建造某项仓储设备工程，接受B国M公司技术指导，书面合同总价为10.6万元。B国M公司境内无代理机构，甲公司办理扣缴增值税手续，取得代扣代缴增值税的税收缴款凭证及其清单，并将扣税后的价款支付给M公司，取得付款证明和M公司的对账单。

甲公司的账务处理为：

借：在建工程 100 000

应交税费——应交增值税（进项税额） 6 000

贷：银行存款 106 000

【例2-5】 甲公司20×3年6月份发出材料20 000元，委托乙公司加工模具一批，7月份收回加工完毕的模具，取得对方开具的增值税专用发票，加工费10 000元，增值税额1 700元，款项以银行存款支付。则甲公司会计处理为：

6月份甲公司发出材料时：

借：委托加工物资 20 000

贷：原材料 20 000

7月份甲公司支付加工费，收回模具时：

借：委托加工物资 10 000

应交税费——应交增值税（进项税额） 1 700

贷：银行存款 11 700

借：周转材料 30 000

贷：委托加工物资 30 000

2. 企业购进货物、接受加工修理修配劳务或者应税服务，未按照规定取得并保存增值税扣税凭证，或者增值税扣税凭证上未按照规定注明增值税额及其他有关事项的，其进项税额不得从销项税额中抵扣，其购进货物或应税劳务所支付的增值税不能记入"应交税费——应交增值税（进项税额）"科目，而要记入购进货物、接受加工修理修配劳务或者应税服务的成本中，不得将增值税额分离出来进行抵扣处理。在编制会计分录时，借记"材料采购"、"原材料"、"销售费用"、"管理费用"等科目；贷记"银行存款"、"应付票据"、"应付账款"等科目。

【例2-6】 甲软件服务公司于7月2日购入一批办公用品，取得普通发票，以银行存款支付价款3 600元，该批办公用品直接用于企业的经营管理活动。

甲公司只取得普通发票，应按发票所列全部价款入账，则甲公司账务处理为：

借：管理费用 3 600

贷：银行存款 3 600

3. 企业购进免税农产品，按购入农业产品的买价和规定的扣除率13%计算的进项税额，借记"应交税费——应交增值税（进项税额）"科目，按买价扣除按规定计算的进项税额后的差额，借记"材料采购"、"原材料"等科目，按应付或实际支付的价款，贷记"应付账款"、"银行存款"等科目。

【例2-7】 甲公司是一家农产品加工企业，20×3年7月向农业生产者收购农产品，支付的价款为100万元，有关会计分录如下：

按买价和13％的扣除率计算抵扣进项税款＝100×13％＝13（万元）。

借：原材料		870 000
应交税费——应交增值税（进项税额）		130 000
贷：银行存款		1 000 000

4. 企业接受境外单位或者个人提供的应税服务，从税务机关或者境内代理人取得的解缴税款的中华人民共和国税收缴款凭证上注明的增值税额准予从销项税额中抵扣。

纳税人凭税收缴款凭证抵扣进项税额的，应当具备书面合同、付款证明和境外单位的对账单或者发票。资料不全的，其进项税额不得从销项税额中抵扣。

【例2-8】 境外公司派员到甲公司提供咨询服务，该境外公司未在境内设立经营机构，甲公司向境外公司支付咨询费106万元，应由甲公司代扣代缴税款，甲公司账务处理：

境外单位或者个人在境内提供应税服务，在境内未设有经营机构的，扣缴义务人计算应扣缴税额：

$$应扣缴税额＝接受方支付的价款÷（1＋税率）×税率$$
$$＝106÷（1＋6％）×6％＝6（万元）$$

发生咨询费用，尚未付款时：

借：管理费用	1 060 000
贷：应付账款	1 060 000

支付咨询服务费代扣税款时：

借：应付账款	1 060 000
贷：银行存款	1 000 000
应交税费——代扣代缴增值税	60 000

代缴税款时：

借：应交税费——代扣代缴增值税	60 000
贷：银行存款	60 000

取得解缴税款的税收缴款凭证时：

借：应交税费——应交增值税（进项税额）	60 000
贷：管理费用	60 000

对于扣缴增值税的账务处理，会计上没有明确规定，我们可以自设科目"代扣代缴增值税"进行核算。当然，也可以使用"未交增值税"科目进行核算，但为了区分

企业自身产生的增值税款，建议自设科目进行核算。

上面这些会计分录也可以合并为一笔：

借：管理费用 1 000 000

应交税费——应交增值税（进项税额） 60 000

贷：银行存款 1 060 000

三、购入货物及接受应税劳务（服务）用于非应税项目或免税项目的增值税账务处理

企业购进货物、接受加工修理修配劳务或者应税服务直接用于非应税项目，或直接用于免税项目以及直接用于集体福利和个人消费的，其专用发票上注明的增值税额，计入购入货物及接受劳务的成本。借记"在建工程"、"应付职工薪酬——职工福利费"等科目，贷记"银行存款"等科目。

【例2-9】 甲公司12月购入一批电暖气作为元旦福利发放给职工，并取得增值税专用发票，不含税价格为50 000元，进项税额8 500元，发生相应运费1 110元，取得货物运输业增值税专用发票，不含税价格为1 000元，进项税额110元，全部款项以银行存款支付。

1. 该批电暖气用于职工福利，进项税额不得抵扣，进项发票可以不认证，则甲公司账务处理为：

借：管理费用、生产成本等科目 59 610

贷：应付职工薪酬——非货币性福利 59 610

借：应付职工薪酬——非货币性福利 59 610

贷：银行存款 59 610

2. 若是进项发票已认证，则甲公司账务处理为：

借：管理费用、生产成本等科目 51 000

应交税费——应交增值税（进项税额） 8 610

贷：应付职工薪酬——非货币性福利 59 610

借：应付职工薪酬——非货币性福利 59 610

贷：银行存款 59 610

借：管理费用、生产成本等科目 8 610

贷：应交税费——应交增值税（进项税额转出） 8 610

温馨提醒

建议企业采取第二种办法，先认证发票，再做进项税额转出，这样可以验证发票真伪，防止收到假发票，也可以杜绝出现滞留票，减少被税务检查的风险。

四、纳税人销售货物或提供应税劳务（服务）的增值税账务处理

一般纳税人销售货物、提供加工修理修配劳务或者应税服务，按照确认的收入和按规定收取的增值税额，借记"库存现金"、"银行存款"、"应收账款"、"应收票据"等科目，按照按规定收取的增值税额，贷记"应交税费——应交增值税（销项税额）"科目，按确认的收入，贷记"主营业务收入"、"其他业务收入"等科目。发生的服务中止或折让，做相反的会计分录。

【例 2-10】　甲公司系增值税一般纳税人，7 月提供交通运输服务取得不含税收入 100 万元，款项已收。提供车辆租赁服务取得不含税收入 20 万元，分别开具增值税发票；款项已收。8 月因车辆维修，甲公司退还维修期间租赁费 5.85 万元，并开具红字专用发票。

甲公司取得运输服务收入的账务处理为：

借：银行存款	1 110 000
贷：主营业务收入——运输	1 000 000
应交税费——应交增值税（销项税额）	110 000

甲公司取得车辆租赁服务收入的账务处理为：

借：银行存款	234 000
贷：其他业务收入——租赁	200 000
应交税费——应交增值税（销项税额）	34 000

甲公司退还维修期间租赁费的账务处理为：

借：银行存款	−58 500
贷：其他业务收入——租赁	−50 000
应交税费——应交增值税（销项税额）	−8 500

五、纳税人适用简易计税方法的应税项目的增值税账务处理

一般纳税人提供适用简易计税方法应税项目的，借记"库存现金"、"银行存款"、"应收账款"等科目，贷记"主营业务收入"、"其他业务收入"等科目，贷记"应交税费——未交增值税"科目。

一般纳税人提供适用简易计税方法应税项目，发生视同销售或提供应税服务情形应缴纳增值税额的，借记"营业外支出"、"应付利润"等科目，贷记"应交税费——未交增值税"科目。

【例 2-11】 甲公交公司，增值税一般纳税人，4 月取得公交客运收入 103 000 元。甲公司账务处理如下：

按简易计税办法计算应纳增值税税款＝103 000÷(1＋3%)×3%＝3 000（元），相应账务处理为：

借：库存现金 103 000
    贷：主营业务收入 100 000
      应交税费——未交增值税 3 000

六、纳税人销售货物或提供应税劳务（服务）收取价外费用的增值税账务处理

销售额为纳税人销售货物或提供应税劳务（服务）向购买方收取的全部价款和价外费用，但是不包括收取的销项税额。

价外费用，包括价外向购买方收取的手续费、补贴、基金、集资费、返还利润、奖励费、违约金、滞纳金、延期付款利息、赔偿金、代收款项、代垫款项、包装费、包装物租金、储备费、优质费、运输装卸费以及其他各种性质的价外收费。但下列项目不包括在内：

1. 受托加工应征消费税的消费品所代收代缴的消费税；

2. 同时符合以下条件的代垫运输费用：

(1) 承运部门的运输费用发票开具给购买方的；

（2）纳税人将该项发票转交给购买方的。

3. 同时符合以下条件代为收取的政府性基金或者行政事业性收费：

（1）由国务院或者财政部批准设立的政府性基金，由国务院或者省级人民政府及其财政、价格主管部门批准设立的行政事业性收费；

（2）收取时开具省级以上财政部门印制的财政票据；

（3）所收款项全额上缴财政。

4. 销售货物的同时代办保险等而向购买方收取的保险费，以及向购买方收取的代购买方缴纳的车辆购置税、车辆牌照费。

【例 2-12】　甲公司 7 月份向乙公司提供交通运输服务，开具增值税普通发票，发票注明合计金额为 555 万元，以银行承兑汇票结算，同时从乙公司收取贴现息 11.1 万元，以银行存款结算，未开具发票，另根据省人民政府规定，从乙公司收取建设基金 10 万元，开具省级财政部门监制的财政收据，所收款项全额上缴财政。

甲公司从乙公司收取贴现息 11.1 万元，为收取的价外费用，应当按照税法规定开具发票。虽然该公司未开具发票，也应并入销售额缴纳增值税，而收取的建设基金则属于代为收取的政府性基金，不作为价外费用处理。

提供运输服务销售额＝(555＋11.1)÷(1＋11%)＝510(万元)

销项税额＝510×11%＝56.1(万元)

甲公司的账务处理为：

```
借：应收票据                          5 550 000
    银行存款                            111 000
  贷：主营业务收入——运输              5 100 000
      应交税费——应交增值税（销项税额）  561 000
```

七、纳税人差额征税的账务处理

一般纳税人提供应税服务，试点期间按照营业税改征增值税有关规定允许从销售额中扣除其支付给非试点纳税人价款的，应在"应交税费——应交增值税"科目下增设"营改增抵减的销项税额"专栏，用于记录该企业因按规定扣减销售额而减少的销项税额；同时，"主营业务收入"、"主营业务成本"等相关科目应按经营业务的种类进行明细核算。

企业接受应税服务时，按规定允许扣减销售额而减少的销项税额，借记"应交税费——应交增值税（营改增抵减的销项税额）"科目，按实际支付或应付的金额与上述增值税额的差额，借记"主营业务成本"等科目，按实际支付或应付的金额，贷记"银行存款"、"应付账款"等科目。

对于期末一次性进行账务处理的企业，期末，按规定当期允许扣减销售额而减少的销项税额，借记"应交税费——应交增值税（营改增抵减的销项税额）"科目，贷记"主营业务成本"等科目。

【例 2-13】 甲公司是经中国人民银行、商务部、银监会批准从事融资租赁业务的增值税一般纳税人，20×2 年 12 月取得设备融资租赁收入 468 万元，取得该设备相关的安装费、保险费发票，发票金额 117 万元，以银行存款结算，假设该公司期初无留抵税额，本月未发生进项税额。甲公司账务处理如下：

1. 取得收入。

主营业务收入＝468÷(1＋17％)＝400(万元)

销项税额＝400×17％＝68(万元)

借：银行存款	4 680 000
贷：主营业务收入	4 000 000
应交税费——应交增值税（销项税额）	680 000

2. 出租方承担的安装费、保险费取得合法凭证可以从销售额中扣除。

主营业务成本＝117÷(1＋17％)＝100(万元)

营改增抵减的销项税额＝100×17％＝17(万元)

借：主营业务成本	1 000 000
应交税费——应交增值税（营改增抵减的销项税额）	170 000
贷：银行存款	1170 000

甲公司销售额＝400－100＝300(万元)

甲公司应交增值税额＝68－17＝51(万元)

八、视同销售的增值税账务处理

将货物交付其他单位或者个人代销；销售代销货物；设有两个以上机构并实行统一核算的纳税人，将货物从一个机构移送其他机构用于销售，但相关机构设在同一县(市)的除外；将自产或者委托加工的货物用于非增值税应税项目；将自产、委托加工的货物用于集体福利或者个人消费；将自产、委托加工或者购进的货物作为投资，提供给其他单位或者个体工商户；将自产、委托加工或者购进的货物分配给股东或者投资者；将自产、委托加工或者购进的货物无偿赠送其他单位或者个人，应视同销售货物，计算应交增值税。

在计提销项税额时，要按照"成本转账、售价计税"的原则核算：

（1）成本的确定。自产货物的成本为实际的生产成本，外购货物的成本为实际采购成本。

（2）售价的确定。售价即为公允价值，按下列顺序确定销售额：纳税人最近时期同类货物的平均销售价格、其他纳税人最近时期同类货物的平均销售价格、组成计税价格。

组成计税价格的公式为：

$$组成计税价格＝成本×（1＋成本利润率）$$

属于应征消费税的货物，其组成计税价格中应加计消费税额。

增值税组成计税价格中的成本利润率由国家税务总局确定，纳税人因销售价格明显偏低或无销售价格等原因，按规定需以组成计税价格确定销售额的，其组价公式中的成本利润率为10％。但属于应从价定率征收消费税的货物，其组价公式中的成本利润率为《消费税若干具体问题的规定》（国税发〔1993〕156号）中规定的成本利润率。

（一）自产或委托加工货物用于非增值税应税项目的账务处理

企业将自产或委托加工的货物用于非增值税应税项目，应视同销售货物计算应交增值税。

在这种视同销售行为中，由于货物并没有实质性转移，其所有权、控制权和管理权还归企业所有，其相关风险和报酬也没有发生转移，因此不符合收入确认的条件，不能将其确认为收入，只能按成本结转。账务处理时，按同类货物的成本价和销项税额，借记"在建工程"等科目，按货物的成本价，贷记"库存商品"等科目，按同类货物的销售价格和规定的增值税税率计算的销项税额，贷记"应交税费——应交增值税（销项税额）"科目。

【例2-14】 甲公司是一家生产加气砼的企业，20×3年3月为改善职工生活，领用了一批自产的成本价6万元的加气砼砌块，新建几间职工宿舍，该批加气砼砌块当期售价8万元。这是典型的将自产产品用于非增值税应税项目。则甲公司会计处理为：

销项税额＝80 000×17％＝13 600（元）

借：在建工程　　　　　　　　　　　　　　　　　　　　　　　73 600

贷：库存商品　　　　　　　　　　　　　　　　　　　　60 000

应交税费——应交增值税（销项税额）　　　　　　　13 600

（二）将货物交付他人代销的账务处理

将货物交付他人代销的销售方式，应视同销售，和一般销售行为基本相同，明显会产生经济利益的流入。不同的是，委托方和代销方签订委托代销协议，并按照协议规定，委托方将货物交付与受托方，货物仅仅进行了空间的转移，而所有权并未发生转移，经济利益也没有流入委托方，因此其交付货物时不能确认收入。

对于委托方何时确认销售收入和增值税纳税义务发生时间有如下规定：

《中华人民共和国增值税暂行条例》第十九条规定："增值税纳税义务发生时间：（一）销售货物或者应税劳务，为收讫销售款项或者取得索取销售款项凭据的当天；先开具发票的，为开具发票的当天"。

《中华人民共和国增值税暂行条例实施细则》第三十八条规定："条例第十九条第一款第（一）项规定的收讫销售款项或者取得索取销售款项凭据的当天，按销售结算方式的不同，具体为：……（五）委托其他纳税人代销货物，为收到代销单位的代销清单或者收到全部或者部分货款的当天。未收到代销清单及货款的，为发出代销货物满180天的当天"。

根据上述两条规定，委托方将货物交付他人代销，一般把收到代销方转来的代销清单的当天确认为纳税义务发生时间，开具增值税专用发票的时间也应当为收到代销清单的当天。但在实际工作中可能存在另外三种情况：一是在收到代销清单之前提前开具发票，这种情况下，增值税纳税义务发生时间为开具发票的当天；二是在收到代销清单之前已经收到全部或部分货款，这种情况下，增值税纳税义务发生时间为收到全部或部分货款的当天；三是发出代销商品超过180天仍未收到代销清单及货款的，这种情况下，也应该视同销售实现，一律征收增值税，增值税纳税义务发生时间为发出代销商品满180天的当天。

根据委托代销协议的约定有两种结算方式，一种是视同买断，另一种是根据销售额的一定比例收取手续费。

1. 受托方作为自购自销处理的，视同买断，不涉及手续费的问题，企业应在受托方销售货物并交回代销清单时，为受托方开具专用发票，按"价税合计"栏的金额，借记"银行存款"、"应收账款"等科目，按"金额"栏的金额，贷记"主营业务收入"、"其他业务收入"等科目，按"税额"栏的金额，贷记"应交税费——应交增值税（销项税额）"科目。

【例2-15】　甲公司是一家电脑生产企业，20×3年1月与乙公司签订委托代销协议，按照协议规定，甲公司按不含税销售价格5 800元/台向乙公司收取销售货款，乙公司实际的销售价格在甲公司确定的指导价格范围内自主决定，实际售价与合同价的差额归乙公司所有，甲公司不再支付代销手续费。20×3 年 1 月甲公司发出电脑 1 300 台，电脑实际成本为 5 000 元/台，至 2 月底结账时，收到乙公司的代销清单，代销清单显示乙公司销售 1 000 台，乙公司实际销售价格 6 000 元/台，则甲公司应按销售数量和合同价格确认销售收入，并计算增值税的销项税额为 98.6 万元。则甲公司会计处理为：

1. 将委托代销商品发给乙公司时：

借：发出商品或委托代销商品　　　　　　　　　　　　　　　　6 500 000
　　贷：库存商品　　　　　　　　　　　　　　　　　　　　　　　6 500 000

2. 收到乙公司的代销清单时：

借：应收账款　　　　　　　　　　　　　　　　　　　　　　　6 786 000
　　贷：主营业务收入　　　　　　　　　　　　　　　　　　　　　5 800 000
　　　　应交税费——应交增值税（销项税额）　　　　　　　　　　　986 000

借：主营业务成本　　　　　　　　　　　　　　　　　　　　　5 000 000
　　贷：发出商品或委托代销商品　　　　　　　　　　　　　　　　5 000 000

2. 受托方只根据销售额的一定比例收取代销手续费的，企业应在受托方交回代销清单时，为受托方开具专用发票，按"价税合计"栏的金额扣除手续费后的余额，借记"银行存款"、"应收账款"等科目，按手续费金额，借记"销售费用"等科目，按"金额"栏的金额，贷记"主营业务收入"、"其他业务收入"等科目；按"税额"栏的金额，贷记"应交税费——应交增值税（销项税额）"科目。

【例 2-16】　甲公司是一家电脑生产企业，20×3 年 1 月与乙公司签订委托代销协议，按照协议规定，乙公司应按不含税销售价格 6 000 元/台进行销售，甲公司按照 200 元/台向乙公司支付手续费。20×3 年 1 月甲公司发出电脑 1 300 台，电脑实际成本为 5 000 元/台，至 2 月底结账时，收到乙公司的代销清单，代销清单显示乙公司销售 1 000 台，则甲公司应按销售清单确认销售收入，并计算增值税的销项税额为 102 万元。则甲公司会计处理为：

1. 将委托代销商品发给乙公司时：

借：发出商品或委托代销商品　　　　　　　　　　　　　　　　6 500 000
　　贷：库存商品　　　　　　　　　　　　　　　　　　　　　　　6 500 000

2. 收到乙公司的代销清单时：

借：应收账款　　　　　　　　　　　　　　　　　　　　　　　7 020 000
　　贷：主营业务收入　　　　　　　　　　　　　　　　　　　　　6 000 000
　　　　应交税费——应交增值税（销项税额）　　　　　　　　　　1 020 000

借：销售费用——手续费　　　　　　　　　　　　　　　　　　　200 000
　　贷：银行存款　　　　　　　　　　　　　　　　　　　　　　　　200 000

| 借：主营业务成本 | 5 000 000 |
| 贷：发出商品或委托代销商品 | 5 000 000 |

（三）销售代销货物的账务处理

1. 企业将销售代销货物作为自购自销处理的，视同买断，不涉及手续费问题，在这种方式下，代销方销售委托代销的货物就和销售自有的货物一样会带来经济利益的流入。其中，和委托方约定的结算价格就是企业取得此收入的成本，而实际的销售价格就是这项业务经济利益的总流入量。所以应该在销售货物时，为购货方开具专用发票，确认销售收入，记入"主营业务收入"科目。

编制会计分录时，按专用发票"价税合计"栏的金额，借记"应收账款"等科目；按"税额"栏的金额，贷记"应交税费——应交增值税（销项税额）"科目，按"金额"栏的金额，贷记"主营业务收入"等科目。

【例2-17】 承例2-15，乙公司应按实际销售价格确认销售收入，则乙公司会计处理为：

1. 收到受托代销的商品，按数量1 300台和约定的价格5 800元/台：

| 借：受托代销商品 | 7 540 000 |
| 贷：受托代销商品款 | 7 540 000 |

2. 销售代销商品时，按销售数量1 000台和销售价格6 000元/台：

借：应收账款	7 020 000
贷：主营业务收入	6 000 000
应交税费——应交增值税（销项税额）	1 020 000

同时结转代销商品1 000台的成本：

| 借：主营业务成本 | 5 800 000 |
| 贷：受托代销商品 | 5 800 000 |

3. 收到对方发票：

借：受托代销商品款	5 800 000
应交税费——应交增值税（进项税额）	986 000
贷：应付账款	6 786 000

2. 企业销售代销货物只根据销售额的一定比例收取代销手续费的，代销方提供的其实只是一种服务，所收取的手续费就是委托方支付的劳务费用，虽然会带来经济利益的流入，但是这种流入和实质上的销售是有区别的。实质上的销售是将销售收入和相应的销售成本配比的，而这种行为所取得的手续费收入不是销售所得，没有相应的销售成本配比，这种劳务行为应该属于其他业务收入。代销方和委托方进行结算的款项是全部的销售收入，因此在销售代销商品完成时，不确认"主营业务收入"，而是将

相应款项扣除手续费后作为对委托方的负债，结算时支付给委托方，但是代销方应在销售货物时，为购货方开具专用发票。

编制会计分录时，按"价税合计"栏金额，借记"银行存款"等科目，按"金额"栏的金额，贷记"应付账款"科目，按"税额"栏的金额，贷记"应交税费——应交增值税（销项税额）"科目。

【例 2-18】　承例 2-16，则乙公司会计处理为：

1. 收到受托代销的商品，按数量 1 300 台和约定的价格 6 000 元/台：

借：受托代销商品 　　　　　　　　　　　　　　　　7 800 000
　　贷：受托代销商品款 　　　　　　　　　　　　　　7 800 000

2. 销售代销商品时，按销售数量 1 000 台和销售价格 6 000 元/台：

借：银行存款 　　　　　　　　　　　　　　　　　　7 020 000
　　贷：应付账款 　　　　　　　　　　　　　　　　　6 000 000
　　　　应交税费——应交增值税（销项税额） 　　　　1 020 000

同时结转代销商品 1 000 台的成本：

借：受托代销商品款 　　　　　　　　　　　　　　　6 000 000
　　贷：受托代销商品 　　　　　　　　　　　　　　　6 000 000

3. 收到对方发票：

借：应交税费——应交增值税（进项税额） 　　　　　1 020 000
　　贷：应付账款 　　　　　　　　　　　　　　　　　1 020 000

4. 支付货款并确认代销手续费时：

借：应付账款 　　　　　　　　　　　　　　　　　　7 020 000
　　贷：其他业务收入——手续费收入 　　　　　　　　200 000
　　　　银行存款 　　　　　　　　　　　　　　　　　6 820 000

5. 计征营业税：

借：营业税金及附加 　　　　　　　　　　　　　　　10 000
　　贷：应交税费——应交营业税 　　　　　　　　　　10 000

受托方收到代销商品并入库后，受托方对商品负有管理和销售的责任，保管中对短缺和毁损商品负有赔偿责任，销售后有返还货款的责任，对未售完的商品可以退回，因此，尽管受托代销商品在法律上不属于受托企业的资产，但为了更好地尽到受托方的管理和销售责任，受托企业仍将"受托代销商品"作为受托方的资产列示在资产负债表中，但为和企业自有资产（存货）相区分，应将"受托代销商品"和"存货"并列于资产负债表的流动资产中。

受托代销商品款是核算企业接受代销商品的货款，销售后有返还货款的责任，显然受托代销商品款符合负债的定义，也符合负债的确认条件。因此"受托代销商品款"应作为单独项目列示在资产负债表的流动负债项目中。

受托代销商品和受托代销商品款应单独列示于资产负债表中。这样处理虽然有虚增企业资产和负债之嫌，但能充分反映企业的经营状况，并且更有利于计算有关偿债能力等指标。

（四）非同一县（市）将货物从一个机构移送其他机构用于销售

非同一县（市）将货物从一个机构移送其他机构用于销售，应视同销售，计算销项税额，其增值税纳税义务发生时间为货物移送的当天。

《国家税务总局关于企业所属机构间移送货物征收增值税问题的通知》（国税发〔1998〕第137号）规定：

非同一县（市）将货物从一个机构移送其他机构用于销售，所称的用于销售，是指受货机构发生以下情形之一的经营行为：

1. 向购货方开具发票；
2. 向购货方收取货款。

受货机构的货物移送行为有上述两项情形之一的，应当向所在地税务机关缴纳增值税；未发生上述两项情形的，则应由总机构统一缴纳增值税。

如果受货机构只就部分货物向购买方开具发票或收取货款，则应当区别不同情况计算并分别向总机构所在地或分支机构所在地缴纳税款。

满足视同销售条件时，移送货物的一方应视同销售，在货物移送当天开具增值税专用发票，计算销项税额，异地受货机构符合条件可做进项税额抵扣，会计处理与正常销售业务相同。

若受货机构没有发生上述两项情形，机构之间移送货物不属于"用于销售"的行为，收货方只相当于一个仓库使用，则只做货物进、销、存仓库保管账，不做涉税的会计处理。移货方也不用视同销售计算缴纳增值税，等到货物实际对外销售时，再确认收入计算缴纳增值税。

（五）自产、委托加工或购买货物无偿赠送他人的账务处理

企业将自产、委托加工或购买的货物无偿赠送他人，应视同销售货物计算应交增值税。

为什么要视同销售？可以这样来理解：自产、委托加工的货物本身所耗原材料和支付的加工费等项目的"进项税额"、购买货物时的"进项税额"已从"销项税额"中抵扣了，若不视同销售，企业就会占国家的便宜；试想，买卖双方若互相"赠送"，那国家将无法收税。为了堵塞税收漏洞，这类业务要视同销售计税。

无偿赠送他人的行为虽然发生了所有权的转移，但企业并未获得经济利益，企业

资产、所有者权益都没有增加。无偿赠送不是企业的经营活动，更不是实质上的销售行为，因此不符合收入确认的条件，不能作为收入处理，只能按成本进行结转。

确认销售成立、发生纳税义务并开具增值税专用发票或普通发票的时间，为移送货物的当天。

账务处理时，按货物的成本价，贷记"库存商品"、"原材料"等科目，按同类货物的销售价格或组成计税价格和规定的增值税税率计算的销项税额，贷记"应交税费——应交增值税（销项税额）"科目，按货物的成本价和销项税额，借记"营业外支出"等科目。

【例2-19】　甲公司将一批自产的产品作为救灾物资捐赠给某灾区，该批产品实际成本16 000元，同类货物的销售价格为20 000元，其适用的增值税税率为17%。则甲公司会计处理为：

销项税额＝20 000×17%＝3 400（元）

借：营业外支出　　　　　　　　　　　　　　　　　　　19 400
　　贷：库存商品　　　　　　　　　　　　　　　　　　16 000
　　　　应交税费——应交增值税（销项税额）　　　　　　3 400

（六）自产、委托加工或购买货物作为投资，提供给其他单位或个体工商户的账务处理

企业将自产或委托加工的货物作为投资，提供给其他单位或个体工商户，应视同销售货物计算应交增值税。

这种视同销售行为可以这样理解：长期股权投资等资产的增加就是货物投资转出给企业带来的经济利益，只不过其表现形式不是货币资金而已。换一个角度来考虑，如果企业采取货币资金方式取得同等份额的投资，其所支付的货币资金的金额应该和该货物的公允价值以及相应的增值税额相等，而不是和该货物的生产成本及按其公允价值计算的增值税之和对等。可见，这种视同销售行为所产生的长期股权投资等要按照投出货物的公允价值和相应的增值税来进行计量。

账务处理时，按同类货物的公允价值和销项税额，借记"长期股权投资"等科目，按货物的公允价值，贷记"主营业务收入"等科目，按同类货物的公允价值和规定的增值税税率计算的销项税额，贷记"应交税费——应交增值税（销项税额）"科目。

【例2-20】　20×3年4月，甲公司经董事会批准，将自产的一批成本为40万元、公允价值为50万元的商品向A公司进行投资，则甲公司会计处理为：

借：长期股权投资——A公司　　　　　　　　　　　　585 000
　　贷：主营业务收入　　　　　　　　　　　　　　　500 000

应交税费——应交增值税（销项税额）	85 000
借：主营业务成本	400 000
贷：库存商品	400 000

（七）将自产、委托加工或者购进的货物分配给股东或者投资者的账务处理

企业将自制、委托加工或购进的货物分配给股东或投资者，由于股东或投资者是有别于该企业的另一个会计主体，虽然没有直接反映出与交易相关的经济利益流入企业，但其已将商品所有权的主要风险和报酬转移给了股东或投资者。其经济利益的流入表现为间接的形式，实际上它与将货物出售后取得货币资产，然后再分配利润给股东，并无实质区别，只是没有现金流入或流出而已。现在以货物的形式分发股利或利润就会使企业的其他资产少流出企业，间接的相当于有经济利益流入企业，这种流入的表现就是企业债务的减少，因此应该确认收入。

确认销售成立、发生纳税义务并开具增值税专用发票（股东或投资者为法人且为一般纳税人）或普通发票（投资者或股东为自然人或小规模纳税人）的时间，为分配货物的当天。

账务处理时，应按货物的公允价值贷记"主营业务收入"、"其他业务收入"，按货物的公允价值和适用税率计算的应纳增值税税额，贷记"应交税费——应交增值税（销项税额）"，按分配货物的公允价值和应纳增值税两项之和，借记"应付利润"。

【例 2-21】　　甲公司系一家生产电脑的企业，20×3 年 1 月 26 日以其生产的成本为 45 000 元的笔记本电脑和委托加工成本为 20 000 元的彩电作为应付利润分配给投资者，这批电脑的售价为 60 000 元，委托加工产品彩电没有同类产品售价。则甲公司会计处理为：

笔记本电脑应计销项税额＝60 000×17％＝10 200（元）

委托加工产品彩电组成计税价格＝20 000×（1＋10％）＝22 000（元）

委托加工产品彩电应计销项税额＝22 000×17％＝3 740（元）

借：应付利润	95 940
贷：主营业务收入	60 000
其他业务收入	22 000
应交税费——应交增值税（销项税额）	13 940

结转成本分录略。

（八）自产、委托加工货物用于集体福利或个人消费的账务处理

企业将自产、委托加工的货物用于集体福利或个人消费等，应视同销售货物计算

应交增值税。

这种视同销售行为常见于企业以非货币资产的形式支付职工薪酬。虽然职工是企业内部人员，但是通过薪酬的方式向其转移非货币资产在转移后变成了职工的私有财产，企业不再具有所有权和控制权，和将货物分配给股东或投资者一样，实质上也是一种资产的对外转移，会使企业的其他资产少流出企业，间接的相当于有经济利益流入企业，这种流入的表现同样是企业债务的减少，因此应该按其公允价值确认收入。

账务处理时，按同类货物的公允价值（销售价格）和销项税额，借记"在建工程"、"应付职工薪酬——职工福利费"等科目，按同类货物的公允价值（销售价格），贷记"主营业务收入"等科目，按按同类货物的公允价值（销售价格）和规定的增值税税率计算的销项税额，贷记"应交税费——应交增值税（销项税额）"科目。

【例 2-22】 甲公司系一家生产电脑的企业，共有管理人员 20 人，20×3 年 12 月以其生产的成本为 80 000 元的笔记本电脑作为元旦福利发放给管理人员，这批电脑的售价为 100 000 元。则甲公司会计处理为：

公司决定发放非货币福利时：

借：管理费用 117 000

　　贷：应付职工薪酬——非货币性福利 117 000

实际发放非货币福利时（注意与外购产品发放福利的区别）：

借：应付职工薪酬——非货币性福利 117 000

　　贷：主营业务收入 100 000

　　　　应交税费——应交增值税（销项税额） 17 000

借：主营业务成本 80 000

　　贷：库存商品 80 000

九、纳税人提供应税服务的价格明显偏低或者偏高且不具有合理商业目的、视同提供应税服务的增值税账务处理

单位和个体工商户的下列情形，视同提供应税服务：

（1）向其他单位或者个人无偿提供交通运输业和部分现代服务业服务，但以公益活动为目的或者以社会公众为对象的除外。

（2）财政部和国家税务总局规定的其他情形。

纳税人提供应税服务的价格明显偏低或者偏高且不具有合理商业目的的，或者发生视同提供应税服务而无销售额的，主管税务机关有权按照下列顺序确定销售额：

（1）按照纳税人最近时期提供同类应税服务的平均价格确定。

（2）按照其他纳税人最近时期提供同类应税服务的平均价格确定。

（3）按照组成计税价格确定。组成计税价格的公式为：

$$组成计税价格＝成本×（1＋成本利润率）$$

成本利润率由国家税务总局确定。

一般纳税人发生视同提供应税服务情形，视同提供应税服务应提取的销项税额，借记"营业外支出"、"应付利润"等科目，贷记"应交税费——应交增值税（销项税额）"科目。

【例 2-23】 甲公司系一家从事笔记本技术研发与软件服务的企业，假设 20×3 年 12 月甲公司仅发生以下业务：

（1）向乙公司（非关联企业）提供软件服务，取得收入 212 万元（含税），开具了增值税专用发票，尚未收款。

（2）向丙公司（关联企业）提供与乙公司相同的软件服务，取得收入 106 万元（含税），开具了增值税专用发票，尚未收款。

（3）向丁公司（关联企业）免费提供与乙公司相同的软件服务，未开具发票。

甲公司向丙公司（关联企业）提供与乙公司相同的软件服务，取得收入 106 万元（含税），相比较为非关联企业提供服务的收入明显偏低且不具有合理商业目的；向丁公司免费提供与乙公司相同的软件服务，应当视同提供应税服务。两笔业务均应按照纳税人最近时期提供同类应税服务的平均价格确定为 212 万元。

12 月甲公司应税服务销售额＝212÷（1＋6％）×6％×3＝36（万元）

借：应收账款——乙公司	2 120 000
——丙公司	1 060 000
营业外支出	3 180 000
贷：主营业务收入	6 000 000
应交税费——应交增值税（销项税额）	360 000

十、货物非正常损失及改变用途的增值税账务处理

企业购进的货物、在产品、库存商品发生非正常损失，以及购进货物改变用途

（如不动产在建工程）等原因，其进项税额应相应转入有关科目，借记"待处理财产损溢"、"在建工程"、"营业外支出"等科目，贷记"原材料"、"库存商品"、"应交税费——应交增值税（进项税额转出）"等科目。查明原因经批准后将"待处理财产损溢"科目余额分别记入"营业外支出"、"管理费用"、"其他应收款"等科目。

货物非正常损失及改变用途等相关的交通运输业服务，应与非正常损失的货物成本一并处理。

【例2-24】　甲公司为建设厂房领用生产用原材料一批，实际成本为 101 000 元（包含运费 1 000 元）。则甲公司会计账务处理为：

分为两种情况：

情况一：这些原材料在购入时均取得增值税专用发票和货物运输业增值税专用发票，并进行了抵扣，则甲公司会计账务处理为：

借：在建工程　　　　　　　　　　　　　　　　　　　　　118 110
　　贷：原材料　　　　　　　　　　　　　　　　　　　　　101 000
　　　　应交税费——应交增值税（进项税额转出）　　　　　 17 110

情况二：这些原材料在购入时没有取得专用发票，没有抵扣，则甲公司账务处理为：

不必做进项税转出，直接进行账务处理：

借：在建工程　　　　　　　　　　　　　　　　　　　　　101 000
　　贷：原材料　　　　　　　　　　　　　　　　　　　　　101 000

【例2-25】　甲公司由于保管不善，在产品发生非常损失，其实际成本为 20 000 元，其中所耗原材料成本为 10 100 元（包含运费 100 元）；产成品发生非正常损失，其实际成本为 26 000 元，其中所耗原材料成本为 18 100 元（包含运费 100 元）。这些原材料在购入时均取得增值税专用发票和货物运输业增值税专用发票进行了抵扣。

首先，计算进项税转出额：

在产品进项税转出：$10\,000 \times 17\% + 100 \times 11\% = 1\,711$（元）

产成品进项税转出：$18\,000 \times 17\% + 100 \times 11\% = 3\,071$（元）　［有的会计计算为 $26\,000 \times 17\% = 4\,420$（元），是多交冤枉税的］

进行账务处理：

借：待处理财产损溢——待处理流动资产损溢　　　　　　　 21 711
　　贷：生产成本　　　　　　　　　　　　　　　　　　　　20 000
　　　　应交税费——应交增值税（进项税额转出）　　　　　　1 711
借：待处理财产损溢——待处理流动资产损溢　　　　　　　 2 9071
　　贷：库存商品　　　　　　　　　　　　　　　　　　　　26 000
　　　　应交税费——应交增值税（进项税额转出）　　　　　　3 071

十一、接受捐赠转入货物的增值税账务处理

企业接受捐赠转入的货物，按照确认的捐赠货物的价值，借记"原材料"、"库存商品"等科目，按照专用发票上注明的增值税额，借记"应交税费——应交增值税（进项税额）"科目，按照合计数，贷记"营业外收入"科目。

【例 2-26】 甲公司接受乙公司捐赠转入的一批原材料，验收入库，取得的增值税专用发票上注明的不含税价为 854 700.85 元，税额 145 299.15 元，价税合计 1 000 000 元。甲公司编制会计分录如下：

借：原材料 854 700.85
　应交税费——应交增值税（进项税额） 145 299.15
　　贷：营业外收入 1 000 000

十二、接受投资转入货物的增值税账务处理

企业接受投资转入的货物，按照确认的投资货物价值，借记"原材料"、"库存商品"等科目，按照专用发票上注明的增值税额，借记"应交税费——应交增值税（进项税额）"科目，按照增值税额与货物价值的合计数，贷记"实收资本"或"股本"等科目。

【例 2-27】 甲公司接受乙公司用作投资的一批原材料，验收入库，取得的增值税专用发票上注明不含税价款 854 700.85 元，税额 145 299.15 元，价税合计 1 000 000 元。甲公司编制会计分录如下：

借：原材料 854 700.85
　应交税费——应交增值税（进项税额） 145 299.15
　　贷：实收资本——乙公司 1 000 000

十三、利润分配转入的货物的增值税账务处理

企业接受利润分配转入的货物，按照确认的实际成本，借记"原材料"、"库存商

品"等科目，按照专用发票上注明的增值税额，借记"应交税费——应交增值税（进项税额）"科目，按照增值税额与实际成本的合计数，贷记"投资收益"、"长期股权投资"等科目。与接受捐赠和接受投资转入货物的处理相似，不再举例。

十四、包装物缴纳增值税的账务处理

随同产品出售但单独计价的包装物，按价税合计金额，借记"银行存款"、"应收账款"等科目，按包装物单独计价所得价款，贷记"其他业务收入"科目，按增值税额贷记"应交税费——应交增值税（销项税额）"科目。

随同产品出售但不单独计价的包装物，按货物与包装物的价税合计金额，借记"银行存款"、"应收账款"等科目，贷记"主营业务收入"科目，按增值税额贷记"应交税费——应交增值税（销项税额）"科目。

对于纳税人为销售货物而出租、出借包装物收取的押金，《国家税务总局关于印发〈增值税若干问题的规定〉的通知》（国税发〔1993〕154号）明确指出，纳税人为销售货物而出租、出借包装物收取的押金，单独记账核算的，不并入销售额征税；但对因逾期未收回包装物不再退还的押金，应按所包装货物的适用税率计算销项税额。

企业对逾期未退还包装物而没收的押金，按收取的押金（含增值税的销售额），借记"其他应付款"科目，按规定的税率将含增值税的押金收入换算为不含增值税的销售额，贷记"其他业务收入"等科目，按不含增值税的销售额和规定的税率计算的增值税，贷记"应交税费——应交增值税（销项税额）"科目。

温馨提醒

1. 纳税人为销售货物而出租、出借包装物收取的押金，没有单独记账核算的，应当并入销售额征税。

2. 逾期，是指按合同规定实际逾期或以1年为期限作为标准，对收取1年以上的押金，无论是否退还均应并入销售额征税。

3. 特殊情形：酒类（除啤酒、黄酒外）包装物押金的增值税账务处理比较特殊，另外还涉及消费税的账务处理。《国家税务总局关于加强增值税征收管理若干问题的通知》（国税发〔1995〕192号）规定："从1995年6月1日起，对销售

除啤酒、黄酒外的其他酒类产品而收取的包装物押金，无论是否返还以及会计上如何核算，均应并入当期销售额征税。"

4. 根据原规定，出租包装物收取的押金，与销售货物无关的，无论是否退还押金，均不征收增值税。

提醒读者注意：单纯的出租包装物属于有形动产租赁，已经属于营改增范围，不再缴纳营业税而缴纳增值税，但是，有形动产租赁收取押金怎样缴纳增值税的问题，目前税法并无明确规定，希望读者密切关注后续政策。

参考《国家税务总局关于印发〈增值税若干问题的规定〉的通知》（国税发〔1993〕154号）文件"纳税人为销售货物而出租、出借包装物收取的押金，单独记账核算的，不并入销售额征税；但对因逾期未收回包装物不再退还的押金，应按所包装货物的适用税率计算销项税额"之规定，根据增值税基本原理推测，有形动产租赁收取的押金与销售货物而出租、出借包装物收取的押金增值税税务处理应当相同。

【例2-28】　甲公司是一家食品生产企业，于20×3年1月销售给乙公司一批食品，其中随同产品出售但单独计价的包装物计税价值10万元，另外还有一部分约定3个月后返还的包装物1万元，收取包装物押金11 700元。20×3年4月乙公司未能返还包装物，则甲公司没收包装物押金11 700元。

1. 20×3年1月销售食品时，随同产品出售但单独计价的包装物：

借：银行存款　　　　　　　　　　　　　　　　　　　　　　　　117 000
　　贷：其他业务收入　　　　　　　　　　　　　　　　　　　　100 000
　　　　应交税费——应交增值税（销项税额）　　　　　　　　　　17 000

收取包装物押金：

借：银行存款　　　　　　　　　　　　　　　　　　　　　　　　11 700
　　贷：其他应付款　　　　　　　　　　　　　　　　　　　　　　11 700

2. 20×3年4月乙公司未能返还包装物，没收包装物押金时：

借：其他应付款　　　　　　　　　　　　　　　　　　　　　　　11 700
　　贷：其他业务收入　　　　　　　　　　　　　　　　　　　　　10 000
　　　　应交税费——应交增值税（销项税额）　　　　　　　　　　 1 700

【例2-29】　甲公司是一家粮食白酒、啤酒生产销售企业，在销售啤酒和白酒的同时收取包装物押金，20×3年1月销售情况如下：

销售白酒情况：销售白酒40万斤，不含税销售收入100万元，另外收取包装物押金11 700元，约定3个月后返还包装物，若20×3年4月逾期未能返还包装物，则没

收包装物押金。（白酒适用消费税税率 20％，定额税率 0.5 元/斤）

销售啤酒情况：啤酒 100 吨，每吨不含税售价 2 600 元，随同产品出售但单独计价的包装物计税价值 10 万元，另外还有一部分约定 3 个月后返还的包装物 1 万元，收取包装物押金 11 700 元。20×3 年 4 月乙公司未能返还包装物，则甲公司没收包装物押金 11 700 元。每吨啤酒出厂价格（含包装物及包装物押金）在 3 000 元（不含 3 000 元，不含增值税）以下的，单位税额 220 元/吨。每吨啤酒出厂价格在 3 000 元（含 3 000 元，不含增值税）以上的，单位税额 250 元/吨。

《国家税务总局关于印发〈增值税若干问题的规定〉的通知》（国税发〔1993〕154 号）规定：纳税人为销售货物而出租、出借包装物收取的押金，单独记账核算的，不并入销售额征税；但对因逾期未收回包装物不再退还的押金，应按所包装货物的适用税率计算销项税额。

《国家税务总局关于加强增值税征收管理若干问题的通知》（国税发〔1995〕192 号）规定：从 1995 年 6 月 1 日起，对除售出啤酒、黄酒外的其他酒类产品而收取的包装物押金，无论是否返还以及会计上如何核算，均应并入当期销售额征收增值税。

《财政部 国家税务总局关于酒类产品包装物押金征税案例的通知》（财税字〔1995〕53 号）规定：从 1995 年 6 月 1 日起，对酒类产品生产企业销售酒类产品而收取的包装物押金，无论如何核算均需并入酒类产品销售额中，依酒类产品的适用税率征收消费税。

根据上述规定，酒厂销售除啤酒、黄酒以外的其他酒类而收取的包装物押金，无论是否返还以及会计上如何核算，均应该缴纳增值税和消费税，因此，贵公司销售白酒收取的包装物押金应缴纳增值税。

销售啤酒、黄酒收取的包装物押金，没有单独记账核算的，应当并入销售额征税；单独记账核算的，不并入销售额征税，但对因逾期未收回包装物不再退还的押金，应按所包装货物的适用税率计算销项税额。

1. 销售白酒账务处理如下：

（1）20×3 年 1 月销售白酒时：

借：银行存款		1 181 700
贷：主营业务收入		1 000 000
其他应付款		11 700
应交税费——应交增值税（销项税额）		170 000

（2）计算 40 万斤白酒应纳消费税税额＝100×20％＋40×0.5＝40（万元）。

借：营业税金及附加		400 000
贷：应交税费——应交消费税		400 000

（3）计算包装物押金应纳增值税税额＝11 700÷1.17×17％＝1 700（元）；

计算包装物押金应纳消费税税额＝11 700÷1.17×20％＝2 000（元）。

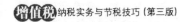

借：销售费用或营业税金及附加	3 700
贷：应交税费——应交增值税（销项税额）	1 700
——应交消费税	2 000

计提的流转税金是计入销售费用还是营业税金及附加，企业会计准则和税收法规对此也没有明确规定，不管怎样处理都不会影响纳税和利润核算，所以都是可行的，考虑到企业销售产品收取押金的做法实质上是企业的一种营销策略，由此产生的所有支出计入销售费用更为合适，这样能较好地反映企业经济业务的实质，也有利于企业做出更适当的财务预算方案。

（4）20×3年4月包装物到期时：

①若收回包装物：

借：其他应付款	11 700
贷：银行存款	11 700

②若未收回包装物，没收包装物押金时：

借：其他应付款	11 700
贷：其他业务收入	11 700

2. 销售啤酒账务处理如下：

（1）20×3年1月销售啤酒时：

借：银行存款	304 200
贷：主营业务收入	260 000
应交税费——应交增值税（销项税额）	44 200

随同产品出售但单独计价的包装物的处理：

借：银行存款	117 000
贷：其他业务收入	100 000
应交税费——应交增值税（销项税额）	17 000

收取包装物押金时：

借：银行存款	11 700
贷：其他应付款	11 700

（2）计算啤酒应纳消费税税额＝100×250＝25 000（元）。

借：营业税金及附加	25 000
贷：应交税费——应交消费税	25 000

（3）20×3年4月乙公司未能返还包装物，没收包装物押金时：

借：其他应付款	11 700
贷：其他业务收入	10 000
应交税费——应交增值税（销项税额）	1 700

十五、以旧换新的增值税账务处理

以旧换新是指企业在销售货物时，有偿向购买方回收旧货物的行为。购买方在购买新货物时，如果能把同类旧货物交给企业，就能获得一定的折扣，旧货物起的作用类似于折价券。

按我国现行增值税法的规定，纳税人采取以旧换新方式销售货物的（金银首饰除外），应按新货物的同期销售价格确定销售额，不得扣减旧货物的收购价格。销售货物与有偿收购旧的货物是两项不同的业务活动，销售额与收购额不能相互抵减。

企业采用以旧换新（含翻新改制）方式销售金银首饰的，《财政部 国家税务总局关于金银首饰等货物征收增值税问题的通知》（财税字〔1996〕74 号）明确规定"对金银首饰以旧换新业务，可以按销售方实际收取的不含增值税的全部价款征收增值税"。有的金银首饰零售企业，对以旧换新销售金银首饰业务的税收政策不十分明确，按新金银首饰的销售收入计算销项税额，造成多征税款。实际上，消费税为价内税，增值税为价外税，这种情况决定了实行从价定率办法征收消费税的消费品，其消费税税基和增值税税基是一致的。

【例 2-30】 20×3 年 2 月，甲商场采取以旧换新的方式销售彩电，新彩电含税售价 5 850 元，旧彩电折价 850 元/台，当月销售彩电 100 台。则该商场会计账务处理为：

借：库存现金　　　　　　　　　　　　　　　　　　　　500 000
　　库存商品　　　　　　　　　　　　　　　　　　　　 85 000
　　贷：主营业务收入　　　　　　　　　　　　　　　　500 000
　　　　应交税费——应交增值税（销项税额）　　　　　 85 000

【例 2-31】 甲公司为一家金银首饰零售企业，系一般纳税人。20×3 年 2 月采用以旧换新的方式销售金银首饰 4 万元，换入的旧金银首饰作价 1 万元，收到现金 3 万元，金银首饰消费税税率为 5%，则甲公司会计账务处理为：

1. 增值税销项税额＝30 000÷（1＋17%）×17%＝4 358.97（元），确认收入＝10 000＋30 000－4 358.97＝35 641.03（元）。

借：材料采购　　　　　　　　　　　　　　　　　　　　 10 000
　　库存现金　　　　　　　　　　　　　　　　　　　　 30 000
　　贷：主营业务收入　　　　　　　　　　　　　　　　35 641.03
　　　　应交税费——应交增值税（销项税额）　　　　　 4 358.97

2. 应交消费税＝30 000÷（1＋17%）×5%＝1 282.05（元）。

借：营业税金及附加 1 282.05
    贷：应交税费——应交消费税 1 282.05

十六、进出口货物增值税纳（退）税账务处理

（一）进口货物的增值税账务处理

企业进口货物，按照进口货物应计入采购成本的金额，借记"材料采购"、"原材料"等科目，按照海关提供的完税凭证上注明的增值税额，借记"应交税费——应交增值税（进项税额）"科目，按照应付或实际支付的金额，贷记"应付账款"、"银行存款"等科目。其具体账务处理方法与国内购进货物的处理方法相同，只是扣税依据和进口货物应纳税额的计算不同。进口货物应纳税额的计算方法如下：

应纳增值税＝组成计税价格×税率

组成计税价格＝关税完税价格＋关税＋消费税

对于征收消费税的进口货物，组成计税价格分为两种形式：
（1）实行从价定率办法计算纳税的组成计税价格计算。

组成计税价格＝（关税完税价格＋关税）÷（1－消费税税率）

（2）实行从价定率和从量定额混合征收办法计算纳税的组成计税价格计算。

$$组成计税价格＝\frac{关税完税价格＋关税＋进口数量×消费税定额税率}{1－消费税税率}$$

【例 2-32】 甲公司 20×3 年 4 月进口一批货物，该批货物在国外的买价为 60 万元，另该批货物运抵我国海关前发生包装费、运输费、保险费等共 5 万元。货物报关后，该公司按规定缴纳了进口环节增值税并取得了海关开具的完税凭证。20×3 年 6 月该批货物在国内全部销售，取得不含税销售额 100 万元。（关税税率为 20%、货物消费税税率为 20%）

1. 20×3 年 4 月进口货物时：

完税价格＝600 000＋50 000＝650 000（元）

关税＝650 000×20%＝130 000（元）

组成计税价格＝（650 000＋130 000）÷（1－20%）＝975 000（元）

进口环节应缴纳的增值税税额＝975 000×17％＝165 750（元）

借：原材料   975 000
　　应交税费——应交增值税（进项税额）   165 750
　贷：银行存款   1 140 750

2. 国内销售时：

国内销售环节的销项税额＝1 000 000×17％＝170 000（元）

借：银行存款   1 170 000
　贷：主营业务收入   1 000 000
　　　应交税费——应交增值税（销项税额）   170 000

有出口货物的企业，其出口退税分为以下两种情况处理：

（二）出口货物"免、抵、退"税的增值税账务处理

"免、抵、退"税办法的含义："免"税，是指对生产企业出口的自产货物，免征本企业生产销售环节增值税；"抵"税，是指生产企业出口自产货物所耗用原材料、零部件、燃料、动力等应予退还的进项税额，抵顶内销货物的应纳税额；"退"税，是指生产企业出口的自产货物在当月内应抵顶的进项税额大于应纳税额时，对未抵顶完的部分予以退税。

实行"免、抵、退"办法有进出口经营权的生产企业，按规定计算的当期出口货物不予免征、抵扣和退税的税额，计入出口货物成本，借记"主营业务成本"等科目，贷记"应交税费——应交增值税（进项税额转出）"科目。按规定计算的当期应予抵扣的税额，借记"应交税费——应交增值税（出口抵减内销产品应纳税额）"科目，贷记"应交税费——应交增值税（出口退税）"科目。因应抵扣的税额大于应纳税额而未全部抵扣，按规定应予以退回的税款，借记"其他应收款——应收出口退税"等科目，贷记"应交税费——应交增值税（出口退税）"科目；收到退回的税款，借记"银行存款"科目，贷记"其他应收款——应收出口退税"等科目。

"免、抵、退"税的计算方法有4步。

第1步，计算不得免征和抵扣税额：

$$当期不得免征和抵扣税额＝出口货物离岸价格×外汇人民币折合率$$
$$×（出口货物适用税率－出口货物退税率）$$
$$－当期不得免征和抵扣税额抵减额$$

其中： 当期不得免征和抵扣税额抵减额＝免税购进原材料价格
$$×\left(\begin{array}{l}出口货物\\适用税率\end{array}－\begin{array}{l}出口货物\\退税率\end{array}\right)$$

第 2 步，计算当期应纳增值税额：

$$\begin{matrix}\text{当期应纳}\\\text{税额}\end{matrix}=\begin{matrix}\text{当期内销货物的}\\\text{销项税额}\end{matrix}-\left(\begin{matrix}\text{当期进项}\\\text{税额}\end{matrix}-\begin{matrix}\text{当期不得免征}\\\text{和抵扣税额}\end{matrix}\right)-\begin{matrix}\text{上期末留}\\\text{抵税额}\end{matrix}$$

第 3 步，计算当期免抵退税额：

$$\begin{matrix}\text{当期免抵}\\\text{退税额}\end{matrix}=\begin{matrix}\text{出口货物}\\\text{离岸价}\end{matrix}\times\begin{matrix}\text{外汇人民币}\\\text{折合率}\end{matrix}\times\begin{matrix}\text{出口货物}\\\text{退税率}\end{matrix}-\begin{matrix}\text{免抵退税额}\\\text{抵减额}\end{matrix}$$

其中：　免抵退税额抵减额＝免税购进原材料价格×出口货物退税率

第 4 步，确定应退税额和免抵税额：

$$\text{当期应退税额}=\begin{matrix}\text{当期期末留抵税额或当期免抵退税额}\\\text{（当期期末留抵税额和当期免抵退税额中较小者）}\end{matrix}$$

$$\text{当期免抵税额}=\text{当期免抵退税额}-\begin{matrix}\text{当期应退税额}\\\text{（当期期末留抵税额}\leqslant\text{当期免抵退税额时）}\end{matrix}$$

$$\text{当期免抵税额}=0\text{（当期期末留抵税额}＞\text{当期免抵退税额时）}$$

（三）零税率应税服务"免、抵、退"税的增值税账务处理

零税率应税服务提供者提供零税率应税服务，如果属于适用增值税一般计税方法的，免征增值税，相应的进项税额抵减应纳增值税额（不包括适用增值税即征即退、先征后退政策的应纳增值税额），未抵减完的部分予以退还。如果属于适用简易计税方法的，实行免征增值税办法。

零税率应税服务增值税免抵退税，依下列公式计算：

1. 当期免抵退税额的计算。

$$\begin{matrix}\text{当期零税率应税}\\\text{服务免抵退税额}\end{matrix}=\begin{matrix}\text{当期零税率应税服务}\\\text{免抵退税计税依据}\end{matrix}\times\begin{matrix}\text{外汇人民币}\\\text{折合率}\end{matrix}\times\begin{matrix}\text{零税率应税服务}\\\text{增值税退税率}\end{matrix}$$

其中，实行免抵退税办法的退（免）税计税依据如下：

（1）以铁路运输方式载运旅客的，为按照铁路合作组织清算规则清算后的实际运输收入；

（2）以铁路运输方式载运货物的，为按照铁路运输进款清算办法，对"发站"或"到站（局）"名称包含"境"字的货票上注明的运输费用以及直接相关的国际联运杂费清算后的实际运输收入；

（3）以航空运输方式载运货物或旅客的，如果国际运输或港澳台运输各航段由多个承运人承运的，为中国航空结算有限责任公司清算后的实际收入；如果国际运

输或港澳台运输各航段由一个承运人承运的，为提供航空运输服务取得的收入；

（4）其他实行免抵退税办法的增值税零税率应税服务，为提供增值税零税率应税服务取得的收入。

增值税零税率应税服务的退税率为对应服务提供给境内单位适用的增值税税率。

2. 当期应退税额和当期免抵税额的计算。

（1）当期期末留抵税额≤当期免抵退税额时：

当期应退税额＝当期期末留抵税额

当期免抵税额＝当期免抵退税额－当期应退税额

（2）当期期末留抵税额＞当期免抵退税额时：

当期应退税额＝当期免抵退税额

当期免抵税额＝0

"当期期末留抵税额"为当期《增值税纳税申报表》的"期末留抵税额"。

（四）零税率应税服务提供者同时有货物劳务出口的账务处理

实行免抵退税办法的零税率应税服务提供者如同时有货物劳务（劳务指对外加工修理修配劳务，下同）出口的，可结合现行出口货物免抵退税计算公式一并计算。税务机关在审批时，按照出口货物劳务、零税率应税服务免抵退税额比例划分出口货物劳务、零税率应税服务的退税额和免抵税额。

零税率应税服务是按照取得的全部价款计算免抵退税额，零税率应税服务提供者向境外单位提供规定范围内的服务与出口货物的免抵退税计算原理相同，不同之处是零税率应税服务是按征税率来计算退税的，征退税率之差为零不会产生免抵退税不得免征和抵扣税额，而出口货物会存在征退税率不一致的情况，容易产生免抵退税不得免征和抵扣税额，同时影响应纳税额的计算。

计算步骤如下：

第1步，计算不得免征和抵扣税额：

$$\begin{aligned}\text{当期不得免征和抵扣税额} &= \text{出口货物离岸价格} \times \text{外汇人民币牌价} \times \left(\text{出口货物适用税率} - \text{出口货物退税率}\right) \\ &\quad - \text{当期不得免征和抵扣税额抵减额}\end{aligned}$$

其中：$$\text{当期不得免征和抵扣税额抵减额} = \text{免税购进原材料价格} \times \left(\text{出口货物适用税率} - \text{出口货物退税率}\right)$$

第2步，计算当期应纳增值税额：

$$当期应纳税额 = \begin{matrix}当期内销货物的\\销项税额\end{matrix} - \left(\begin{matrix}当期进项\\税额\end{matrix} - \begin{matrix}当期不得免征\\和抵扣税额\end{matrix}\right) - \begin{matrix}上期末留\\抵税额\end{matrix}$$

第3步，计算当期免抵退税额：

$$\begin{matrix}当期免抵退\\税额\end{matrix} = \begin{matrix}当期零税率应税\\服务免抵退税额\end{matrix} + \begin{matrix}当期出口货物\\免抵退税额\end{matrix} = \begin{matrix}当期零税率应税服务\\免抵退税计税依据\end{matrix}$$

$$\times \begin{matrix}外汇人民币\\牌价\end{matrix} \times \begin{matrix}零税率应税\\服务退税率\end{matrix} + \begin{matrix}当期出口货物\\离岸价\end{matrix} \times \begin{matrix}外汇人民币\\牌价\end{matrix}$$

$$\times \begin{matrix}出口货物\\退税率\end{matrix} - \begin{matrix}免抵退税\\额抵减额\end{matrix}$$

其中： 免抵退税额抵减额 = 免税购进原材料价格 × 出口货物退税率

关于零税率应税服务的退税税率，国际运输为11%，研发服务和设计服务为6%。

第4步，确定应退税额和免抵税额：

$$当期应退税额 = \begin{matrix}当期期末留抵税额或当期免抵退税额\\(当期期末留抵税额和当期免抵退税额中较小者)\end{matrix}$$

$$当期免抵税额 = \begin{matrix}当期免抵退税额 - 当期应退税额\\(当期期末留抵税额 \leq 当期免抵退税额时)\end{matrix}$$

$$当期免抵税额 = 0(当期期末留抵税额 > 当期免抵退税额时)$$

下面我们举例说明这个步骤的应用。

【例2-33】 甲公司为一家拥有进出口经营权并办理了出口退（免）税认定手续的国际运输服务的公司，系增值税一般纳税人，从事在境内载运货物出境业务。甲公司以水路运输方式提供国际运输服务，已取得《国际船舶运输经营许可证》。20×3年2月，该公司取得国际运输服务出口销售额100万美元。支付给乙公司的价款，取得增值税专用发票，金额400万元（人民币），进项税额44万元，取得专用发票均已认证。

假设该公司无其他业务，所有业务款项均已用银行存款结清，期初留抵税额25万元，当月1日人民币对美元汇率中间价为6.2，国际运输服务征退税率为11%。

该公司账务处理如下：

1. 取得国际运输服务收入。

　　外销收入 = 1 000 000 × 6.2 = 6 200 000(元)

借：银行存款	6 200 000
贷：主营业务收入——外销收入	6 200 000

2. 进项税额抵扣。

借：主营业务成本	4 000 000

应交税费——应交增值税（进项税额）　　　　　　　440 000

　　贷：银行存款　　　　　　　　　　　　　　　　　　　　4 440 000

3. 计算当期应纳税额。

当期应纳税额＝当期内销货物的销项税额－当期进项税额－上期末留抵税额＝0－440 000－250 000＝－690 000（元），即：当期期末留抵税额＝690 000元。

4. 计算当期免抵退税额。

$$\begin{matrix}当期零税率应税\\服务免抵退税额\end{matrix}＝\begin{matrix}当期零税率应税服务\\免抵退税计税价格\end{matrix}×\begin{matrix}外汇人民币\\牌价\end{matrix}×\begin{matrix}零税率应税\\服务退税率\end{matrix}$$
$$＝1\,000\,000×6.2×11\%＝682\,000（元）$$

5. 当期应退税额和当期免抵税额的计算。

当期期末留抵税额＞当期免抵退税额时，当期应退税额＝当期免抵退税额＝682 000元，当期免抵税额＝0。

　　借：其他应收款——应收出口退税　　　　　　　　　682 000

　　　贷：应交税费——应交增值税（出口退税）　　　　　　682 000

6. 实现退税款。

　　借：银行存款　　　　　　　　　　　　　　　　　682 000

　　　贷：其他应收款——应收出口退税　　　　　　　　　682 000

【例2-34】　甲公司为一家拥有进出口经营权并办理了出口退（免）税认定手续的高新技术研发公司，增值税一般纳税人，从事自主研发、设计软件和软件出口业务。20×3年2月，该公司发生下列业务：

（1）该公司软件出口销售额200万美元（FOB价，下同），其中，当期单证不齐出口销售额40万美元，当期全部收齐单证且信息齐全出口销售额160万美元。

（2）该公司取得软件研发服务出口销售额80万美元。

（3）该公司软件内销销售收入200万元人民币（不含税）。

（4）购进原材料500万元人民币（不含税），进项税额85万元，取得专用发票均已认证。

假设所有业务款项均已用银行存款结清，无期初留抵税额，当月1日人民币对美元汇率中间价为6.2，软件的征税率为17%，退税率为16%，研发服务征退税率为6%。

该公司账务处理如下：

1. 内销销售收入处理。

　　借：银行存款　　　　　　　　　　　　　　　　2 340 000

　　　贷：主营业务收入——内销收入　　　　　　　　　2 000 000

　　　　应交税费——应交增值税（销项税额）　　　　　　340 000

2. 购进原材料。

借：原材料　　　　　　　　　　　　　　　　　　　　　5 000 000

　　　应交税费——应交增值税（进项税额）　　　　　　850 000

　　贷：银行存款　　　　　　　　　　　　　　　　　　5 850 000

3. 货物出口销售额 200 万美元，研发服务出口收入 80 万美元。

外销收入＝(2 000 000＋800 000)×6.2＝17 360 000(元)

借：银行存款　　　　　　　　　　　　　　　　　　　　17 360 000

　　贷：主营业务收入——外销收入　　　　　　　　　　17 360 000

4. 计算当期不得免征和抵扣税额。

$$\begin{matrix}当期不得免征\\和抵扣税额\end{matrix}＝\begin{matrix}出口货物离岸价格\\(当期凭证收齐部分)\end{matrix}×\begin{matrix}外汇人民币\\牌价\end{matrix}×\left(\begin{matrix}出口货物\\适用税率\end{matrix}－\begin{matrix}出口货物\\退税率\end{matrix}\right)$$

$$＝1\ 600\ 000×6.2×(17\%－16\%)＝99\ 200(元)$$

出口货物会存在征退税率不一致的情况，容易产生免抵退税不得免征和抵扣税额，零税率应税服务是按征税率来计算退税的，征退税率之差为零不会产生免抵退税不得免征和抵扣税额。

借：主营业务成本——出口商品　　　　　　　　　　　　99 200

　　贷：应交税费——应交增值税（进项税额转出）　　　99 200

5. 计算应退税额、免抵退税额、免抵税额。

$$\begin{matrix}当期\\应纳税额\end{matrix}＝\begin{matrix}当期内销货物的\\销项税额\end{matrix}－\left(\begin{matrix}当期\\进项税额\end{matrix}－\begin{matrix}当期不得免征\\和抵扣税额\end{matrix}\right)－\begin{matrix}上期末\\留抵税额\end{matrix}$$

$$＝340\ 000－(850\ 000－99\ 200)－0＝－410\ 800(元)$$

$$\begin{matrix}当期免抵\\退税额\end{matrix}＝\begin{matrix}当期零税率应税\\服务免抵退税额\end{matrix}＋\begin{matrix}当期出口货物\\免抵退税额\end{matrix}＝\begin{matrix}当期零税率应税\\服务免抵退税计税价格\end{matrix}$$

$$×\begin{matrix}外汇人民币\\牌价\end{matrix}×\begin{matrix}零税率应税\\服务退税率\end{matrix}＋\begin{matrix}当期出口货物离岸价\\(当期凭证收齐部分)\end{matrix}×\begin{matrix}外汇人民币\\牌价\end{matrix}$$

$$×\begin{matrix}出口货物\\退税率\end{matrix}＝800\ 000×6.2×6\%＋1600\ 000×6.2×16\%$$

$$＝18\ 84\ 800(元)$$

由于期末留抵税额小于免抵退税额，应退税额＝期末留抵税额＝410 800(元)

当期免抵税额＝当期免抵退税额－当期应退税额

$$＝1\ 884\ 800－410\ 800＝1\ 474\ 000(元)$$

借：其他应收款——应收出口退税　　　　　　　　　　　410 800

　　应交税费——应交增值税（出口抵减内销产品应纳税额）　1 474 000

　　贷：应交税费——应交增值税（出口退税）　　　　　1 884 800

6. 实现退税款。

借：银行存款 410 800

　　贷：其他应收款——应收出口退税 410 800

温馨提醒

《国家税务总局关于调整出口退（免）税申报办法的公告》（国家税务总局公告 2013 年第 61 号）最新规定：

生产企业应根据免抵退税正式申报的出口销售额（不包括本公告生效前已按原办法申报的单证不齐或者信息不齐的出口销售额）计算免抵退税不得免征和抵扣税额，并填报在当期《增值税纳税申报表附列资料（二）》"免抵退税办法出口货物不得抵扣进项税额"栏（第 18 栏）、《免抵退税申报汇总表》"免抵退税不得免征和抵扣税额"栏（第 15 栏）。

生产企业在本公告生效前已按原办法申报单证不齐或者信息不齐的出口货物劳务及服务，在本公告生效后应及时收齐有关单证、进行预申报，并在单证齐全、信息通过预申报核对无误后进行免抵退税正式申报。正式申报时，只计算免抵退税额，不计算免抵退税不得免征和抵扣税额。

（五）"先征后退"的增值税账务处理

外贸企业货物出口销售时，其出口销售环节的增值税免征，按当期出口货物应收的款项，借记"应收账款"等科目，按当期出口货物实现的销售收入，贷记"主营业务收入"等科目。按规定计算的应收出口退税，借记"其他应收款——应收出口退税"科目，贷记"应交税费——应交增值税（出口退税）"科目。按规定计算的不予退回的税金，借记"主营业务成本"等科目，贷记"应交税费——应交增值税（进项税额转出）"科目。收到退回的税款，借记"银行存款"科目，贷记"其他应收款——应收出口退税"等科目。

外贸企业出口货物劳务增值税免退税，依下列公式计算：

1. 外贸企业出口委托加工修理修配货物以外的货物：

增值税应退税额＝增值税退（免）税计税依据×出口货物退税率

2. 外贸企业出口委托加工修理修配货物：

$$\frac{出口委托加工修理修配货物的}{增值税应退税额}=\frac{委托加工修理修配的}{增值税退（免）税计税依据}\times\frac{出口货物}{退税率}$$

外贸企业出口货物（委托加工修理修配货物除外）增值税退（免）税的计税依据，为购进出口货物的增值税专用发票注明的金额或海关进口增值税专用缴款书注明的完税价格。

外贸企业出口委托加工修理修配货物增值税退（免）税的计税依据，为加工修理修配费用增值税专用发票注明的金额。外贸企业应将加工修理修配使用的原材料（进料加工海关保税进口料件除外）作价销售给受托加工修理修配的生产企业，受托加工修理修配的生产企业应将原材料成本并入加工修理修配费用开具发票。

【例2-35】 甲公司为一家具有进出口经营权的外贸公司，从某公司购进出口货物一批，取得的增值税专用发票注明的价款为100万元，进项税额为17万元，货款已用银行存款支付。当月该批商品已全部出口，售价折合人民币为120万元，申请退税的单证齐全。该货物退税率为13%。

1. 购进货物并验收入库时：

借：库存商品　　　　　　　　　　　　　　　　　　　1 000 000

　　应交税费——应交增值税（进项税额）　　　　　　　 170 000

　　贷：银行存款　　　　　　　　　　　　　　　　　　 1 170 000

出口货物所对应的进项税额170 000只做会计处理不抵扣，应填入《增值税纳税申报表附列资料（二）》第28栏"其中：按照税法规定不允许抵扣"。

2. 出口报关销售时：

借：应收账款　　　　　　　　　　　　　　　　　　　1 200 000

　　贷：主营业务收入　　　　　　　　　　　　　　　　 1 200 000

结转出口商品成本：

借：主营业务成本　　　　　　　　　　　　　　　　　1 000 000

　　贷：库存商品　　　　　　　　　　　　　　　　　　 1 000 000

3. 申报出口退税时：

外贸企业支付收购货款的同时也支付了生产经营该货物的企业已纳的增值税款，因此，在货物出口后按收购成本与退税率计算退款给外贸企业，征、退税之差计入企业成本。

本环节应退增值税额＝1 000 000×13%＝130 000（元）

借：其他应收款——应收出口退税　　　　　　　　　　 130 000

　　贷：应交税费——应交增值税（出口退税）　　　　　 130 000

转出增值税额＝170 000－130 000＝40 000（元）

借：主营业务成本　　　　　　　　　　　　　　　　　　40 000

　　贷：应交税费——应交增值税（进项税额转出）　　　　40 000

结转出口货物征退税率之差额成本 40 000 元，不填入《增值税纳税申报表附列资料（表二）》"进项税转出额"栏下，也不参与应纳税额计算，仅做会计处理。

4. 收到增值税退税款时：

借：银行存款　　　　　　　　　　　　　　　　　　130 000

　　贷：其他应收款——应收出口退税　　　　　　　　　　130 000

（六）外贸企业兼营的零税率应税服务增值税免退税

外贸企业兼营的零税率应税服务，免征增值税，其对应的外购应税服务的进项税额予以退还。外贸企业兼营的零税率应税服务增值税免退税，依下列公式计算：

$$\begin{array}{c}\text{外贸企业兼营的零税率}\\\text{应税服务应退税额}\end{array}=\begin{array}{c}\text{外贸企业兼营的零税率}\\\text{应税服务免退税计税依据}\end{array}\times\begin{array}{c}\text{零税率应税服务}\\\text{增值税退税率}\end{array}$$

其中，实行免退税办法的退（免）税计税依据为购进应税服务的增值税专用发票或解缴税款的中华人民共和国税收缴款凭证上注明的金额。

增值税零税率应税服务的退税率为对应服务提供给境内单位适用的增值税税率。

账务处理可参考上例，不再举例。

十七、纳税人新增固定资产的账务处理

纳税人凭固定资产增值税扣税凭证从销项税额中抵扣，其进项税额应当记入"应交税费——应交增值税（进项税额）"科目。

固定资产增值税扣税凭证，包括增值税专用发票、货物运输业增值税专用发票、海关进口增值税专用缴款书，以及使用税控系统开具的机动车销售统一发票。

另外需要注意以下几点：

1. 允许抵扣进项税的固定资产仅为与生产经营有关的设备，非生产用的固定资产增值税的进项税额仍不能抵扣，还应当计入固定资产原值中。

2. 生产用的厂房等固定资产，由于房屋等不动产缴纳的是营业税，理所当然不在增值税抵扣之列；

3. 新增固定资产的运输费用的进项税额也可以进行抵扣。

4. 以下固定资产项目的进项税额不得从销项税额中抵扣：用于非增值税应税项目、免征增值税项目、集体福利或者个人消费的购进固定资产或应税劳务；非正常损失的固定资产等。

新增固定资产的账务处理与新增存货的账务处理是相一致的，具体表现为新增固定资产的进项税额都单独在"应交税费——应交增值税（进项税额）"科目核算，而不再在"固定资产"科目核算。下面举例说明。

（一）外购固定资产的账务处理

【例2-36】 甲公司购入一台机器设备用于经营，增值税专用发票上注明机器设备价款为100万元，增值税17万元，以银行存款支付价款，另支付运费1.11万元，取得货运专用发票。

该机器设备的入账价值为：$1\,000\,000＋11\,100÷(1＋11\%)＝1\,010\,000$（元），可抵扣的进项税额为：$170\,000＋11\,100÷(1＋11\%)×11\%＝171\,100$（元），则甲公司账务处理为：

借：固定资产　　　　　　　　　　　　　　　　　　　1 010 000
　　应交税费——应交增值税（进项税额）　　　　　　　171 100
　　贷：银行存款　　　　　　　　　　　　　　　　　　1 181 100

【例2-37】 甲公司4月进口一台技术研发用机器设备，该机器设备在国外的买价60万元，另该批设备运抵我国海关前发生包装费、运输费、保险费等共5万元。设备报关后，该公司按规定缴纳了进口环节增值税并取得了海关开具的完税凭证。关税税率为20%。

甲公司的账务处理如下：

完税价格＝$600\,000＋50\,000＝650\,000$（元）
关税＝$650\,000×20\%＝130\,000$（元）
组成计税价格＝$650\,000＋130\,000＝780\,000$（元）
进口环节应缴纳的增值税税额＝$780\,000×17\%＝132\,600$（元）

借：固定资产　　　　　　　　　　　　　　　　　　　780 000
　　应交税费——应交增值税（进项税额）　　　　　　　132 600
　　贷：银行存款　　　　　　　　　　　　　　　　　　912 600

（二）捐赠转入固定资产的账务处理

按照专用发票上注明的增值税税额，借记"应交税费——应交增值税（进项税额）"科目，按照确认的固定资产价值（扣除增值税）借记"固定资产"科目；接受捐赠时，支付的其他相关费用贷记"银行存款"，差额计入"营业外收入"。

142

【例 2-38】 甲公司接受乙公司捐赠转入一台研发用仪器设备，验收入库，取得的增值税专用发票上注明的不含税价款为 854 700.85 元，税额为 145 299.15 元，价税合计 1 000 000 元。甲公司编制会计分录如下：

借：固定资产　　　　　　　　　　　　　　　　　　854 700.85
　　应交税费——应交增值税（进项税额）　　　　　145 299.15
　　贷：营业外收入　　　　　　　　　　　　　　　　　　1 000 000

（三）接受投资转入的固定资产的账务处理

按照专用发票上注明的增值税税额，借记"应交税费——应交增值税（进项税额）"科目，按照确认的固定资产价值，借记"固定资产"等科目，按照增值税与固定资产价值的合计数，贷记"实收资本"等科目。账务处理较为简单，不再举例。

（四）自行建造固定资产的账务处理

采购工程物资用于自制固定资产并取得增值税专用发票的业务，借记"工程物资"、"应交税费——应交增值税（进项税额）"科目，按照应付或实际支付的金额，贷记"应付账款"、"银行存款"等科目；工程领用物资、原材料，借记"在建工程"，贷记"工程物资"、"原材料"科目；工程交付使用时，借记"固定资产"科目，贷记"在建工程"科目。采购工程物资建造固定资产账务处理较为简单，不再举例。

十八、已抵扣进项税额的固定资产进项税额转出的增值税账务处理

纳税人已抵扣进项税额的固定资产发生税法规定的进项税额不得从销项税额中抵扣情形的，则其已抵扣的进项税额应当在当月予以转出，借记有关科目，贷记"应交税费——应交增值税（进项税额转出）"科目。

转出金额＝固定资产净值×增值税率

固定资产净值是指纳税人按照会计准则计提折旧后的净值。

【例 2-39】 20×3 年 7 月 10 日，甲公司接受乙公司捐赠的一台设备，增值税专用发票上注明的价款为 100 000 元，增值税 17 000 元。20×4 年 7 月 20 日，该设备由于

保管不慎被盗（不考虑相关的支出和收入），该设备 20×3 年 8 月至 20×4 年 7 月已按会计准则计提折旧 10 000 元。甲公司账务处理：

1. 20×3 年 7 月 10 日，甲公司收到捐赠设备时：

借：固定资产　　　　　　　　　　　　　　　　　　　　100 000

　　应交税费——应交增值税（进项税额）　　　　　　　　17 000

　　贷：营业外收入　　　　　　　　　　　　　　　　　　117 000

2. 20×4 年 7 月 20 日，该设备由于保管不慎被盗处理时，该设备净值＝100 000－10 000＝90 000（元），应予以转出的进项税＝90 000×17%＝15 300（元）。

借：固定资产清理　　　　　　　　　　　　　　　　　　90 000

　　累计折旧　　　　　　　　　　　　　　　　　　　　10 000

　　贷：固定资产　　　　　　　　　　　　　　　　　　100 000

借：固定资产清理　　　　　　　　　　　　　　　　　　15 300

　　贷：应交税费——应交增值税（进项税额转出）　　　　15 300

借：营业外支出　　　　　　　　　　　　　　　　　　　105 300

　　贷：固定资产清理　　　　　　　　　　　　　　　　105 300

十九、纳税人销售自己使用过的固定资产的账务处理

纳税人销售自己使用过的固定资产相关增值税政策很多，如《财政部 国家税务总局关于全国实施增值税转型改革若干问题的通知》（财税〔2008〕170 号）、《国家税务总局关于部分货物适用增值税低税率和简易办法征收增值税政策的通知》（财税〔2009〕9 号）、《国家税务总局关于一般纳税人销售自己使用过的固定资产增值税有关问题的公告》（国家税务总局公告 2012 年第 1 号）、《财政部 国家税务总局关于将铁路运输和邮政业纳入营业税改征增值税试点的通知》（财税〔2013〕106 号）等，这些规定表述显得比较繁琐，其实本质就一句话：

纳税人销售自己使用过的固定资产，若原购入时，按照税法规定允许进项税额抵扣的，则销售时按照适用税率征收增值税；若原购入时进项税额按税法规定不得抵扣而没有抵扣的，则销售时按照 3% 征收率减按 2% 征收增值税。适用按简易办法依 3% 征收率减按 2% 征收增值税政策的，应开具普通发票，不得开具增值税专用发票。

【例 2-40】 甲公司于 20×4 年 1 月出售一台使用过的设备，不含税售价为 70 000 元。该设备是 20×2 年 1 月购入的，不含增值税价格为 100 000 元，折旧年限为 10 年，采用直线法折旧，不考虑净残值。该设备适用 17% 的增值税税率。

20×2 年 1 月，甲公司购入设备时：

借：固定资产　　　　　　　　　　　　　　　　　　　　　　100 000
　　应交税费——应交增值税（进项税额）　　　　　　　　　　17 000
　　贷：银行存款　　　　　　　　　　　　　　　　　　　　　117 000

20×4 年 1 月甲公司在出售时：

累计折旧＝100 000/10×2＝20 000（元）

销项税额＝70 000×17%＝11 900（元）

借：固定资产清理　　　　　　　　　　　　　　　　　　　　　80 000
　　累计折旧　　　　　　　　　　　　　　　　　　　　　　　20 000
　　贷：固定资产　　　　　　　　　　　　　　　　　　　　　100 000
借：银行存款　　　　　　　　　　　　　　　　　　　　　　　81 900
　　贷：固定资产清理　　　　　　　　　　　　　　　　　　　70 000
　　　　应交税费——应交增值税（销项税额）　　　　　　　　11 900
借：营业外支出　　　　　　　　　　　　　　　　　　　　　　10 000
　　贷：固定资产清理　　　　　　　　　　　　　　　　　　　10 000

【例 2-41】　甲公司于 20×4 年 7 月出售一台使用过的设备，含税售价为 70 000元。该设备是 20×2 年 7 月购入的，含增值税价格为 117 000 元，折旧年限为 10 年，采用直线法折旧，不考虑净残值。该设备适用 17% 的增值税税率。甲公司于 20×2 年 9月成为一般纳税人。

该设备购入时间为 20×2 年 7 月，则购入的固定资产增值税进项税额 17 000 元计入设备成本，固定资产的原值为 117 000 元，原购入时按照税法规定进项税额不允许抵扣的，则销售时按照简易办法依照 3% 征收率减按 2% 征收增值税。

1. 20×2 年 7 月，甲公司购入设备时：

借：固定资产　　　　　　　　　　　　　　　　　　　　　　117 000
　　贷：银行存款　　　　　　　　　　　　　　　　　　　　　117 000

2. 20×4 年 7 月甲公司在出售时：

2 年共计提折旧＝117 000/10×2＝23 400（元）

2 年后出售时应缴纳增值税＝70 000/(1+3%)×2%＝1 359.22（元）

借：固定资产清理　　　　　　　　　　　　　　　　　　　　　93 600
　　累计折旧　　　　　　　　　　　　　　　　　　　　　　　23 400
　　贷：固定资产　　　　　　　　　　　　　　　　　　　　　117 000
借：银行存款　　　　　　　　　　　　　　　　　　　　　　　70 000
　　贷：固定资产清理　　　　　　　　　　　　　　　　　　　67 961.17

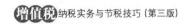

应交税费——未交增值税	2 038.83
借：应交税费——未交增值税	679.61
贷：营业外收入	679.61
借：营业外支出	25 638.83
贷：固定资产清理	25 638.83

二十、债务重组涉及的增值税账务处理

（一）债务人的账务处理

根据企业会计准则，债务人应当将重组债务的账面价值与转让的非现金资产公允价值之间的差额，确认为债务重组利得，计入当期损益。转让的非现金资产公允价值与其账面价值之间的差额，确认为资产转让损益，计入当期损益。按照转让的非现金资产公允价值和增值税税率计算缴纳增值税销项税额。

（二）债权人的账务处理

根据企业会计准则，债权人应当对接受的非现金资产按其公允价值入账，重组债权的账面余额与接受的非现金资产的公允价值之间的差额，确认债务重组损失。债权人已对债权计提减值准备的，应当先将该差额冲减减值准备，减值准备不足以冲减的部分，确认为债务重组损失，计入当期损益。按照接受的非现金资产的公允价值和增值税税率计算缴纳增值税进项税额。

【例 2-42】 甲公司欠乙公司购货款 115 000 元，甲公司因经营不善无法支付此笔账款。经甲、乙公司协商达成债务重组协议，乙公司同意甲公司用产品抵偿该货款，该产品市价为 90 000 元，成本为 80 000 元，增值税税率为 17％，乙公司计提了 5 000 元的坏账准备。

1. 甲公司（债务人）的账务处理：

债务人计入债务重组利得的金额＝115 000－90 000－90 000×17％＝9 700(元)
资产转让收益金额＝90 000－80 000＝10 000(元)

借：应付账款——乙公司	115 000
贷：主营业务收入	90 000

应交税费——应交增值税（销项税额）	15 300
营业外收入——债务重组利得	9 700

2. 乙公司（债权人）的账务处理：

债务重组损失金额＝(115 000－5 000)－90 000－90 000×17％＝4 700(元)

借：原材料	90 000
坏账准备	5 000
应交税费——应交增值税（进项税额）	15 300
营业外支出——债务重组损失	4 700
贷：应收账款——甲公司	115 000

二十一、非货币性交易中发生的增值税的账务处理

非货币性交易不同于企业发生的一般交易行为，它是指交易双方以非货币性资产进行的交换。这种交换不涉及或只涉及少量的货币性资产（即补价）。企业会计准则指南提出了一个参考比例，即如果支付的货币性资产占换入资产公允价值的比例（或占换出资产公允价值与支付的货币性资产之和的比例）低于 25％（含 25％），仍视为非货币性交易；如果这一比例高于 25％（不含 25％），则视为货币性交易。

（一）非货币性交易中发生的增值税的核算

对于非货币性交易中发生的增值税，应区别盈利过程是否完成的情况进行核算。盈利过程完成的非货币性交易，换入或换出的非货币性资产采用公允价值作为计量标准，公允价值与账面价值之间的差额计入当期损益，按照非货币性资产公允价值和增值税税率计算增值税销项税额或进项税额；非货币性交易盈利过程没有完成，则换入或换出的非货币性资产采用账面价值作为计量标准，一般不确认损益，按照非货币性资产账面价值和增值税税率计算增值税销项税额或进项税额。

盈利过程是否完成是非货币性交易会计核算中的重要概念。盈利过程是否完成，强调的是持有换入资产相对于换出资产的目的是否发生变化。比如，换入的资产，其用途不同于换出的资产，则这一交易的盈利过程已经完成，换出资产所蕴含的经济利益已经实现；又如，换入资产的用途与换出资产的用途是一样的，只是改变了资产的具体形态，仍然服务于原来的目的，则这一交易的盈利过程就没有完成，换出资产所

蕴含的经济利益还没有实现。

需要注意的是，有的非货币性交易，虽然换入资产的用途不同于换出资产，但换入资产还需再次用于非货币性交易，才能实现交易的最终目的。在这种情况下，也应视为盈利过程没有完成。比如，用商品换入一台设备，计划再用该设备换取另一种设备作为企业的固定资产，这一交易的盈利过程就没有完成。当然，在盈利过程没有完成的情况下，如果换出资产的公允价值低于其账面价值，也应确认换出资产的减值损失。

（二）非货币性交易中涉及其他科目的核算

在同类非货币性资产交换中，如果换出的资产是原材料、库存商品，则其公允价值低于账面价值的差额，可记入"存货跌价损失"科目；如果换出的资产是固定资产、无形资产，则其公允价值低于账面价值的差额，可记入"营业外支出"科目；如果换出的资产是长期股权投资，则其公允价值低于账面价值的差额，可记入"投资收益"科目。在同类非货币性资产交换中涉及补价时，以补价占换出资产公允价值的比例为基础确认的收益，其账务处理方法是：如果换出的资产是原材料、库存商品，所确认的收益可记入"非货币性交易收益"科目，并在利润表中"其他业务利润"项下增设"非货币性交易收益"项目加以反映；如果换出的资产是固定资产、无形资产，所确认的收益可记入"营业外收入"科目；如果换出的资产是长期股权投资，所确认的收益可记入"投资收益"科目。

不同类非货币性资产交换产生的损益与主营业务内容有直接关系，应在"主营业务收入"和"主营业务成本"科目核算；如果与主营业务以外的其他销售或其他业务有关，应在"其他业务收入"和"其他业务成本"科目核算；如果与生产经营无直接关系，应在"营业外收入"和"营业外支出"科目核算。如果不同类非货币性资产交换涉及固定资产，应通过"固定资产清理"科目核算，然后转入"营业外收入"或"营业外支出"科目核算。

在非货币性交易中发生的除增值税以外的其他税金，应区别不同情况进行账务处理。例如，如果非货币性交易涉及的非货币性资产是存货，则有关营业税金、消费税金应分别记入"营业税金及附加"、"其他业务成本"等科目；如果非货币性交易涉及的非货币性资产是固定资产，则有关营业税金应记入"固定资产清理"科目；如果非货币性交易涉及的非货币性资产是无形资产，则有关营业税金应记入"其他业务成本"科目。

在非货币性交易中发生的一些费用，如资产评估费、运杂费等，可以根据资产计价原则直接计入相关资产的成本，或者直接计入当期费用。

【例2-43】 甲公司以一批账面价值为120 000元（公允价值为100 000元）的库存

商品 A 交换乙公司的一批账面价值为 98 000 元（公允价值为 100 000 元）的库存商品 B，以备销售。库存商品 A、B 的增值税税率均为 17%，计税价格等于公允价值。假设整个交易过程除增值税以外没有发生其他相关税费。

分析：甲公司持有库存商品 A 的主要目的是在正常的生产经营过程中通过销售获利，而不是为了自用；换入乙公司库存商品 B 的主要目的也是在正常的生产经营过程中通过销售获利，而不是为了自用，即甲公司换入、换出的库存商品都属于待售资产。所以，甲公司进行的非货币性交易属于待售资产与待售资产相交换，即同类非货币性资产相交换。

甲公司账务处理如下：

1. 确定换出资产库存商品 A 是否发生减值。

换出资产库存商品 A 的公允价值为 100 000 元，账面价值为 120 000 元，公允价值低于其账面价值的差额有 20 000 元，即换出资产库存商品 A 已发生减值。因此，应以换出资产的公允价值作为换入资产入账价值；换出资产的公允价值与其账面价值之间的差额，确认为当期损失。

2. 计算增值税进项税额和销项税额。

根据增值税的有关规定，企业以库存商品与库存商品相交换，视同销售行为发生，应计算进项税额和销项税额，缴纳增值税。

换出商品的销项税额为：100 000×17%＝17 000（元）

换入商品的进项税额为：100 000×17%＝17 000（元）

借：库存商品——B　　　　　　　　　　　　　　　　　100 000
　　应交税费——应交增值税（进项税额）　　　　　　　 17 000
　　存货跌价损失　　　　　　　　　　　　　　　　　　 20 000
　　贷：库存商品——A　　　　　　　　　　　　　　　 120 000
　　　　应交税费——应交增值税（销项税额）　　　　　 17 000

【例 2-44】　甲电脑公司决定以生产的账面价值为 8 000 元的一台电脑（电脑的公允价值为 10 000 元）换入乙家具公司生产的账面价值为 9 000 元的三个档案柜（档案柜的公允价值为 10 000 元）。甲电脑公司换入档案柜的主要目的是为公司保存财务资料、生产资料及员工档案。甲电脑公司销售电脑的增值税税率为 17%，计税价格等于公允价值。假设交易过程中没有发生除增值税以外的其他相关税费。

分析：甲电脑公司持有电脑的主要目的是在正常的生产经营过程中通过销售获利，而不是为了自用；换入乙家具公司持有的档案柜是为了自用，而不是为了销售获利，即甲电脑公司换出的电脑属于待售资产，换入的档案柜属于非待售资产。所以，甲电脑公司进行的非货币性交易属于待售资产与非待售资产相交换，即不同类非货币性资产相交换。由于电脑和档案柜的公允价值都是已知的，因此，甲电脑公司应以换入档案柜的公允价值作为其入账价值。

甲电脑公司账务处理如下：

1. 计算确定非货币性交易产生的损益。

换出资产电脑的公允价值为 10 000 元，换出资产电脑的账面价值为 8 000 元，换出资产的公允价值超过其账面价值的差额为 2 000，因此，非货币性交易产生收益，应予以确认。

2. 计算换入资产档案柜增值税进项税额、换出资产电脑销项税额。

换入资产档案柜增值税进项税额为：$10\,000 \times 17\% = 1\,700$（元）

换出资产电脑增值税销项税额为：$10\,000 \times 17\% = 1\,700$（元）

借：原材料		10 000
应交税费——应交增值税（进项税额）		1 700
贷：主营业务收入		10 000
应交税费——应交增值税（销项税额）		1 700
借：主营业务成本		8 000
贷：库存商品		8 000

二十二、增值税优惠政策的账务处理

（一）增值税"直接免征"的账务处理

直接免征增值税，即纳税人不必缴纳增值税款。例如，《中华人民共和国增值税暂行条例》规定的免税项目有：①农业生产者销售的自产农产品；②避孕药品和用具；③古旧图书；④直接用于科学研究、科学试验和教学的进口仪器、设备；⑤外国政府、国际组织无偿援助的进口物资和设备；⑥由残疾人的组织直接进口供残疾人专用的物品；⑦销售的自己使用过的物品。

按照增值税专用发票管理规定，除国家另有规定外，纳税人销售免税项目不得开具专用发票，尽管不能开具增值税专用发票，但其开具给购买方的普通发票金额却是含税销售额，并且按含税销售额收取款项。

下面举例说明增值税"直接免征"的账务处理如下。

【例 2-45】 某酒类生产企业销售副产品酒糟，开具普通发票，票面金额 11 700 元，销售酒类产品不含税销售额 40 000 元，购进原材料的进项税额为 1 000 元，则该企业销售酒糟的相关账务处理如下：

1. 开具普通发票时，会计分录为：

借：银行存款　　　　　　　　　　　　　　　　　　　　　　11 700
　　贷：主营业务收入　　　　　　　　　　　　　　　　　　　　10 000
　　　　应交税费——应交增值税（销项税额）　　　　　　　　　1 700

2. 同时，应将销项税额作为直接免征的税额进行结转，会计分录为：

借：应交税费——应交增值税（减免税款）　　　　　　　　　　1 700
　　贷：主营业务收入　　　　　　　　　　　　　　　　　　　　1 700

3. 同时，在购进项目部分用于免税项目的情况下，为生产免税货物而耗用的原材料的进项税额不得抵扣，对于免税项目应转出的进项税额要计入成本，进项税额转出金额可采用销售额比例法计算，即用免税项目的销售额占总销售额的比例来计算分摊应转出的进项税额。进项税额转出＝1 000×10 000÷（10 000＋40 000）＝200（元），会计分录为：

借：主营业务成本　　　　　　　　　　　　　　　　　　　　　200
　　贷：应交税费——应交增值税（进项税额转出）　　　　　　　200

如果纳税人购进货物或者发生劳务时已经明确要用于免税项目，其购进货物或者发生劳务时进项税额就应计入采购成本，不用进行进项税额转出的账务处理。

温馨提醒

《企业会计准则第16号——政府补助》应用指南中明确规定："除税收返还外，税收优惠还包括直接减征、免征、增加计税抵扣额、抵免部分税额等形式。这类税收优惠并未直接向企业无偿提供资产，不作为本准则规范的政府补助"，因而，直接免征的增值税税额不能按照政府补助进行账务处理计入"营业外收入"。根据《企业会计准则第14号——收入》对收入的定义："收入，是指企业在日常活动中形成的、会导致所有者权益增加的、与所有者投入资本无关的经济利益的总流入"，企业享受增值税直接免征形成的经济利益流入是与企业日常活动密不可分的，完全符合收入的定义，因而，企业直接免征的增值税税额应该计入企业的"主营业务收入"。《小企业会计准则》也同样处理。

（二）增值税"直接减征"的账务处理

直接减征，即按应征税款的一定比例征收。一般纳税人、小规模纳税人销售自己使用过的物品和旧货，适用按简易办法依 3% 征收率减按 2% 征收增值税。除此之外，目前，还没有按比例减征的其他规定，大多是采用降低税率或按简易办法征收的方式给予优惠。

【例 2-46】 某一般纳税人销售旧摩托车三辆，取得价款 10 300 元，开具增值税普通发票，金额栏 10 000 元，税率栏 3%，税额栏 300 元，则该企业销售旧摩托车的相关账务处理为：

确认销售收入时，按正常销售确认收入：

借：银行存款   10 300

  贷：主营业务收入（销售旧设备时，计入"固定资产清理"）   10 000

    应交税费——未交增值税（按 3% 征收率计算）   300

根据《企业会计准则第 16 号——政府补助》应用指南规定和《企业会计准则第 14 号——收入》规定，直接减征的税款应计入"营业外收入——政府补助"。《小企业会计准则》也同样处理。

借：应交税费——未交增值税（按 1% 计算减征额）   100

  贷：营业外收入   100

温馨提醒

很多人都将按简易办法征收增值税的业务通过"销项税额"核算，其实并不妥当，因为这样处理，增值税纳税申报表的销项税额无法与应交增值税明细账的销项税额金额相符，造成账表不符。而应该通过"未交增值税"核算，这样才能做到增值税纳税申报表和应交增值税明细账相符。

（三）增值税"即征即退"、"先征后退"、"先征后返"的账务处理

"即征即退"：即税务机关将应征的增值税征收入库后，即时退还；"先征后退"：与即征即退差不多，只是退税的时间略有差异；"先征后返"：即税务机关正常将增值税征收入库，然后由财政机关按税收政策规定审核并返还企业所缴入库的增值税。

"即征即退"、"先征后退"、"先征后返"三种优惠的区别是：①返还机关不同，即征即退、先征后退的税款由税务机关退还，先征后返的税款由财政机关返还。②取得的时间不同，即征即退最快，先征后退次之，先征后返最慢。

"即征即退"、"先征后退"、"先征后返"三种优惠的共同点是：都是在增值税正常缴纳之后退库，对增值税抵扣链条的完整性并无影响，因此，销售货物时，可以按规

定开具增值税专用发票，正常计算销项税额，购买方也可以凭票正常抵扣。

根据《企业会计准则第 16 号——政府补助》应用指南规定，这三种优惠政策完全符合政府补助的定义，所退（返）税款应计入"营业外收入——政府补助"。账务处理如下：

销售商品时，根据正常销售确认收入：

借：银行存款

　贷：主营业务收入

　　　应交税费——应交增值税（销项税额）

缴纳增值税款时，与平常账务处理相同：

借：应交税费——应交增值税（已交税金）（本月上交本月应交的增值税）

　　应交税费——未交增值税（本月上交以前期间应交未交的增值税）

　贷：银行存款

收到增值税返还：

借：银行存款

　贷：营业外收入——政府补助

除了收到增值税返还的会计处理，其他会计处理与普通购销业务相同，不再举例。下面以增值税"即征即退"的账务处理举例说明。

【例 2-47】　甲租赁公司为经人民银行、银监会、商务部批准经营融资租赁业务的试点纳税人，系增值税一般纳税人，主要从事有形动产经营性租赁和融资租赁服务，已办理融资租赁即征即退优惠审批资格认定手续。20×3 年 12 月份发生下列业务：

（1）取得有形动产经营性租赁收入，开具增值税专用发票，销售额 1 000 000 元，销项税额 170 000 元；

（2）取得有形动产融资租赁收入，开具增值税专用发票，销售额 500 000 元，销项税额 85 000 元；

（3）取得的增值税专用发票已全部认证，其中，购入专门用于融资租赁业务的设备 1 台，金额 100 000 元，税额 17 000 元；用于经营性租赁业务的支出，金额 250 000，税额 42 500 元。

甲租赁公司应纳税额的计算与账务处理如下：

1. 甲租赁公司一般应税服务应纳税额的计算：

有形动产经营性租赁收入销项税额为 170 000 元，

有形动产经营性租赁收入进项税额为 42 500 元，

有形动产经营性租赁收入应纳税额为：170 000－42 500＝127 500（元）。

2. 甲租赁公司即征即退应税服务应纳税额的计算：

经人民银行、银监会、商务部批准经营融资租赁业务的试点纳税人中的一般纳税人提供有形动产融资租赁服务，对其增值税实际税负超过 3% 的部分实行增值税即征即退政策。

符合即征即退条件的有形动产融资租赁销项税额为 85 000 元，

符合即征即退条件的有形动产融资租赁进项税额为 17 000 元，

即征即退应税服务应纳税额＝85 000−17 000＝68 000（元）

增值税即征即退退税额＝68 000−500 000×3‰＝53 000（元）

3. 账务处理。

提供有形动产融资租赁服务时：

借：银行存款　　　　　　　　　　　　　　　　　585 000

贷：主营业务收入　　　　　　　　　　　　　500 000

应交税费——应交增值税（销项税额）　　85 000

购进设备时：

借：固定资产　　　　　　　　　　　　　　　　　100 000

应交税费——应交增值税（进项税额）　　17 000

贷：银行存款　　　　　　　　　　　　　　117 000

结转未交增值税：

借：应交税费——应交增值税（转出未交增值税）　68 000

贷：应交税费——未交增值税　　　　　　　68 000

缴纳增值税款时：

借：应交税费——未交增值税　　　　　　　　　　68 000

贷：银行存款　　　　　　　　　　　　　　68 000

收到增值税返还：

借：银行存款　　　　　　　　　　　　　　　　　53 000

贷：营业外收入——政府补助　　　　　　　53 000

温馨提醒

一般货物及劳务和应税服务与即征即退货物劳务及应税服务需分开核算，分开填写申报表。

即征即退货物劳务及应税服务的进项税额单独计算，无法划分的进项税额，应按照销项税额比例确定该货物劳务及应税服务应分摊的进项税额。对于专门用于相应货物劳务及应税服务的生产设备、工具等固定资产的进项税额不得进行分摊。

即征即退货物劳务及应税服务的销项税额、进项税额等相关数据均应在增值税纳税申报表"即征即退货物及劳务和应税服务"列填写。

相关链接

《财政部 国家税务总局关于增值税营业税消费税实行先征后返等办法有关城建税和教育费附加政策的通知》（财税〔2005〕72号）规定，对增值税、营业税、消费税（以下简称"三税"）实行先征后返、先征后退、即征即退办法的，除另有规定外，对随"三税"附征的城市维护建设税和教育费附加，一律不予退（返）还。

二十三、商业企业以返利、返点、促销费、进店费、展示费、管理费等名义向生产企业收取的各种费用的账务处理

商业企业以返利、返点、促销费、进店费、展示费、管理费等名义向生产企业收取的各种费用的账务处理，分为两种情况：

（一）商业企业收取与商品销售量、销售额无必然关系的各项费用的税务与会计处理

对商业企业向供货方收取的与商品销售量、销售额无必然联系，且商业企业向供货方提供一定劳务的收入，例如进场费、广告促销费、上架费、展示费、管理费等，不属于平销返利，不冲减当期增值税进项税额，这种情况下，商业企业应当开具发票，属于营改增范围的费用开具增值税发票，不属于营改增范围的费用开具营业税发票，供货方对此类费用作为销售费用列支。

【例2-48】 商业企业甲公司为一般纳税人，生产企业乙公司是其常年货物供应商。20×3年7月甲公司共向乙公司购货11.7万元，并向乙公司收取进场费、上架费等费用1万元（该地区尚未将此项服务纳入营改增范围），乙公司用银行存款支付费用。相关账务处理如下：

商业企业甲公司：

借：银行存款（或应付账款）　　　　　　　　　　　　　10 000

　　贷：其他业务收入　　　　　　　　　　　　　　　　　　　10 000

借：其他业务成本　　　　　　　　　　　　　　　　　　500

　　贷：应交税费——应交营业税　　　　　　　　　　　　　　500

生产企业乙公司：

  借：销售费用   10 000

    贷：银行存款   10 000

（二）商业企业收取与商品销售量、销售额挂钩的各种返还收入的税务与会计处理

根据《国家税务总局关于商业企业向货物供应方收取的部分费用征收流转税问题的通知》（国税发〔2004〕36 号）的规定，对商业企业向供货方收取的与商品销售量、销售额挂钩（如以一定比例、金额、数量计算）的各种返还收入，无论采用何种返利方式（现金返利或实物返利），均应按照平销返利行为的有关规定冲减当期增值税进项税额，不征收营业税。商业企业从供货方收取的各种收入，一律不得开具增值税专用发票。

当期应转出的进项税额的计算公式为：

$$进项税额转出 = \frac{当期取得的返还资金}{1 + 所购货物适用增值税税率} \times 所购货物适用增值税税率$$

"平销返利"实质上是货物供应方对商业企业进销差价损失的弥补，且一般是在商品售出后结算的，因此商业企业对收到"平销返利"的会计处理应冲减"主营业务成本"。若是在次年才收到返利，应通过"以前年度损益调整"核算，若商品尚未售出就收到返利，则冲减"库存商品"。

生产企业（供货方）对给予商业企业"平销返利"的会计处理，按销售折让进行处理。有两种方法：一种方法是在销售时，将返利（即折让金额）和销售价款开在同一张发票上，账务处理可以直接按折让后的金额入账；第二种方法是在实际返还时按有关规定开具红字发票冲销收入和冲减销项税额，账务处理可以用红字冲销原来确定的销售收入和相应的销项税额。

几种不同的返利方式会计处理举例如下：

1. 现金返利。

【例 2-49】 承例 2-48，20×3 年 8 月，甲公司已经全部以相同价格对外销售该批货物，甲公司按货物销售额的 10% 与乙公司结算返利，甲公司收到 1.17 万元的现金返利，应转出进项税额：11 700÷1.17×17%＝1 700（元），同时冲减"主营业务成本"10 000 元。

商业企业甲公司会计处理：

  借：银行存款   11 700

　　　　　贷：主营业务成本　　　　　　　　　　　　　　　　　　10 000

　　　　　　　应交税费——应交增值税（进项税额转出）　　　　　1 700

　　若收到返利时，商品尚未售出，则冲减库存商品：

　　　借：银行存款　　　　　　　　　　　　　　　　　　　　　11 700

　　　　贷：库存商品　　　　　　　　　　　　　　　　　　　　10 000

　　　　　　应交税费——应交增值税（进项税额转出）　　　　　1 700

　　生产企业乙公司会计处理：

　　　借：银行存款　　　　　　　　　　　　　　　　　　　　　-11 700

　　　　贷：主营业务收入　　　　　　　　　　　　　　　　　　-10 000

　　　　　　应交税费——应交增值税（销项税额）　　　　　　　-1 700

2. 实物返利，供货方开具增值税专用发票。

【例 2-50】　假设上例中乙公司以一批含税公允价值 1.17 万元的商品返利，同时乙公司向甲公司开具了增值税专用发票，则甲公司会计处理为：

　　　借：库存商品　　　　　　　　　　　　　　　　　　　　　10 000

　　　　　应交税费——应交增值税（进项税额）　　　　　　　　1 700

　　　　贷：主营业务成本　　　　　　　　　　　　　　　　　　10 000

　　　　　　应交税费——应交增值税（进项税额转出）　　　　　1 700

3. 实物返利，供货方开具普通发票。

【例 2-51】　假设上例中乙公司向甲公司开具的是普通发票，则甲公司会计处理为：

　　　借：库存商品　　　　　　　　　　　　　　　　　　　　　11 700

　　　　贷：主营业务成本　　　　　　　　　　　　　　　　　　10 000

　　　　　　应交税费——应交增值税（进项税额转出）　　　　　1 700

二十四、销售折扣、折扣销售、销售折让的增值税账务处理

（一）销售折扣（现金折扣）

　　销售折扣又称现金折扣，是企业在销售货物或提供应税劳务（服务）后，为了鼓励购货方及早偿还货款而给予付款方的折扣优惠。企业为了鼓励客户提前付款，一般规定付款方在不同的期限内付款可享受不同比例的折扣，付款时间越早，折扣越大。所以，销售折扣发生在销售货物或提供应税劳务（服务）之后，实质上是一种企业为

了尽快收款而发生的融资性质的财务费用，折扣额相当于为收款而支付的利息，因此，现金折扣额应计入财务费用，不得抵减销售额和销项税额。

【例 2-52】　甲公司销售某品牌电脑，某品牌电脑的销售价格为 4 000 元/台（不含增值税），甲公司规定付款条件为 2/10，1/20，n/30，甲公司销售给乙商场该品牌电脑100 台。乙商场已于 8 天内付款。甲公司会计处理如下：

销售实现时：

借：应收账款　　　　　　　　　　　　　　　　　　　　　　468 000

　贷：主营业务收入　　　　　　　　　　　　　　　　　　400 000

　　　应交税费——应交增值税（销项税额）　　　　　　　　68 000

销货后第 8 天收到货款时：

折扣额＝468 000×2%＝9 360（元）

借：银行存款　　　　　　　　　　　　　　　　　　　　　　458 640

　　财务费用　　　　　　　　　　　　　　　　　　　　　　9 360

　贷：应收账款　　　　　　　　　　　　　　　　　　　　468 000

（二）折扣销售（商业折扣）

折扣销售又称商业折扣，是指企业在销售货物或提供应税劳务（服务）时，因购货方购买数量较多等原因，而按照一定折扣率（或折扣额）折扣后的优惠价格进行销售。因为折扣是与销售货物或提供应税劳务（服务）同时发生，若将销售额和折扣额在同一张发票上分别注明，可直接按照折扣后的金额作为销售额计提销项税额，若折扣额另开发票，不论会计如何处理，均不得从销售额中扣除折扣额。因为商业折扣与实现销售同时发生，买卖双方均按折扣后的价格成交，所以会计上对其不需单独做账务处理，又因为发票价格就是扣除折扣后的实际售价，所以可按发票上的金额计算销项税额。

《国家税务总局关于折扣额抵减增值税应税销售额问题通知》（国税函〔2010〕56号）明确规定，纳税人采取折扣方式销售货物，销售额和折扣额在同一张发票上分别注明是指销售额和折扣额在同一张发票上的"金额"栏分别注明的，可按折扣后的销售额征收增值税。未在同一张发票"金额"栏注明折扣额，而仅在发票的"备注"栏注明折扣额的，折扣额不得从销售额中减除。

《营业税改征增值税试点实施办法》（财税〔2013〕106 号附件 1）第三十九条规定，纳税人提供应税服务，将价款和折扣额在同一张发票上分别注明的，以折扣后的价款为销售额；未在同一张发票上分别注明的，以价款为销售额，不得扣减折扣额。这一点与原一般纳税人规定相同。

商业折扣仅限于价格上的折扣，若销货方将自产、委托加工和购买的货物用于实物折扣，则该实物折扣不得从销售额中减除，因为这属于"捆绑销售"（买一赠一），应该按照实际收款金额确认销售额计提销项税额。

【例2-53】 甲公司销售某品牌电脑，某品牌电脑的销售价格为4 000元/台（不含增值税），甲公司规定购买100台以上，可获得5%的商业折扣；购买200台以上，可获得8%的商业折扣。甲公司向丙商场销售该品牌电脑300台。甲公司应做如下会计处理：

销售实现时，应收账款＝4 000×300×1.17×92%＝1 291 680（元）。

借：应收账款　　　　　　　　　　　　　　　　　　　　1 291 680
　　贷：主营业务收入　　　　　　　　　　　　　　　　　　1 104 000
　　　　应交税费——应交增值税（销项税额）　　　　　　　　187 680

（三）销售折让

销售折让，是指企业在销售货物或提供应税劳务（服务）后，由于货物或劳务（服务）品种、质量等本身的原因而给予付款方在销售总额上一定的减让。销售折让与现金折扣虽然都是发生在销售货物或提供应税劳务（服务）之后，但实质上销售折让会使原销售总额减少，所以销售折让要冲减当期销售额和销项税额。需要注意的是，销售折让属于资产负债表日后事项的，应按《企业会计准则第29号——资产负债表日后事项》的相关规定进行处理。

【例2-54】 甲公司销售某品牌电脑，某品牌电脑的销售价格为4 000元/台（不含增值税），甲公司向丙商场销售该品牌电脑100台，丙商场尚未付款。几天后丙商场发现该品牌电脑存在质量问题，但是不影响销售，丙商场要求甲公司降价，甲公司给与每台50元的销售折让，甲公司应做如下会计处理：

销售实现时，应收账款＝4 000×100×1.17＝468 000（元）。

借：应收账款　　　　　　　　　　　　　　　　　　　　　468 000
　　贷：主营业务收入　　　　　　　　　　　　　　　　　　　400 000
　　　　应交税费——应交增值税（销项税额）　　　　　　　　　68 000
甲公司给与每台50元的销售折让，开具红字发票：
借：应收账款　　　　　　　　　　　　　　　　　　　　　　－5 850
　　贷：主营业务收入　　　　　　　　　　　　　　　　　　　－5 000
　　　　应交税费——应交增值税（销项税额）　　　　　　　　　－850

二十五、捆绑销售、买一赠一等促销方式的增值税账务处理

捆绑销售、买一赠一，就是企业为了促进销售，而将本企业两种以上的商品一同销售，或者销售一件大商品赠送一件小商品，或者购买商品达到一定金额时赠送一定的商品，等等。其增值税账务处理是一样的。

【例 2-55】 甲商场规定购买一套价值 800 元（含税）的西服，赠送一条价值 80 元（含税）的领带，某批发商购买了 100 套价值 800 元的西服，同时获赠了 100 条价值 80 元的领带，假设 100 套西服和 100 条领带的成本分别为 50 000 元、5 000 元。

《国家税务总局关于确认企业所得税收入若干问题的通知》（国税函〔2008〕875 号）第三条规定，企业以买一赠一等方式组合销售本企业商品的，不属于捐赠，应将总的销售金额按各项商品的公允价值的比例来分摊确认各项的销售收入。

《增值税暂行条例实施细则》规定，将自产、委托加工或购买的货物无偿赠送他人，应视同销售计算增值税销项税额。但是，买一赠一与无偿赠送虽然都是赠送行为，但二者之间存在本质区别。

（1）法律意义上的无偿赠送是指出于感情或其他原因而作出的无私慷慨行为。而销售货物后赠送货物的行为是有偿购物在先、赠送于后的有偿赠送行为，是商场为了刺激消费而采取的促销手段。

（2）对于赠送财产的质量，根据《合同法》的规定，无偿赠送的财产有瑕疵，赠送人不承担责任。而顾客使用接受赠送的商品如果出现质量问题，商场必须承担相应的责任。

因此，用购物赠送的货物不是无偿赠送，不能视同销售计算增值税。

可见，买一赠一在企业所得税和增值税处理上都不属于视同销售。

所赠送领带的价值是通过出售商品西服实现的，因此，领带属于"捆绑销售"或者叫做"买一赠一"，不属于视同销售范畴，因此仅应该按照实际收款金额 80 000 元计算销售收入计提销项税额。

"买一赠一"实际上就是实物折扣，根据《国家税务总局关于折扣额抵减增值税应税销售额问题通知》（国税函〔2010〕56 号）的规定，纳税人采取折扣方式销售货物，销售额和折扣额在同一张发票上分别注明是指销售额和折扣额在同一张发票上的"金额"栏分别注明的，可按折扣后的销售额征收增值税；未在同一张发票"金额"栏注明折扣额，而仅在发票的"备注"栏注明折扣额的，折扣额不得从销售额中减除。因此，甲商场在开具发票时，应将销售额和折扣额在同一张发票上分别注明，有两种开

票方式，即

第一种开票方式：先按照销售100件西服计80 000元和100条领带计8 000元分别填列两栏，然后在下一栏按照领带销售额开具折扣额8 000元（负数），最后的销售金额和税额合计80 000元。

第二种开票方式：销售100件西服计80 000元和西服折扣额分别填列两栏，100条领带计8 000元和领带折扣额分别填列两栏，西服折扣额和领带折扣额按照西服和领带的公允价值比例分摊总折扣额8 000元，最后的销售金额和税额合计80 000元。

第二种方式最好，第一种方式一般税务机关也都认可，除这两种方式之外的其他开票方式都是不符合税法规定的。

企业的账务处理如下：

西服销售额＝80 000×80 000÷88 000÷1.17＝62 160.06（元）

领带销售额＝80 000×8 000÷88 000÷1.17＝6 216.01（元）

借：银行存款	80 000
贷：主营业务收入——西服	62 160.06
主营业务收入——领带	6 216.01
应交税费——应交增值税（销项税额）	11 623.93
借：主营业务成本——西服	50 000
主营业务成本——领带	5 000
贷：库存商品	55 000

温馨提醒

"买一赠一"方式销售货物的，所赠送的商品，单独开具发票的，或者不开具发票直接做出库处理（借计"销售费用"等科目，贷计"库存商品"科目）的，需要视同销售缴纳增值税。

二十六、应税消费品怎样缴纳增值税

应税消费品一般涉及增值税与消费税两种流转税，一般情况下，其计税依据基本相同，一般为纳税人向购买方收取的全部价款和价外费用，然而在某些时候计税依据并不相同。而这些不同点往往是税务处理的重点和难点，非常容易混淆，为了方便掌握和对比理解，特总结成表格形式，见表 2-1、表 2-2。

表 2-1　　　　应税消费品的增值税和消费税不含税销售额指标对比

项目	增值税不含税销售额	消费税不含税销售额	区别
定义	销售额为纳税人销售货物或者应税劳务向购买方收取的全部价款和价外费用，但是不包括收取的销项税额。	销售额为纳税人销售应税消费品向购买方收取的全部价款和价外费用。	基本相同。
价外费用	价外费用，包括价外向购买方收取的手续费、补贴、基金、集资费、返还利润、奖励费、违约金、滞纳金、延期付款利息、赔偿金、代收款项、代垫款项、包装费、包装物租金、储备费、优质费、运输装卸费以及其他各种性质的价外收费。但下列项目不包括在内： 1. 受托加工应征消费税的消费品所代收代缴的消费税； 2. 同时符合以下条件的代垫运输费用： (1) 承运部门的运输费用发票开具给购买方的； (2) 纳税人将该项发票转交给购买方的。 3. 同时符合以下条件代为收取的政府性基金或者行政事业性收费： (1) 由国务院或者财政部批准设立的政府性基金，由国务院或者省级人民政府及其财政、价格主管部门批准设立的行政事业性收费； (2) 收取时开具省级以上财政部门印制的财政票据； (3) 所收款项全额上缴财政。 4. 销售货物的同时代办保险等而向购买方收取的保险费，以及向购买方收取的代购买方缴纳的车辆购置税、车辆牌照费。	价外费用，是指价外向购买方收取的手续费、补贴、基金、集资费、返还利润、奖励费、违约金、滞纳金、延期付款利息、赔偿金、代收款项、代垫款项、包装费、包装物租金、储备费、优质费、运输装卸费以及其他各种性质的价外收费。但下列项目不包括在内： 1. 同时符合以下条件的代垫运输费用： (1) 承运部门的运输费用发票开具给购买方的； (2) 纳税人将该项发票转交给购买方的。 2. 同时符合以下条件代为收取的政府性基金或者行政事业性收费： (1) 由国务院或者财政部批准设立的政府性基金，由国务院或者省级人民政府及其财政、价格主管部门批准设立的行政事业性收费； (2) 收取时开具省级以上财政部门印制的财政票据； (3) 所收款项全额上缴财政。	1. 二者价外费用范围不同。 2. 对于从量定额的产品，如啤酒、黄酒的定价就包含了包装物的押金在内，在增值税中，价格是不包含押金的。
视同销售计税依据	纳税人有价格明显偏低并无正当理由或者有视同销售货物行为而无销售额者，按下列顺序确定销售额： 1. 按纳税人最近时期同类货物的平均销售价格确定； 2. 按其他纳税人最近时期同类货物的平均销售价格确定； 3. 按组成计税价格确定。	纳税人用于换取生产资料和消费资料，投资入股和抵偿债务等方面的应税消费品，应当以纳税人同类应税消费品的最高销售价格作为计税依据计算消费税。	二者计税依据不同。

计算 方法	1. 应税消费品的销售额，不包括应向购货方收取的增值税税款。如果纳税人应税消费品的销售额中未扣除增值税税款或者因不得开具增值税专用发票而发生价款和增值税税款合并收取的，在计算消费税时，应当换算为不含增值税税款的销售额。其换算公式为： $$\text{应税消费品的销售额} = \text{含增值税的销售额} \div \left(1 + \text{增值税税率或者征收率}\right)$$ 若消费税纳税人为一般纳税人，适用17％的增值税税率或征收率；若消费税纳税人为小规模纳税人，适用3％的征收率。 2. 纳税人自产自用的应税消费品，按照纳税人生产的同类消费品的销售价格计算纳税；没有同类消费品销售价格的，按照组成计税价格计算纳税。 3. 委托加工的应税消费品，按照受托方的同类消费品的销售价格计算纳税；没有同类消费品销售价格的，按照组成计税价格计算纳税。 4. 进口的应税消费品，按照组成计税价格计算纳税。	一般情况下相同，但是计算组成计税价格时，可能不同，具体详见《增值税、消费税组成计税价格对照表》

表 2-2　　　　　　　　　**应税消费品增值税、消费税组成计税价格对照表**

项目	增值税组成计税价格	消费税组成计税价格	成本利润率
从价 计税	1. 销售应税消费品组成计税价格＝(成本＋利润)÷(1－消费税比例税率)； 2. 进口应税消费品组成计税价格＝(关税完税价格＋关税)÷(1－消费税比例税率)； 3. 受托加工的应税消费品只按加工费计算增值税。	1. 自产自用的应税消费品组成计税价格＝(成本＋利润)÷(1－比例税率)； 2. 进口的应税消费品组成计税价格＝(关税完税价格＋关税)÷(1－消费税比例税率)； 3. 委托加工的应税消费品组成计税价格＝(材料成本＋加工费)÷(1－比例税率)。	《消费税若干具体问题的规定》中规定的成本利润率。
从量 计税	组成计税价格＝成本×(1＋成本利润率)＋消费税税额（从量）	不用组价。	10％
复合 计税	1. 销售应税消费品组成计税价格＝(成本＋利润＋销售数量×定额税率)÷(1－消费税比例税率)； 2. 进口应税消费品组成计税价格＝(关税完税价格＋关税＋进口数量×定额税率)÷(1－消费税比例税率)； 3. 受托加工的应税消费品只按加工费计算增值税。	1. 自产自用的应税消费品组成计税价格＝(成本＋利润＋自产自用数量×定额税率)÷(1－比例税率)； 2. 进口的应税消费品组成计税价格＝(关税完税价格＋关税＋进口数量×消费税定额税率)÷(1－消费税比例税率)； 3. 委托加工的应税消费品组成计税价格＝(材料成本＋加工费＋委托加工数量×定额税率)÷(1－比例税率)。	《消费税若干具体问题的规定》中规定的成本利润率。

温馨提醒

除了上述对比之外，还有下列特殊的情形：

1. 从量计征的应税消费品收取的押金，逾期征收增值税，但不征收消费税。啤酒的押金只是计算单位适用税额的依据。

2. 消费税的视同销售的范围比增值税范围广，造成计税不一致，像将自产的轮胎（应税消费品）用于生产卡车（非应税消费品），此环节征消费税，但不征收增值税。

3. 卷烟、白酒设定消费税最低计税价格，分别按照国税函〔2009〕271号、国税函〔2009〕380号的规定处理，消费税计税依据区别于增值税计税依据。

下面就增值税和消费税计税依据不同的问题举两个例子来进行说明。

【例2-56】 甲公司委托乙公司加工A产品，提供的材料成本为1 000元，加工费是500元，消费税税率是5%，增值税税率是17%，则

消费税组成计税价格＝（材料成本＋加工费）÷（1－消费税税率）

＝（1000＋500）÷（1－5%）＝1578.95（元）

应缴纳消费税＝1578.95×5%＝78.95（元）

应交增值税＝500×17%＝85（元）

【例2-57】 甲公司将生产的10 000支某品牌化妆品（消费税税率30%）用于对某公司进行投资，已知最近一个月甲公司该品牌化妆品的平均销售价格为12元/支（不含税，下同），其他企业该品牌化妆品的平均销售价格为12.5元/支，甲公司该品牌化妆品的最高销售价格为13元/支，该品牌化妆品实际成本为9元/支。

甲公司的账务处理如下：

按上述规定，纳税人用自产应税消费品作为投资时，

需要缴纳消费税：13×10 000×30%＝39 000（元），

需要缴纳增值税：12×10 000×17%＝20 400（元）。

借：长期股权投资　　　　　　　　　　　　　　　　　　179 400
　　贷：主营业务收入　　　　　　　　　　　　　　　　120 000
　　　　应交税费——应交增值税（销项税额）　　　　　 20 400
　　　　　　　　——应交消费税　　　　　　　　　　　 39 000
借：主营业务成本　　　　　　　　　　　　　　　　　　 90 000
　　贷：库存商品　　　　　　　　　　　　　　　　　　 90 000

二十七、纳税人混业经营的账务处理

纳税人兼有不同税率或者征收率的销售货物、提供加工修理修配劳务或者应税服务的，应当分别核算适用不同税率或征收率的销售额，未分别核算销售额的，按照以下方法适用税率或征收率：

1. 兼有不同税率的销售货物、提供加工修理修配劳务或者应税服务的，从高适用税率。

2. 兼有不同征收率的销售货物、提供加工修理修配劳务或者应税服务的，从高适用征收率。

3. 兼有不同税率和征收率的销售货物、提供加工修理修配劳务或者应税服务的，从高适用税率。

【例 2-58】　甲运输公司 8 月份取得收入情况：货物运输业务收入 111 万元，货物运输代理服务收入 21.2 万元，仓储服务收入 42.4 万元，经营性租赁车辆收入 11.7 万元，上述收入均为含税收入，款项通过银行存款结算。

1. 该企业分别核算销售额，应税服务销售额分别按不同税率计算：

货物运输业务收入 $=111\div(1+11\%)=100$（万元）

货物运输代理服务收入 $=21.2\div(1+6\%)=20$（万元）

仓储服务收入 $=42.4\div(1+6\%)=40$（万元）

经营性租赁车辆收入 $=11.7\div(1+17\%)=10$（万元）

应交增值税 $=100\times11\%+60\times6\%+10\times17\%=16.3$（万元）

借：银行存款	1 863 000
贷：主营业务收入——货物运输服务	1 000 000
——物流辅助服务	600 000
——经营租赁服务	100 000
应交税费——应交增值税（销项税额）	163 000

2. 该企业未分别核算销售额，应税服务销售额从高适用税率计算：

应税服务销售额 $=(111+21.2+42.4+11.7)\div(1+17\%)=159.23$（万元）

应交增值税 $=159.23\times17\%=27.07$（万元）

借：银行存款   1 863 000
 贷：主营业务收入   1 592 300
  应交税费——应交增值税（销项税额） 270 700

二十八、混合销售和兼营非增值税应税项目区别及增值税账务处理

在日常税务处理中，混合销售行为和兼营非增值税应税项目经常发生，不少会计却将这两项业务混淆，造成多缴或少缴增值税款。可见，这两项业务的税务处理对不少会计来说还是一个难点。

我们先来看一下两项业务的概念和税收规定。

1. 混合销售行为。

混合销售行为，是指一项销售行为既涉及货物又涉及非增值税应税劳务（属于应缴营业税的建筑业、金融保险业、娱乐业等尚未营改增的税目征收范围的劳务）。

《中华人民共和国增值税暂行条例实施细则》第五条规定，除本细则第六条的规定外，从事货物的生产、批发或者零售的企业、企业性单位和个体工商户的混合销售行为，视为销售货物，应当缴纳增值税；其他单位和个人的混合销售行为，视为销售非增值税应税劳务，不缴纳增值税。

从事货物的生产、批发或者零售的企业、企业性单位和个体工商户，包括以从事货物的生产、批发或者零售为主，并兼营非增值税应税劳务的单位和个体工商户在内。具体来说，就是增值税应税销售额占增值税应税额和非增值税应税额之和的50%以上。

2. 兼营非增值税应税项目。

兼营非增值税应税项目，是指纳税人的经营范围既包括增值税应税项目又包括非增值税应税项目，但不发生在同一项销售行为中。

《中华人民共和国增值税暂行条例实施细则》第七条规定，纳税人兼营非增值税应税项目的，应分别核算货物或者应税劳务的销售额和非增值税应税项目的营业额；未分别核算的，由主管税务机关核定货物或者应税劳务的销售额。

3. 通过上述规定可以看出混合销售和兼营非增值税应税项目的区别，见表2-3。

表2-3   混合销售和兼营非增值税应税项目的区别

混合销售行为	兼营非增值税应税项目
销售货物和提供非增值税应税劳务是在同一项销售行为中发生的	销售货物或应税劳务和提供非应税劳务是纳税人经营范围中的两种经营项目，不在同一项销售行为中发生

续表

混合销售行为	兼营非增值税应税项目
销售货物和提供非增值税应税劳务的价款是同时从一个购买方取得的	销售货物或应税劳务和提供非应税劳务不是同时发生在同一购买者身上，价款要向两个以上的购买者收取
按经营主业只征收一种税，或征增值税或征营业税，特殊情况除外①	分别核算，分别征收增值税和营业税，未分别核算的，由主管税务机关核定货物或者应税劳务的销售额

①特殊情况，是指在混合销售行为中的特殊规定：

销售自产货物并同时提供建筑业劳务的行为，应当分别核算货物的销售额和非增值税应税劳务的营业额，并根据其销售货物的销售额计算缴纳增值税，非增值税应税劳务的营业额不缴纳增值税；未分别核算的，由主管税务机关核定其货物的销售额。

混合销售和兼营业务常见代表业务举例如下：

（1）专业设备安装公司，负责替客户安装，客户提供设备，安装公司收取安装费，此时只就安装收入缴纳营业税（建筑业）。

（2）专业设备安装公司，负责替客户安装，安装公司负责采购并提供设备，安装公司收取设备费和安装费，属于混合销售，其安装费和设备费应打包一起按公司主业安装收入缴纳营业税。

（3）专业设备销售公司，负责替客户A安装收取安装费，另向客户B销售设备收取设备费，属于兼营非增值税应税项目，其设备费和安装费应分别核算缴纳增值税和营业税；未分别核算的，由主管税务机关核定货物或者应税劳务的销售额。

（4）专业设备销售公司（不生产），负责替客户安装，向客户收取设备费和安装费，属于混合销售，其设备费和安装费应打包一起按公司主业设备销售收入缴纳增值税。

（5）专业设备生产销售公司（自己生产），负责替客户安装自产设备，向客户收取设备费和安装费，属于混合销售，但税务处理特殊：应当分别核算设备的销售额和安装劳务的营业额，并根据其销售设备的销售额计算缴纳增值税，安装劳务的营业额缴纳营业税；未分别核算的，由主管税务机关分别核定其设备的销售额和安装劳务的营业额。

下面分别就混合销售和兼营非增值税应税项目两种行为进行举例说明。

【例2-59】　甲公司是一家空调销售公司，在销售空调的同时负责为客户安装。20×3年7月销售空调取得不含税收入200 000元，同时为客户提供安装服务，取得不含税收入10 000元，本月允许抵扣的进项税额为25 700元。

甲公司的销售和安装业务发生在同一项销售行为中，两项业务的款项同时向某一个购买者收取，该行为属混合销售行为，根据公司经营主业为货物销售，此项混合销售行为只缴纳增值税。增值税额为：（200 000＋10 000）×17%－25 700＝10 000（元）。

【例2-60】　乙公司从事装饰材料销售业务，并兼营装饰装修业务，20×3年7月销售装饰材料取得不含税收入100万元，装饰装修业务收入40万元，本月允许抵扣的进项税额 10 万元。

若乙公司分开核算销售额，应缴纳增值税：100×17%－10＝7（万元），计算营业税：40×3%＝1.2（万元），共缴纳税款 8.2 万元。

若乙公司没有分开核算销售额，则由主管税务机关核定货物或者应税劳务的销售额，假设主管国税局对装饰材料不含税销售额核定为 105 万元，主管地税务局对装饰装修营业额核定为 45 万元，那么乙公司应缴纳增值税：105×17%－10＝7.85（万元），计算营业税：45×3%＝1.35（万元），共缴纳税款 9.2 万元。

温馨提醒

尽管兼营业务不分开核算，也会按照税务机关核定的销售额和营业额分别缴纳增值税和营业税，但是笔者还是强烈建议纳税人应该将兼营业务分开核算，以免税务机关核定的销售额或营业额高于实际销售额或营业额，多缴税款而承担更高的税负，上例就是这样，不分开核算比分开核算多缴纳税款 9.2－8.2＝1（万元）。

兼营业务分开核算要做到以下几点：①合同或协议分开签订；②发票分别开具：货物或增值税应税劳务开具国税发票，非增值税应税劳务开具地税发票；③会计处理分别入账，分开核算。

二十九、兼营免税、减税项目的增值税账务处理

纳税人兼营免税、减税项目的，应当分别核算免税、减税项目的销售额；未分别核算销售额的，不得免税、减税。

适用一般计税方法的纳税人，兼营简易计税方法计税项目、非增值税应税劳务、免征增值税项目而无法划分不得抵扣的进项税额，按照下列公式计算不得抵扣的进项税额：

$$\frac{\text{不得抵扣的}}{\text{进项税额}}=\frac{\text{当期无法划分的}}{\text{全部进项税额}}$$

$$\times\left(\text{当期简易计税方法计税项目销售额}+\text{非增值税应税劳务营业额}+\text{免征增值税项目销售额}\right)$$

$$\div\left(\begin{matrix}当期全部\\销售额\end{matrix}+\begin{matrix}当期全部\\营业额\end{matrix}\right)$$

主管税务机关可以按照上述公式依据年度数据对不得抵扣的进项税额进行清算。

【例2-61】　乙公司从事网站设计、技术开发等业务,7月提供网站设计服务取得收入636万元(含税),取得技术开发业务收入212万元(含税),技术开发服务已通过主管税务机关免征增值税的审批,本月因网站设计业务取得专用发票上注明的税额10万元,因技术开发业务取得专用发票上注明的税额6万元,无法划分网站设计、技术开发业务的进项税额8万元。

1.若乙公司分开核算销售额:

因无法划分计算的不得抵扣的进项税额＝8×200÷(600＋200)＝2(万元),

免税项目的进项税额6万元不得抵扣。

因此,允许抵扣的进项税额＝10＋8－2＝16(万元),

应缴纳增值税＝636÷(1＋6％)×6％－16＝20(万元)。

2.若乙公司未分别核算销售额,技术开发业务不得免税。企业放弃免税的,可以抵扣进项税额。

应缴纳增值税＝636÷(1＋6％)×6％＋212÷(1＋6％)×6％－(10＋6＋8)
　　　　　＝24(万元)

温馨提醒

注意未分别核算兼营项目时,兼营免税、减税项目与兼营非增值税应税劳务的区别,不能由税务机关核定免税减税额,不得免税、减税。

三十、还本销售方式的增值税账务处理

还本销售,是指纳税人在销售货物时与购货方事先约定,在一定期限内由销售方一次或分次退还给购货方其当初购买商品所支付的全部或部分价款。

还本销售方式在企业日常经营活动中并不常见,一般是在企业出现资金周转困难、急需资金时才会采取这种还本销售方式,因而这种方式实质上是一种筹集资金的融资手段,纳税人的目的在于以货物换取资金的时间价值,纳税人取得的购货方支付的货款相当于借款本金，纳税人销售给购货方的货物相当于向购货方支付的利息，纳税人按约定的期限退还给购货方的全部或部分价款相当于偿还借款。

正是由于还本销售方式在企业日常经营活动中并不常见，因此大多财务人员对这种销售方式的税务处理比较陌生，一旦发生往往会不知如何处理，稍有不慎就会给企业带来税收风险。

税法规定，采取还本销售方式销售货物，其销售额就是货物的销售价格，纳税人必须按照销售货物所取得的全部销售额来计算缴纳增值税，不得从销售额中减除向购买方归还的还本支出。

【例 2-62】　甲公司为生产销售彩色电视机的增值税一般纳税人，20×3 年 6 月，该公司资金周转出现严重困难，为了尽快筹集资金渡过难关，该公司采用还本销售方式向乙商场销售某品牌彩色电视机 100 台，不含税售价为 3 000 元/台，双方约定 2 年后甲公司一次还本 90%。已知该品牌彩色电视机实际成本 2 200 元/台，市场上同类商品售价为 2 700 元/台。

对于此业务，有的财务人员将还本支出冲减其销售收入，按照 30 000 元（300 000×10%）确认为 6 月份的销售收入，计算缴纳增值税：30 000×17%＝5 100（元）。这是由于财务人员对还本销售方式下的计税销售额的税收规定不了解造成的少纳增值税款行为，甲公司因此少缴增值税为：300 000×90%×17%＝45 900（元）。

对于此业务，正确的增值税账务处理为：

1. 实现销售收到货款时，增值税额按实际销售额计算：

借：银行存款　　　　　　　　　　　　　　　　　　　　　　351 000
　　贷：主营业务收入　　　　　　　　　　　　　　　　　　300 000
　　　　应交税费——应交增值税（销项税额）　　　　　　　 51 000

结转销售成本时：

借：主营业务成本　　　　　　　　　　　　　　　　　　　　220 000
　　贷：库存商品　　　　　　　　　　　　　　　　　　　　220 000

2. 税法规定还本支出不得冲减销售额，因此还本支出应计入有关成本费用，由于这种方式实质上是一种筹集资金的融资手段，因此在账务处理上可以采取借款费用资本化的方法将还本支出按照筹集资金的用途计入财务费用或计入构建固定资产的成本。

还本支出虽然是一次支付，但是应该根据权责发生制的原则在还本期内分期预提。

计算每年预提还本支出：

20×3 年：351 000×90%×6÷24＝78 975(元)

20×4 年：351 000×90%×12÷24＝157 950(元)

20×5 年：351 000×90%×6÷24＝78 975(元)

假设所筹资金用于购买原材料，则计入"财务费用"（所筹资金若用于购建固定资产，在购建期间预提的还本支出计入"在建工程"）。

20×3 年，账务处理为：

借：财务费用   78 975

贷：其他应付款——乙商场   78 975

20×4 年，账务处理为：

借：财务费用   157 950

贷：其他应付款——乙商场   157 950

20×5 年 6 月，还本时账务处理为：

借：其他应付款——乙商场   236 925

财务费用   78 975

贷：银行存款   315 900

三十一、月末缴纳增值税的账务处理

1. 企业应将当月发生的应交未交增值税额自"应交税费——应交增值税"科目转入"未交增值税"明细科目，借记"应交税费——应交增值税（转出未交增值税）"科目，贷记"应交税费——未交增值税"科目。

2. 将本月多交的增值税自"应交税费——应交增值税"科目转入"未交增值税"明细科目，借记"应交税费——未交增值税"科目，贷记"应交税费——应交增值税（转出多交增值税）"科目。

3. 当月上交本月增值税时，借记"应交税费——应交增值税（已交税金）"科目，贷记"银行存款"科目。

4. 当月上交上月应交未交的增值税，借记"应交税费——未交增值税"科目，贷记"银行存款"科目。

5. "应交税费——应交增值税"科目的期末借方余额，反映尚未抵扣的增值税。"应交税费——未交增值税"科目的期末借方余额，反映多交的增值税；贷方余额，反映未交的增值税。

值得注意的是，企业当月缴纳当月的增值税，仍然通过"应交税费——应交增值税（已交税金）"科目核算；当月缴纳以前各期未交的增值税，则通过"应交税费——未交增值税"科目核算，不通过"应交税费——应交增值税（已交税金）"科目核算。

【例 2-63】 某公司月末缴纳增值税的账务处理如下：

1. 本月缴纳本月增值税款 1 000 元，账务处理为：

借：应交税费——应交增值税（已交税金）   1 000

  贷：银行存款   1 000

2. 本月销项税额为 20 000 元，进项税额为 15 000 元，则本月应交增值税为 5 000 元；扣除本月已经缴纳的本月增值税 1 000 元，月末尚未缴纳的增值税款为 4 000 元，账务处理为：

借：应交税费——应交增值税（转出未交增值税）   4 000

  贷：应交税费——未交增值税   4 000

3. 若本月销项税额为 16 500 元，进项税额为 15 000 元，则本月应交增值税为 1 500 元；扣除本月已经缴纳的本月增值税 2 000 元，月末多交增值税 500 元，多交的 500 元一般不会退回，可以直接抵下月应交增值税款，账务处理为：

借：应交税费——未交增值税   500

  贷：应交税费——应交增值税（转出多交增值税）   500

4. 若本月销项税额为 13 000 元，进项税额为 15 000 元，则本月应交增值税为 −2 000 元（即留抵进项税额 2 000 元），本月缴纳本月增值税款 1 000 元应转出，账务处理为：

借：应交税费——未交增值税   1 000

  贷：应交税费——应交增值税（转出多交增值税）   1 000

三十二、增值税检查调整的账务处理

税务机关对增值税检查时，查处的调增或调减增值税税额，企业应通过"应交税费——增值税检查调整"专户进行核算。

该账户专门核算在增值税检查中查出的以前各期应补、应退的增值税税额，借方登记检查调减的销项税额、检查调增的进项税额，贷方登记检查调增的销项税额、检查调减的进项税额、检查调增的进项税额转出及检查调增的小规模纳税人应交增值税税额，余额可能在贷方，也可能在借方，期末一般应将其余额转入"应交税费——未交增值税"账户。只有当"应交税费——增值税检查调整"余额在贷方，且"应交税费——未交增值税"账户余额在借方，后者金额大于前者金额时，才按增值税检查调整专户的贷方余额直接缴纳增值税税款。

还有一点必须记住：税务机关查补增值税税款同时必须缴纳相应的城建税等营业税金及附加。

（一）年终结账前查补进项税方面的账务调整

1. 扣税凭证不合法。如果取得的进项凭证不合法而企业抵扣了该进项税，检查发现后应做如下账务调整：

　　借：主营业务成本、库存商品等

　　　　贷：应交税费——增值税检查调整

2. 不应抵扣进项税额而抵扣。企业发生的职工福利等非应税项目按规定不应抵扣进项税额，如果企业进行了抵扣，检查发现后应做如下账务处理：

　　借：应付职工薪酬等

　　　　贷：应交税费——增值税检查调整

3. 应做进项税转出而未转出。如用于免征增值税项目的应税服务，企业应负担的进项税应从进项税额中转出，经检查发现未做转出处理的，应做如下账务处理：

　　借：主营业务成本等

　　　　贷：应交税费——增值税检查调整

4. 少抵扣进项税额。在税法规定的期限内，如果企业少抵扣了进项税额，依照规定在计算出少抵扣的税额后，做如下账务处理：

　　借：原材料、主营业务成本等（红字）

　　　　贷：应交税费——增值税检查调整（红字）

5. 价外费用未计销项税额。如果企业价外向购货方收取代收款项等符合税法规定的各种性质的价外费用未计提销项税额的，应按适用税率计算出应补的增值税后，做如下账务处理：

　　借：其他应付款（代收、代垫款项）

　　　　贷：应交税费——增值税检查调整

6. 适用税率有误。企业因税率使用错误造成少计销项税的，账务处理如下：

　　借：本年利润

　　　　贷：应交税费——增值税检查调整

7. 视同销售或提供应税服务等业务未计销项税额。如果企业向其他单位或者个人无偿提供交通运输业和部分现代服务业服务等视同提供应税服务未计提销项税额的，应按当期同类应税服务的价格或按组成的计税价格计算销售额后计提销项税额，并进行如下账务处理：

　　借：应付职工薪酬、营业外支出等

　　　　贷：应交税费——增值税检查调整

如果发生多计，则用红字做上述分录。

（二）年终结账后对以往年度增值税查补的调整

执行《企业会计准则》的，对以前年度增值税进行检查补税，如果涉及非损益科目或涉及损益科目但非重大差错，按结账前的有关账务处理方法进行调整；如果涉及损益科目且为重大差错，应将查增、查减相抵后应补的增值税进行如下账务处理：

借：以前年度损益调整

　　贷：应交税费——增值税检查调整

借：利润分配——未分配利润

　　贷：以前年度损益调整

同时，企业还应相应调整"应交税费——企业所得税"、"盈余公积"等项目的计提数并调整有关报表的年初余额。

若执行《小企业会计准则》，则对以前年度增值税进行检查补税，与"（一）年终结账前查补进项税方面的账务调整"方法相同。

【例2-64】 甲公司系增值税一般纳税人。20×3年4月10日，税务机关对其检查时发现有两笔会计业务：3月8日，无偿为某公司提供运输服务，同类服务3月份销售额10万元，企业未进行账务处理，3月12日，购进商品10万元，用于发放非货币性薪酬，企业抵扣进项税额17 000元。

20×3年4月，甲公司对上述两笔业务，应做如下查补税款的分录：

1. 企业无偿为某公司提供运输服务，应视同提供应税服务，按同类服务销售额10万元补提销项税额，调账分录如下：

借：营业外支出　　　　　　　　　　　　　　　　　　　　　　11 000

　　贷：应交税费——增值税检查调整　　　　　　　　　　　　11 000

2. 企业用于非应税项目的货物，其进项税额不得抵扣。调账分录如下：

借：应付职工薪酬　　　　　　　　　　　　　　　　　　　　　17 000

　　贷：应交税费——增值税检查调整　　　　　　　　　　　　17 000

（假设本题不考虑个人所得税扣缴的调整。）

3. 结转"增值税检查调整"科目余额：

借：应交税费——增值税检查调整　　　　　　　　　　　　　　28 000

　　贷：应交税费——未交增值税　　　　　　　　　　　　　　28 000

4. 补交税款：

借：应交税费——未交增值税　　　　　　　　　　　　　　　　28 000

　　贷：银行存款　　　　　　　　　　　　　　　　　　　　　28 000

同时，需要支付罚款及滞纳金，还必须同时补缴相应的城建税等营业税金及附加，账务处理略。

【例 2-65】 继续以上例甲公司业务为例，假设这两笔业务处理差错为 20×4 年 3 月发现，甲公司执行《企业会计准则》，不考虑罚款及滞纳金、营业税金及附加，那么又该怎样进行账务处理？

在不是重大差错的情况下同上述调账处理，若构成重大差错，则

借：以前年度损益调整		11 000
贷：应交税费——增值税检查调整		11 000

（将损益类科目换为"以前年度损益调整"科目。）

借：应付职工薪酬		17 000
贷：应交税费——增值税检查调整		17 000
借：应交税费——增值税检查调整		28 000
贷：应交税费——未交增值税		28 000
借：应交税费——未交增值税		28 000
贷：银行存款		28 000

结转"以前年度损益调整"余额：

借：利润分配——未分配利润		11 000
贷：以前年度损益调整		11 000

同时，相应调整"应交税费——企业所得税"、"盈余公积"等项目的计提数并调整有关报表的年初余额（账务处理略）。

三十三、农产品增值税进项税额核定扣除的账务处理

为加强农产品增值税进项税额抵扣管理，经国务院批准，对财政部和国家税务总局纳入试点范围的增值税一般纳税人（以下称试点纳税人）购进农产品增值税进项税额，实施核定扣除办法。

试点纳税人购进农产品不再凭增值税扣税凭证抵扣增值税进项税额，购进除农产品以外的货物、应税劳务和应税服务，增值税进项税额仍按现行有关规定抵扣。

农产品增值税进项税额核定扣除方法主要有以下几点：

1. 试点纳税人以购进农产品为原料生产货物的，农产品增值税进项税额可按照以下方法核定：

（1）投入产出法：参照国家标准、行业标准（包括行业公认标准和行业平均耗用值）确定销售单位数量货物耗用外购农产品的数量（以下称农产品单耗数量）。

当期允许抵扣农产品增值税进项税额依据农产品单耗数量、当期销售货物数量、

农产品平均购买单价（含税，下同）和农产品增值税进项税额扣除率（扣除率为销售货物的适用税率，以下简称"扣除率"）计算。公式为：

$$当期允许抵扣农产品增值税进项税额 = 当期农产品耗用数量 \times 农产品平均购买单价 \times \frac{扣除率}{1+扣除率}$$

$$当期农产品耗用数量 = \frac{当期销售货物数量}{（不含采购除农产品以外的半成品生产的货物数量）} \times 农产品单耗数量$$

对以单一农产品原料生产多种货物或者多种农产品原料生产多种货物的，在核算当期农产品耗用数量和平均购买单价时，应依据合理的方法归集和分配。

平均购买单价是指购买农产品期末平均买价，不包括买价之外单独支付的运费和入库前的整理费用。期末平均买价计算公式：

$$期末平均买价 = \frac{期初库存农产品数量 \times 期初平均买价 + 当期购进农产品数量 \times 当期买价}{期初库存农产品数量 + 当期购进农产品数量}$$

如果期初没有库存农产品，当期也未购进农产品的，农产品"期末平均买价"以该农产品上期期末平均买价计算；上期期末仍无农产品买价的依此类推。

（2）成本法：依据试点纳税人年度会计核算资料，计算确定耗用农产品的外购金额占生产成本的比例（以下称农产品耗用率）。当期允许抵扣农产品增值税进项税额依据当期主营业务成本、农产品耗用率以及扣除率计算。公式为：

$$当期允许抵扣农产品增值税进项税额 = 当期主营业务成本 \times 农产品耗用率 \times \frac{扣除率}{1+扣除率}$$

$$农产品耗用率 = 上年投入生产的农产品外购金额 \div 上年生产成本$$

"主营业务成本"、"生产成本"中不包括其未耗用农产品的产品的成本。

农产品外购金额（含税）不包括不构成货物实体的农产品（包括包装物、辅助材料、燃料、低值易耗品等）和在购进农产品之外单独支付的运费、入库前的整理费用。

对以单一农产品原料生产多种货物或者多种农产品原料生产多种货物的，在核算当期主营业务成本以及核定农产品耗用率时，试点纳税人应依据合理的方法进行归集和分配。

农产品耗用率由试点纳税人向主管税务机关申请核定。

年度终了，主管税务机关应根据试点纳税人本年实际对当年已抵扣的农产品增值税进项税额进行纳税调整，重新核定当年的农产品耗用率，并作为下一年度的农产品耗用率。

（3）参照法：新办的试点纳税人或者试点纳税人新增产品的，试点纳税人可参照所属行业或者生产结构相近的其他试点纳税人确定农产品单耗数量或者农产品耗用率。

次年，试点纳税人向主管税务机关申请核定当期的农产品单耗数量或者农产品耗用率，并据此计算确定当年允许抵扣的农产品增值税进项税额，同时对上一年增值税进项税额进行调整。核定的进项税额超过实际抵扣增值税进项税额的，其差额部分可以结转下期继续抵扣；核定的进项税额低于实际抵扣增值税进项税额的，其差额部分应按现行增值税的有关规定将进项税额做转出处理。

2. 试点纳税人购进农产品直接销售的，农产品增值税进项税额按照以下方法核定扣除：

$$\text{当期允许抵扣农产品增值税进项税额} = \frac{\text{当期销售农产品数量}}{1-\text{损耗率}} \times \text{农产品平均购买单价} \times \frac{13\%}{1+13\%}$$

$$\text{损耗率} = \text{损耗数量}/\text{购进数量}$$

3. 试点纳税人购进农产品用于生产经营且不构成货物实体的（包括包装物、辅助材料、燃料、低值易耗品等），增值税进项税额按照以下方法核定扣除：

$$\text{当期允许抵扣农产品增值税进项税额} = \text{当期耗用农产品数量} \times \text{农产品平均购买单价} \times \frac{13\%}{1+13\%}$$

农产品单耗数量、农产品耗用率和损耗率统称为农产品增值税进项税额扣除标准（以下称扣除标准）。

4. 试点纳税人购进农产品取得的农产品增值税专用发票和海关进口增值税专用缴款书，按照注明的金额及增值税额一并计入成本科目；自行开具的农产品收购发票和取得的农产品销售发票，按照注明的买价直接计入成本。

5. 试点纳税人应自执行农产品增值税进项税额核定扣除办法之日起，将期初库存农产品以及库存半成品、产成品耗用的农产品增值税进项税额做转出处理。

6. 试点纳税人应当按照规定准确计算当期允许抵扣农产品增值税进项税额，并从相关科目转入"应交税费——应交增值税（进项税额）"科目。未能准确计算的，由主管税务机关核定。

7. 试点纳税人购进的农产品价格明显偏高或偏低，且不具有合理商业目的的，由主管税务机关核定。

8. 试点纳税人在计算农产品增值税进项税额时，应按照下列顺序确定适用的扣除标准：

（1）财政部和国家税务总局不定期公布的全国统一的扣除标准。

（2）省级税务机关商同级财政机关根据本地区实际情况，报经财政部和国家税务总局备案后公布的适用于本地区的扣除标准。

（3）省级税务机关依据试点纳税人申请，按照规定的核定程序审定的仅适用于该试点纳税人的扣除标准。

9. 试点纳税人扣除标准核定程序。

（1）试点纳税人以农产品为原料生产货物的扣除标准核定程序：

①申请核定。以农产品为原料生产货物的试点纳税人应于当年 1 月 15 日前（2012 年为 7 月 15 日前）或者投产之日起 30 日内，向主管税务机关提出扣除标准核定申请并提供有关资料。申请资料的范围和要求由省级税务机关确定。

②审定。主管税务机关应对试点纳税人的申请资料进行审核，并逐级上报给省级税务机关。

省级税务机关应由货物和劳务税处牵头，会同政策法规处等相关部门组成扣除标准核定小组，核定结果应由省级税务机关下达，主管税务机关通过网站、报刊等多种方式及时向社会公告核定结果。未经公告的扣除标准无效。

省级税务机关尚未下达核定结果前，试点纳税人可按上年确定的核定扣除标准计算申报农产品进项税额。

（2）试点纳税人购进农产品直接销售、购进农产品用于生产经营且不构成货物实体扣除标准的核定采取备案制，抵扣农产品增值税进项税额的试点纳税人应在申报缴纳税款时向主管税务机关备案。备案资料的范围和要求由省级税务机关确定。

10. 试点纳税人对税务机关根据规定核定的扣除标准有疑义或者生产经营情况发生变化的，可以自税务机关发布公告或者收到主管税务机关《税务事项通知书》之日起 30 日内，向主管税务机关提出重新核定扣除标准申请，并提供说明其生产、经营真实情况的证据，主管税务机关应当自接到申请之日起 30 日内书面答复。

11. 试点纳税人在申报期内，除向主管税务机关报送《增值税一般纳税人纳税申报办法》规定的纳税申报资料外，还应报送《农产品核定扣除增值税进项税额计算表（汇总表）》、《投入产出法核定农产品增值税进项税额计算表》、《成本法核定农产品增值税进项税额计算表》、《购进农产品直接销售核定农产品增值税进项税额计算表》、《购进农产品用于生产经营且不构成货物实体核定农产品增值税进项税额计算表》。

12. 试点纳税人纳税申报时，应将《农产品核定扣除增值税进项税额计算表（汇总表）》中"当期允许抵扣农产品增值税进项税额"合计数填入《增值税纳税申报表附列资料（表二）》第 6 栏的"税额"栏，不填写第 6 栏"份数"和"金额"数据。

《增值税纳税申报表附列资料（表二）》第 1、2、3、5 栏有关数据中不反映农产品的增值税进项税额。

试点纳税人应自执行农产品增值税进项税额核定扣除办法之日起，将期初库存农产品以及库存半成品、产成品耗用的农产品增值税进项税额做转出处理，转出的增值税进项税额，填入《增值税纳税申报表附列资料（表二）》第 17 栏"简易计税方法征税项目用""税额"栏。

13. 自 2013 年 9 月 1 日起，各省、自治区、直辖市、计划单列市税务部门可商同级财政部门，根据《农产品增值税进项税额核定扣除试点实施办法》（财税〔2012〕38

号）的有关规定，结合本省（自治区、直辖市、计划单列市）特点，选择部分行业开展核定扣除试点工作。

各省、自治区、直辖市、计划单列市税务和财政部门制定的关于核定扣除试点行业范围、扣除标准等内容的文件，需报经财政部和国家税务总局备案后公布。财政部和国家税务总局将根据各地区试点工作进展情况，不定期公布部分产品全国统一的扣除标准。

【例 2-66】 甲公司 12 月销售 1 000 吨巴氏杀菌牛乳（蛋白质含量≥3.3%），其主营业务成本为 720 万元，农产品耗用率为 70%，原乳单耗数量为 1.196。公司期初库存原乳 1 000 吨，平均单价为 4 100 元/吨，本月购进 1 200 吨，平均单价为 3 900 元/吨，本月单独支付原乳运费 1 200 元。分别用投入产出法、成本法计算允许抵扣农产品增值税进项税额。

1. 投入产出法。

平均购买单价是指购买农产品期末平均买价，不包括买价之外单独支付的运费和入库前的整理费用。

$$期末平均买价 = \frac{期初库存农产品数量 \times 期初平均买价 + 当期购进农产品数量 \times 当期买价}{期初库存农产品数量 + 当期购进农产品数量}$$

$$= (1\,000 \times 4\,100 + 1\,200 \times 3\,900) \div (1\,000 + 1\,200) = 3\,990.91(元/吨)$$

$$当期允许抵扣农产品增值税进项税额 = 当期农产品耗用数量 \times 农产品平均购买单价 \times \frac{扣除率}{1+扣除率}$$

$$= 1\,000 \times 1.196 \times 3\,990.91 \times 13\% \div (1+13\%)$$

$$= 549\,120.96(元)$$

账务处理如下：

购买原乳入库：

借：原材料——原乳　　　　　　　　　　　　　　　　　4 680 000

　　贷：银行存款　　　　　　　　　　　　　　　　　　4 680 000

核定抵扣进项税额：

借：应交税费——应交增值税（进项税额）　　　　　　549 120.96

　　贷：原材料——原乳　　　　　　　　　　　　　　　549 120.96

2. 成本法。

$$当期允许抵扣农产品增值税进项税额 = 当期主营业务成本 \times 农产品耗用率 \times \frac{扣除率}{1+扣除率}$$

$$= 7\,200\,000 \times 70\% \times 13\% \div (1+13\%) = 579\,823.01(元)$$

由于这里的农产品耗用率是按照上年指标计算出来的，因此年末应该根据当年实际，对已抵扣的进项税额进行调整。

账务处理如下：

购买原乳入库：

借：原材料——原乳 4 680 000

贷：银行存款 4 680 000

核定抵扣进项税额：

借：应交税费——应交增值税（进项税额） 579 823.01

贷：原材料——原乳 579 823.01

【例2-67】 某试点纳税人从10月份开始执行农产品增值税进项税额核定扣除办法，10月份期初存货所含进项税额30万元，则在10月份应当做进项税额转出30万元。当年10—12月份按规定参照行业农产品单耗数量计算实际抵扣农产品进项税额100万元。次年按规定程序核定后，允许抵扣的进项税额为120万元，则少抵扣的20万元可结转下期抵扣；如确定允许抵扣的进项税额为80万元，则多抵扣的20万元做进项税额转出处理。

三十四、纳税人增值税税控系统专用设备和技术维护费用抵减增值税税额的账务处理

根据《财政部 国家税务总局关于增值税税控系统专用设备和技术维护费用抵减增值税税额有关政策的通知》（财税〔2012〕15号）规定：

1. 增值税纳税人2011年12月1日（含，下同）以后初次购买增值税税控系统专用设备（包括分开票机）支付的费用，可凭购买增值税税控系统专用设备取得的增值税专用发票，在增值税应纳税额中全额抵减（抵减额为价税合计额），不足抵减的可结转下期继续抵减。增值税纳税人非初次购买增值税税控系统专用设备支付的费用，由其自行负担，不得在增值税应纳税额中抵减。

温馨提醒

《国家税务总局关于全面推行增值税发票系统升级版有关问题的公告》（国家税务总局公告2015年第19号）规定：

自2015年4月1日起在全国范围分步全面推行增值税发票系统升级版，增值税发票系统升级版纳税人端税控设备包括金税盘和税控盘（以下统称专用设备）。

专用设备均可开具增值税专用发票、货物运输业增值税专用发票、增值税普通发票和机动车销售统一发票。

纳税人使用增值税普通发票开具收购发票，系统在发票左上角自动打印"收购"字样。

通用定额发票、客运发票和二手车销售统一发票继续使用。除通用定额发票、客运发票和二手车销售统一发票，一般纳税人和小规模纳税人发生增值税业务对外开具发票应当使用专用设备开具。

2. 增值税纳税人 2011 年 12 月 1 日以后缴纳的技术维护费（不含补缴的 2011 年 11 月 30 日以前的技术维护费），可凭技术维护服务单位开具的技术维护费发票，在增值税应纳税额中全额抵减，不足抵减的可结转下期继续抵减。技术维护费按照价格主管部门核定的标准执行。

3. 增值税一般纳税人支付的二项费用在增值税应纳税额中全额抵减的，其增值税专用发票不作为增值税抵扣凭证，其进项税额不得从销项税额中抵扣。

（一）增值税一般纳税人的账务处理

按税法有关规定，增值税一般纳税人初次购买增值税税控系统专用设备支付的费用以及缴纳的技术维护费允许在增值税应纳税额中全额抵减的，应在"应交税费——应交增值税"科目下增设"减免税款"专栏，用于记录该企业按规定抵减的增值税应纳税额。

企业购入增值税税控系统专用设备，按实际支付或应付的金额，借记"固定资产"科目，贷记"银行存款"、"应付账款"等科目。按规定抵减的增值税应纳税额，借记"应交税费——应交增值税（减免税款）"科目，贷记"递延收益"科目。按期计提折旧，借记"管理费用"等科目，贷记"累计折旧"科目；同时，借记"递延收益"科目，贷记"管理费用"等科目。

企业发生技术维护费，按实际支付或应付的金额，借记"管理费用"等科目，贷记"银行存款"等科目。按规定抵减的增值税应纳税额，借记"应交税费——应交增值税（减免税款）"科目，贷记"管理费用"等科目。

【例 2-68】 20×3 年 1 月，甲运输公司首次购入增值税税控系统设备，支付价款 2 004 元，同时支付当年增值税税控系统专用设备技术维护费 407 元。当月两项合计抵减当月增值税应纳税额 2 411 元。该公司电子设备按 5％残值率和 3 年计提折旧。

首次购入增值税税控系统专用设备和支付防伪税控系统专用设备技术维护费的账

务处理如下：

借：固定资产——增值税税控系统专用设备 2 004

　　管理费用 407

贷：银行存款 2 411

抵减当月增值税应纳税额的账务处理如下：

借：应交税费——应交增值税（减免税款） 2 411

　　贷：管理费用 407

　　　　递延收益 2 004

各月计提折旧的账务处理为：

借：管理费用 52.88

　　贷：累计折旧 52.88

借：递延收益 52.88

　　贷：管理费用 52.88

增值税一般纳税人将增值税税控系统专用设备费及技术维护费的税额抵减情况填入《增值税纳税申报表附列资料（四）》第一行"增值税税控系统专用设备费及技术维护费"相应列次。

增值税一般纳税人将抵减金额填入《增值税纳税申报表（适用于增值税一般纳税人）》第 23 栏"应纳税额减征额"。当本期减征额小于或等于第 19 栏"应纳税额"与第 21 栏"简易计税办法计算的应纳税额"之和时，按本期减征额实际填写；当本期减征额大于第 19 栏"应纳税额"与第 21 栏"简易计税办法计算的应纳税额"之和时，按本期第 19 栏与第 21 栏之和填写，本期减征额不足抵减部分结转下期继续抵减。

（二）小规模纳税人的账务处理

按税法有关规定，小规模纳税人初次购买增值税税控系统专用设备支付的费用以及缴纳的技术维护费允许在增值税应纳税额中全额抵减的，按规定抵减的增值税应纳税额应直接冲减"应交税费——应交增值税"科目。

企业购入增值税税控系统专用设备，按实际支付或应付的金额，借记"固定资产"科目，贷记"银行存款"、"应付账款"等科目。按规定抵减的增值税应纳税额，借记"应交税费——应交增值税"科目，贷记"递延收益"科目。按期计提折旧，借记"管理费用"等科目，贷记"累计折旧"科目；同时，借记"递延收益"科目，贷记"管理费用"等科目。

企业发生技术维护费，按实际支付或应付的金额，借记"管理费用"等科目，贷记"银行存款"等科目。按规定抵减的增值税应纳税额，借记"应交税费——应交增值税"科目，贷记"管理费用"等科目。

"应交税费——应交增值税"科目期末如为借方余额，应根据其流动性在资产负债表中的"其他流动资产"项目或"其他非流动资产"项目列示；如为贷方余额，应在资产负债表中的"应交税费"项目列示。

小规模纳税人将抵减金额填入《增值税纳税申报表（适用于小规模纳税人）》第11栏"本期应纳税额减征额"。当本期减征额小于或等于第10栏"本期应纳税额"时，按本期减征额实际填写；当本期减征额大于第10栏"本期应纳税额"时，按本期第10栏填写，本期减征额不足抵减部分结转下期继续抵减。

小规模纳税人的账务处理较为简单，不再举例。

三十五、辅导期一般纳税人的特殊账务处理

辅导期一般纳税人的特殊账务处理有"待抵扣进项税额"和"增购发票预缴税款"两种情况，除这两种外，其他账务处理与正式一般纳税人相同。

（一）"待抵扣进项税额"的账务处理

辅导期纳税人取得的增值税专用发票抵扣联、海关进口增值税专用缴款书应当在交叉稽核比对无误后，方可抵扣进项税额。

辅导期纳税人应当在"应交税费"科目下增设"待抵扣进项税额"明细科目，核算尚未交叉稽核比对的增值税抵扣凭证注明或者计算的进项税额。

辅导期纳税人取得增值税抵扣凭证后，借记"应交税费——待抵扣进项税额"明细科目，贷记相关科目。交叉稽核比对无误后，根据交叉稽核比对结果相符的增值税抵扣凭证本期数据申报抵扣进项税额，借记"应交税费——应交增值税（进项税额）"科目，贷记"应交税费——待抵扣进项税额"科目。经核实不得抵扣的进项税额，红字借记"应交税费——待抵扣进项税额"，红字贷记相关科目。

（二）"增购发票预缴税款"的账务处理

关于辅导期一般纳税人"增购发票预缴税款"的账务处理，笔者见过不同的人用不同的方法，但是能够做到既能让增值税的账务处理过程清楚明白，又能做到增值税科目与纳税申报表相一致的方法并没有几个人会。下面，笔者将把这种方法奉献给大家。

预缴税款时，借记"应交税费——应交增值税（已交税金）"科目，贷记"银行存款"科目。

月末本月应交税费大于预缴税金，余额部分借记"应交税费——应交增值税（转出未交增值税）"科目，贷记"应交增值税——未交增值税"科目。月末终了后 15 日内扣款时，借记"应交增值税——未交增值税"科目，贷记"银行存款"科目。

月末本月应交税费小于预缴税金，余额部分借记"应交增值税——未交增值税"科目，贷记"应交税费——应交增值税（转出多交增值税）"科目。多交增值税由以后月份实现的增值税抵减。

【例 2-69】 甲公司为辅导期一般纳税人，本期购进一批原材料，取得增值税专用发票，不含税价 100 000 元，进项税额 17 000 元，发票已经认证，货款以银行存款支付。本期销售商品含税收入 234 000 元，已收到货款。本期因增购发票预缴税款 10 000 元。上期认证发票进项税额 30 000 元本期交叉稽核比对结果相符，已经收到《稽核结果通知书》。本期甲公司账务处理如下：

1. 甲公司销售商品：

借：银行存款	234 000
贷：主营业务收入	200 000
应交税费——应交增值税（销项税额）	34 000

2. 甲公司购进原材料，发票本期已经认证但下期经过交叉稽核比对结果相符才能申报抵扣：

借：原材料	100 000
应交税费——待抵扣进项税额	17 000
贷：银行存款	117 000

3. 甲公司增购发票预缴税款 10 000 元：

借：应交税费——应交增值税（已交税金）	10 000
贷：银行存款	10 000

4. 上期认证发票进项税额 30 000 元本期交叉稽核比对结果相符，收到《稽核结果通知书》：

借：应交税费——应交增值税（进项税额）	30 000
贷：应交税费——待抵扣进项税额	30 000

5. 计算本期应交增值税＝本月销项税额－进项税额＝34 000－30 000＝4 000（元）。

6. 将本期应交增值税与预缴税款比较。

由于预交 10 000 元，抵减本期应交增值税 4 000 元，还多交 6 000 元，将多交部分转入"应交税费——未交增值税"科目，

借：应交税费——未交增值税	6 000
贷：应交税费——应交增值税（转出多交增值税）	6 000

此时,"应交税费——应交增值税"科目月末借方余额=-34 000+10 000+30 000-6 000=0(元),即"应交税费——应交增值税"科目月末无余额;"应交税费——未交增值税"科目借方余额为6 000元,即期末多缴税额。

申报时,本月实现增值税4 000元将在填完附表后在增值税纳税申报表主表24行"应纳税额合计"自动生成,预缴税款10 000元填在增值税纳税申报表主表28行"分次预缴税额"栏,32行"期末未缴税额(多缴为负数)"为-6 000,与"应交税费——未交增值税"科目借方余额一致。

如果本月销项小于进项,没有增值税应纳税款,这时把预缴税款10 000元转入"应交税费——未交增值税"科目(账务处理同上)。月末"应交税费——应交增值税"科目借方余额为留抵税金;与增值税纳税申报表主表20行"期末留抵税额"金额一致。"应交税费——未交增值税"科目月末借方余额为预交税款10 000元,与增值税纳税申报表主表32行"期末未缴税额(多缴为负数)"一致。

三十六、纳税人取得过渡性财政扶持资金的账务处理

试点纳税人在新老税制转换期间因实际税负增加而向财税部门申请取得财政扶持资金的,期末有确凿证据表明企业能够符合财政扶持政策规定的相关条件且预计能够收到财政扶持资金时,按应收的金额,借记"其他应收款"等科目,贷记"营业外收入"科目。待实际收到财政扶持资金时,按实际收到的金额,借记"银行存款"等科目,贷记"其他应收款"等科目。

试点纳税人取得过渡性财政扶持资金的账务处理较为简单,不再举例。

三十七、增值税账务处理中常被忽视的几个问题

(一)从小规模企业购货不索要增值税专用发票

税法规定,增值税小规模纳税人不得领用专用发票。从而造成从小规模纳税人购买货物不能计算进项税额,这在一定程度上增加了一般纳税人的税负。但税法同时规定,小规模纳税人可以向主管国税局申请代开增值税专用发票。为了降低增值税税负,

一般纳税人向小规模纳税人购买货物，一定要小规模纳税人提供代开的专用发票。

（二）进项税额转出计算不正确多缴税款

《中华人民共和增值税暂行条例实施细则》第十条规定，下列项目的进项税额不得从销项税额中抵扣：（1）用于非增值税应税项目、免征增值税项目、集体福利或者个人消费的购进货物或者应税劳务；（2）非正常损失的购进货物及相关的应税劳务；（3）非正常损失的在产品、产成品所耗用的购进货物或者应税劳务；（4）国务院财政、税务主管部门规定的纳税人自用消费品；（5）本条第（1）项至第（4）项规定的货物的运输费用和销售免税货物的运输费用。

根据税法规定，已抵扣进项税额的购进货物或应税劳务发生上述所列情况的，应将该项购进货物或应税劳务的进项税额从当期发生的进项税额中扣减。无法准确确定该项进项税额，按当期实际成本计算应扣减的进项税额。

由此可见，并非发生上述情形一定要做进项税额转出。进项税额转出是有条件的，即该项购进货物或应税劳务的进项税额已经抵扣了，如果没有抵扣，也就不用做进项税额转出。如从小规模纳税人购进的货物，因为购入时取得的是普通发票而没有抵扣税金，后来被盗就不用做进项税额转出。

温馨提醒

已抵扣进项税额的购进货物或应税劳务事后改变用途，即用于非增值税应税项目、免征增值税项目、集体福利或者个人消费，购进货物、在产品或库存商品发生非正常损失等情况下，在确定是否需要进项税额转出时，一定要查看以前购入的货物是否已经抵扣了进项税额，如果没有抵扣，就不用进项转出。

在产品或库存商品发生非正常损失等情况下，在确定进项税额转出金额时，一定要按生产这些在产品或库存商品所耗用的原材料、电费等前期已经抵扣了的进项税额计算，而不是在产品或库存商品的实际成本，因为实际成本里还包括一些没有抵扣过的诸如人工费、折旧费等生产成本、制造费用，这些也不用做进项税额转出。

已抵扣进项税额的固定资产在发生非正常损失等情况下，按下列公式确定进项税额转出金额：进项税额转出金额＝固定资产净值×适用税率。

根据规定，非正常损失，是指因管理不善造成被盗、丢失、霉烂变质的损失，其中不包括自然灾害损失。因此，自然灾害损失不需要做进项税额转出。

（三）价外费用核算不正确造成少（多）缴税款

有许多财务人员对税法关于价外费用的规定不予重视，在核算中不把价外费用作为销售额，少计增值税。比如，向购买方收取的手续费、违约金、滞纳金、赔偿金、代收款项、代垫款项等价外收费。

也有的财务人员对税法关于价外费用的规定理解不透，将不用作为计税依据的价外费用作为销售额核算，多计增值税。比如，纳税人将承运部门开具给购买方的运输费用发票转交给购买方，而财务人员把该代垫运输费用作为计税依据，多计增值税。

因此，财务人员要认真研究理解税法对价外费用的规定，正确核算增值税。

《中华人民共和国增值税暂行条例》第六条规定，销售额为纳税人销售货物或者应税劳务向购买方收取的全部价款和价外费用，但是不包括收取的销项税额。

《中华人民共和增值税暂行条例实施细则》第十二条明确规定，条例第六条第一款所称价外费用，包括价外向购买方收取的手续费、补贴、基金、集资费、返还利润、奖励费、违约金、滞纳金、延期付款利息、赔偿金、代收款项、代垫款项、包装费、包装物租金、储备费、优质费、运输装卸费以及其他各种性质的价外收费。但下列项目不包括在内：（1）受托加工应征消费税的消费品所代收代缴的消费税；（2）同时符合以下条件的代垫运输费用：①承运部门的运输费用发票开具给购买方的；②纳税人将该项发票转交给购买方的。（3）同时符合以下条件代为收取的政府性基金或者行政事业性收费：①由国务院或者财政部批准设立的政府性基金，由国务院或者省级人民政府及其财政、价格主管部门批准设立的行政事业性收费；②收取时开具省级以上财政部门印制的财政票据；③所收款项全额上缴财政。（4）销售货物的同时代办保险等而向购买方收取的保险费，以及向购买方收取的代购买方缴纳的车辆购置税、车辆牌照费。

（四）取得汇总填开的增值税专用发票未附发票清单却抵扣进项税额

在笔者对某些公司进行税收审查时，遇到很多汇总填开的增值税专用发票未附发票清单，但是企业照常抵扣了进项税额的情况。实际上，未附发票清单的汇总增值税专用发票是不能抵扣的。

根据《国家税务总局关于修订〈增值税专用发票使用规定〉的通知》（国税发〔2006〕156号）第十二条的规定，一般纳税人销售货物或者提供应税劳务可汇总开具专用发票。汇总开具专用发票的，同时使用防伪税控系统开具《销售货物或者提供应税劳务清单》，并加盖发票专用章。因此未附发票清单，不能抵扣进项税额。

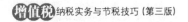

（五）辅导期一般纳税人预缴增值税税款，不知道同时缴纳城建税等附加税

笔者就曾遇到过几起这样的案例，辅导期一般纳税人预缴增值税税款，不知道同时缴纳城建税、教育费附加等附加税，造成附加税少缴，被地税局罚款和加收滞纳金。

【例2-70】 甲公司为辅导期一般纳税人，6月份因增购发票预缴税款10 000元，本期实现增值税款4 000元，本期增值税款4 000元抵减预缴税款10 000元后期末多缴税款为6 000元。甲公司城市维护建设税、教育费附加、地方教育费附加税率分别为7％、3％、2％。

甲公司计提本期营业税金及附加的错误账务处理如下：

城市维护建设税＝4 000×7％＝280(元)

教育费附加＝4 000×3％＝120(元)

地方教育费附加＝4 000×2％＝80(元)

借：营业税金及附加 480

　　贷：应交税费——应交城市维护建设税 280

　　　　　　　——应交教育费附加 120

　　　　　　　——应交地方教育费附加 80

其实，这并不是纳税人故意想少缴附加税，只是对税法规定研究不细，只是扫了一眼就以为自己懂了。我们来看城建税的计税依据是怎么规定的：城建税的计税依据是指纳税人实际缴纳的"增值税、消费税、营业税"之和。公式为：应纳税额＝实际缴纳的"增值税、消费税、营业税"税额之和×适用税率。

关键在"实际缴纳"四个字，而不是"应该缴纳"或者"实际实现"，被税务机关补税加罚款加收滞纳金也就不足为怪了。

甲公司计提本期营业税金及附加的正确账务处理应该是：

城市维护建设税＝10 000×7％＝700(元)

教育费附加＝10 000×3％＝300(元)

地方教育费附加＝10 000×2％＝200(元)

借：营业税金及附加 1 200

　　贷：应交税费——应交城市维护建设税 700

　　　　　　　——应交教育费附加 300

　　　　　　　——应交地方教育费附加 200

（六）免抵税额是否是计算城建税的基数

某些生产型出口退税企业，没有实际缴纳增值税，也就没有申报缴纳城建税、教育费附加等税费，这样对吗？不对的话，又该怎样缴纳城建税、教育费附加等附加税费？

《财政部 国家税务总局关于生产企业出口货物实行免抵退税办法后有关城市维护建设税教育费附加政策的通知》（财税〔2005〕25号）第一条规定，经国家税务局正式审核批准的当期免抵的增值税税额应纳入城市维护建设税和教育费附加的计征范围，分别按规定的税（费）率征收城市维护建设税和教育费附加。

尽管某些出口退税的生产企业没有实际缴纳增值税，但根据财税〔2005〕25号文件规定，也需要对其免抵税额缴纳城市维护建设税和教育费附加。这是城市维护建设税和教育费附加的特殊规定。

如果出口企业当期的应纳税额＞0，企业应进行以下会计处理：

借：应交税金——应交增值税（已交税金）

贷：银行存款

出口企业根据税务机关出口退税审核系统的预审反馈情况，计算当期的应退税额和应免抵税额，如果当期的应免抵税额＞0，企业应进行以下会计处理：

借：应交税金——应交增值税（出口抵减内销产品应纳税额）

贷：应交税金——应交增值税（出口退税）

显然，出口企业应该根据"应交税金——应交增值税（已交税金）"和"应交税金——应交增值税（出口抵减内销产品应纳税额）"这两个科目当期的借方发生额作为计税依据计算当期应纳的城建税和教育费附加。

【例2-71】 某生产型出口退税企业，系增值税一般纳税人，增值税税率为17％，出口退税率为13％，城建税税率为7％，教育费附加征收率为3％，无留抵税额，不考虑其他税费。

1月出口货物销售额30万元，当期内销货物的销项税额1万元，当期认证进项税额2.5万元（还有4万元未认证）。2月出口货物销售额30万元，当期内销货物的销项税额1万元，当期认证进项税额6.2万元。

1. 1月份账务处理：

（1）当期不得免征和抵扣税额＝30×（17％－13％）＝1.2（万元）；

（2）当期应纳税额＝当期内销货物的销项税额－（当期进项税额－当期不得免征和抵扣税额）－上期末留抵税额＝1－（2.5－1.2）＝－0.3（万元），即留底税额0.3万元；

（3）当期免抵退税额＝30×13％＝3.9（万元）；

（4）应退税额＝0.3万元（当期留底税额、当期免抵退税额较小者）；

当期免抵税额＝当期免抵退税额－当期应退税额＝3.9－0.3＝3.6（万元）

会计处理（单位：万元）：

借：其他应收款——应收出口退税　　　　　　　　　　　　　　　　0.3

应交税费——应交增值税（出口抵减内销产品应纳税额）　　　3.6

贷：应交税费——应交增值税（出口退税）　　　　　　　　　　3.9

（5）城建税＝36 000×7％＝2 520（元）；

地方教育费附加＝36 000×3％＝1 080(元)。

2. 2月份账务处理：

（1）当期不得免征和抵扣税额＝30×（17％－13％）＝1.2（万元）；

（2）当期应纳税额＝当期内销货物的销项税额－（当期进项税额－当期不得免征和抵扣税额）－上期末留抵税额＝1－（6.2－1.2）＝－4（万元），即留底税额4万元；

（3）当期免抵退税额＝30×13％＝3.9（万元）；

（4）应退税额＝3.9万元（当期留底税额、当期免抵退税额较小者）；

当期免抵税额＝0

会计处理（单位：万元）：

借：其他应收款——应收出口退税　　　　　　　　　　　　　　　　3.9

贷：应交税费——应交增值税（出口退税）　　　　　　　　　　3.9

（5）当期免抵税额＝0，不需要缴纳城建税、教育费附加等税费。

通过上例可以看出，免抵税额为0，不仅可以退税，而且不需要缴纳城建税、教育费附加等税费，免抵税额大于0，不仅不可以退税，而且需要缴纳城建税、教育费附加等税费。而免抵税额与销售额、销项税额、进项税额等有关，企业可以在不违反税法的前提下预计测算，合理调节（如通过直接销售改为分期收款销售减少当期销项税额，进项发票在认证期限内合理认证），为企业节省税款。

第三章

税收优惠　全面了解
——用足用好增值税税收优惠政策

为促进我国经济平稳较快持续发展，在支农惠农、资源综合利用、改善社会民生、科技创新、宣传文化等方面，国家相继出台了一系列的增值税税收优惠政策，目前已形成较为完备的税收优惠政策体系。

交通运输业和部分现代服务业营业税改征增值税后，为实现试点纳税人原享受的营业税优惠政策平稳过渡，财政部、国家税务总局制定了相关税收优惠政策。

税收优惠作为国家对纳税人的一种利益让步，体现了国家的政策意图。然而，一些企业并没有真正享受到国家的税收优惠政策。笔者发现，在实际工作中，由于税收优惠政策繁多，且分布于不同年度不同的税收文件之中，一些企业难以全面了解、掌握税收优惠政策，不清楚企业自身业务是否能够享受税收优惠政策，使企业未能充分享受税收优惠政策。

为了帮助读者全面了解和把握我国现行的增值税税收优惠政策，笔者对当前仍在执行期之内的增值税税收优惠政策进行了系统的整理，希望广大纳税人能够"用足用好"这些税收优惠政策。

我们先说一下纳税人要享受增值税税收优惠政策必须注意的事项，再对增值税税收优惠政策进行梳理。

纳税人要享受增值税税收优惠政策必须注意以下事项：

1. 减免税分为核准类减免税和备案类减免税。核准类减免税是指法律、法规规定应由税务机关核准的减免税项目；备案类减免税是指不需要税务机关核准的减免税项目。

2. 纳税人享受核准类减免税，应当提交核准材料，提出申请，经依法具有批准权限的税务机关按本办法规定核准确认后执行。未按规定申请或虽申请但未经有批准权限的税务机关核准确认的，纳税人不得享受减免税。

3. 纳税人享受备案类减免税，应当具备相应的减免税资质，并履行规定的备案手续。

4. 纳税人依法可以享受减免税待遇，但是未享受而多缴税款的，纳税人可以在税收征管法规定的期限内申请减免税，要求退还多缴的税款。

5. 纳税人实际经营情况不符合减免税规定条件的或者采用欺骗手段获取减免税的、享受减免税条件发生变化未及时向税务机关报告的，以及未按照本办法规定履行相关程序自行减免税的，税务机关依照税收征管法有关规定予以处理。

6. 纳税人申请核准类减免税的，应当在政策规定的减免税期限内，向税务机关提出书面申请，并按要求报送相应的材料。纳税人对报送材料的真实性和合法性承担责任。

税务机关受理或者不予受理减免税申请，应当出具加盖本机关专用印章和注明日期的书面凭证。

减免税的审核是对纳税人提供材料与减免税法定条件的相关性进行审核，不改变纳税人真实申报责任。

纳税人在减免税书面核准决定未下达之前应按规定进行纳税申报。纳税人在减免税书面核准决定下达之后，所享受的减免税应当进行申报。纳税人享受减免税的情形发生变化时，应当及时向税务机关报告，税务机关对纳税人的减免税资质进行重新审核。

7. 备案类减免税的实施可以按照减轻纳税人负担、方便税收征管的原则，要求纳税人在首次享受减免税的申报阶段在纳税申报表中附列或附送材料进行备案，也可以要求纳税人在申报征期后的其他规定期限内提交报备资料进行备案。

纳税人随纳税申报表提交附送材料或报备材料进行备案的，应当在税务机关规定的减免税期限内，报送以下资料：

（1）列明减免税的项目、依据、范围、期限等；

（2）减免税依据的相关法律、法规规定要求报送的材料。

纳税人对报送材料的真实性和合法性承担责任。

备案类减免税的审核是对纳税人提供资料完整性的审核，不改变纳税人真实申报责任。

税务机关对备案材料进行收集、录入，纳税人在符合减免税资质条件期间，备案材料一次性报备，在政策存续期可一直享受。

纳税人享受备案类减免税的，应当按规定进行纳税申报。纳税人享受减免税到期的，应当停止享受减免税，按照规定进行纳税申报。纳税人享受减免税的情形发生变化时，应当及时向税务机关报告。

8. 税务机关减免税的监督管理。

税务机关应当结合税收风险管理，将享受减免税的纳税人履行纳税义务情况纳入风险管理，加强监督检查，主要内容包括：

（1）纳税人是否符合减免税的资格条件，是否以隐瞒有关情况或者提供虚假材料等手段骗取减免税；

（2）纳税人享受核准类减免税的条件发生变化时，是否根据变化情况经税务机关重新审查后办理减免税；

（3）纳税人是否存在编造虚假计税依据骗取减免税的行为；

（4）减免税税款有规定用途的，纳税人是否按照规定用途使用减免税款；

（5）减免税有规定减免期限的，是否到期停止享受税收减免；

（6）是否存在纳税人应经而未经税务机关批准自行享受减免税的情况；

（7）已享受减免税是否按时申报。

9. 纳税人享受核准类或备案类减免税的，对符合政策规定条件的材料有留存备查的义务。纳税人在税务机关后续管理中不能提供相关印证材料的，不得继续享受税收减免，追缴已享受的减免税款，并依照税收征管法的有关规定处理。

税务机关在纳税人首次减免税备案或者变更减免税备案后，应及时开展后续管理工作，对纳税人减免税政策适用的准确性进行审核。对政策适用错误的告知纳税人变更备案，对不应当享受减免税的，追缴已享受的减免税款，并依照税收征管法的有关规定处理。

10. 纳税人兼营免税、减税项目的，应当分别核算免税、减税项目的销售额；未分别核算销售额的，不得免税、减税。

11. 纳税人依法可以享受减免税待遇，但未享受而多缴税款的，凡属于无明确规定需经税务机关审批或没有规定申请期限的，纳税人可以在《税收征收管理法》规定的期限内申请减免税，要求退还多缴的税款，但不加算银行同期存款利息。

12. 减免税税款有规定用途的，纳税人应当按规定用途使用减免税款。

13. 纳税人已享受减免税的，应当纳入正常申报，进行减免税申报。在减免税期间无论当期是否有应交税费发生，都要对减免税情况予以申报。

14. 纳税人享受减免税到期的，应当申报缴纳税款。

15. 纳税人销售免税货物，一律不得开具增值税专用发票（国有粮食购销企业销售免税粮食除外）。

接下来，我们对增值税税收优惠政策进行梳理。

一、免征增值税的优惠政策

下列项目免征增值税：

1. 农业生产者销售的自产农产品；

2. 避孕药品和用具；

3. 古旧图书；

4. 直接用于科学研究、科学试验和教学的进口仪器、设备；

5. 外国政府、国际组织无偿援助的进口物资和设备；

6. 由残疾人的组织直接进口供残疾人专用的物品；

7. 销售的自己使用过的物品。

除前款规定外，增值税的免税、减税项目由国务院规定。任何地区、部门均不得规定免税、减税项目。

税法依据

《中华人民共和国增值税暂行条例》

二、小微企业暂免征收增值税的优惠政策

1. 为进一步扶持小微企业发展，经国务院批准，自 2013 年 8 月 1 日起，对增值税小规模纳税人中月销售额不超过 2 万元的企业或非企业性单位，暂免征收增值税。

2. 为进一步加大对小微企业的税收支持力度，经国务院批准，自 2014 年 10 月 1 日起至 2015 年 12 月 31 日，对月销售额 2 万元（含本数，下同）至 3 万元的增值税小规模纳税人，免征增值税。

3. 增值税小规模纳税人，月销售额不超过 3 万元（含 3 万元，下同）的，按照上述文件规定免征增值税。其中，以 1 个季度为纳税期限的增值税小规模纳税人，季度销售额不超过9万元的，按照上述文件规定免征增值税。

4. 增值税小规模纳税人月销售额不超过3万元（按季纳税9万元）的，当期因代开增值税专用发票（含货物运输业增值税专用发票）已经缴纳的税款，在专用发票全部联次追回或者按规定开具红字专用发票后，可以向主管税务机关申请退还。

税法依据

●《财政部 国家税务总局关于暂免征收部分小微企业增值税和营业税的通知》（财税〔2013〕52号）

●《财政部 国家税务总局关于进一步支持小微企业增值税和营业税政策的通知》（财税〔2014〕71号）

●《国家税务总局关于小微企业免征增值税和营业税有关问题的公告》（国家税务总局公告2014年第57号）

三、适用增值税低税率的优惠政策

1. 纳税人销售或者进口下列货物，税率为13％：

（1）粮食、食用植物油；

温馨提醒

核桃油按照食用植物油13％的税率征收增值税。（国税函〔2009〕455号）

花椒油按照食用植物油13％的税率征收增值税。（国家税务总局公告2011年第33号）

环氧大豆油、氢化植物油不属于食用植物油的征税范围，应适用17％增值税税率。（国家税务总局公告2011年第43号）

杏仁油、葡萄籽油属于食用植物油，适用13％增值税税率。（国家税务总局公告2014年第22号）

　　牡丹籽油属于食用植物油，适用13％增值税税率。牡丹籽油是以丹凤牡丹和紫斑牡丹的籽仁为原料，经压榨、脱色、脱臭等工艺制成的产品。（国家税务总局公告2014年第75号）

　　（2）自来水、暖气、冷气、热水、煤气、石油液化气、天然气、沼气、居民用煤炭制品；

　　（3）图书、报纸、杂志；

　　（4）饲料、化肥、农药、农机、农膜；

温馨提醒

　　农用挖掘机、养鸡设备系列、养猪设备系列产品属于农机，适用13％增值税税率。（国家税务总局公告2014年第12号）

　　农用挖掘机是指型式和相关参数符合《农用挖掘机质量评价技术规范》（NY/T1774—2009）要求，用于农田水利建设和小型土方工程作业的挖掘机械，包括拖拉机挖掘机组和专用动力挖掘机。拖拉机挖掘机组是指挖掘装置安装在轮式拖拉机三点悬挂架上，且以轮式拖拉机为动力的挖掘机械；专用动力挖掘机指挖掘装置回转角度小于270°，以专用动力和行走装置组成的挖掘机械。

　　养鸡设备系列包括喂料设备（系统）、送料设备（系统）、刮粪清粪设备、集蛋分蛋装置（系统）、鸡只生产性能测定设备（系统）、产品标示鸡脚环、孵化机、小鸡保温装置、环境控制设备（鸡只）等。

　　养猪设备系列包括猪只群养管理设备（系统）、猪只生产性能测定设备（系统）、自动喂养系统、刮粪清粪设备、定位栏、分娩栏、保育栏（含仔猪保温装置）、环境控制设备（猪）等。

　　（5）国务院规定的其他货物。

　　2. 下列货物继续适用13％的增值税税率：

　　（1）农产品。

　　农产品，是指种植业、养殖业、林业、牧业、水产业生产的各种植物、动物的初级产品。具体征税范围暂继续按照《财政部 国家税务总局关于印发〈农业产品征税范围注释〉的通知》（财税字〔1995〕52号）及现行相关规定执行。

玉米胚芽属于《农业产品征税范围注释》中初级农产品的范围，适用 13％的增值税税率；玉米浆、玉米皮、玉米纤维（又称喷浆玉米皮）和玉米蛋白粉不属于初级农产品，也不属于《财政部 国家税务总局关于饲料产品免征增值税问题的通知》（财税〔2001〕121 号）中免税饲料的范围，适用 17％的增值税税率。（国家税务总局公告2012 年第 11 号）

（2）音像制品。

音像制品，是指正式出版的录有内容的录音带、录像带、唱片、激光唱盘和激光视盘。

（3）电子出版物。

电子出版物，是指以数字代码方式，使用计算机应用程序，将图文声像等内容信息编辑加工后存储在具有确定的物理形态的磁、光、电等介质上，通过内嵌在计算机、手机、电子阅读设备、电子显示设备、数字音/视频播放设备、电子游戏机、导航仪以及其他具有类似功能的设备上读取使用，具有交互功能，用以表达思想、普及知识和积累文化的大众传播媒体。载体形态和格式主要包括只读光盘（CD 只读光盘CD-ROM、交互式光盘 CD-I、照片光盘 Photo-CD、高密度只读光盘 DVD-ROM、蓝光只读光盘 HD-DVD ROM 和 BD ROM）、一次写入式光盘（一次写入 CD 光盘 CD-R、一次写入高密度光盘 DVD-R、一次写入蓝光光盘 HD-DVD/R 和 BD-R）、可擦写光盘（可擦写 CD 光盘 CD-RW、可擦写高密度光盘 DVD-RW、可擦写蓝光光盘 HDDVD-RW 和 BD-RW、磁光盘 M0）、软磁盘（FD）、硬磁盘（HD）、集成电路卡（CF 卡、MD 卡、SM 卡、MMC 卡、RS-MMC 卡、MS 卡、SD 卡、XD 卡、T-Flash 卡、记忆棒）和各种存储芯片。

（4）二甲醚。

二甲醚，是指化学分子式为 CH_3OCH_3，常温常压下为具有轻微醚香味，易燃、无毒、无腐蚀性的气体。

3. 纳税人出口货物，税率为零；但是，国务院另有规定的除外。

税法依据

● 《中华人民共和国增值税暂行条例》

● 《财政部 国家税务总局关于部分货物适用增值税低税率和简易办法征收增值税政策的通知》（财税〔2009〕9 号）

四、简易办法征收增值税的优惠政策

执行按简易办法征收增值税优惠政策的，不得抵扣进项税额。

1. 一般纳税人销售自己使用过的属于条例第十条规定不得抵扣且未抵扣进项税额的固定资产，按简易办法依 3% 征收率减按 2% 征收增值税政策。

一般纳税人销售自己使用过的其他固定资产，应区分不同情形征收增值税：

（1）销售自己使用过的 2009 年 1 月 1 日以后购进或者自制的固定资产，按照适用税率征收增值税；

（2）2008 年 12 月 31 日以前未纳入扩大增值税抵扣范围试点的纳税人，销售自己使用过的 2008 年 12 月 31 日以前购进或者自制的固定资产，按简易办法依 3% 征收率减按 2% 征收增值税政策；

（3）2008 年 12 月 31 日以前已纳入扩大增值税抵扣范围试点的纳税人，销售自己使用过的在本地区扩大增值税抵扣范围试点以前购进或者自制的固定资产，按简易办法依 3% 征收率减按 2% 征收增值税政策；销售自己使用过的在本地区扩大增值税抵扣范围试点以后购进或者自制的固定资产，按照适用税率征收增值税。

本通知所称已使用过的固定资产，是指纳税人根据财务会计制度已经计提折旧的固定资产。

一般纳税人销售自己使用过的除固定资产以外的物品，应当按照适用税率征收增值税。

2. 小规模纳税人（除其他个人外，下同）销售自己使用过的固定资产，减按 2% 征收率征收增值税。

小规模纳税人销售自己使用过的除固定资产以外的物品，应按 3% 的征收率征收增值税。

3. 纳税人销售旧货，按简易办法依 3% 征收率减按 2% 征收增值税政策。

所称旧货，是指进入二次流通的具有部分使用价值的货物（含旧汽车、旧摩托车和旧游艇），但不包括自己使用过的物品。

4. 一般纳税人销售自产的下列货物，可选择按照简易办法依照 3% 征收率计算缴纳增值税：

（1）县级及县级以下小型水力发电单位生产的电力。小型水力发电单位，是指各类投资主体建设的装机容量为 5 万千瓦以下（含 5 万千瓦）的小型水力发电单位。

（2）建筑用和生产建筑材料所用的砂、土、石料。

（3）以自己采掘的砂、土、石料或其他矿物连续生产的砖、瓦、石灰（不含粘土实心砖、瓦）。

（4）用微生物、微生物代谢产物、动物毒素、人或动物的血液或组织制成的生物制品。

（5）自来水。

（6）商品混凝土（仅限于以水泥为原料生产的水泥混凝土）。

一般纳税人选择简易办法计算缴纳增值税后，36个月内不得变更。

5. 一般纳税人销售货物属于下列情形之一的，暂按简易办法依照3％征收率计算缴纳增值税：

（1）寄售商店代销寄售物品（包括居民个人寄售的物品在内）；

（2）典当业销售死当物品；

（3）经国务院或国务院授权机关批准的免税商店零售的免税品。

6. 对属于一般纳税人的自来水公司销售自来水按简易办法依照3％征收率征收增值税，不得抵扣其购进自来水取得增值税扣税凭证上注明的增值税税款。

上述政策自2014年7月1日起执行。

税法依据

●《财政部 国家税务总局关于部分货物适用增值税低税率和简易办法征收增值税政策的通知》（财税〔2009〕9号）

●《财政部 国家税务总局关于简并增值税征收率政策的通知》（财税〔2014〕57号）

五、农业产品的增值税优惠政策

（一）免税项目

"农业生产者销售的自产农产品"，是指直接从事植物的种植、收割和动物的饲养、捕捞的单位和个人销售的注释所列的自产农业产品；对上述单位和个人销售的外购的农业产品，以及单位和个人外购农业产品生产、加工后销售的仍然属于注释所列的农业产品，不属于免税的范围，应当按照规定税率征收增值税。

农业产品是指种植业、养殖业、林业、牧业、水产业生产的各种植物、动物的初级产品。农业产品的征税范围包括：

1. 植物类。

植物类包括人工种植和天然生长的各种植物的初级产品。具体征税范围为：

（1）粮食。

粮食是指各种主食食科植物果实的总称。本货物的征税范围包括小麦、稻谷、玉米、高粱、谷子和其他杂粮（如：大麦、燕麦等），以及经碾磨、脱壳等工艺加工后的粮食（如：面粉，米，玉米面、渣等）。

切面、饺子皮、馄饨皮、面皮、米粉等粮食复制品，也属于本货物的征税范围。

以粮食为原料加工的速冻食品、方便面、副食品和各种熟食品，不属于本货物的征税范围。

（2）蔬菜。

蔬菜是指可作副食的草本、木本植物的总称。本货物的征税范围包括各种蔬菜、菌类植物和少数可作副食的木本植物。

经晾晒、冷藏、冷冻、包装、脱水等工序加工的蔬菜，腌菜、咸菜、酱菜和盐渍蔬菜等，也属于本货物的征税范围。

各种蔬菜罐头（罐头是指以金属罐、玻璃瓶和其他材料包装，经排气密封的各种食品。下同）不属于本货物的征税范围。

（3）烟叶。

烟叶是指各种烟草的叶片和经过简单加工的叶片。本货物的征税范围包括晒烟叶、晾烟叶和初烤烟叶。

①晒烟叶。是指利用太阳能露天晒制的烟叶。

②晾烟叶。是指在晾房内自然干燥的烟叶。

③初烤烟叶。是指烟草种植者直接烤制的烟叶。不包括专业复烤厂烤制的复烤烟叶。

（4）茶叶。

茶叶是指从茶树上采摘下来的鲜叶和嫩芽（即茶青），以及经吹干、揉拌、发酵、烘干等工序初制的茶。本货物的征税范围包括各种毛茶（如红毛茶、绿毛茶、乌龙毛茶、白毛茶、黑毛茶等）。

精制茶、边销茶及掺对各种药物的茶和茶饮料，不属于本货物的征税范围。

温馨提醒

《财政部 国家税务总局关于继续执行边销茶增值税政策的通知》（财税〔2011〕

89 号）规定，继续对企业生产和销售的边销茶执行免征增值税政策，自 2011 年 1 月 1 日起至 2015 年 12 月 31 日，对边销茶生产企业（企业名单略）销售自产的边销茶及经销企业销售的边销茶免征增值税。

边销茶，是指以黑毛茶、老青茶、红茶末、绿茶为主要原料，经过发酵、蒸制、加压或者压碎、炒制，专门销往边疆少数民族地区的紧压茶、方包茶（马茶）。

纳税人销售享受财税〔2011〕89 号文规定增值税免税政策的边销茶，如果已向购买方开具了增值税专用发票，应将专用发票追回后方可申请办理免税。凡使用增值税专用发票无法追回的，一律照章征收增值税，不予免税。

（5）园艺植物。

园艺植物是指可供食用的果实，如水果、果干（如荔枝干、桂圆干、葡萄干等）、干果、果仁、果用瓜（如甜瓜、西瓜、哈密瓜等），以及胡椒、花椒、大料、咖啡豆等。

经冷冻、冷藏、包装等工序加工的园艺植物，也属于本货物的征税范围。

各种水果罐头，果脯，蜜饯，炒制的果仁、坚果，碾磨后的园艺植物（如胡椒粉、花椒粉等），不属于本货物的征税范围。

（6）药用植物。

药用植物是指用作中药原药的各种植物的根、茎、皮、叶、花、果实等。

利用上述药用植物加工制成的片、丝、块、段等中药饮片，也属于本货物的征税范围。

中成药不属于本货物的征税范围。

（7）油料植物。

油料植物是指主要用作榨取油脂的各种植物的根、茎、叶、果实、花或者胚芽组织等初级产品，如菜子（包括芥菜子）、花生、大豆、葵花子、蓖麻子、芝麻子、胡麻子、茶子、桐子、橄榄仁、棕榈仁、棉籽等。

提取芳香油的芳香油料植物，也属于本货物的征税范围。

（8）纤维植物。

纤维植物是指利用其纤维作纺织、造纸原料或者绳索的植物，如棉（包括籽棉、皮棉、絮棉）、大麻、黄麻、槿麻、苎麻、苘麻、亚麻、罗布麻、蕉麻、剑麻等。

棉短绒和麻纤维经脱胶后的精干（洗）麻，也属于本货物的征税范围。

（9）糖料植物。

糖料植物是指主要用作制糖的各种植物，如甘蔗、甜菜等。

（10）林业产品。

林业产品是指乔木、灌木和竹类植物，以及天然树脂、天然橡胶。林业产品的征税范围包括：

①原木。是指将砍伐倒的乔木去其枝芽、梢头或者皮的乔木、灌木，以及锯成一定长度的木段。

锯材不属于本货物的征税范围。

②原竹。是指将砍倒的竹去其枝、梢或者叶的竹类植物，以及锯成一定长度的竹段。

③天然树脂。是指木科植物的分泌物，包括生漆、树脂和树胶，如松脂、桃胶、樱胶、阿拉伯胶、古巴胶和天然橡胶（包括乳胶和干胶）等。

④其他林业产品。是指除上述列举林业产品以外的其他各种林业产品，如竹笋、笋干、棕竹、棕榈衣、树枝、树叶、树皮、藤条等。

盐水竹笋也属于本货物的征税范围。

竹笋罐头不属于本货物的征税范围。

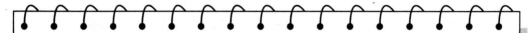

温馨提醒

复合胶是以新鲜橡胶液为主要原料，经过压片、造粒、烤干等工序加工生产的橡胶制品。因此，复合胶不属于《农业产品征税范围注释》（财税字〔1995〕52号）规定的"天然橡胶"产品，适用增值税税率应为17%。〔依据：《国家税务总局关于复合胶适用增值税税率问题的批复》（国税函〔2009〕453号）〕

(11) 其他植物。

其他植物是指除上述列举植物以外的其他各种人工种植和野生的植物，如树苗、花卉、植物种子、植物叶子、草、麦秸、豆类、薯类、藻类植物等。

干花、干草、薯干、干制的藻类植物，农业产品的下脚料等，也属于本货物的征税范围。

2. 动物类。

动物类包括人工养殖和天然生长的各种动物的初级产品。具体征税范围为：

(1) 水产品。

水产品是指人工放养和人工捕捞的鱼、虾、蟹、鳖、贝类、棘皮类、软体类、腔肠类、海兽类动物。本货物的征税范围包括鱼、虾、蟹、鳖、贝类、棘皮类、软体类、腔肠类、海兽类、鱼苗（卵）、虾苗、蟹苗、贝苗（秧），以及经冷冻、冷藏、盐渍等防腐处理和包装的水产品。

干制的鱼、虾、蟹、贝类、棘皮类、软体类、腔肠类，如干鱼、干虾、干虾仁、干贝等，以及未加工成工艺品的贝壳、珍珠，也属于本货物的征税范围。

熟制的水产品和各类水产品的罐头，不属于本货物的征税范围。

（2）畜牧产品。

畜牧产品是指人工饲养、繁殖取得和捕获的各种畜禽。本货物的征税范围包括：

①兽类、禽类和爬行类动物，如牛、马、猪、羊、鸡、鸭等。

②兽类、禽类和爬行类动物的肉产品，包括整块或者分割的鲜肉、冷藏或者冷冻肉、盐渍肉，兽类、禽类和爬行类动物的内脏、头、尾、蹄等组织。

各种兽类、禽类和爬行类动物的肉类生制品，如腊肉、腌肉、熏肉等，也属于本货物的征税范围。

各种肉类罐头、肉类熟制品，不属于本货物的征税范围。

③蛋类产品。是指各种禽类动物和爬行类动物的卵，包括鲜蛋、冷藏蛋。

经加工的咸蛋、松花蛋、腌制的蛋等，也属于本货物的征税范围。

各种蛋类的罐头不属于本货物的征税范围。

④鲜奶。是指各种哺乳类动物的乳汁和经净化、杀菌等加工工序生产的乳汁。

用鲜奶加工的各种奶制品，如酸奶、奶酪、奶油等，不属于本货物的征税范围。

（3）动物皮张。

动物皮张是指从各种动物（兽类、禽类和爬行类动物）身上直接剥取的，未经鞣制的生皮、生皮张。

将生皮、生皮张用清水、盐水或者防腐药水浸泡、刮里、脱毛、晒干或者熏干，未经鞣制的，也属于本货物的征税范围。

（4）动物毛绒。

动物毛绒是指未经洗净的各种动物的毛发、绒发和羽毛。

洗净毛、洗净绒等不属于本货物的征税范围。

（5）其他动物组织。

其他动物组织是指上述列举以外的兽类、禽类、爬行类动物的其他组织，以及昆虫类动物。

①蚕茧。包括鲜茧和干茧，以及蚕蛹。

②天然蜂蜜。是指采集的未经加工的天然蜂蜜、鲜蜂王浆等。

③动物树脂，如虫胶等。

④其他动物组织，如动物骨、壳、兽角、动物血液、动物分泌物、蚕种等。

温馨提醒

人工合成牛胚胎属于《农业产品征税范围注释》（财税字〔1995〕52号）第二条第（五）款规定的动物类"其他动物组织"，人工合成牛胚胎的生产过程属于农业生产，纳税人销售自产人工合成牛胚胎应免征增值税。［依据：《国家税务总局关于人工合成牛胚胎适用增值税税率问题的通知》（国税函〔2010〕97 号）］

动物骨粒属于《农业产品征税范围注释》（财税字〔1995〕52 号）第二条第（五）款规定的动物类"其他动物组织"，其适用的增值税税率为 13%。动物骨粒是指将动物骨经筛选、破碎、清洗、晾晒等工序加工后的产品。［依据：《国家税务总局关于动物骨粒适用增值税税率的公告》（国家税务总局公告 2013 年第 71 号）］

（二）粮食企业增值税优惠政策

1. 对承担粮食收储任务的国有粮食购销企业销售的粮食免征增值税。承担粮食收储任务的国有粮食购销企业销售粮食享受免征增值税优惠政策时，其涉及的审核确定工作程序取消，改为备案管理。凡享受免征增值税的国有粮食购销企业，均按增值税一般纳税人认定，并进行纳税申报、日常检查及有关增值税专用发票的各项管理。

享受免征增值税优惠政策的国有粮食购销企业（以下统称纳税人），按以下规定，分别向所在地县（市）国家税务局及同级粮食管理部门备案。

（1）纳税人应在享受税收优惠政策的首个纳税申报期内，将备案材料送所在地县（市）国家税务局及同级粮食管理部门备案。

（2）纳税人在符合减免税条件期间内，备案资料内容不发生变化的，可进行一次性备案。

（3）纳税人提交的备案资料内容发生变化，如仍符合免税规定，应在发生变化的次月纳税申报期内，向所在地县（市）国家税务局及同级粮食管理部门进行变更备案。如不再符合免税规定，应当停止享受免税，按照规定进行纳税申报。

2. 对其他粮食企业经营粮食，除下列项目免征增值税外，一律征收增值税。

（1）军队用粮：指凭军用粮票和军粮供应证按军供价供应中国人民解放军和中国人民武装警察部队的粮食。

（2）救灾救济粮：指经县（含）以上人民政府批准，凭救灾救济粮食（证）按规定的销售价格向需救助的灾民供应的粮食。

（3）水库移民口粮：指经县（含）以上人民政府批准，凭水库移民口粮票（证）按规定的销售价格供应给水库移民的粮食。

3. 对销售食用植物油业务，除政府储备食用植物油的销售继续免征增值税外，一律照章征收增值税。

4. 对粮油加工业务，一律照章征收增值税。

5. 属于增值税一般纳税人的生产、经营单位从国有粮食购销企业购进的免税粮食，可依据购销企业开具的销售发票注明的销售额按 13% 的扣除率计算抵扣进项税额；购进的免税食用植物油，不得计算抵扣进项税额。

6. 对粮食部门经营的退耕还林还草补助粮，凡符合国家规定标准的，比照"救灾救济粮"免征增值税。

（三）农民专业合作社增值税优惠政策

对农民专业合作社销售本社成员生产的农业产品，视同农业生产者销售自产农业产品免征增值税。

增值税一般纳税人从农民专业合作社购进的免税农业产品，可按 13% 的扣除率计算抵扣增值税进项税额。

对农民专业合作社向本社成员销售的农膜、种子、种苗、化肥、农药、农机，免征增值税。

（四）"公司＋农户"经营模式销售畜禽有关增值税优惠政策

自 2013 年 4 月 1 日起，纳税人采取"公司＋农户"经营模式从事畜禽饲养，即公司与农户签订委托养殖合同，向农户提供畜禽苗、饲料、兽药及疫苗等（所有权属于公司），农户饲养畜禽苗至成品后交付公司回收，公司将回收的成品畜禽用于销售。在上述经营模式下，纳税人回收再销售畜禽，属于农业生产者销售自产农产品，应根据《中华人民共和国增值税暂行条例》的有关规定免征增值税。

本公告中的畜禽是指属于《财政部 国家税务总局关于印发〈农业产品征税范围注释〉的通知》（财税字〔1995〕52 号）中规定的农业产品。

税法依据

● 《财政部 国家税务总局关于印发〈农业产品征税范围注释〉的通知》（财税〔1995〕第 52 号）

● 《财政部 国家税务总局关于粮食企业增值税征免问题的通知》（财税〔1999〕198 号）

● 《国家税务总局关于加强国有粮食购销企业增值税管理有关问题的通知》（国税函〔1999〕560 号）

- 《国家税务总局关于退耕还林还草补助粮免征增值税问题的通知》（国税发〔2001〕131号）
- 《财政部 国家税务总局关于农民专业合作社有关税收政策的通知》（财税〔2008〕81号）
- 《财政部 国家税务总局关于继续执行边销茶增值税政策的通知》（财税〔2011〕89号）
- 《国家税务总局关于纳税人采取"公司＋农户"经营模式销售畜禽有关增值税问题的公告》（国家税务总局公告2013年第8号）
- 《国家税务总局关于国有粮食购销企业销售粮食免征增值税审批事项取消后有关管理事项的公告》（国家税务总局公告2015年第42号）

六、农业生产资料的增值税优惠政策

（一）免税饲料产品范围

1. 单一大宗饲料。指以一种动物、植物、微生物或矿物质为来源的产品或其副产品。其范围仅限于糠麸、酒糟、鱼粉、草饲料、饲料级磷酸氢钙及除豆粕以外的菜子粕、棉子粕、向日葵粕、花生粕等粕类产品。

2. 混合饲料。指由两种以上单一大宗饲料、粮食、粮食副产品及饲料添加剂按照一定比例配置，其中单一大宗饲料、粮食及粮食副产品的参兑比例不低于95％的饲料。

3. 配合饲料。指根据不同的饲养对象，饲养对象的不同生长发育阶段的营养需要，将多种饲料原料按饲料配方经工业生产后，形成的能满足饲养动物全部营养需要（除水分外）的饲料。

4. 复合预混料。指能够按照国家有关饲料产品的标准要求量，全面提供动物饲养相应阶段所需微量元素（4种或以上）、维生素（8种或以上），由微量元素、维生素、氨基酸和非营养性添加剂中任何两类或两类以上的组分与载体或稀释剂按一定比例配置的均匀混合物。

5. 浓缩饲料。指由蛋白质、复合预混料及矿物质等按一定比例配制的均匀混合物。

（二）免税饲料产品其他规定

1. 对饲用鱼油产品按照现行"单一大宗饲料"的增值税政策规定，免予征收增值税。

2. 矿物质微量元素舔砖，是以四种以上微量元素、非营养性添加剂和载体为原料，经高压浓缩制成的块状预混物，可供牛、羊等牲畜直接食用，应按照"饲料"免征增值税。

3. 对饲料级磷酸二氢钙产品可按照现行"单一大宗饲料"的增值税政策规定，免征增值税。纳税人销售饲料级磷酸二氢钙产品，不得开具增值税专用发票；凡开具专用发票的，不得享受免征增值税政策，应照章全额缴纳增值税。

温馨提醒

豆粕属于征收增值税的饲料产品，除豆粕以外的其他粕类饲料产品，均免征增值税。〔依据：《国家税务总局关于粕类产品征免增值税问题的通知》（国税函〔2010〕75号）〕

宠物饲料产品不属于免征增值税的饲料，应按照饲料产品13%的税率征收增值税。〔依据：《国家税务总局关于宠物饲料征收增值税问题的批复》（国税函〔2002〕812号）〕

精料补充料属于《财政部 国家税务总局关于饲料产品免征增值税问题的通知》（财税〔2001〕121号）中"配合饲料"范畴，可按照该通知及相关规定免征增值税。精料补充料是指为补充草食动物的营养，将多种饲料和饲料添加剂按照一定比例配制的饲料。〔依据：《国家税务总局关于精料补充料免征增值税问题的公告》（国家税务总局公告2013年第46号）〕

（三）免税农业生产资料

1. 农膜。

2. 生产销售的除尿素以外的氮肥、除磷酸二铵以外的磷肥、钾肥以及免税化肥为主要原料的复混肥（企业生产复混肥产品所用的免税化肥成本占原料中全部化肥成本的比重高于70%）。"复混肥"是指用化学方法或物理方法加工制成的氮、磷、钾三种养分中至少有两种养分标明量的肥料，包括仅用化学方法制成的复合肥和仅用物理方法制成的混配肥（也称掺合肥）。

3. 批发和零售的种子、种苗、化肥、农药、农机。

温馨提醒

用于人类日常生活的各种类型包装的日用卫生用药（如卫生杀虫剂、驱虫剂、驱蚊剂、蚊香、消毒剂等），不属于增值税"农药"的范围，应按17%的税率征税。〔依据：《国家税务总局关于加强增值税征收管理若干问题的通知》（国税发〔1995〕第192号）〕

密集型烤房设备、频振式杀虫灯、自动虫情测报灯、粘虫板属于《国家税务总局关于印发〈增值税部分货物征税范围注释〉的通知》（国税发〔1993〕151号）规定的农机范围，应适用13%增值税税率。〔依据：《国家税务总局关于部分产品增值税适用税率问题的公告》（国家税务总局公告2012年第10号）〕

（四）其他免税政策

1. 自2008年1月1日起，对纳税人生产销售的磷酸二铵产品免征增值税。

2. 自2008年6月1日起，纳税人生产销售和批发、零售有机肥产品免征增值税。纳税人销售免税的有机肥产品，应按规定开具普通发票，不得开具增值税专用发票。

3. 氨化硝酸钙免征增值税。

4. 自2007年2月1日起，硝酸铵适用的增值税税率统一调整为17%，同时不再享受化肥产品免征增值税政策。自2007年2月1日起，出口企业出口的硝酸铵（税号：31023000）统一执行13%的退税率。

5. 不带动力的手扶拖拉机（也称"手扶拖拉机底盘"）和三轮农用运输车（指以单缸柴油机为动力装置的三个车轮的农用运输车辆）属于"农机"，应按有关"农机"的增值税政策规定征免增值税。

6. 农用水泵、农用柴油机按农机产品依13%的税率征收增值税。

农用水泵是指主要用于农业生产的水泵，包括农村水井用泵、农田作业面潜水泵、农用轻便离心泵、与喷灌机配套的吸道自吸泵。其他水泵不属于农机产品征税范围。

农用柴油机是指主要配套于农田拖拉机、田间作业机具、农副产品加工机械以及排灌机械，以柴油为燃料，油缸数在3缸以下（含3缸）的往复式内燃动力机械。4缸以上（含4缸）柴油机不属于农机产品征税范围。

7. 自2007年7月1日起，纳税人生产销售和批发、零售滴灌带和滴灌管产品免征增值税。享受免税政策的纳税人应单独核算滴灌带和滴灌管产品的销售额，未单独核算销售额的，不得免税。纳税人销售免税的滴灌带和滴灌管产品，应一律开具普通发票，不得开具增值税专用发票。

滴灌带和滴灌管产品是指农业节水滴灌系统专用的、具有制造过程中加工的孔口或其他出流装置、能够以滴状或连续流状出水的水带和水管产品。滴灌带和滴灌管产品按照国家有关质量技术标准要求进行生产，并与PVC管（主管）、PE管（辅管）、承插管件、过滤器等部件组成为滴灌系统。

8. 自2004年12月1日起，对化肥生产企业生产销售的钾肥，由免征增值税改为实行先征后返。

9. 自2005年7月1日起，对国内企业生产销售的尿素产品增值税由先征后返50%调整为暂免征收增值税。

10. 生产含硝态氮的复合肥（俗称硝基复合肥）的中间产品熔融态氮肥属于氮肥的一种，在此基础上生产的硝基复合肥，应根据财税〔2001〕113号文件中免税化肥成本占该硝基复合肥原料中全部化肥成本的比重是否高于70%的规定，确定其是否属于免税的复合肥。硝基复合肥，是以煤、天然气为原料生产合成氨，经氨氧化、吸收、浓缩后与氨反应生成熔融态氮肥，再加入磷肥、钾肥后造粒，最终形成的氮、磷二元素复合肥或氮、磷、钾三元素复合肥。国家税务总局2012年第52号公告自2013年1月1日起施行。此前已发生但尚未处理事项可按该公告规定执行。

税法依据

● 《国家税务总局关于硝基复合肥有关增值税问题的公告》（国家税务总局公告2012年第52号）

● 《财政部　国家税务总局关于饲料产品免征增值税问题的通知》（财税〔2001〕121号）

● 《国家税务总局关于饲用鱼油产品免征增值税的批复》（国税函〔2003〕1395号）

● 《国家税务总局关于矿物质微量元素舔砖免征增值税问题的批复》（国税函〔2005〕1127号）

● 《国家税务总局关于饲料级磷酸二氢钙产品增值税政策问题的通知》（国税函〔2007〕10号）

● 《财政部　国家税务总局关于若干农业生产资料征免增值税政策的通知》（财税〔2001〕113号）

- 《财政部 国家税务总局关于免征磷酸二铵增值税的通知》（财税〔2007〕171号）
- 《财政部 国家税务总局关于有机肥产品免征增值税的通知》（财税〔2008〕56号）
- 《国家税务总局关于氰化硝酸钙免征增值税问题的批复》（国税函〔2009〕430号）
- 《财政部 国家税务总局关于明确硝酸铵适用增值税税率的通知》（财税〔2007〕7号）
- 《财政部 国家税务总局关于不带动力的手扶拖拉机和三轮农用运输车增值税政策的通知》（财税〔2002〕89号）
- 《财政部 国家税务总局关于免征滴灌带和滴灌管产品增值税的通知》（财税〔2007〕83号）
- 《财政部 国家税务总局关于钾肥增值税有关问题的通知》（财税〔2004〕197号）
- 《财政部 国家税务总局关于暂免征收尿素产品增值税的通知》（财税〔2005〕87号）
- 《财政部 国家税务总局关于增值税几个税收政策问题的通知》（财税字〔1994〕60号）

七、资源综合利用增值税优惠政策

1. 纳税人销售自产的资源综合利用产品和提供资源综合利用劳务（以下称销售综合利用产品和劳务），可享受增值税即征即退政策。具体综合利用的资源名称、综合利用产品和劳务名称、技术标准和相关条件、退税比例等按照本通知所附《资源综合利用产品和劳务增值税优惠目录》（见表3-1）（以下简称《目录》）的相关规定执行。

2. 纳税人从事《目录》所列的资源综合利用项目，其申请享受本通知规定的增值税即征即退政策时，应同时符合下列条件：

（1）属于增值税一般纳税人。

（2）销售综合利用产品和劳务，不属于国家发展改革委《产业结构调整指导目录》中的禁止类、限制类项目。

表 3-1

资源综合利用产品和劳务增值税优惠目录

类别	序号	综合利用的资源名称	综合利用产品和劳务名称	技术标准和相关条件	退税比例
一、共、伴生矿产资源	1.1	油母页岩	页岩油	产品原料95%以上来自所列资源。	70%
	1.2	煤炭开采过程中产生的煤层气（煤矿瓦斯）	电力	产品燃料95%以上来自所列资源。	100%
	1.3	油田采油过程中产生的油污泥（浮渣）	乳化油调利剂、防水卷材辅料产品	产品原料70%以上来自所列资源。	70%
二、废渣、废水（液）、废气	2.1	废渣	砖瓦（不含烧结普通砖）、砌块、陶粒、墙浆、管材（管桩）、混凝土、砂浆、道路护栏、道路井盖、耐火材料（镁铬砖除外）、保温材料、矿（岩）棉、微晶玻璃、U型玻璃	产品原料70%以上来自所列资源。	70%
	2.2	废渣	水泥、水泥熟料	1. 42.5及以上等级水泥的原料20%以上来自所列资源，其他水泥、水泥熟料的原料40%以上来自所列资源；2. 纳税人符合《水泥工业大气污染物排放标准》（GB4915—2013）规定的技术要求。	70%
	2.3	建（构）筑废物、煤矸石	建筑砂石骨料	1. 产品原料90%以上来自所列资源；2. 产品以建（构）筑用再生粗骨料》（GB/T 25177—2010）或《混凝土和砂浆用再生细骨料》（GB/T 25176—2010）的技术要求；以煤矸石为原料的，符合《建设用砂》（GB/T 14684—2011）或《建设用卵石、碎石》（GB/T 14685—2011）规定的技术要求。	50%

续表

类别	序号	综合利用的资源名称	综合利用产品和劳务名称	技术标准和相关条件	退税比例
二、废渣、废水（液）、废气	2.4	粉煤灰、煤矸石	氧化铝、活性硅酸钙、瓷绝缘子、煅烧高岭土	氧化铝、活性硅酸钙生产原料中煤矸石所占比重25%以上，瓷绝缘子生产原料中煤矸石所占比重30%以上，煅烧高岭土生产原料中煤矸石所占比重90%以上。	50%
	2.5	煤矸石、煤泥、石煤、油母页岩	电力、热力	1. 产品燃料60%以上来自所列资源；2. 纳税人符合《火电厂大气污染物排放标准》(GB13223—2011)和国家发展改革委、环境保护部《电力（燃煤发电企业）行业清洁生产评价指标体系》规定的技术要求。	50%
	2.6	氧化铝赤泥、电石渣	氧化铁、氢氧化钠溶液、铝酸钠、铝酸三钙、脱硫剂	1. 产品原料90%以上来自所列资源；2. 生产过程中不产生二次废渣。	50%
	2.7	废旧石墨	石墨异形件、石墨块、石墨粉、石墨增碳剂	1. 产品原料90%以上来自所列资源；2. 纳税人符合《工业炉窑大气污染物排放标准》(GB9078—1996)规定的技术要求。	50%
	2.8	垃圾以及利用垃圾发酵产生的沼气	电力、热力	1. 产品燃料80%以上来自所列资源；2. 纳税人符合《火电厂大气污染物排放标准》(GB13223—2011)或《生活垃圾焚烧污染控制标准》(GB18485—2014)规定的技术要求。	100%
	2.9	退役军用发射药	涂料用硝化棉粉	产品原料90%以上来自所列资源。	50%
	2.10	废旧沥青混凝土	再生沥青混凝土	1. 产品原料30%以上来自所列资源；2. 产品符合《再生沥青混凝土》(GB/T 25033—2010)规定的技术要求。	50%
	2.11	蔗渣	蔗渣浆、蔗渣刨花板和纸	1. 产品原料70%以上来自所列资源；2. 生产蔗渣浆及各类纸的纳税人符合国家发展改革委、环境保护部、工业和信息化部《制浆造纸行业清洁生产评价指标体系》规定的技术要求。	50%

续表

类别	序号	综合利用的资源名称	综合利用产品和劳务名称	技术标准和相关条件	退税比例
二、废渣、废水(液)、废气	2.12	废矿物油	润滑油基础油、汽油、柴油等工业油料	1. 产品原料90%以上来自所列资源; 2. 纳税人符合《废矿物油回收利用污染控制技术规范》(HJ 607—2011)规定的技术要求。	50%
	2.13	环己烷氧化废液	环氧环己烷、正戊醇、醇醚溶剂	1. 产品原料90%以上来自所列资源; 2. 纳税人通过ISO9000、ISO14000认证。	50%
	2.14	污水处理厂出水、工业排水(矿井水)、生活污水、垃圾处理厂渗透(滤)液等	再生水	1. 产品原料100%来自所列资源; 2. 产品符合《再生水水质标准》(SL368—2006)规定的技术要求。	50%
	2.15	废茅台酒糟和酿酒底锅水、粉丝加工废液、废渣	蒸汽、活性炭、白碳黑、乳酸、乳酸钙、沼气、饲料、植物蛋白	产品原料80%以上来自所列资源。	70%
	2.16	含油污水、有机废水、污水处理后产生的污泥,油田采油过程中产生的油污泥(浮渣),包括利用上述资源发酵产生的沼气	微生物蛋白、干化污泥、燃料、电力、热力	产品原料或燃料90%以上来自所列资源,其中利用油田采油过程中产生的油污泥(浮渣)生产燃料的,原料60%以上来自所列资源。	70%
	2.17	煤焦油、荒煤气(焦炉煤气)	柴油、石脑油	1. 产品原料95%以上来自所列资源; 2. 纳税人通过ISO9000、ISO14000认证。	50%
	2.18	燃煤发电厂及各类工业企业产生过程中产生的烟气、高硫天然气	石膏、硫酸、硫酸铵、硫磺	1. 产品原料95%以上来自所列资源; 2. 石膏的二水硫酸钙含量85%以上,硫酸的浓度15%以上,硫酸铵的总氮含量18%以上。	50%
	2.19	工业废气	高纯度二氧化碳、工业氢气、甲烷	1. 产品原料95%以上来自所列资源; 2. 高纯度二氧化碳产品符合(GB10621—2006),工业氢气产品符合(GB/T3634.1—2006),甲烷产品符合(HG/T 3633—1999)规定的技术要求。	70%
	2.20	工业生产过程中产生的余热、余压	电力、热力	产品原料100%来自所列资源。	100%

续表

类别	序号	综合利用的资源名称	综合利用产品和劳务名称	技术标准和相关条件	退税比例
三、再生资源	3.1	废旧电池及其拆解物	金属及镍钴锰氢氧化物、镍钴锰酸锂、氯化钴	1. 产品原料中95%以上利用上述资源；2. 镍钴锰氢氧化物符合《镍钴锰氢氧化物》（GB/T26300—2010）规定的技术要求。	30%
	3.2	废显（定）影液、废胶片、废像纸、废感光剂等废感光材料	银	1. 产品原料95%以上来自所列资源；2. 纳税人必须通过ISO9000、ISO14000认证。	30%
	3.3	废旧电机、废旧电线电缆、废旧铝制易拉罐、报废船舶、报废摩托车、报废汽车、废旧电子产品、废旧电器设备、废旧太阳能光伏器件、废旧灯泡（管）、及其拆解物	经冶炼、提纯生产的金属及合金（不包括铁及铁合金）	1. 产品原料70%来自所列资源；2. 法律、法规或规章对相关废旧产品拆解规定了资质条件的，纳税人应当取得相应的资质。	30%
	3.4	废催化剂、电解废弃物、废弃物、废旧线路板、烟尘灰、湿法泥、熔炼渣、蚀刻废液、锡箔纸灰	经冶炼、提纯或金属化合生产的金属及合金及铁合金（不包括铁及铁合金），冰晶石	1. 产品原料70%来自所列资源；2. 纳税人必须通过ISO9000、ISO14000认证。	30%
	3.5	报废汽车、报废摩托车、报废电子产品、废旧农机具、报废机器设备、废旧生活用品、工业边角余料、建筑拆解物等产生或拆解出来的废钢铁	炼钢炉料	1. 产品原料95%以上来自所列资源；2. 炼钢炉料符合《废钢铁》（GB4223—2004）规定的技术要求；3. 法律、法规或规章对相关废旧产品拆解规定了资质条件的，纳税人应当取得相应的资质；4. 纳税人符合工业和信息化部《废钢铁加工行业准入条件》的相关规定；5. 炼钢炉料的销售对象应为符合工业和信息化部《铸造行业规范条件》或《钢铁行业规范条件》并公告的钢铁企业或铸造企业。	30%

续表

类别	序号	综合利用的资源名称	综合利用产品和劳务名称	技术标准和相关条件	退税比例
	3.6	稀土产品加工废料，废弃稀土产品及拆解物	稀土金属及稀土氧化物	1. 产品原料95%以上来自所列资源；2. 纳税人符合国家发展改革委、环境保护部、工业和信息化部《稀土冶炼行业清洁生产评价指标体系》规定的技术要求。	30%
	3.7	废塑料、废旧聚氯乙烯（PVC）制品、废铝塑（纸铝、纸塑）复合纸包装材料	汽油、柴油、石油焦、碳黑、再生纸浆、铝粉、摩托车、塑木（木塑）制品（汽车、家电、管材用）改性再生专用料、化纤用再生聚酯专用料、瓶用再生聚酯对苯二甲酸乙二醇酯（PET）树脂及再生塑料制品	1. 产品原料70%以上来自所列资源；2. 化纤用再生聚酯专用料杂质含量低于0.5mg/g，水分含量低于1%，瓶用再生聚酯对苯二甲酸乙二醇酯（PET）树脂质量分数小于等于1ug/g；3. 纳税人必须通过ISO9000、ISO14000认证。	50%
三、再生资源	3.8	废纸、农作物秸秆	纸浆、秸秆浆和纸	1. 产品原料70%以上来自所列资源；2. 废水排放符合《制浆造纸工业水污染物排放标准》(GB3544—2008)规定的技术要求；3. 纳税人符合造纸行业清洁生产评价指标体系》规定的技术要求；4. 纳税人必须通过ISO9000、ISO14000认证。	50%
	3.9	废旧轮胎、废橡胶制品	胶粉、翻新轮胎、再生橡胶	1. 产品原料95%以上来自所列资源；2. 胶粉符合（GB/T19208—2008）规定的技术要求；翻新轮胎符合（GB7037—2007），（GB14646—2007）或（HG/T3979—2007）规定的技术要求；再生橡胶符合（GB/T13460—2008）规定的技术要求；3. 纳税人必须通过ISO9000、ISO14000认证。	50%
	3.10	废弃天然纤维、化学纤维及其制品	纤维纱及织布、无纺布、毡、粘合剂及再生聚酯产品	产品原料90%以上来自所列资源。	50%

续表

类别	序号	综合利用的资源名称	综合利用产品和劳务名称	技术标准和相关条件	退税比例
三、再生资源	3.11	人发	档发	产品原料90%以上来自所列资源。	70%
	3.12	废玻璃	玻璃熟料	1. 产品原料95%以上来自所列资源； 2. 产品符合《废玻璃回收分类》(SB/T 10900—2012)的技术要求； 3. 纳税人符合《废玻璃回收分拣技术规范》(SB/T11108—2014)规定的技术要求。	50%
四、农林剩余物及其他	4.1	餐厨垃圾、畜禽粪便、稻壳、花生壳、玉米芯、油茶壳、棉籽壳、三剩物、农作物秸秆、蔗渣、以及利用上述资源产生的沼气	生物质压块、沼气等燃料、电力、热力	1. 产品原料或者燃料80%以上来自所列资源； 2. 纳税人符合《锅炉大气污染物排放标准》(GB13271—2014)、《火电厂大气污染物排放标准》(GB13223—2011)或《生活垃圾焚烧污染控制标准》(GB18485—2001)规定的技术要求。	100%
	4.2	三剩物、次小薪材、沙柳	纤维板、刨花板、细木工板、生物炭、活性炭、栲胶、水解酒精、纤维素、木质素、阿拉伯糖、糠醛、箱板纸	产品原料95%以上来自所列资源。	70%
	4.3	废弃动物油和植物油	生物柴油、工业混合油	1. 产品原料70%以上来自所列资源； 2. 工业级混合油的销售对象须为化工企业。	70%
五、资源综合利用劳务	5.1	垃圾处理、污泥处理处置劳务			70%
	5.2	污水处理劳务		污水经加工处理后符合《城镇污水处理厂污染物排放标准》(GB18918—2002)规定的技术要求或达到相应的国家或地方水污染物排放标准中的直接排放限值。	70%

续表

类别	序号	综合利用的资源名称	综合利用产品和劳务名称	技术标准和相关条件	退税比例
五、资源综合利用劳务	5.3	工业废气处理劳务		经治理，处理后符合《大气污染物综合排放标准》(GB 16297—1996) 规定的技术要求或达到相应的国家或地方水污染物排放标准中的直接排放限值。	70%

备注：

1. 概念和定义。

"纳税人"，是指从事表中所列的资源综合利用项目的增值税一般纳税人。

"废渣"，是指采矿选矿废渣、冶炼废渣、化工废渣和其他废渣。其中，采矿选矿废渣，是指在矿产资源开采加工过程中产生的煤矸石、粉末、粉尘和污泥；冶炼废渣、电炉渣、铁合金炉渣、氧化铝赤泥和有色金属废渣，但不包括高炉水渣；化工废渣，是指硫铁矿渣、硫铁矿烧渣、硫酸渣、硫石膏、磷石膏、磷矿石、电石渣、磷肥渣、含氰废渣、铬渣、盐泥、总溶剂渣、黄磷渣、柠檬酸渣、脱硫石膏、氟石膏、钛石膏和废石膏模；其他废渣，是指粉煤灰、燃煤炉渣、江河（湖、海、渠）道淤泥、废玻璃、建筑垃圾、污水处理厂处理污水产生的固体废弃物。

"蔗渣"，是指以甘蔗为原料的制糖生产过程中产生的含纤维 50% 左右的固体废弃物。

"再生水"，是指对污水处理厂出水、工业排水（矿井水）、生活污水、垃圾处理厂渗透（滤）液等水源进行回收，经适当处理后达到一定水质标准，并在一定范围内重复利用的水资源。

"冶炼"，是指通过熔烧、熔炼、电解以及使用化学药剂等方法把原料中所含的杂质或增加金属中某种成分、炼成所需要的金属。冶炼包括火法冶炼、湿法提取电化学沉积。

"烟尘灰"，是指冶炼厂火法生产过程中，为保护环境经除尘器（塔）收集的粉灰状及泥状料物。

"湿法泥"，是指湿法生产排出的污泥，且具有一定回收价值的污泥状废弃物。

"熔炼渣"，是指有色金属火法冶炼生产过程中，金属成分因比重大沉底形成或金属锍、铁、钙等化合物浮在金属表层形成的废渣。

"农作物秸秆"，是指农业生产过程中，收获了粮食作物（指稻谷、小麦、玉米、薯类等）、油料作物（指油菜籽、花生、大豆、葵花秆、芝麻秆、胡麻籽等）、棉花、麻类、糖料、烟叶、药材、花卉、蔬菜瓜果类以后残留的茎秆。

"三剩物"，是指采伐剩余物（指枝丫、树梢、树皮、树叶、树根及藤条、灌木等）、造材剩余物（指造材截头）和加工剩余物（指板皮、板条、木竹截头、锯末、碎单板、木芯、刨花、木块、废黄、边角料等）。

"次小薪材"，是指次加工材（指材质低于加工原木最低等级但具有一定利用价值的小原木条、松木杆、脚手杆、杂木杆、短原木等）和薪材。

"小经材"，小径材（指长度在 2 米以下或径级 8 厘米以下的小原木，阔叶树加工原木最低等级但具有一定利用价值的次加工原木，按《次加工原木》(LY/T369—2011) 标准执行）、合成革纤维废弃物、树皮废渣、污泥、病死畜禽等养殖废弃物。

"垃圾"，是指城市生活垃圾、农作物秸秆、树皮废渣、污泥、病死畜禽等养殖废弃物。

"垃圾处理"，是指运用填埋、焚烧、综合处理和回收利用方式，对垃圾进行减量化、资源化和无害化处理处置的业务。

"污水处理"，是指将城镇污水（包括城镇居民生活污水和工业废水）处理后达到《城镇污水处理厂污染物排放标准》(GB18918—2002)，或达到相应的国家或地方污染物排放标准的业务。其中，城镇污水是指城镇居民生活污水、机关、学校、医院、商业服务业机构及各种公共设施排水，以及工业废水和初期雨水等。工业废水是指工业生产过程中产生的污水和废液。

方水污染物排放标准中的直接排放系统的工业废水和初期雨水，允许排入城镇污水收集系统的工业废水收集系统的工业废液。

"污泥处理处置"，是指对污水处理后产生的污泥进行稳定化、减量化和无害化处理处置的业务。

2. 综合利用的资源比例计算方式。

(1) 综合利用的资源占生产原料或者燃料的比重，以重量比例计算。其中，水泥、水泥熟料原料中掺兑废渣的比重，按以下方法计算：

①对经生料烧制和熟料研磨阶段研磨的水泥，其掺兑废渣比例计算公式为：掺兑废渣比例=（生料烧制阶段掺兑废渣数量＋熟料研磨阶段掺兑废渣数量）÷（除废渣以外的生料烧制阶段掺兑废渣数量＋熟料研磨阶段掺兑废渣数量＋其他材料数量）×100%；

②对外购水泥熟料采用研磨工艺生产的水泥，其掺兑废渣比例计算公式为：掺兑废渣比例=熟料研磨阶段掺兑废渣数量÷（熟料数量＋熟料研磨阶段掺兑废渣数量＋其他材料数量）×100%；

③对生料烧制的水泥熟料，其掺兑废渣比例计算公式为：掺兑废渣比例=生料烧制阶段掺兑废渣数量÷（除废渣以外的生料烧制阶段掺兑废渣数量＋其他材料数量）×100%。

(2) 综合利用的资源为余热、余压的，按其占生产电力、热力消耗的能源比例计算。

3. 表中所列综合利用产品，应当符合相应的国家或行业标准。既有国家标准又有行业标准的，应当符合相对高的标准；没有国家标准或行业标准的，应当符合向质量技术监督部门备案的企业标准。表中所列各类国家标准、行业标准，如在执行过程中有更新、替换、统一按最新的国家标准、行业标准执行。

4. 表中所称"以上"均含本数。

（3）销售综合利用产品和劳务，不属于环境保护部《环境保护综合名录》中的"高污染、高环境风险"产品或者重污染工艺。

（4）综合利用的资源，属于环境保护部《国家危险废物名录》列明的危险废物的，应当取得省级及以上环境保护部门颁发的《危险废物经营许可证》，且许可经营范围包括该危险废物的利用。

（5）纳税信用等级不属于税务机关评定的C级或D级。

纳税人在办理退税事宜时，应向主管税务机关提供其符合本条规定的上述条件以及《目录》规定的技术标准和相关条件的书面声明材料，未提供书面声明材料或者出具虚假材料的，税务机关不得给予退税。

3. 已享受本通知规定的增值税即征即退政策的纳税人，自不符合本通知第二条规定的条件以及《目录》规定的技术标准和相关条件的次月起，不再享受本通知规定的增值税即征即退政策。

4. 已享受本通知规定的增值税即征即退政策的纳税人，因违反税收、环境保护的法律法规受到处罚（警告或单次1万元以下罚款除外）的，自处罚决定下达的次月起36个月内，不得享受本通知规定的增值税即征即退政策。

5. 纳税人应当单独核算适用增值税即征即退政策的综合利用产品和劳务的销售额和应纳税额。未单独核算的，不得享受本通知规定的增值税即征即退政策。

6. 各省、自治区、直辖市、计划单列市税务机关应于每年2月底之前在其网站上，将本地区上一年度所有享受本通知规定的增值税即征即退政策的纳税人，按下列项目予以公示：纳税人名称、纳税人识别号，综合利用的资源名称、数量，综合利用产品和劳务名称。

税法依据

《财政部　国家税务总局关于印发〈资源综合利用产品和劳务增值税优惠目录〉的通知》（财税〔2015〕78号）

八、促进残疾人就业的增值税优惠政策

1. 对安置残疾人的单位，实行由税务机关按单位实际安置残疾人的人数，限额即征即退增值税的办法。

（1）实际安置的每位残疾人每年可退还的增值税的具体限额，由县级以上税务机关根据单位所在区县（含县级市、旗，下同）适用的经省（含自治区、直辖市、计划单列市，下同）级人民政府批准的最低工资标准的6倍确定，但最高不得超过每人每年3.5万元。

（2）增值税优惠政策仅适用于生产销售货物或提供加工、修理修配劳务取得的收入占增值税业务和营业税业务收入之和达到50%的单位，但不适用于上述单位生产销售消费税应税货物和直接销售外购货物（包括商品批发和零售）以及销售委托外单位加工的货物取得的收入。

（3）单位应当分别核算享受税收优惠政策和不得享受税收优惠政策业务的销售收入，不能分别核算的，不得享受增值税优惠政策。

（4）兼营享受增值税和营业税税收优惠政策业务的单位，可自行选择退还增值税或减征营业税，一经选定，一个年度内不得变更。

（5）如果既适用促进残疾人就业税收优惠政策，又适用下岗再就业、军转干部、随军家属等支持就业的税收优惠政策的，单位可选择适用最优惠的政策，但不能累加执行。

2. 享受税收优惠政策单位的条件。

安置残疾人就业的单位（包括福利企业、盲人按摩机构、工疗机构和其他单位），同时符合以下条件并经过有关部门的认定后，均可申请享受限额即征即退增值税的优惠政策：

（1）依法与安置的每位残疾人签订了一年以上（含一年）的劳动合同或服务协议，并且安置的每位残疾人在单位实际上岗工作。

"劳动合同或服务协议"，包括全日制工资发放形式和非全日制工资发放形式劳动合同或服务协议。

安置残疾人单位聘用非全日制用工的残疾人，与其签订符合法律法规规定的劳动合同或服务协议，并且安置该残疾人在单位实际上岗工作的，可按照"通知"的规定，享受增值税优惠政策。

（2）月平均实际安置的残疾人占单位在职职工总数的比例应高于25%（含25%），并且实际安置的残疾人人数多于10人（含10人）。

（3）为安置的每位残疾人按月足额缴纳了单位所在区县人民政府根据国家政策规定的基本养老保险、基本医疗保险、失业保险和工伤保险等社会保险。

"基本养老保险"和"基本医疗保险"是指"职工基本养老保险"和"职工基本医疗保险"，不含"城镇居民社会养老保险"、"新型农村社会养老保险"、"城镇居民基本医疗保险"和"新型农村合作医疗"。

（4）通过银行等金融机构向安置的每位残疾人实际支付了不低于单位所在区县适

用的经省级人民政府批准的最低工资标准的工资。

（5）具备安置残疾人上岗工作的基本设施。

3. 符合上述税收优惠政策条件的单位，应按月计算实际安置残疾人占单位在职职工总数的平均比例，本月平均比例未达到要求的，暂停其本月相应的税收优惠。在一个年度内累计三个月平均比例未达到要求的，取消其次年度享受相应税收优惠政策的资格。

4. 特殊教育学校举办的企业只要符合"月平均实际安置的残疾人占单位在职职工总数的比例应高于 25%（含 25%），并且实际安置的残疾人人数多于 10 人（含 10人）。"这项条件，即可享受增值税优惠政策。这类企业在计算残疾人人数时可将在企业实际上岗工作的特殊教育学校的全日制在校学生计算在内，在计算单位在职职工人数时也要将上述学生计算在内。

5. 供残疾人专用的假肢、轮椅、矫型器（包括上肢矫型器、下肢矫型器、脊椎侧弯矫型器），免征增值税。

税法依据

● 《国家税务总局关于促进残疾人就业税收优惠政策有关问题的公告》（国家税务总局公告 2013 年第 78 号）

● 《国家税务总局关于促进残疾人就业增值税优惠政策有关问题的公告》（国家税务总局公告 2013 年第 73 号）

● 《财政部　国家税务总局关于促进残疾人就业税收优惠政策的通知》（财税〔2007〕92 号）

● 《财政部　国家税务总局关于增值税几个税收政策问题的通知》（财税字〔1994〕60 号）

九、软件产品增值税优惠政策

享受增值税即征即退的软件产品，是指信息处理程序及相关文档和数据。软件产品包括计算机软件产品、信息系统和嵌入式软件产品。嵌入式软件产品是指嵌入在计算机硬件、机器设备中并随其一并销售，构成计算机硬件、机器设备组成部分的软件产品。

1. 增值税一般纳税人销售其自行开发生产的软件产品，按 17% 税率征收增值税后，对其增值税实际税负超过3%的部分实行即征即退政策。

2. 增值税一般纳税人将进口软件产品进行本地化改造后对外销售，其销售的软件产品可享受增值税实际税负超过3%的部分即征即退政策。

本地化改造是指对进口软件产品进行重新设计、改进、转换等，单纯对进口软件产品进行汉字化处理不包括在内。

3. 软件产品享受增值税即征即退的条件：

（1）取得省级软件产业主管部门认可的软件检测机构出具的检测证明材料；

（2）取得软件产业主管部门颁发的《软件产品登记证书》或著作权行政管理部门颁发的《计算机软件著作权登记证书》。

4. 软件产品增值税即征即退税额的计算。

（1）软件产品增值税即征即退税额的计算方法：

即征即退税额＝当期软件产品增值税应纳税额－当期软件产品销售额×3%

$$当期软件产品增值税应纳税额＝当期软件产品销项税额－当期软件产品可抵扣进项税额$$

当期软件产品销项税额＝当期软件产品销售额×17%

（2）嵌入式软件产品增值税即征即退税额的计算：

①嵌入式软件产品增值税即征即退税额的计算方法。

$$即征即退税额＝当期嵌入式软件产品增值税应纳税额－当期嵌入式软件产品销售额×3%$$

$$当期嵌入式软件产品增值税应纳税额＝当期嵌入式软件产品销项税额－当期嵌入式软件产品可抵扣进项税额$$

当期嵌入式软件产品销项税额＝当期嵌入式软件产品销售额×17%

②当期嵌入式软件产品销售额的计算公式。

$$当期嵌入式软件产品销售额＝当期嵌入式软件产品与计算机硬件、机器设备销售额合计－当期计算机硬件、机器设备销售额$$

计算机硬件、机器设备销售额按照下列顺序确定：

A. 按纳税人最近同期同类货物的平均销售价格计算确定；

B. 按其他纳税人最近同期同类货物的平均销售价格计算确定；

C. 按计算机硬件、机器设备组成计税价格计算确定。

计算机硬件、机器设备组成计税价格＝计算机硬件、机器设备成本×（1＋10%）。

5. 增值税一般纳税人在销售软件产品的同时销售其他货物或者应税劳务的，对于无法划分的进项税额，应按照实际成本或销售收入比例确定软件产品应分摊的进项税额；对专用于软件产品开发生产设备及工具的进项税额，不得进行分摊。纳税人应将选定的分摊方式报主管税务机关备案，并自备案之日起一年内不得变更。

专用于软件产品开发生产的设备及工具,包括但不限于用于软件设计的计算机设备、读写打印器具设备、工具软件、软件平台和测试设备。

6. 对增值税一般纳税人随同计算机硬件、机器设备一并销售嵌入式软件产品,如果适用本通知规定按照组成计税价格计算确定计算机硬件、机器设备销售额的,应当分别核算嵌入式软件产品与计算机硬件、机器设备部分的成本。凡未分别核算或者核算不清的,不得享受本通知规定的增值税政策。

7. 自 2013 年 1 月 1 日至 2017 年 12 月 31 日,对属于增值税一般纳税人的动漫企业销售其自主开发生产的动漫软件,按 17% 的税率征收增值税后,对其增值税实际税负超过 3% 的部分,实行即征即退政策。动漫软件出口免征增值税。上述动漫软件,按照《财政部 国家税务总局关于软件产品增值税政策的通知》(财税〔2011〕100 号)中软件产品相关规定执行。

税法依据

● 《财政部 国家税务总局关于软件产品增值税政策的通知》(财税〔2011〕100 号)

● 《财政部 国家税务总局关于动漫产业增值税和营业税政策的通知》(财税〔2013〕98 号)

● 《财政部 国家税务总局关于增值税若干政策的通知》(财税〔2005〕165 号)

十、电力增值税优惠政策

1. 对农村电管站在收取电价时一并向用户收取的农村电网维护费(包括低压线路损耗和维护费以及电工经费)给予免征增值税的照顾。

2. 各燃油电厂从政府财政专户取得的发电补贴不属于规定的价外费用,不计入应税销售额,不征收增值税。

3. 对电网公司或者农电公司等其他单位收取的农村电网维护费免征增值税,不得开具增值税专用发票。

4. 自 2013 年 10 月 1 日至 2015 年 12 月 31 日,对纳税人销售自产的利用太阳能生产的电力产品,实行增值税即征即退 50% 的政策。

5. 大型水电企业增值税优惠政策：

装机容量超过 100 万千瓦的水力发电站（含抽水蓄能电站）销售自产电力产品，自 2013 年 1 月 1 日至 2015 年 12 月 31 日，对其增值税实际税负超过 8% 的部分实行即征即退政策；自 2016 年 1 月 1 日至 2017 年 12 月 31 日，对其增值税实际税负超过 12% 的部分实行即征即退政策。

装机容量，是指单站发电机组额定装机容量的总和。该额定装机容量包括项目核准（审批）机关依权限核准（审批）的水力发电站总装机容量（含分期建设和扩机），以及后续因技术改造升级等原因经批准增加的装机容量。

6. 自 2015 年 7 月 1 日起，对纳税人销售自产的利用风力生产的电力产品，实行增值税即征即退 50% 的政策。

温馨提醒

供电企业利用自身输变电设备对并入电网的企业自备电厂生产的电力产品进行电压调节，属于提供加工劳务。根据《中华人民共和国增值税暂行条例》和《中华人民共和国营业税暂行条例》有关规定，对于上述供电企业进行电力调压并按电量向电厂收取的并网服务费，应当征收增值税，不征收营业税。〔依据：《国家税务总局关于供电企业收取并网服务费征收增值税问题的批复》（国税函〔2009〕641 号）〕

税法依据

●《财政部 国家税务总局关于大型水电企业增值税政策的通知》（财税〔2014〕10 号）

●《财政部 国家税务总局关于免征农村电网维护费增值税问题的通知》（财税字〔1998〕047 号）

●《国家税务总局关于燃油电厂取得发电补贴有关增值税政策的通知》（国税函〔2006〕第 1235 号）

●《国家税务总局关于农村电网维护费征免增值税问题的通知》（国税函〔2009〕591 号）

●《财政部 国家税务总局关于光伏发电增值税政策的通知》（财税〔2013〕66 号）

●《财政部 国家税务总局关于风力发电增值税政策的通知》（财税〔2015〕74 号）

十一、医疗卫生增值税优惠政策

1. 非营利性医疗机构的税收政策。

（1）对非营利性医疗机构按照国家规定的价格取得的医疗服务收入，免征各项税收。不按照国家规定价格取得的医疗服务收入不得享受这项政策。

医疗服务是指医疗服务机构对患者进行检查、诊断、治疗、康复和提供预防保健、接生、计划生育方面的服务，以及与这些服务有关的提供药品、医用材料器具、救护车、病房住宿和伙食的业务。

（2）对非营利性医疗机构自产自用的制剂，免征增值税。

（3）非营利性医疗机构的药房分离为独立的药品零售企业，应按规定征收各项税收。

2. 营利性医疗机构的税收政策。

（1）对营利性医疗机构取得的收入，直接用于改善医疗卫生条件的，自其取得执业登记之日起，3 年内对其自产自用的制剂免征增值税，3 年免税期满后恢复征税。

（2）对营利性医疗机构的药房分离为独立的药品零售企业，应按规定征收各项税收。

3. 疾病控制机构和妇幼保健机构等卫生机构的税收政策。

对疾病控制机构和妇幼保健机构等卫生机构按照国家规定的价格取得的卫生服务收入（含疫苗接种和调拨、销售收入），免征各项税收。

不按照国家规定的价格取得的卫生服务收入不得享受这项政策。

4. 对血站供应给医疗机构的临床用血免征增值税。

5. 自 2011 年 1 月 1 日起至 2015 年 12 月 31 日止，对国内定点生产企业生产的国产抗艾滋病病毒药品继续免征生产环节和流通环节增值税。

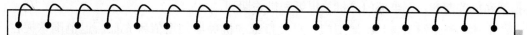

温馨提醒

人体血液的增值税适用税率为 17%。属于增值税一般纳税人的单采血浆站销售非临床用人体血液，可以按照简易办法依照 3% 征收率计算应纳税额，但不得对外开具增值税专用发票；也可以按照销项税额抵扣进项税额的办法依照增值税

　　适用税率计算应纳税额。纳税人选择计算缴纳增值税的办法后，36 个月内不得变更。〔依据：《国家税务总局关于供应非临床用血增值税政策问题的批复》（国税函〔2009〕456 号）、《国家税务总局关于简并增值税征收率有关问题的公告》（国家税务总局公告 2014 年第 36 号）〕

税法依据

　　●《财政部 国家税务总局关于医疗卫生机构有关税收政策的通知》（财税〔2000〕42 号）

　　●《财政部 国家税务总局关于血站有关税收问题的通知》（财税字〔1999〕264 号）

　　●《财政部 国家税务总局关于继续免征国产抗艾滋病病毒药品增值税的通知》（财税〔2011〕128 号）

十二、文化企业增值税优惠政策

　　1. 自 2013 年 1 月 1 日起至 2017 年 12 月 31 日，对下列出版物在出版环节执行增值税 100％先征后退的政策：

　　(1) 中国共产党和各民主党派的各级组织的机关报纸和机关期刊，各级人大、政协、政府、工会、共青团、妇联、残联、科协的机关报纸和机关期刊，新华社的机关报纸和机关期刊，军事部门的机关报纸和机关期刊。

　　上述各级组织不含其所属部门。机关报纸和机关期刊增值税先征后退范围掌握在一个单位一份报纸和一份期刊以内。

　　(2) 专为少年儿童出版发行的报纸和期刊，中小学的学生课本。

　　(3) 专为老年人出版发行的报纸和期刊。

　　(4) 少数民族文字出版物。

　　(5) 盲文图书和盲文期刊。

　　(6) 经批准在内蒙古、广西、西藏、宁夏、新疆五个自治区内注册的出版单位出版的出版物。

（7）列入《适用增值税 100％先征后退政策的特定图书、报纸和期刊名单》的图书、报纸和期刊。

2. 自 2013 年 1 月 1 日起至 2017 年 12 月 31 日，对下列出版物在出版环节执行增值税先征后退 50％的政策：

（1）各类图书、期刊、音像制品、电子出版物，但第（1）项规定执行增值税 100％先征后退的出版物除外。

（2）列入《适用增值税 50％先征后退政策的报纸名单》的报纸。

3. 自 2013 年 1 月 1 日起至 2017 年 12 月 31 日，对下列印刷、制作业务执行增值税 100％先征后退的政策：

（1）对少数民族文字出版物的印刷或制作业务。

（2）列入《适用增值税 100％先征后退政策的新疆维吾尔自治区印刷企业名单》的新疆维吾尔自治区印刷企业的印刷业务。

4. 自 2013 年 1 月 1 日起至 2017 年 12 月 31 日，免征图书批发、零售环节增值税。

5. 享受第（1）项、第（2）项规定的增值税先征后退政策的纳税人，必须是具有相关出版物的出版许可证的出版单位（含以"租型"方式取得专有出版权进行出版物的印刷发行的出版单位）。承担省级及以上出版行政主管部门指定出版、发行任务的单位，因进行重组改制等原因尚未办理出版、发行许可的出版单位，经财政部驻各地财政监察专员办事处（以下简称财政监察专员办事处）商省级出版行政主管部门核准，可以享受相应的增值税先征后退政策。

纳税人应将享受上述税收优惠政策的出版物在财务上实行单独核算，不进行单独核算的不得享受本通知规定的优惠政策。违规出版物、多次出现违规的出版单位及图书批发零售单位不得享受本通知规定的优惠政策，上述违规出版物、出版单位及图书批发零售单位的具体名单由省级及以上出版行政主管部门及时通知相应财政监察专员办事处和主管税务机关。

6. 已按软件产品享受增值税退税政策的电子出版物不得再按本通知申请增值税先征后退政策。

7. 办理和认定。

本规定的各项增值税先征后退政策由财政监察专员办事处根据《财政部 国家税务总局 中国人民银行关于税制改革后对某些企业实行"先征后退"有关预算管理问题的暂行规定的通知》（〔94〕财预字第 55 号）的规定办理。

科普单位、科普活动和科普单位进口自用科普影视作品的认定仍按《科技部 财政部 国家税务总局 海关总署 新闻出版总署关于印发〈科普税收优惠政策实施办法〉的通知》（国科发政字〔2003〕416 号）的有关规定执行。

8. 本通知的有关定义。

（1）本通知所述"出版物"，是指根据国务院出版行政主管部门的有关规定出版的图书、报纸、期刊、音像制品和电子出版物。所述图书、报纸和期刊，包括随同图书、报纸、期刊销售并难以分离的光盘、软盘和磁带等信息载体。

（2）图书、报纸、期刊（即杂志）的范围，仍然按照《国家税务总局关于印发〈增值税部分货物征税范围注释〉的通知》（国税发〔1993〕151号）的规定执行；音像制品、电子出版物的范围，仍然按照《财政部 国家税务总局关于部分货物适用增值税低税率和简易办法征收增值税政策的通知》（财税〔2009〕9号）的规定执行。

（3）本通知所述"专为少年儿童出版发行的报纸和期刊"，是指以初中及初中以下少年儿童为主要对象的报纸和期刊。

（4）本通知所述"中小学的学生课本"，是指普通中小学学生课本和中等职业教育课本。普通中小学学生课本是指根据教育部中、小学教学大纲的要求，由经国务院出版行政主管部门审定而具有"中小学教材"出版资质的出版单位出版发行的中、小学学生上课使用的正式课本，具体操作时按国家和省级教育行政部门每年春、秋两季下达的"中小学教学用书目录"中所列的"课本"的范围掌握；中等职业教育课本是指经国家和省级教育、人力资源社会保障行政部门审定，供中等专业学校、职业高中和成人专业学校学生使用的课本，具体操作时按国家和省级教育、人力资源社会保障行政部门每年下达的教学用书目录认定。中小学的学生课本不包括各种形式的教学参考书、图册、自读课本、课外读物、练习册以及其他各类辅助性教材和辅导读物。

（5）本通知所述"专为老年人出版发行的报纸和期刊"，是指以老年人为主要对象的报纸和期刊，具体范围详见《专为老年人出版发行的报纸和期刊名单》。

（6）本通知第一条第（1）项和第（2）项规定的图书包括"租型"出版的图书。

（7）本通知所述"科普单位"，是指科技馆，自然博物馆，对公众开放的天文馆（站、台）、气象台（站）、地震台（站），以及高等院校、科研机构对公众开放的科普基地。

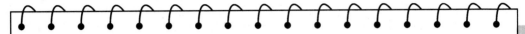

税法依据

《财政部 国家税务总局关于延续宣传文化增值税和营业税优惠政策的通知》（财税〔2013〕87号）

十三、军队军工系统增值税优惠政策

1. 军队系统（包括人民武装警察部队）。

（1）军队系统的下列企事业单位，可以按本规定享受税收优惠照顾：

①军需工厂（指纳入总后勤部统一管理，由总后勤部授予代号经国家税务总局审查核实的企业化工厂）；

②军马场；

③军办农场（林厂、茶厂）；

④军办厂矿；

⑤军队院校、医院、科研文化单位、物资供销、仓库、修理等事业单位。

（2）军队系统各单位生产、销售、供应的应税货物应当按规定征收增值税。但为部队生产的武器及其零配件、弹药、军训器材、部队装备（指人被装、军械装备、马装具），免征增值税。军需工厂、物资供销单位生产、销售、调拨给公安系统和国家安全系统的民警服装，免征增值税；对外销售的，按规定征收增值税。供军内使用的应与对外销售的分开核算，否则，按对外销售征税。

（3）军需工厂之间为生产军品而互相协作的产品免征增值税。

（4）军队系统各单位从事加工、修理修配武器及其零配件、弹药、军训器材、部队装备的业务收入，免征增值税。

2. 军工系统（指电子工业部、中国核工业总公司、中国航天工业总公司、中国航空工业总公司、中国兵器工业总公司、中国船舶工业总公司）。

（1）军工系统所属军事工厂（包括科研单位）生产销售的应税货物应当按规定征收增值税。但对列入军工主管部门军品生产计划并按照军品作价原则销售给军队、人民武装警察部队和军事工厂的军品，免征增值税。

（2）军事工厂生产销售给公安系统、司法系统和国家安全系统的武器装备免征增值税。

（3）军事工厂之间为了生产军品而相互提供货物以及为了制造军品相互提供的专用非标准设备、工具、模具、量具等免征增值税；对军工系统以外销售的，按规定征收增值税。

3. 除军工、军队系统企业以外的一般工业企业生产的军品，只对枪、炮、雷、弹、军用舰艇、飞机、坦克、雷达、电台、舰艇用柴油机、各种炮用瞄准具和瞄准镜，一律在总装企业就总装成品免征增值税。

4. 军队、军工系统各单位经总后勤部和国防科工委批准进口的专用设备、仪器仪表及其零配件，免征进口环节增值税；军队、军工系统各单位进口其他货物，应按规定征收进口环节增值税。

军队、军工系统各单位将进口的免税货物转售给军队、军工系统以外的，应按规定征收增值税。

5. 军品以及军队系统各单位出口军需工厂生产或军需部门调拨的货物，在生产环节免征增值税，出口不再退税。

6. 军队物资供应机构在军队系统（包括军队各级机关、部队、院校、医院、科研文化单位、干休所、仓库、供应站、企业化工厂、军办厂矿、农场、马场、招待所等各类单位）内部调拨供应物资，原则上使用军队的物资调拨计价单，军队内部调拨供应物资免征增值税。其中调拨供应给军队企业化工厂，军办厂矿等单位的生产用物资，购货方要求开具增值税专用发票的，可予开具增值税专用发票，但开具增值税专用发票的销售收入均应按规定缴纳增值税。

7. 军队系统所属企业生产并按军品作价原则作价在军队系统内部调拨或销售的钢材、木材、水泥、煤炭、营具、药品、锅炉、缝纫机机械免征增值税。对外销售的一律照章征收增值税。

8. 对于原享受军品免征增值税政策的军工集团全资所属企业，按照《国防科工委关于印发〈军工企业股份制改造实施暂行办法〉的通知》（科工改〔2007〕1366号）的有关规定，改制为国有独资（或国有全资）、国有绝对控股、国有相对控股的有限责任公司或股份有限公司，所生产销售的军品可按照《财政部 国家税务总局关于军队、军工系统所属单位征收流转税、资源税问题的通知》（财税字〔1994〕11号）的规定，继续免征增值税。

税法依据

● 《财政部 国家税务总局关于军队、军工系统所属单位征收流转税、资源税问题的通知》（财税字〔1994〕11号）

● 《国家税务总局关于军队物资供应机构征收增值税有关问题的通知》（国税发〔1994〕第121号）

● 《财政部 国家税务总局关于军队系统所属企业征收增值税问题的通知》（财税字〔1997〕135号）

● 《财政部 国家税务总局关于军工企业股份制改造有关增值税政策问题的通知》（财税〔2007〕172号）

十四、公安司法部门增值税优惠政策

1. 公安部所属研究所、公安侦察保卫器材厂研制生产的列明代号的侦察保卫器材产品（每年新增部分报国家税务总局审核批准后下发）凡销售给公安、司法以及国家安全系统使用的，免征增值税；销售给其他单位的，按规定征收增值税。

2. 劳动工厂生产的民警服装销售给公安、司法以及国家安全系统使用的，免征增值税；销售给其他单位的，按规定征收增值税。

税法依据

《财政部　国家税务总局关于公安、司法部门所属单位征免增值税问题的通知》（财税字〔1994〕29号）

十五、供热企业增值税优惠政策

自2011年供暖期至2015年12月31日，对供热企业向居民个人（以下称居民）供热而取得的采暖费收入继续免征增值税。向居民供热而取得的采暖费收入，包括供热企业直接向居民收取的、通过其他单位向居民收取的和由单位代居民缴纳的采暖费。

免征增值税的采暖费收入，应当按照《中华人民共和国增值税暂行条例》第十六条的规定单独核算。通过热力产品经营企业向居民供热的热力产品生产企业，应当根据热力产品经营企业实际从居民取得的采暖费收入占该经营企业采暖费总收入的比例确定免税收入比例。

税法依据

《财政部　国家税务总局关于继续执行供热企业增值税、房产税、城镇土地使用税优惠政策的通知》（财税〔2011〕118号）

十六、自来水厂（公司）增值税优惠政策

对各级政府及主管部门委托自来水厂（公司）随水费收取的污水处理费，免征增值税。

税法依据

《财政部 国家税务总局关于污水处理费有关增值税政策的通知》（财税〔2001〕97号）

十七、煤层气抽采企业增值税优惠政策

对煤层气抽采企业的增值税一般纳税人抽采销售煤层气实行增值税先征后退政策。煤层气是指赋存于煤层及其围岩中与煤炭资源伴生的非常规天然气，也称煤矿瓦斯。

煤层气抽采企业应将享受增值税先征后退政策的业务和其他业务分别核算，不能分别准确核算的，不得享受增值税先征后退政策。

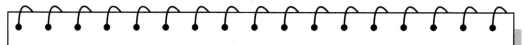

税法依据

《财政部 国家税务总局关于加快煤层气抽采有关税收政策问题的通知》（财税〔2007〕16号）

十八、修理修配增值税优惠政策

1. 为支持我国铁路建设，经国务院批准，从 2001 年 1 月 1 日起对铁路系统内部单位为本系统修理货车的业务免征增值税。

2. 为支持飞机维修行业的发展，决定自 2000 年 1 月 1 日起对飞机维修劳务增值税实际税负超过 6% 的部分实行由税务机关即征即退的政策。

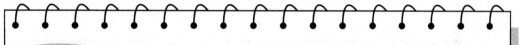

税法依据

●《财政部　国家税务总局关于铁路货车修理免征增值税的通知》（财税〔2001〕54 号）

●《财政部　国家税务总局关于飞机维修增值税问题的通知》（财税〔2000〕102 号）

十九、拍卖行增值税优惠政策

对拍卖行受托拍卖增值税应税货物，向买方收取的全部价款和价外费用，应当按照 3% 的征收率征收增值税。拍卖货物属免税货物范围的，可以免征增值税。

每一个纳税期内，拍卖行发生拍卖免税货物业务，均应在办理纳税申报时，向主管税务机关履行免税备案手续。

税法依据

●《国家税务总局关于拍卖行取得的拍卖收入征收增值税、营业税有关问题的通知》（国税发〔1999〕40 号）

- 《国家税务总局关于简并增值税征收率有关问题的公告》（国家税务总局公告 2014 年第 36 号）
- 《国家税务总局关于明确部分增值税优惠政策审批事项取消后有关管理事项的公告》（国家税务总局公告 2015 年第 38 号）

二十、黄金、钻石、铂金增值税优惠政策

具体政策略，请参考《财政部 国家税务总局关于黄金税收政策问题的通知》（财税〔2002〕142 号）、《国家税务总局关于印发〈上海期货交易所黄金期货交易增值税征收管理办法〉的通知》（国税发〔2008〕46 号）、《财政部 海关总署 国家税务总局关于调整钻石及上海钻石交易所有关税收政策的通知》（财税〔2006〕65 号）、《财政部 国家税务总局关于铂金及其制品税收政策的通知》（财税〔2003〕86 号）、《国家税务总局关于含金产品出口实行免税政策有关问题的补充通知》（国税发〔2006〕10 号）、《财政部 国家税务总局关于免征进口粗铜含金部分进口环节增值税的通知》（财关税〔2009〕60 号）、《国家税务总局关于纳税人销售伴生金有关增值税问题的公告》（国家税务总局公告 2011 年第 8 号）等文件。

二十一、外国政府、国际组织无偿援助项目增值税优惠政策

对外国政府和国际组织无偿援助项目在国内采购的货物免征增值税，同时允许销售免税货物的单位，将免税货物的进项税额在其他内销货物的销项税额中抵扣。

税法依据

《财政部 国家税务总局 外经贸部关于外国政府和国际组织无偿援助项目在华采购物资免征增值税问题的通知》（财税〔2002〕002 号）

二十二、资产重组增值税优惠政策

纳税人在资产重组过程中，通过合并、分立、出售、置换等方式，将全部或者部分实物资产以及与其相关联的债权、负债和劳动力一并转让给其他单位和个人，不属于增值税的征税范围，其中涉及的货物转让，不征收增值税。

纳税人在资产重组过程中，通过合并、分立、出售、置换等方式，将全部或者部分实物资产以及与其相关联的债权、负债经多次转让后，最终的受让方与劳动力接收方为同一单位和个人的，仍适用《国家税务总局关于纳税人资产重组有关增值税问题的公告》（国家税务总局公告2011年第13号）的相关规定，其中货物的多次转让行为均不征收增值税。资产的出让方需将资产重组方案等文件资料报其主管税务机关。

税法依据

●《国家税务总局关于纳税人资产重组有关增值税问题的公告》（国家税务总局公告2011年第13号）

●《国家税务总局关于纳税人资产重组有关增值税问题的公告》（国家税务总局公告2013年第66号）

二十三、增值税税控系统专用设备和技术维护费用抵减增值税税额优惠政策

自2011年12月1日起，增值税纳税人购买增值税税控系统专用设备支付的费用以及缴纳的技术维护费（以下称二项费用）可在增值税应纳税额中全额抵减。

1. 增值税纳税人2011年12月1日（含，下同）以后初次购买增值税税控系统专用设备（包括分开票机）支付的费用，可凭购买增值税税控系统专用设备取得的增值税专用发票，在增值税应纳税额中全额抵减（抵减额为价税合计额），不足抵减的可结转下期继续抵减。增值税纳税人非初次购买增值税税控系统专用设备支付的费用，由其自行负担，不得在增值税应纳税额中抵减。

增值税税控系统包括：增值税防伪税控系统、货物运输业增值税专用发票税控系统、机动车销售统一发票税控系统和公路、内河货物运输业发票税控系统。

增值税防伪税控系统的专用设备包括金税卡、IC 卡、读卡器或金税盘和报税盘；货物运输业增值税专用发票税控系统专用设备包括税控盘和报税盘；机动车销售统一发票税控系统和公路。

温馨提醒

《国家税务总局关于全面推行增值税发票系统升级版有关问题的公告》（国家税务总局公告 2015 年第 19 号）规定：

自 2015 年 4 月 1 日起在全国范围分步全面推行增值税发票系统升级版，增值税发票系统升级版纳税人端税控设备包括金税盘和税控盘（以下统称专用设备）。专用设备均可开具增值税专用发票、货物运输业增值税专用发票、增值税普通发票和机动车销售统一发票。

纳税人使用增值税普通发票开具收购发票，系统在发票左上角自动打印"收购"字样。

通用定额发票、客运发票和二手车销售统一发票继续使用。除通用定额发票、客运发票和二手车销售统一发票，一般纳税人和小规模纳税人发生增值税业务对外开具发票应当使用专用设备开具。

2. 增值税纳税人 2011 年 12 月 1 日以后缴纳的技术维护费（不含补缴的 2011 年 11 月 30 日以前的技术维护费），可凭技术维护服务单位开具的技术维护费发票，在增值税应纳税额中全额抵减，不足抵减的可结转下期继续抵减。技术维护费按照价格主管部门核定的标准执行。

3. 增值税一般纳税人支付的二项费用在增值税应纳税额中全额抵减的，其增值税专用发票不作为增值税抵扣凭证，其进项税额不得从销项税额中抵扣。

4. 纳税人购买的增值税税控系统专用设备自购买之日起 3 年内因质量问题无法正常使用的，由专用设备供应商负责免费维修，无法维修的免费更换。

5. 纳税人在填写纳税申报表时，对可在增值税应纳税额中全额抵减的增值税税控系统专用设备费用以及技术维护费，应按以下要求填报：

增值税一般纳税人将抵减金额填入《增值税纳税申报表（适用于增值税一般纳税人）》第 23 栏"应纳税额减征额"。当本期减征额小于或等于第 19 栏"应纳税额"与第 21 栏"简易征收办法计算的应纳税额"之和时，按本期减征额实际填写；当本期减征额大于第 19 栏"应纳税额"与第 21 栏"简易征收办法计算的应纳税额"之和时，按本期第 19 栏与第 21 栏之和填写，本期减征额不足抵减部分结转下期继续抵减。

小规模纳税人将抵减金额填入《增值税纳税申报表（适用于小规模纳税人）》第 11 栏"本期应纳税额减征额"。当本期减征额小于或等于第 10 栏"本期应纳税额"时，按本期减征额实际填写；当本期减征额大于第 10 栏"本期应纳税额"时，按本期第 10 栏填写，本期减征额不足抵减部分结转下期继续抵减。

税法依据

《财政部　国家税务总局关于增值税税控系统专用设备和技术维护费用抵减增值税税额有关政策的通知》（财税〔2012〕15 号）

二十四、免征蔬菜流通环节增值税优惠政策

自 2012 年 1 月 1 日起，免征蔬菜流通环节增值税。

1. 对从事蔬菜批发、零售的纳税人销售的蔬菜免征增值税。

蔬菜是指可作副食的草本、木本植物，包括各种蔬菜、菌类植物和少数可作副食的木本植物。蔬菜的主要品种参照《蔬菜主要品种目录》执行。

经挑选、清洗、切分、晾晒、包装、脱水、冷藏、冷冻等工序加工的蔬菜，属于财税〔2011〕137 号文件所述蔬菜的范围。

各种蔬菜罐头不属于财税〔2011〕137 号文件所述蔬菜的范围。蔬菜罐头是指蔬菜经处理、装罐、密封、杀菌或无菌包装而制成的食品。

2. 纳税人既销售蔬菜又销售其他增值税应税货物的，应分别核算蔬菜和其他增值税应税货物的销售额；未分别核算的，不得享受蔬菜增值税免税政策。

税法依据

《财政部　国家税务总局关于免征蔬菜流通环节增值税有关问题的通知》（财税〔2011〕137 号）

二十五、进口种子种源增值税免税优惠政策

"十二五"期间对进口种子（苗）种畜（禽）鱼种（苗）和种用野生动植物种源免征进口环节增值税。

税法依据

《财政部 海关总署 国家税务总局关于印发〈"十二五"期间进口种子种源免税政策管理办法〉的通知》（财关税〔2011〕76号）

二十六、研发机构采购设备税收优惠政策

外资研发中心进口科技开发用品免征进口关税和进口环节增值税、消费税（以下统称进口税收），对内资研发机构和外资研发中心采购国产设备全额退还增值税。本税收政策执行期限为2011年1月1日至2015年12月31日，具体从内资研发机构和外资研发中心取得资格的次月1日起执行。

1. 外资研发中心适用《科技开发用品免征进口税收暂行规定》（财政部、海关总署、国家税务总局令第44号）和《关于修改〈科技开发用品免征进口税收暂行规定〉和〈科学研究和教学用品免征进口税收规定〉的决定》（财政部、海关总署、国家税务总局令第63号）免征进口税收。根据其设立时间，应分别满足下列条件：

（1）对2009年9月30日及其之前设立的外资研发中心，应同时满足下列条件：

①研发费用标准：A. 对外资研发中心，作为独立法人的，其投资总额不低于500万美元；作为公司内设部门或分公司的非独立法人的，其研发总投入不低于500万美元；B. 企业研发经费年支出额不低于1000万元。

②专职研究与试验发展人员不低于90人。

③设立以来累计购置的设备原值不低于 1 000 万元。

（2）对 2009 年 10 月 1 日及其之后设立的外资研发中心，应同时满足下列条件：

①研发费用标准：作为独立法人的，其投资总额不低于 800 万美元；作为公司内设部门或分公司的非独立法人的，其研发总投入不低于 800 万美元。

②专职研究与试验发展人员不低于 150 人。

③设立以来累计购置的设备原值不低于 2 000 万元。

2. 适用采购国产设备全额退还增值税政策的内资研发机构和外资研发中心包括：

（1）《科技开发用品免征进口税收暂行规定》（财政部、海关总署、国家税务总局令第 44 号）规定的科学研究、技术开发机构。

（2）《科学研究和教学用品免征进口税收规定》（财政部、海关总署、国家税务总局令第 45 号）规定的科学研究机构和学校。

（3）符合第 1 条规定条件的外资研发中心。

税法依据

《财政部 商务部 海关总署 国家税务总局关于继续执行研发机构采购设备税收政策的通知》（财税〔2011〕88 号）

二十七、免征部分鲜活肉蛋产品流通环节增值税优惠政策

自 2012 年 10 月 1 日起，免征部分鲜活肉蛋产品流通环节增值税。

1. 对从事农产品批发、零售的纳税人销售的部分鲜活肉蛋产品免征增值税。

免征增值税的鲜活肉产品，是指猪、牛、羊、鸡、鸭、鹅及其整块或者分割的鲜肉、冷藏或者冷冻肉，内脏、头、尾、骨、蹄、翅、爪等组织。

免征增值税的鲜活蛋产品，是指鸡蛋、鸭蛋、鹅蛋，包括鲜蛋、冷藏蛋以及对其进行破壳分离的蛋液、蛋黄和蛋壳。

上述产品中不包括《中华人民共和国野生动物保护法》所规定的国家珍贵、濒危野生动物及其鲜活肉类、蛋类产品。

2. 从事农产品批发、零售的纳税人既销售上述鲜活肉蛋产品又销售其他增值税应税货物的，应分别核算上述鲜活肉蛋产品和其他增值税应税货物的销售额；未分别核算的，不得享受部分鲜活肉蛋产品增值税免税政策。

3.《中华人民共和国增值税暂行条例》第八条所列准予从销项税额中扣除的进项税额的第（三）项所称的"销售发票"，是指小规模纳税人销售农产品依照3%征收率按简易办法计算缴纳增值税而自行开具或委托税务机关代开的普通发票。批发、零售纳税人享受免税政策后开具的普通发票不得作为计算抵扣进项税额的凭证。

税法依据

《财政部 国家税务总局关于免征部分鲜活肉蛋产品流通环节增值税政策的通知》（财税〔2012〕75号）

二十八、农村饮水安全工程建设运营增值税优惠政策

2011年1月1日至2015年12月31日，对饮水工程运营管理单位向农村居民提供生活用水取得的自来水销售收入，免征增值税。

饮水工程，是指为农村居民提供生活用水而建设的供水工程设施。饮水工程运营管理单位是指负责农村饮水安全工程运营管理的自来水公司、供水公司、供水（总）站（厂、中心）、村集体、在民政部门注册登记的用水户协会等单位。对于既向城镇居民供水，又向农村居民供水的饮水工程运营管理单位，依据向农村居民供水收入占总供水收入的比例免征增值税。无法提供具体比例或所提供数据不实的，不得享受上述税收优惠政策。

税法依据

《财政部 国家税务总局关于支持农村饮水安全工程建设运营税收政策的通知》（财税〔2012〕30号）

二十九、新型显示器件产业增值税优惠政策

1. 自 2012 年 1 月 1 日至 2015 年 12 月 31 日，新型显示器件（包括薄膜晶体管液晶、等离子、有机发光二极管）面板生产企业进口国内不能生产的自用生产性（含研发用）原材料和消耗品，免征进口关税，照章征收进口环节增值税；进口建设净化室所需国内尚无法提供（即国内不能生产或性能不能满足）的配套系统以及维修生产设备所需零部件免征进口关税和进口环节增值税。具体免税办法依照《关于新型显示器件面板生产企业进口物资税收政策的暂行规定》（以下简称《暂行规定》）执行。

2. 对符合国内产业自主化发展规划的彩色滤光膜、偏光片等属于新型显示器件产业上游的关键原材料、零部件的生产企业，经财政部会同有关部门共同确定后，可享受进口国内不能生产的自用生产性原材料、消耗品免征进口关税的优惠政策。该政策的操作程序比照上述面板生产企业的《暂行规定》执行。

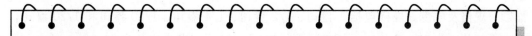

税法依据

《财政部 海关总署 国家税务总局关于进一步扶持新型显示器件产业发展有关税收优惠政策的通知》（财关税〔2012〕16 号）

三十、成都双流等 3 个机场民航国际航班使用保税航空燃油增值税优惠政策

1. 从 2013 年 2 月 1 日起，中国航空油料有限责任公司在成都双流、厦门高崎和郑州新郑机场设立的航空油料保税仓库，在海关批准的保税仓库有效期内，应以不含增值税的价格向民航国际航班销售进口保税的航空燃油。

2. 对中国航空油料有限责任公司所属的上述保税仓库，按照上述规定向民航国际航班销售进口保税的航空燃油取得的收入，免征增值税。

税法依据

《财政部 国家税务总局关于成都双流等 3 个机场民航国际航班使用保税航空燃油有关税收政策的通知》（财税〔2013〕1 号）

三十一、熊猫普制金币免征增值税优惠政策

1. 熊猫普制金币是指由黄金制成并同时符合以下条件的法定货币：

（1）由中国人民银行发行；

（2）生产质量为普制；

（3）正面主体图案为天坛祈年殿，并刊国名、年号。背面主体图案为熊猫，并刊面额、规格及成色。规格包括 1 盎司、1/2 盎司、1/4 盎司、1/10 盎司和 1/20 盎司，对应面额分别为 500 元、200 元、100 元、50 元、20 元。黄金成色为 99.9%。

2. 下列纳税人销售熊猫普制金币免征增值税：

（1）中国人民银行下属中国金币总公司（以下简称金币公司）及其控股子公司。

（2）经中国银行业监督管理委员会批准，允许开办个人黄金买卖业务的金融机构。

（3）经金币公司批准，获得"中国熊猫普制金币授权经销商"资格，并通过金币交易系统销售熊猫普制金币的纳税人。

3. 免征增值税的熊猫普制金币是指 2012 年（含）以后发行的熊猫普制金币。

4. 纳税人既销售免税的熊猫普制金币又销售其他增值税应税货物的，应分别核算免税的熊猫普制金币和其他增值税应税货物的销售额；未分别核算的，不得享受熊猫普制金币增值税免税政策。销售熊猫普制金币免税收入不得开具增值税专用发票。

5. 申请享受本办法规定的熊猫普制金币增值税优惠政策的纳税人，应当在初次申请时按照要求向主管税务机关提交以下资料办理免税备案手续：

（1）纳税人税务登记证原件及复印件；

（2）属于"中国熊猫普制金币授权经销商"的纳税人应提供相关资格证书原件及复印件和《中国熊猫普制金币经销协议》原件及复印件；金融机构应提供中国银行业监督管理委员会批准其开办个人黄金买卖业务的相关批件材料。

6. 符合条件的销售熊猫普制金币纳税人名单所列纳税人销售熊猫普制金币，符合《财政部 国家税务总局关于熊猫普制金币免征增值税政策的通知》（财税〔2012〕97号）和《熊猫普制金币免征增值税管理办法（试行）》（国家税务总局公告 2013 年第 6 号）相关规定的，可享受增值税免税政策。

不符合条件的纳税人退出名单所列纳税人销售熊猫普制金币，不再按照上述规定享受增值税免税政策。

税法依据

●《财政部 国家税务总局关于熊猫普制金币免征增值税政策的通知》（财税〔2012〕97 号）

●《熊猫普制金币免征增值税管理办法（试行）》（国家税务总局公告 2013 年第 6 号）

●《国家税务总局关于公布符合条件的销售熊猫普制金币纳税人名单（第三批）暨不符合条件的纳税人退出名单的公告》（国家税务总局公告 2014 年第 47 号）

三十二、中国邮政储蓄银行改制上市免征增值税优惠政策

对中国邮政集团公司向原中国邮政储蓄银行有限责任公司转移出资资产、中国邮政集团公司以实物资产抵偿原中国邮政储蓄银行有限责任公司的储蓄和汇兑利息损失挂账，以及中国邮政集团公司与原中国邮政储蓄银行有限责任公司之间进行资产置换过程中涉及的土地、房屋、机器设备、软件和应用系统的权属转移，免征营业税和增值税。

税法依据

《财政部 国家税务总局关于中国邮政储蓄银行改制上市有关税收政策的通知》（财税〔2013〕53 号）

三十三、租赁企业进口飞机增值税优惠政策

自 2014 年 1 月 1 日起，租赁企业一般贸易项下进口飞机并租给国内航空公司使用的，享受与国内航空公司进口飞机同等税收优惠政策，即进口空载重量在 25 吨以上的飞机减按 5％征收进口环节增值税。自 2014 年 1 月 1 日以来，对已按 17％税率征收进口环节增值税的上述飞机，超出 5％税率的已征税款，尚未申报增值税进项税额抵扣的，可以退还。租赁企业申请退税时，应附送主管税务机关出具的进口飞机所缴纳增值税未抵扣证明。

海关特殊监管区域内租赁企业从境外购买并租给国内航空公司使用的、空载重量在 25 吨以上、不能实际入区的飞机，不实施进口保税政策，减按 5％征收进口环节增值税。

税法依据

《财政部 海关总署 国家税务总局关于租赁企业进口飞机有关税收政策的通知》（财关税〔2014〕16 号）

三十四、原油和铁矿石期货保税交割业务增值税优惠政策

1. 上海国际能源交易中心股份有限公司的会员和客户通过上海国际能源交易中心股份有限公司交易的原油期货保税交割业务，大连商品交易所的会员和客户通过大连商品交易所交易的铁矿石期货保税交割业务，暂免征收增值税。

2. 期货保税交割的销售方，在向主管税务机关申报纳税时，应出具当期期货保税交割的书面说明、上海国际能源交易中心股份有限公司或大连商品交易所的交割结算单、保税仓单等资料。

3. 上述期货交易中实际交割的原油和铁矿石，如果发生进口或者出口的，统一按

照现行货物进出口税收政策执行。非保税货物发生的期货实物交割仍按《国家税务总局关于下发〈货物期货征收增值税具体办法〉的通知》（国税发〔1994〕244 号）的规定执行。

税法依据

《财政部 国家税务总局关于原油和铁矿石期货保税交割业务增值税政策的通知》（财税〔2015〕35 号）

三十五、新型墙体材料增值税优惠政策

1. 对纳税人销售自产的列入本通知所附《享受增值税即征即退政策的新型墙体材料目录》（以下简称《目录》，略）的新型墙体材料，实行增值税即征即退 50％的政策。

2. 纳税人销售自产的《目录》所列新型墙体材料，其申请享受本通知规定的增值税优惠政策时，应同时符合下列条件：

（1）销售自产的新型墙体材料，不属于国家发展和改革委员会《产业结构调整指导目录》中的禁止类、限制类项目。

（2）销售自产的新型墙体材料，不属于环境保护部《环境保护综合名录》中的"高污染、高环境风险"产品或者重污染工艺。

（3）纳税信用等级不属于税务机关评定的 C 级或 D 级。

纳税人在办理退税事宜时，应向主管税务机关提供其符合上述条件的书面声明材料，未提供书面声明材料或者出具虚假材料的，税务机关不得给予退税。

3. 纳税人应当单独核算享受本通知规定的增值税即征即退政策的新型墙体材料的销售额和应纳税额。未按规定单独核算的，不得享受本通知规定的增值税即征即退政策。

4. 已享受本通知规定的增值税即征即退政策的纳税人，因违反税收、环境保护的法律法规受到处罚（警告或单次 1 万元以下罚款除外），自处罚决定下达的次月起 36 个月内，不得享受本通知规定的增值税即征即退政策。

5.《目录》所列新型墙体材料适用的国家标准、行业标准，如在执行过程中有更新、替换，统一按新的国家标准、行业标准执行。

税法依据

《财政部 国家税务总局关于新型墙体材料增值税政策的通知》（财税〔2015〕73号）

三十六、直接免税的营改增试点服务

1. 个人转让著作权。

2. 残疾人个人提供应税服务。

3. 航空公司提供飞机播洒农药服务。

4. 试点纳税人提供技术转让、技术开发和与之相关的技术咨询、技术服务。

（1）技术转让，是指转让者将其拥有的专利和非专利技术的所有权或者使用权有偿转让他人的行为；技术开发，是指开发者接受他人委托，就新技术、新产品、新工艺或者新材料及其系统进行研究开发的行为；技术咨询，是指就特定技术项目提供可行性论证、技术预测、专题技术调查、分析评价报告等。

与技术转让、技术开发相关的技术咨询、技术服务，是指转让方（或受托方）根据技术转让或开发合同的规定，为帮助受让方（或委托方）掌握所转让（或委托开发）的技术，而提供的技术咨询、技术服务业务，且这部分技术咨询、服务的价款与技术转让（或开发）的价款应当开在同一张发票上。

（2）审批程序。试点纳税人申请免征增值税时，须持技术转让、开发的书面合同，到试点纳税人所在地省级科技主管部门进行认定，并持有关的书面合同和科技主管部门审核意见证明文件报主管国家税务局备查。

5. 符合条件的节能服务公司实施合同能源管理项目中提供的应税服务。

上述"符合条件"是指同时满足下列条件：

（1）节能服务公司实施合同能源管理项目相关技术，应当符合国家质量监督检验检疫总局和国家标准化管理委员会发布的《合同能源管理技术通则》（GB/T24915—2010）规定的技术要求。

（2）节能服务公司与用能企业签订《节能效益分享型》合同，其合同格式和内容，符合《中华人民共和国合同法》和国家质量监督检验检疫总局和国家标准化管理委员会发布的《合同能源管理技术通则》（GB/T24915—2010）等规定。

6. 自 2014 年 1 月 1 日至 2018 年 12 月 31 日，试点纳税人提供的离岸服务外包业务。

上述离岸服务外包业务，是指试点纳税人根据境外单位与其签订的委托合同，由本企业或其直接转包的企业为境外提供信息技术外包服务（ITO）、技术性业务流程外包服务（BPO）或技术性知识流程外包服务（KPO）（离岸服务外包业务具体内容附后）。

7. 台湾航运公司从事海峡两岸海上直航业务在大陆取得的运输收入。

台湾航运公司，是指取得交通运输部颁发的"台湾海峡两岸间水路运输许可证"且该许可证上注明的公司登记地址在台湾的航运公司。

8. 台湾航空公司从事海峡两岸空中直航业务在大陆取得的运输收入。

台湾航空公司，是指取得中国民用航空局颁发的"经营许可"或依据《海峡两岸空运协议》和《海峡两岸空运补充协议》规定，批准经营两岸旅客、货物和邮件不定期（包机）运输业务，且公司登记地址在台湾的航空公司。

9. 美国 ABS 船级社在非营利宗旨不变、中国船级社在美国享受同等免税待遇的前提下，在中国境内提供的船检服务。

10. 随军家属就业。

（1）为安置随军家属就业而新开办的企业，自领取税务登记证之日起，其提供的应税服务 3 年内免征增值税。

享受税收优惠政策的企业，随军家属必须占企业总人数的 60%（含）以上，并有军（含）以上政治和后勤机关出具的证明。

（2）从事个体经营的随军家属，自领取税务登记证之日起，其提供的应税服务 3 年内免征增值税。

随军家属必须有师以上政治机关出具的可以表明其身份的证明。

主管税务机关在企业或个人享受免税期间，应当对此类企业进行年度检查，凡不符合条件的，取消其免税政策。

按照上述规定，每一名随军家属可以享受一次免税政策。

11. 军队转业干部就业。

（1）从事个体经营的军队转业干部，自领取税务登记证之日起，其提供的应税服务 3 年内免征增值税。

（2）为安置自主择业的军队转业干部就业而新开办的企业，凡安置自主择业的军队转业干部占企业总人数 60%（含）以上的，自领取税务登记证之日起，其提供的应税服务 3 年内免征增值税。

享受上述优惠政策的自主择业的军队转业干部必须持有师以上部队颁发的转业证件。

12. 失业人员就业。

（1）持《就业失业登记证》（注明"自主创业税收政策"或附着《高校毕业生自主创业证》）人员从事个体经营的，在 3 年内按照每户每年 8 000 元为限额依次扣减其当年实际应缴纳的增值税、城市维护建设税、教育费附加和个人所得税。

试点纳税人年度应缴纳税款小于上述扣减限额的，以其实际缴纳的税款为限；大于上述扣减限额的，应当以上述扣减限额为限。

享受优惠政策的个体经营试点纳税人，是指提供《应税服务范围注释》服务（除广告服务外）的试点纳税人。

持《就业失业登记证》（注明"自主创业税收政策"或附着《高校毕业生自主创业证》）人员是指：①在人力资源和社会保障部门公共就业服务机构登记失业半年以上的人员；②零就业家庭、享受城市居民最低生活保障家庭劳动年龄内的登记失业人员；③毕业年度内高校毕业生。

高校毕业生，是指实施高等学历教育的普通高等学校、成人高等学校毕业的学生；毕业年度，是指毕业所在自然年，即 1 月 1 日至 12 月 31 日。

（2）服务型企业（除广告服务外）在新增加的岗位中，当年新招用持《就业失业登记证》（注明"企业吸纳税收政策"）人员，与其签订 1 年以上期限劳动合同并依法缴纳社会保险费的，在 3 年内按照实际招用人数予以定额依次扣减增值税、城市维护建设税、教育费附加和企业所得税。定额标准为每人每年 4 000 元，可上下浮动 20%，由试点地区省级人民政府根据本地区实际情况在此幅度内确定具体定额标准，并报财政部和国家税务总局备案。

按照上述标准计算的税收扣减额应当在企业当年实际应缴纳的增值税、城市维护建设税、教育费附加和企业所得税税额中扣减，当年扣减不足的，不得结转下年使用。

持《就业失业登记证》（注明"企业吸纳税收政策"）人员是指：①国有企业下岗失业人员；②国有企业关闭破产需要安置的人员；③国有企业所办集体企业（即厂办大集体企业）下岗职工；④享受最低生活保障且失业 1 年以上的城镇其他登记失业人员。

服务型企业，是指从事原营业税"服务业"税目范围内业务的企业。

国有企业所办集体企业（即厂办大集体企业），是指 20 世纪 70、80 年代，由国有企业批准或资助兴办的，以安置回城知识青年和国有企业职工子女就业为目的，主要向主办国有企业提供配套产品或劳务服务，在工商行政机关登记注册为集体所有制的企业。厂办大集体企业下岗职工包括在国有企业混岗工作的集体企业下岗职工。

（3）享受上述优惠政策的人员按照下列规定申领《就业失业登记证》、《高校毕业生自主创业证》等凭证：

①按照《就业服务与就业管理规定》（劳动和社会保障部令第 28 号）第六十三条的规定，在法定劳动年龄内，有劳动能力，有就业要求，处于无业状态的城镇常住人

员，在公共就业服务机构进行失业登记，申领《就业失业登记证》。其中，农村进城务工人员和其他非本地户籍人员在常住地稳定就业满 6 个月的，失业后可以在常住地登记。

②零就业家庭凭社区出具的证明，城镇低保家庭凭低保证明，在公共就业服务机构登记失业，申领《就业失业登记证》。

③毕业年度内高校毕业生在校期间凭学校出具的相关证明，经学校所在地省级教育行政部门核实认定，取得《高校毕业生自主创业证》（仅在毕业年度适用），并向创业地公共就业服务机构申请取得《就业失业登记证》；高校毕业生离校后直接向创业地公共就业服务机构申领《就业失业登记证》。

④服务型企业招录的人员，在公共就业服务机构申领《就业失业登记证》。

⑤《再就业优惠证》不再发放，原持证人员应当到公共就业服务机构换发《就业失业登记证》。正在享受下岗失业人员再就业税收优惠政策的原持证人员，继续享受原税收优惠政策至期满为止。

⑥上述人员申领相关凭证后，由就业和创业地人力资源社会保障部门对人员范围、就业失业状态、已享受政策情况审核认定，在《就业失业登记证》上注明"自主创业税收政策"或"企业吸纳税收政策"字样，同时符合自主创业和企业吸纳税收政策条件的，可同时加注；主管税务机关在《就业失业登记证》上加盖戳记，注明减免税所属时间。

（4）上述税收优惠政策的审批期限为 2011 年 1 月 1 日至 2013 年 12 月 31 日，以试点纳税人到税务机关办理减免税手续之日起作为优惠政策起始时间。税收优惠政策在 2013 年 12 月 31 日未执行到期的，可继续享受至 3 年期满为止。

13. 试点纳税人提供的国际货物运输代理服务。

（1）试点纳税人提供国际货物运输代理服务，向委托方收取的全部国际货物运输代理服务收入，以及向国际运输承运人支付的国际运输费用，必须通过金融机构进行结算。

（2）试点纳税人为大陆与香港、澳门、台湾地区之间的货物运输提供的货物运输代理服务参照国际货物运输代理服务有关规定执行。

（3）委托方索取发票的，试点纳税人应当就国际货物运输代理服务收入向委托方全额开具增值税普通发票。

（4）本规定自 2013 年 8 月 1 日起执行。2013 年 8 月 1 日至本规定发布之日前，已开具增值税专用发票的，应将专用发票追回后方可适用本规定。

税法依据

《国家税务总局关于国际货物运输代理服务有关增值税问题的公告》（国家税务总局公告 2014 年第 42 号）补充规定：

一、试点纳税人通过其他代理人，间接为委托人办理货物的国际运输、从事国际运输的运输工具进出港口、联系安排引航、靠泊、装卸等货物和船舶代理相关业务手续，可按照《财政部 国家税务总局关于将铁路运输和邮政业纳入营业税改征增值税试点的通知》（财税〔2013〕106号）附件3第一条第（十四）项免征增值税。

二、试点纳税人提供上述国际货物运输代理服务，向委托人收取的全部代理服务收入，以及向其他代理人支付的全部代理费用，必须通过金融机构进行结算。

三、试点纳税人为大陆与香港、澳门、台湾地区之间的货物运输间接提供的货物运输代理服务，参照上述规定执行。

本公告自2014年9月1日起施行。

14. 世界银行贷款粮食流通项目投产后的应税服务。

世界银行贷款粮食流通项目，是指《财政部 国家税务总局关于世行贷款粮食流通项目建筑安装工程和服务收入免征营业税的通知》（财税字〔1998〕87号）所附《世行贷款粮食流通项目一览表》所列明的项目。

本规定自2014年1月1日至2015年12月31日执行。

15. 中国邮政集团公司及其所属邮政企业提供的邮政普遍服务和邮政特殊服务。

16. 自2014年1月1日至2015年12月31日，中国邮政集团公司及其所属邮政企业为中国邮政速递物流股份有限公司及其子公司（含各级分支机构）代办速递、物流、国际包裹、快递包裹以及礼仪业务等速递物流类业务取得的代理收入，以及为金融机构代办金融保险业务取得的代理收入。

17. 青藏铁路公司提供的铁路运输服务。

税法依据

《营业税改征增值税试点过渡政策的规定》（财税〔2013〕106号附件3）

三十七、增值税即征即退的营改增试点服务

下列项目实行增值税即征即退：

（1）2015 年 12 月 31 日前，注册在洋山保税港区和东疆保税港区内的试点纳税人，提供的国内货物运输服务、仓储服务和装卸搬运服务。

（2）安置残疾人的单位，实行由税务机关按照单位实际安置残疾人的人数，限额即征即退增值税的办法。

上述政策仅适用于从事原营业税"服务业"税目（广告服务除外）范围内业务取得的收入占其增值税和营业税业务合计收入的比例达到 50% 的单位。

有关享受增值税优惠政策单位的条件、定义、管理要求等按照《财政部 国家税务总局关于促进残疾人就业税收优惠政策的通知》（财税〔2007〕92 号）中有关规定执行。

（3）2015 年 12 月 31 日前，试点纳税人中的一般纳税人提供管道运输服务，对其增值税实际税负超过 3% 的部分实行增值税即征即退政策。

（4）经中国人民银行、银监会或者商务部批准从事融资租赁业务的试点纳税人中的一般纳税人，提供有形动产融资租赁服务，在 2015 年 12 月 31 日前，对其增值税实际税负超过 3% 的部分实行增值税即征即退政策。商务部授权的省级商务主管部门和国家经济技术开发区批准的从事融资租赁业务的试点纳税人中的一般纳税人，2013 年 12 月 31 日前注册资本达到 1.7 亿元的，自 2013 年 8 月 1 日起，按照上述规定执行；2014 年 1 月 1 日以后注册资本达到 1.7 亿元的，从达到该标准的次月起，按照上述规定执行。

税法依据

《营业税改征增值税试点过渡政策的规定》（财税〔2013〕106 号附件 3）

三十八、尚未执行完毕的营改增试点前租赁合同的过渡政策

1. 营改增政策规定：

试点纳税人在本地区试点实施之日前签订的尚未执行完毕的租赁合同，在合同到期日之前继续按照现行营业税政策规定缴纳营业税。

2. 享受过渡政策的租赁合同的条件：

（1）享受过渡政策的租赁合同必须是在试点实施之日前签订的且尚未执行完毕的

合同。

（2）合同标的物为有形动产。

（3）合同标的物、租赁期限、租赁条款不发生变更。

（4）续签日期在试点实施之日前的，视为在试点实施之日前签订的租赁合同。

3. 凡需享受租赁合同过渡政策的，出租方及扣缴义务人应在规定的期限内向主管税务机关提出书面备案申请。经主管税务机关备案确认后，才可按原税法规定申报缴纳营业税。

4. 享受过渡政策的租赁合同的核算规定：

（1）纳税人对试点前老合同和新合同的收入应分开核算，分别开具营业税和增值税发票，分别申报缴纳营业税和增值税。不能分开核算的，应由主管税务机关分别核定营业税劳务和应税服务的销售额。

（2）发生服务中止、开票有误等情形，应按照营业税和增值税发票管理的有关规定分别作出处理，并分别冲减相应的营业税应税收入、增值税应税收入。

（3）经批准经营融资租赁业务的单位，对其从事融资租赁业务中的租赁老合同经营收入，可以按照现行国家有关营业税政策规定差额征收营业税，以其向承租者收取的全部价款和价外费用（包括残值）减除出租方承担的出租货物的实际成本后的余额为营业额。从事融资租赁业务的单位应分别核算老合同和新合同项目中可减除项目的实际成本，未分别核算的，不得从销售额中减除上述成本支出。但对于确属难以准确划分的利息支出等项目，要在新合同和老合同项目之间采取合理的方式进行拆分，如可按照新老合同的收入比例划分。

税法依据

《营业税改征增值税试点过渡政策的规定》（财税〔2013〕106 号附件 3）

三十九、营业税改征增值税试点应税服务出口政策

1. 中华人民共和国境内（以下称境内）的单位和个人提供的国际运输服务、向境外单位提供的研发服务和设计服务，适用增值税零税率。

（1）国际运输服务，是指：

①在境内载运旅客或者货物出境；

②在境外载运旅客或者货物入境；

③在境外载运旅客或者货物。

（2）境内的单位和个人适用增值税零税率，以水路运输方式提供国际运输服务的，应当取得《国际船舶运输经营许可证》；以公路运输方式提供国际运输服务的，应当取得《道路运输经营许可证》和《国际汽车运输行车许可证》，且《道路运输经营许可证》的经营范围应当包括"国际运输"；以航空运输方式提供国际运输服务的，应当取得《公共航空运输企业经营许可证》且其经营范围应当包括"国际航空客货邮运输业务"，或者持有《通用航空经营许可证》且其经营范围应当包括"公务飞行"。

（3）航天运输服务参照国际运输服务，适用增值税零税率。

（4）向境外单位提供的设计服务，不包括对境内不动产提供的设计服务。

2. 境内的单位和个人提供的往返香港、澳门、台湾的交通运输服务以及在香港、澳门、台湾提供的交通运输服务（以下称港澳台运输服务），适用增值税零税率。

境内的单位和个人适用增值税零税率，以公路运输方式提供至香港、澳门的交通运输服务的，应当取得《道路运输经营许可证》并具有持《道路运输证》的直通港澳运输车辆；以水路运输方式提供至台湾的交通运输服务的，应当取得《台湾海峡两岸间水路运输许可证》并具有持《台湾海峡两岸间船舶营运证》的船舶；以水路运输方式提供至香港、澳门的交通运输服务的，应当具有获得港澳线路运营许可的船舶；以航空运输方式提供上述交通运输服务的，应当取得《公共航空运输企业经营许可证》且其经营范围应当包括"国际、国内（含港澳）航空客货邮运输业务"，或者持有《通用航空经营许可证》且其经营范围应当包括"公务飞行"。

3. 自 2013 年 8 月 1 日起，境内的单位或个人提供程租服务，如果租赁的交通工具用于国际运输服务和港澳台运输服务，由出租方按规定申请适用增值税零税率。

自 2013 年 8 月 1 日起，境内的单位或个人向境内单位或个人提供期租、湿租服务，如果承租方利用租赁的交通工具向其他单位或个人提供国际运输服务和港澳台运输服务，由承租方按规定申请适用增值税零税率。境内的单位或个人向境外单位或个人提供期租、湿租服务，由出租方按规定申请适用增值税零税率。

4. 境内的单位和个人提供适用增值税零税率的应税服务，如果属于适用简易计税方法的，实行免征增值税办法。如果属于适用增值税一般计税方法的，生产企业实行免抵退税办法，外贸企业外购研发服务和设计服务出口实行免退税办法，外贸企业自己开发的研发服务和设计服务出口，视同生产企业连同其出口货物统一实行免抵退税办法。应税服务退税率为其按照《试点实施办法》第十二条第（一）至（三）项规定适用的增值税税率。实行退（免）税办法的研发服务和设计服务，如果主管税务机关认定出口价格偏高的，有权按照核定的出口价格计算退（免）税，核定的出口价格低于外贸企业购进价格的，低于部分对应的进项税额不予退税，转入成本。

5. 境内的单位和个人提供适用增值税零税率应税服务的，可以放弃适用增值税零税率，选择免税或按规定缴纳增值税。放弃适用增值税零税率后，36 个月内不得再申请适用增值税零税率。

6. 境内的单位和个人提供适用增值税零税率的应税服务，按月向主管退税的税务机关申报办理增值税免抵退税或免税手续。具体管理办法由国家税务总局商财政部另行制定。

7. 境内的单位和个人提供的下列应税服务免征增值税，但财政部和国家税务总局规定适用增值税零税率的除外：

（1）工程、矿产资源在境外的工程勘察勘探服务。

（2）会议展览地点在境外的会议展览服务。

（3）存储地点在境外的仓储服务。

（4）标的物在境外使用的有形动产租赁服务。

（5）为出口货物提供的邮政业服务和收派服务。

（6）在境外提供的广播影视节目（作品）的发行、播映服务。

（7）符合本规定第（一）条第 1 项规定但不符合第（一）条第 2 项规定条件的国际运输服务。

（8）符合本规定第（二）条第一款规定但不符合第（二）条第二款规定条件的港澳台运输服务。

（9）向境外单位提供的下列应税服务：

①技术转让服务、技术咨询服务、合同能源管理服务、软件服务、电路设计及测试服务、信息系统服务、业务流程管理服务、商标著作权转让服务、知识产权服务、物流辅助服务（仓储服务、收派服务除外）、认证服务、鉴证服务、咨询服务、广播影视节目（作品）制作服务、期租服务、程租服务、湿租服务。但不包括：合同标的物在境内的合同能源管理服务，对境内货物或不动产的认证服务、鉴证服务和咨询服务。

②广告投放地在境外的广告服务。

8.《适用增值税零税率应税服务退（免）税管理办法》（国家税务总局公告 2014 年第 11 号）第三条规定：

增值税零税率应税服务适用范围按财政部、国家税务总局的规定执行。

起点或终点在境外的运单、提单或客票所对应的各航段或路段的运输服务，属于国际运输服务。

起点或终点在港澳台的运单、提单或客票所对应的各航段或路段的运输服务，属于港澳台运输服务。

从境内载运旅客或货物至国内海关特殊监管区域及场所、从国内海关特殊监管区域及场所载运旅客或货物至国内其他地区或者国内海关特殊监管区域及场所，以及向国内海关特殊监管区域及场所内单位提供的研发服务、设计服务，不属于增值税零税率应税服务适用范围。

9.《财政部 国家税务总局关于国际水路运输增值税零税率政策的补充通知》（财税〔2014〕50号）补充明确：

根据营业税改征增值税试点运行情况，现对《财政部 国家税务总局关于将铁路运输和邮政业纳入营业税改征增值税试点的通知》（财税〔2013〕106号）附件4中有关以水路运输方式提供国际运输服务适用的增值税零税率政策，补充明确如下：

（1）境内的单位和个人取得交通部门颁发的《国际班轮运输经营资格登记证》或加注国际客货运输的《水路运输许可证》，并以水路运输方式提供国际运输服务的，适用增值税零税率政策。

（2）境内的单位可持上述证书办理出口退（免）税资格认定手续。

（3）本通知自2014年7月1日起执行。

税法依据

● 《应税服务适用增值税零税率和免税政策的规定》（财税〔2013〕106号附件4）

● 《适用增值税零税率应税服务退（免）税管理办法》（国家税务总局公告2014年第11号）

● 《财政部 国家税务总局关于国际水路运输增值税零税率政策的补充通知》（财税〔2014〕50号）

四十、跨境应税服务增值税免税政策

境内的单位和个人（以下称纳税人）提供下列跨境应税服务（以下称跨境服务）免征增值税：

1. 工程、矿产资源在境外的工程勘察勘探服务。

2. 会议展览地点在境外的会议展览服务。

为客户参加在境外举办的会议、展览而提供的组织安排服务，属于会议展览地点在境外的会议展览服务。

3. 存储地点在境外的仓储服务。

4. 标的物在境外使用的有形动产租赁服务。

5. 为出口货物提供的邮政业服务和收派服务。

（1）为出口货物提供的邮政业服务，是指：

①寄递函件、包裹等邮件出境；

②向境外发行邮票；

③出口邮册等邮品；

④代办收件地在境外的速递物流类业务。

（2）为出口货物提供的收派服务，是指为出境的函件、包裹提供的收件、分拣、派送服务。

纳税人为出口货物提供收派服务，免税销售额为其向寄件人收取的全部价款和价外费用。

（3）境外单位或者个人为出境的函件、包裹在境外提供邮政服务和收派服务，属于《营业税改征增值税试点实施办法》第十条规定的完全在境外消费的应税服务，不征收增值税。

6. 在境外提供的广播影视节目（作品）发行、播映服务。

在境外提供的广播影视节目（作品）发行服务，是指向境外单位或者个人发行广播影视节目（作品）、转让体育赛事等文体活动的报道权或者播映权，且该广播影视节目（作品）、体育赛事等文体活动在境外播映或者报道。

在境外提供的广播影视节目（作品）播映服务，是指在境外的影院、剧院、录像厅及其他场所播映广播影视节目（作品）。

通过境内的电台、电视台、卫星通信、互联网、有线电视等无线或者有线装置向境外播映广播影视节目（作品），不属于在境外提供的广播影视节目（作品）播映服务。

7. 以水路运输方式提供国际运输服务但未取得《国际船舶运输经营许可证》的；以公路运输方式提供国际运输服务但未取得《道路运输经营许可证》或者《国际汽车运输行车许可证》，或者《道路运输经营许可证》的经营范围未包括"国际运输"的；以航空运输方式提供国际运输服务但未取得《公共航空运输企业经营许可证》，或者其经营范围未包括"国际航空客货邮运输业务"的；以航空运输方式提供国际运输服务但未持有《通用航空经营许可证》，或者其经营范围未包括"公务飞行"的。

8. 以公路运输方式提供至香港、澳门的交通运输服务，但未取得《道路运输经营许可证》，或者未具有持《道路运输证》的直通港澳运输车辆的；以水路运输方式提供至台湾的交通运输服务，但未取得《台湾海峡两岸间水路运输许可证》，或者未具有持《台湾海峡两岸间船舶营运证》的船舶的；以水路运输方式提供至香港、澳门的交通运输服务，但未具有获得港澳线路运营许可的船舶的；以航空运输方式提供往返香港、澳门、台湾的交通运输服务或者在香港、澳门、台湾提供交通运输服务，但未取得

《公共航空运输企业经营许可证》，或者其经营范围未包括"国际、国内（含港澳）航空客货邮运输业务"的；以航空运输方式提供往返香港、澳门、台湾的交通运输服务或者在香港、澳门、台湾提供交通运输服务，但未持有《通用航空经营许可证》，或者其经营范围未包括"公务飞行"的。

9. 适用简易计税方法，或声明放弃适用零税率选择免税的下列应税服务：

（1）国际运输服务；

（2）往返香港、澳门、台湾的交通运输服务以及在香港、澳门、台湾提供的交通运输服务；

（3）航天运输服务；

（4）向境外单位提供的研发服务和设计服务，对境内不动产提供的设计服务除外。

10. 向境外单位提供的下列应税服务：

（1）电信业服务、技术转让服务、技术咨询服务、合同能源管理服务、软件服务、电路设计及测试服务、信息系统服务、业务流程管理服务、商标著作权转让服务、知识产权服务、物流辅助服务（仓储服务、收派服务除外）、认证服务、鉴证服务、咨询服务、广播影视节目（作品）制作服务、程租服务。

纳税人向境外单位或者个人提供国际语音通话服务、国际短信服务、国际彩信服务，通过境外电信单位结算费用的，服务接受方为境外电信单位，属于向境外单位提供的电信业服务。

境外单位从事国际运输和港澳台运输业务经停我国机场、码头、车站、领空、内河、海域时，纳税人向其提供的航空地面服务、港口码头服务、货运客运站场服务、打捞救助服务、装卸搬运服务，属于向境外单位提供的物流辅助服务。

合同标的物在境内的合同能源管理服务，对境内不动产提供的鉴证咨询服务，以及提供服务时货物实体在境内的鉴证咨询服务，不属于本款规定的向境外单位提供的应税服务。

（2）广告投放地在境外的广告服务。

广告投放地在境外的广告服务，是指为在境外发布的广告所提供的广告服务。

温馨提醒

1. 纳税人向国内海关特殊监管区域内的单位或者个人提供的应税服务，不属于跨境服务，应照章征收增值税。

2. 纳税人提供上述所列跨境服务，除为出口货物提供的邮政业服务和收派服务外，必须与服务接受方签订跨境服务书面合同。否则，不予免征增值税。

纳税人向外国航空运输企业提供空中飞行管理服务，以中国民用航空局下发

的航班计划或者中国民用航空局清算中心临时来华飞行记录，为跨境服务书面合同。

纳税人向外国航空运输企业提供物流辅助服务（除空中飞行管理服务外），与经中国民用航空局批准设立的外国航空运输企业常驻代表机构签订的书面合同，属于与服务接受方签订跨境服务书面合同。外国航空运输企业临时来华飞行，未签订跨境服务书面合同的，以中国民用航空局清算中心临时来华飞行记录为跨境服务书面合同。

3. 纳税人向境外单位有偿提供跨境服务，该服务的全部收入应从境外取得，否则，不予免征增值税。

下列情形视同从境外取得收入：

（1）纳税人向外国航空运输企业提供物流辅助服务，从中国民用航空局清算中心、中国航空结算有限责任公司或者经中国民用航空局批准设立的外国航空运输企业常驻代表机构取得的收入。

（2）纳税人向境外关联单位提供跨境服务，从境内第三方结算公司取得的收入。上述所称第三方结算公司，是指承担跨国企业集团内部成员单位资金集中运营管理职能的资金结算公司，包括财务公司、资金池、资金结算中心等。

（3）国家税务总局规定的其他情形。

4. 纳税人提供跨境服务免征增值税的，应单独核算跨境服务的销售额，准确计算不得抵扣的进项税额，其免税收入不得开具增值税专用发票。

中国邮政速递物流股份有限公司及其分支机构为出口货物提供收派服务，按照下列公式计算不得抵扣的进项税额：

$$\begin{aligned}\text{不得抵扣的} \atop \text{进项税额} &= {\text{当期无法划分的} \atop \text{全部进项税额}} \\ &\times \frac{\left(\begin{array}{l}{\text{当期简易计税方法} \atop \text{计税项目销售额}} + {\text{非增值税应税} \atop \text{劳务营业额}} + {\text{免征增值税} \atop \text{项目销售额}} \\ - {\text{为出口货物提供收派服务} \atop \text{支付给境外合作方的费用}}\end{array}\right)}{\left({\text{当期全部} \atop \text{销售额}} + {\text{当期全部} \atop \text{营业额}}\right)}\end{aligned}$$

5. 纳税人提供免征增值税跨境服务的，应到主管税务机关办理跨境服务免税备案手续，原签订的跨境服务合同发生变更或者跨境服务的有关情况发生变化，变化后仍属于免税跨境服务范围的，纳税人应向主管税务机关重新办理跨境服务免税备案手续。

税法依据

《营业税改征增值税跨境应税服务增值税免税管理办法（试行)》(国家税务总局公告 2014 年第 49 号)

TAX PAYMENT PRACTICE &
TAX-SAVING SKILLS
OF VAT

第四章

活用政策　开源节流
——简单、实用的节税小招式

税法中关于增值税税制要素的多种选择为纳税人进行节税筹划提供了空间。下面就增值税的日常节税小招式做进一步的解析。

一、超过标准必登记，不够标准择优选

（一）纳税人销售额超过小规模纳税人标准，必须办理一般纳税人登记手续

根据《中华人民共和国增值税暂行条例实施细则》第三十四条的规定，纳税人销售额超过小规模纳税人标准，未办理一般纳税人登记手续的，应按销售额依照增值税税率计算应纳税额，不得抵扣进项税额，也不得使用增值税专用发票。因此，对达到一般纳税人标准但不办理一般纳税人登记手续的纳税人，应按销售额依照《中华人民共和国增值税暂行条例》第二条规定的增值税税率计算应纳税额，不得抵扣进项税额。

【例 4-1】 甲公司系从事产品生产的小规模纳税人，20×2 年 9 月—20×3 年 6 月连续 10 个月应税销售额 50 万元（不含税），20×3 年 7—12 月应税销售额 100 万元（不含税），7—12 月购进原材料 60 万元（不含税），能够取得增值税专用发票，其会计核算制度健全，符合一般纳税人条件，但是甲公司一直未办理一般纳税人登记，则根

据《中华人民共和国增值税暂行条例实施细则》第三十四条规定，20×3 年 7—12 月甲公司应纳增值税额为：$100×17\%＝17$（万元），若甲公司按时办理一般纳税人登记，则应纳增值税额为：$100×17\%－60×17\%＝6.8$（万元），少缴增值税 10.2 万元。因此，甲公司应当尽快办理一般纳税人登记手续。

（二）纳税人销售额未超过小规模纳税人标准，身份具有选择性

根据《增值税一般纳税人资格认定管理办法》（国家税务总局令第 22 号）的规定，年应税销售额未超过财政部、国家税务总局规定的小规模纳税人标准以及新开业的纳税人，只要会计核算健全，能够提供准确税务资料的，也可以向主管税务机关申请一般纳税人资格登记。因此，年销售额未超过小规模纳税人标准的小规模纳税人对于是否作为一般纳税人有选择权，那么选择一般纳税人还是小规模纳税人可以比较一下两种身份下的增值税税负即可。

【例 4-2】 甲公司系从事产品生产的小规模纳税人，20×3 年应税销售额 40 万元（不含税），则应纳增值税额为：$40×3\%＝1.2$（万元），若企业申请作为一般纳税人，购进原材料就可以取得增值税专用发票。

假设 20×3 年购进原材料 30 万元（不含税），则应纳增值税额为：$40×17\%－30×17\%＝1.7$（万元），多缴增值税 0.5 万元。因此，甲公司选择小规模纳税人身份更节税。

假设 20×3 年购进原材料 35 万元（不含税），则应纳增值税额为：$40×17\%－35×17\%＝0.85$（万元），少缴增值税 0.35 万元。因此，甲公司选择一般纳税人身份更节税。

二、分立经营试试看，有时还真节省税

（一）一般纳税人分立为小规模纳税人

【例 4-3】 甲公司为一家商品批发企业，年应税销售额 150 万元，增值税一般纳税人，但甲公司准予从销项税额中抵扣的进项税额较少，仅占销项税额的 10%。甲企业有没有节税的方法呢？

根据《中华人民共和国增值税暂行条例实施细则》规定，纳税人销售额超过小规模纳税人标准，未办理一般纳税人登记手续的，应按销售额依照增值税税率计算应纳

税额，不得抵扣进项税额，也不得使用增值税专用发票。除国家税务总局另有规定外，纳税人一经登记为一般纳税人后，不得转为小规模纳税人。

因此，该企业要想少交税款，必须选择一般纳税人，而不能选择小规模纳税人。在这种情况下，每年企业应纳增值税额为：150×17％－150×17％×10％＝22.95（万元）。

但是我们还是可以找到节税的方法，就是将该公司分设为两个批发公司，两个批发公司年应税销售额均为75万元，就符合小规模纳税人的条件，可适用3％征收率。在这种情况下，两个公司每年应纳增值税额共计：75×3％×2＝4.5（万元），可比一般纳税人少交增值税税款18.45万元。

但是，这种方法只是考虑了税负，实际操作中还要考虑购货方对开具增值税专用发票的要求，分立企业的成本和变为小规模纳税人后对经营效益的影响，要是变为小规模纳税人后，销售额下降，利润下降，就有可能得不偿失了，因此，在实际操作中要考虑多种因素，不能仅仅从税负一个方面考虑。

（二）混合销售行为之非增值税应税劳务分立可降税负

根据《中华人民共和国增值税暂行条例实施细则》的规定，一项销售行为如果既涉及货物又涉及非增值税应税劳务，为混合销售行为。除细则第六条的规定外，从事货物的生产、批发或者零售的企业、企业性单位和个体工商户的混合销售行为，视为销售货物，应当缴纳增值税；其他单位和个人的混合销售行为，视为销售非增值税应税劳务，不缴纳增值税。所称非增值税应税劳务，是指属于应缴营业税的交通运输业、建筑业、金融保险业、邮电通信业、文化体育业、娱乐业、服务业税目征收范围的劳务。

混合销售行为纳税原则即按照纳税人的主营业务统一征收增值税或者营业税。但鉴于销售自产货物并同时提供建筑业劳务的混合销售行为较为特殊，对其采用分别核算、分别征收增值税和营业税的办法，这是个例外。

由于增值税一般纳税人增值税税率一般为17％，而营业税税率为5％或3％，所以若能使混合销售行为中的非应税劳务不缴纳增值税而缴纳营业税便达到降低税负之目的了。

我们可以把一项销售行为涉及的增值税应税货物以及涉及的非增值税应税劳务分为两个核算主体（其中一个核算主体是由原核算主体分立出去的），则可使非应税劳务不缴纳增值税而缴纳营业税。

【例4-4】　甲公司属于增值税一般纳税人，适用增值税税率为17％，经常发生混合销售行为，20×3年1月发生的混合销售行为涉及货物含税销售额200万元，同时该项货物销售又取得服务收入34万元，当月可抵扣进项税额为8万元。

由于此行为属于混合销售行为，取得的服务收入34万元，应并入销售额一并缴纳增值税，应纳增值税＝[(200＋34)/(1＋17％)]×17％－8＝26（万元）。

若甲公司把服务部门分立出来，成立独立核算的服务公司，服务收入就不再缴纳增值税，改为按服务业缴纳营业税，假设营业税税率为5%，则应纳税额＝200/(1＋17%)×17%－8＋34×5%＝22.76（万元）。

可见，方案二比方案一少交税3.24万元。

三、兼营业务分开算，明明白白缴两税

《中华人民共和国增值税暂行条例》第三条规定，纳税人兼营不同税率的货物或者应税劳务，应当分别核算不同税率货物或者应税劳务的销售额；未分别核算销售额的，从高适用税率。第十六条规定，纳税人兼营免税、减税项目的，应当分别核算免税、减税项目的销售额；未分别核算销售额的，不得免税、减税。

现代不少企业多元化经营，有应税项目也有免税、减税项目，有的经营多种不同税率的产品。为了降低税负，企业必须按照增值税相关法规的规定，将销售收入分别按照不同税率货物或应税劳务、免税项目、减税项目等进行分开核算，才能充分享受国家的免税、减税政策。

《中华人民共和国增值税暂行条例实施细则》第七条规定，纳税人兼营非增值税应税项目的，应分别核算货物或者应税劳务的销售额和非增值税应税项目的营业额；未分别核算的，由主管税务机关核定货物或者应税劳务的销售额。而原政策规定，纳税人兼营销售货物、增值税应税劳务和营业税应税劳务应分别核算销售额和营业额，不分别核算或不能准确核算的，应一并征收增值税，是否应一并征收增值税由国家税务总局确定。对此，似乎分开核算已经失去意义，但是，笔者在此还是建议大家分开核算，以免税主管税务机关核定货物或者应税劳务的销售额过高，地税主管税务机关核定非增值税应税项目的营业额也过高，而多缴税款。

【例4-5】 甲公司为增值税一般纳税人，增值税税率为17%，生产免税产品也生产应税产品，20×3年2月份销售收入为1 000万元（免税产品占60%、应税产品占40%），购入原材料600万元，进项税额为102万元，均无法准确划分不得抵扣的进项税额，无上期留抵税额。

方案1：销售额分别核算。

一般纳税人兼营免税项目或者非增值税应税劳务而无法划分不得抵扣的进项税额的，按下列公式计算不得抵扣的进项税额：不得抵扣的进项税额＝当月无法划分的全部进项税额×当月免税项目销售额、非增值税应税劳务营业额合计÷当月全部销售额、营业额合计。

本期应纳增值税额＝1 000×40％×17％－（102－102×60％）＝27.2(万元)

方案 2：销售额未分别核算。

本期应纳增值税额＝1000×17％－102＝68(万元)

通过比较可以很清楚地知道，分别核算比未分别核算少缴 40.8 万元（68－27.2）增值税。

【例 4-6】 乙公司从事装饰材料销售业务，并兼营装饰装修业务，20×3 年 7 月销售装饰材料取得不含税收入 100 万元，装饰装修业务收入 40 万元，本月允许抵扣进项税额 10 万元。

若乙公司分开核算销售额，应缴纳增值税＝100×17％－10＝7（万元），应缴纳营业税＝40×3％＝1.2（万元），共缴纳税款 8.2 万元。

若乙公司没有分开核算销售额，则由主管税务机关核定货物或者应税劳务的销售额，假设主管国税局对装饰材料不含税销售额核定为 105 万元，主管地税务局对装饰装修营业额核定为 45 万元，那么乙公司应缴纳增值税：105×17％－10＝7.85（万元），计算营业税：45×3％＝1.35（万元），共缴纳税款：9.2 万元。不分开核算比分开核算多缴纳税款：9.2－8.2＝1（万元）。

可见，兼营业务还是应该分开核算，缴税要缴得明明白白，别稀里糊涂地多缴了税。

四、会开发票也节税，不开错开多缴税

（一）不按纳税义务发生时间开具发票多缴税、早缴税

根据税法规定，增值税专用发票按照增值税纳税义务的发生时间开具。在实务中，有许多种销售结算方式，而销售结算方式不同，增值税纳税义务的发生时间不同，相应的发票开具时间也会不同。

1. 在不该开具发票的时候开具发票会造成一定的损失，比如分期收款结算方式应该在书面合同约定的收款日期的当天开具发票，若企业在货物发出的当天就开具发票，则要按照开具发票金额缴纳增值税款，早缴税就享受不到递延税款的好处，给企业造成损失。

2. 在应该开具发票的时候不开具发票同样会造成一定的损失，仍以分期收款结算方式为例，企业应当在书面合同约定的收款日期的当天开具发票，然而某些时候因为

某些原因，比如购货方暂时不需要发票，于是，销售方不开具发票，待到购货方需要时再开具。然而专用发票按照增值税纳税义务的发生时间开具，事后不能补开发票。当月增值税纳税义务的发生即使没有开具发票，也应当申报缴纳增值税，不申报缴纳增值税就会面临一定的罚款、滞纳金等税务风险。若当月不申报纳税，待开具发票后（属于不按规定开具发票）再申报纳税，按照规定也要承担罚款和滞纳金的损失

（二）不开发票多缴税

纳税人将自产、委托加工或购买的货物用作投资、分配给股东或投资者、无偿赠送，以物易物、以物抵债、委托代销等情形，按照有关规定，对方为增值税一般纳税人的，可以根据其要求开具专用发票。但有些企业却不开专用发票，这样不仅没有少缴税，还要多缴税。

【例 4-7】 甲公司为增值税一般纳税人，增值税税率为 17%，甲公司将 100 万元的原材料换取乙公司 100 万元的库存商品，假设原材料和库存商品的市场价均为 100 万元。

方案 1：甲公司与乙公司互相不开具专用发票。

甲公司账务处理：

借：库存商品	1 170 000
贷：原材料	1 000 000
应交税费——应交增值税（销项税额）	170 000

乙公司账务处理：

借：原材料	1 170 000
贷：库存商品	1 000 000
应交税费——应交增值税（销项税额）	170 000

甲公司、乙公司应纳增值税额均为 17 万元。

方案 2：甲公司与乙公司按正常的销售、购货进行处理，互相开具专用发票。

甲公司账务处理：

借：库存商品	1 000 000
应交税费——应交增值税（进项税额）	170 000
贷：原材料	1 000 000
应交税费——应交增值税（销项税额）	170 000

乙公司账务处理：

借：原材料	1 000 000
应交税费——应交增值税（进项税额）	170 000
贷：库存商品	1 000 000

应交税费——应交增值税（销项税额）　　　　　　　　170 000

甲公司、乙公司应纳增值税额均为：17－17＝0（万元）。

由此可见，不开具专用发票比开具专用发票要多缴 17 万元增值税，由于增值税实行凭票抵扣的制度，没有取得增值税专用发票，其进项税额就不能抵扣。而销售货物或应税劳务，不管开不开专用发票，都要计提销项税额，如果公司不计提销项税额，那就是逃避缴纳税款。因而，视同销售，只要对方是增值税一般纳税人，就应该向其开具增值税专用发票。

（三）错开发票多缴税

根据《国家税务总局关于加强免征增值税货物专用发票管理的通知》（国税函〔2005〕780 号）第一条的规定，增值税一般纳税人销售免税货物，一律不得开具增值税专用发票（国有粮食购销企业销售免税粮食除外）。如违反规定开具增值税专用发票的，则对其开具的销售额依照增值税适用税率全额征收增值税，不得抵扣进项税额，并按照《发票管理办法》及其实施细则的有关规定予以处罚。

因此，对于销售免税货物开具了增值税专用发票的，除国有粮食企业等特殊情况外，都应计算销项税额，同时购货方不能抵扣进项税额，以此作为惩戒。

然而，某些企业在销售免税货物时，因为购货方索取增值税专用发票而违规开具专用发票，致使本来享受免税的货物不能再享受免税优惠，被全额征收增值税，还要面临税务机关处罚，得不偿失。

购货方之所以索取专用发票，无非存在侥幸心理取得更多的抵扣，然而一旦被税务机关查出，那就补税、罚款、滞纳金一样也少不了了，真是"赔了夫人又折兵"。

五、销售方式几多种，节税比较来选择

一般销售方式通常有直接收款、委托收款、托收承付、赊销、分期收款、预收款销售、委托代销等，另外，还有一些特殊的销售方式，主要是指商业企业的促销。

每逢"十一"黄金周等国家法定节假日和公司周年庆典，有许多企业，特别是大型超市、商场都会为了扩大销售、吸引顾客、增加自身的知名度而进行各种促销活动。然而在促销方案的选择中，企业往往着重于考虑销售方式对消费者的吸引力和增大销售额上，却对各种销售方式所负担的纳税金额的高低考虑不足，从而造成损失。所以，企业应该综合考虑两方面的因素，做出对企业最有利的选择，做好税收筹划。

对于采取哪种销售方式也有其增值税筹划空间，笔者将对多种销售方式的增值税纳税情况进行比较分析。

不同的销售方式，增值税纳税义务的发生时间是不一样的。增值税的节税筹划就是在税法允许的范围内，尽量推迟纳税时间，从而延期纳税。延期纳税，即在税法许可范围内企业在规定的期限内分期或延期缴纳税款，要推迟纳税时间，就要设法推迟销售额的实现。在条件允许的情况下，企业应选择对自己有利的销售方式，否则就会承担提前缴纳增值税给企业带来的损失。销售方式与纳税义务发生时间、开具专用发票时间及相应的增值税筹划基本原则总结如表4-1所示：

表4-1　　　　　　　　　销售方式与增值税纳税比较一览表

销售结算方式	开具专用发票时间（即纳税义务发生时间）	增值税节税筹划基本原则
直接收款	收到销售款或者取得索取销售款凭据的当天	收款与发票同步进行，未收到货款不开发票，递延税款
托收承付或委托银行收款	发出货物并办妥托收手续当天	尽量避免采用托收承付与委托收款的结算方式，以防止垫付税款
赊销或分期收款	书面合同约定的收款日期的当天，无书面合同的或者书面合同没有约定收款日期的，为货物发出的当天	在不能及时收到货款的情况下，采用赊销或分期收款的结算方式，避免垫付税款
预收货款	货物发出的当天，但生产销售生产工期超过12个月的大型机械设备、船舶、飞机等货物，为收到预收款或者书面合同约定的收款日期的当天	在不影响购货方生产销售的情况下，争取购货方谅解，推迟发货，递延税款
代销货物	收到代销单位的代销清单或者收到全部或者部分货款的当天。未收到代销清单及货款的，为发出代销货物满180天的当天	在货款结算采用销售后付款方式的情况下，采用赊销和分期收款结算方式可以达到递延税款的效果
促销方式（以旧换新方式销售；打折销售；购买商品按比例返还销售；购买商品赠送礼品销售等特殊销售方式）	参照以上规定确定	多用折扣销售，少用销售折扣，将折扣额和销售额开在同一张发票上

下面举例说明：

【例4-8】　甲公司为增值税一般纳税人，增值税税率为17%。本月发生销售业务6笔，共计6 000万元（含税），货物已全部发出。其中，4笔业务共计4 000万元，货款两清；一笔业务800万元，2年后一次结清；另一笔1 200万元，其中1年后付600万元，余款600万元2年后结清。

根据税法相关规定，直接收款方式不论货款是否收回，都应在提货单移交并办理索要销售额凭据之日承担纳税义务，而赊销和分期收款结算方式则以合同约定日期为纳税义务发生时间，这就表明，在纳税义务发生时间的确定上，甲公司有充分的自主权，也具有相当大的主动性，也有充分的增值税筹划空间。下面我们分别来比较一下，直接收款方式、赊销和分期收款结算方式不同的增值税纳税额：

（1）企业全部采用直接收款方式，则在当月全部计算销售额，计提增值税销项税额：

$$销项税额＝6\,000÷(1＋17\%)×17\%＝871.79（万元）$$

按照税法规定，甲公司必须按照销售额全部计提增值税销项税额。在这种情况下，有 2 000 万元的货款实际并未收到，这样甲公司就要垫付税金。如果甲公司对未收到货款的业务不计提销项税额甚至不做账务处理隐瞒收入则违反税法规定，属于偷税行为，会给甲公司带来税收风险。

（2）对于未收到的 800 万元和 1 200 万元 2 笔应收账款，如果甲公司在货款结算中分别采用赊销和分期收款结算方式，则能推迟纳税时间，达到延缓纳税的目的，这样既能为企业节约大量的流动资金，又为企业节约银行利息支出数万元，当然还不违反税法规定，可谓一石三鸟。推迟纳税的效果为：

1 年后：销项税额＝$600÷(1＋17\%)×17\%＝87.18$（万元）

2 年后：销项税额＝$(800＋600)÷(1＋17\%)×17\%＝203.42$（万元）

可以看到，采用赊销和分期收款结算方式可以达到推迟纳税的效果，并为企业节约流动资金 290.60 万元和银行利息支出数万元。因此，企业在产品销售过程中，在应收货款一时无法收回或部分无法收回的情况下，尽量回避直接收款方式，选择赊销或分期收款结算方式。这样完全可以在货款收到后履行纳税义务，避免垫付税金，有效推迟增值税纳税时间。

另外，对于分期收款方式需要注意的是开具增值税专用发票的时间问题。分期收款方式有两层含义：一是分期确认收入，二是分期收回货款。大家对第二层含义都知道，但对第一层含义不是很清楚，所以会出现在销售时就开具专用发票的现象，这样直接造成纳税期提前，因为税法规定，对已开具专用发票的销售货物，要及时足额计入当期销售额计税，凡开具了专用发票，其销售额未按规定计入销售账户核算的，一律按逃避缴纳税款论处。所以，分期收款方式销售货物的开票时间为合同约定的收款日的当天。

【例 4-9】 甲公司 9 月向外地 A 公司销售货物，含税价格共 200 万元，货款结算采用销售后付款方式，该年 12 月甲公司收到 A 公司汇来货款 80 万元。企业有两种结算方式选择。

委托代销商品是指委托方将商品交付给受托方，受托方根据合同要求，将商品出售后，开具销货清单交给委托方，委托方在收到受托方开具的销货清单时才确认销售收入的实现，确认纳税义务的发生。根据这一原理，如果企业的产品销售对象是商业企业，且在商业企业实现销售后再付款结算，就可采用委托代销结算方式、托收承付和委托银行收款等结算形式。这样企业就可以根据其实际收到的货款分期计算销项税额，从而延缓纳税时间。下面我们分别来比较一下两种方式下的增值税纳税额：

（1）如果不按委托代销处理，则9月份必须全部计算销项税额：

$$200÷(1+17\%)×17\%＝29.06(万元)$$

（2）按委托代销处理，9月份可不计提销项税额，12月份按规定收到受托方开具的销货清单时计算销售额和增值税销项税额：

$$80÷(1+17\%)×17\%＝11.62(万元)$$

对于未收到销货清单的货款可暂缓计算销项税额。

显而易见，对实现销售后再付款结算的业务选择委托代销结算方式对企业有利。

【例4-10】 甲公司为增值税一般纳税人，商业企业，增值税税率为17%。销售利润率为20%。现销售800元（含税价格）商品，其成本640元（含税价格），国庆期间为了促销拟定了6种方案供选择：

1. 采取以旧换新业务，旧货的价格为80元，即买新货可以少支付80元。
2. 商品9折销售。
3. 购买物品满800元减收80元。
4. 购买物品A满800元时赠送价值80元的小商品B，其成本为64元。
5. 购买物品满800元返还80元。
6. 购买物品满800元返还购物券（面值80元）。

假设某消费者购买了800元的商品，在只考虑增值税的情况下，对于商场来说，应该选择哪种方案最有利？

分析：一般情况下，商业企业的促销方式有：以旧换新方式销售、打折销售、购买商品返还销售、"买一赠一"销售等。企业采用促销方式销售行为，其目的是扩大销路、增加销量，为企业招揽消费人群，实际上是企业对消费者的一种让利行为。增值税对于这些特殊的销售方式有着不同的税务和账务处理方法，纳税人应该熟练地掌握这些销售方式及其税务处理和账务处理方法，为企业进行税收筹划。下面我们逐个进行分析比较：

（1）方案1：根据税法规定，采取以旧换新方式销售货物，应按新货物的同期销售价格确定销售额，不得抵扣旧货物的收购价格。这里的以旧换新销售是纳税人在销售自己货物时，有偿回收旧货物的行为，因为销售货物和收购货物是两种不同的交易活动，所以销售额与收购价款是不能相互抵减的。

$$应纳增值税额＝800÷(1+17\%)×17\%－640÷(1+17\%)×17\%＝23.25(元)$$

账务处理：

借：库存现金　　　　　　　　　　　　　　　　　　　720

　　原材料　　　　　　　　　　　　　　　　　　　　80

　贷：主营业务收入　　　　　　　　　　　　　　　683.76

　　　应交税费——应交增值税（销项税额）　　　　116.24

（2）方案2：商品打折销售，根据税法规定，如果销售额和折旧额在同一张发票上分别注明，可以按照折扣后的余额作为销售额计算增值税；如果将折扣额另开发票，不论其在财务上如何处理，均不得从销售额中减除折扣额。关键两点：第一，销售额与折扣额是否在同一张发票上注明；第二，这里的折扣仅限于销售价格折扣，"先打折再销售，折扣在前，销售在后"。

①该商场如果将折扣额和销售额开在同一张发票上，则

应纳增值税额＝720÷（1＋17％）×17％－640÷（1＋17％）×17％＝11.62（元）

账务处理：

借：库存现金　　　　　　　　　　　　　　　　　　　720

　贷：主营业务收入　　　　　　　　　　　　　　　615.38

　　　应交税费——应交增值税（销项税额）　　　　104.62

②该商场如果未将折扣额和销售额开在同一张发票上（分票开具，一张蓝字票，一张红字票），则

应纳增值税额＝800÷（1＋17％）×17％－640÷（1＋17％）×17％＝23.25（元）

账务处理：

借：库存现金　　　　　　　　　　　　　　　　　　　720

　　财务费用　　　　　　　　　　　　　　　　　　　80

　贷：主营业务收入　　　　　　　　　　　　　　　683.76

　　　应交税费——应交增值税（销项税额）　　　　116.24

（3）方案3："满800减80"等类似促销，相当于明折明扣，等于商家直接将商品打折，按此规定执行成交，满减额与销售额同在一张发票上反映，税法和账务处理上视为商业折扣，则

应纳增值税额＝720÷（1＋17％）×17％－640÷（1＋17％）×17％＝11.62（元）

账务处理：

借：库存现金　　　　　　　　　　　　　　　　　　　720

　贷：主营业务收入　　　　　　　　　　　　　　　615.38

　　　应交税费——应交增值税（销项税额）　　　　104.62

（4）方案4：这种销售采取的是购物赠送小商品，《国家税务总局关于确认企业所得税收入若干问题的通知》（国税函〔2008〕875号）第三条规定：企业以买一赠一等

方式组合销售本企业商品的，不属于捐赠，应将总的销售金额按各项商品的公允价值的比例来分摊确认各项的销售收入。企业应当做如下账务处理：

$$应纳增值税额 = 800 \div (1 + 17\%) \times 17\% - (640 + 64) \div (1 + 17\%) \times 17\%$$
$$= 13.95(元)$$

借：银行存款　　　　　　　　　　　　　　　　　　　　　800
　　贷：主营业务收入——A（800×800÷880/1.17）　　　　　621.60
　　　　主营业务收入——B（800×80÷880/1.17）　　　　　　62.16
　　　　应交税费——应交增值税（销项税额）　　　　　　　116.24

（5）方案5：达到一定额度返送现金方式，现实操作中这种返还现金的促销行为很少。因为未在同一张发票中体现折扣金额，税法和账务处理上不能视为商业折扣，购买返还销售按税法规定应按800元计算销项税。

$$应纳增值税额 = 800 \div (1 + 17\%) \times 17\% - 640 \div (1 + 17\%) \times 17\% = 23.25(元)$$

账务处理：

借：库存现金　　　　　　　　　　　　　　　　　　　　　800
　　贷：主营业务收入　　　　　　　　　　　　　　　　　　683.76
　　　　应交税费——应交增值税（销项税额）　　　　　　　116.24
借：销售费用　　　　　　　　　　　　　　　　　　　　　　80
　　贷：银行存款　　　　　　　　　　　　　　　　　　　　　80

（6）购物后的返券行为与无偿赠送虽然都是赠送行为，但二者之间存在本质区别。一是，法律意义上的无偿赠送是指出于感情或其他原因而做出的无私慷慨的无私慷慨行为。而销售货物后赠送购物代金券的行为是有偿购物在先、赠券在后的有偿赠送行为，赠券是购物的延续，是商场为了刺激消费而采取的促销手段。二是，对于赠送财产的质量，根据《合同法》的规定，无偿赠送的财产有瑕疵，赠送人不承担责任。而顾客用返券购买的商品如果出现质量问题，商场必须承担相应的责任。因此，用返券购买的货物不是无偿赠送，不能视同销售计算增值税。购物返券与商业折扣的销售收入均为实际取得的收入，因此购物返券应该比照商业折扣，按实际销售收入计算增值税。也就是说，购物返券销售行为应按照商场实际取得的现金（或银行存款）收入，计算增值税；商场从顾客手中又收回的返券，不是商场取得的收入，不应征收增值税。

实际取得现金（或银行存款）收入时，应纳增值税额 = 800÷（1+17%）×17%－640÷（1+17%）×17% = 23.25（元）。

账务处理：

借：库存现金　　　　　　　　　　　　　　　　　　　　　800
　　贷：主营业务收入　　　　　　　　　　　　　　　　　　683.76

应交税费——应交增值税（销项税额） 116.24

收回购物券时，不计提增值税。

从上面分析可以看到，如果只考虑增值税，第 2、3 种方案税负最轻，为 11.62 元。因此，在促销方案的选择中，企业除了考虑销售方式对消费者的吸引力外，还要考虑纳税金额的高低是否加重企业的税收负担，综合考虑两方面的因素，才能做出对企业最有利的选择，做好税收筹划。

从以上案例可以看出，在销售方式的选择中，企业除了考虑销售方式对增大销售额等经营因素的影响外，还要充分考虑纳税金额的高低，避免加重企业的税收负担，做出对企业最有利的选择，做好税收筹划。另外，在选择销售方式之前，要事先对销售量、成本和效益等多方面进行事前预算，还应该考虑企业是否适合这种销售方式。以上这些销售方式的税收筹划，企业只有综合、灵活运用，才能达到降低企业税收成本的目的。

六、最佳选择供应商，关键是看净利润

从不同的供货方购买货物，企业的负担是不一样的。企业所需的物资既可以从一般纳税人处采购，也可以从小规模纳税人处采购，但由于取得的发票不同，导致了可以扣除的进项税额不同。如果从一般纳税人购入，取得增值税专用发票，可以按买价的 17% 抵扣进项税；而从小规模纳税人处购入，则不能抵扣进项税，即便能够经税务机关开票，也只能按买价的 3% 抵扣进项税。不同的扣税额度会影响企业的税负，税收负担是企业购货成本的重要组成部分，最终会影响企业的净利润，而净利润会影响企业的股东权益。当然，若小规模纳税人的货物比一般纳税人的货物便宜得多，企业从小规模纳税人处采购也可能更划算。

因此，采购时要从供应商纳税人身份、货物的价格等方面进行综合考虑，最终选择使得企业净利润最大的方案。

【例 4-11】 甲公司为工业企业，属于增值税一般纳税人，适用增值税税率为 17%，所得税税率 25%。购买原材料时，有三个供应商和三种价格可供选择：①一般纳税人 A 公司，每吨含税价格为 11 700 元（增值税税率为 17%），取得增值税专用发票；②小规模纳税人 B 公司，每吨含税价格为 10 300 元，可取得由税务局代开的征收率为 3% 的增值税专用发票；③小规模纳税人 C 公司，取得普通发票，每吨含税价格为 9 600 元。每吨原材料生产的产品销售收入为 20 000 元，所耗相关费用 2 000 元。

甲公司应通过比较测算三种购货渠道对公司的净利润影响来选择供应商：

若从 A 公司购买，净利润＝｛20 000－11 700÷（1＋17％）－2 000－[20 000×17％－11 700÷（1＋17％）×17％]×（7％＋3％＋2％）｝×（1－25％）＝5 847（元）；

若从 B 公司购买，净利润＝｛20 000－10 300÷（1＋3％）－2 000－[20 000×17％－10 300÷（1＋3％）×3％]×（7％＋3％＋2％）｝×（1－25％）＝5 721（元）；

若从 C 公司购买，净利润＝[20 000－9 600－2 000－20 000×17％×（7％＋3％＋2％）]×（1－25％）＝5 994（元）。

可见，从 C 公司购买净利润最大，所以选择供应商 C 公司。

七、平销返利要节税，把握方式和时点

近几年来，超市、商场等商业企业经常会发生大量的平销返利行为，生产企业将货物销售给商业企业，商业企业再以进货成本，甚至低于进货成本的价格进行销售，生产企业采取返还利润等方式弥补商业企业的进销差价损失，"返利"就是指商业企业向生产企业收取的与商品销售量、销售额挂钩的各种返还收入。

平销返利怎样操作更有利，有没有节税方法，是许多商业企业普遍关心的问题，下面就来介绍一下商业企业平销返利行为的两种节税小招式。

（一）从平销返利的返还方式选择节税方案

返还方式有三种：现金返还、实物返还且开具专用发票、实物返还且开具普通发票。我们可以对这三种方式进行比较测算，看看哪一种缴纳税款较少。

【例 4-12】 甲超市为一般纳税人，20×3 年 7 月份，甲超市以平销返利方式销售乙公司提供的商品 11.7 万元，产品当月全部售出，返利为销售额的 10％即 11 700 元。

以下对现金返还、实物返还开具专用发票、实物返还开具普通发票这三种方式进行比较测算（不考虑营业税金及附加，下同）。

1. 现金返还。

若乙公司以银行存款返利 11 700 元，甲超市会计处理为：

借：银行存款	11 700
贷：主营业务成本	10 000
应交税费——应交增值税（进项税额转出）	1 700

2. 实物返还且开具专用发票。

乙公司以一批含税公允价值 1.17 万元的商品返利，同时乙公司向甲超市开具了增值税专用发票，则甲超市会计处理为：

借：库存商品   10 000

  应交税费——应交增值税（进项税额）   1 700

 贷：主营业务成本   10 000

  应交税费——应交增值税（进项税额转出） 1 700

3. 实物返还且开具普通发票。

若乙公司以一批含税公允价值1.17万元的商品返利，同时乙公司向甲超市开具了增值税普通发票，则甲超市会计处理为：

借：库存商品   11 700

 贷：主营业务成本   10 000

  应交税费——应交增值税（进项税额转出） 1 700

通过比较测算，现金返利缴纳增值税额1 700元；实物返还且开具专用发票缴纳增值税额为0；实物返还且开具普通发票缴纳增值税额1 700元。很明显，应该选择实物返还且开具专用发票的返还方式。

从上面的账务处理中，我们可以发现，三种方式对所得税的影响相同，这笔业务不论采取何种方式返还对应纳税所得额的影响均为10 000元，因此我们没有考虑所得税的影响。

即使再往深处去想，考虑返还的商品以后进行出售时又需要缴纳增值税和所得税，也不会影响我们的结论：实物返还且开具专用发票的返还方式对甲超市最有利。

（二）从平销返利的返还时点选择节税方案

平销返利的返还时点也有三种：货物购进时返利、货物销售中返利、货物销售后返利。这三个时点返利对于增值税影响金额是相同的，但是对企业所得税的影响却不相同。

【例4-13】 承例4-12，假设采用实物返利方式，我们来比较一下三个时点对税收的影响：

1. 假设返利11 700元为货物购进时返利，对此返利11 700元直接从购进的库存商品中扣除10 000元和从进项税额中扣除1 700元入账即可，不用专门做账务处理。

2. 假设返利11 700元为货物销售中返利，对此返利11 700元直接冲减库存商品10 000元，并做进项税额转出1 700元。

3. 假设返利11 700元为货物销售后返利，对此返利11 700元直接冲减主营业务成本10 000元，并做进项税额转出1 700元。

通过比较测算，增值税方面：三个时点均需缴纳增值税1 700元，但是增值税缴纳时间却是不同的，销售后返利纳税义务发生时间最晚，可以得到递延税款的好处；所得税方面：在购进时返利和销售中返利两种时点下，都是随着销售商品而逐渐结转主营业务成本进而影响应纳税所得额的，到销售完成时影响应纳税所得额的金额与货物销售后返利完全相同，均为 10 000 元，但是货物销售后返利纳税义务发生时间最晚，也可以得到递延税款的好处。

因此，在实物返利方式下，选择货物销售后返利比较好，可以得到递延税款的好处，而且对于供货方也比较有利。

而在现金返利方式下，由于对增值税和所得税缴纳金额都无影响，还是选择在货物购进时返利比较好，因为返利的是现金，缴税也是现金，递延税款的好处不复存在。

（三）平销返利与向供应方收取的不与商品销售量、销售额挂钩的返还收入的区别

商业企业向供应方收取与商品销售量、销售额无关的返还收入，不属于平销返利，应该缴纳营业税，而非缴纳增值税。

那么商业企业该怎样选择收取的返还收入方式，也可以通过计算比较来测算。

【例 4-14】 承例 4-12，两种情况对税收的影响：

1. 若商业企业和供货方签订协议，收取与商品销售量、销售额挂钩的返还收入 11 700 万元，则该业务增值税＝11 700÷1.17×17%＝1 700（元），企业所得税＝10 000×25%＝2 500（元），共缴纳增值税和所得税＝1 700＋2 500＝4 200（元）。

2. 若商业企业和供货方签订协议，收取不与商品销售量、销售额挂钩的返还收入 11 700 万元，则该业务不属于平销返利，营业税＝11 700×5%＝585（元），企业所得税＝(11 700－585)×25%＝2 778.75（元），共缴纳增值税和所得税＝585＋2 778.75＝3 363.75（元）。

通过比较测算，选择收取不与商品销售量、销售额挂钩的返还收入比较合算。

温馨提醒

这些节税小招式并不难，只要肯下功夫进行比较测算就可以选择出好方法。

八、委托代销有两种，选择哪种做比较

委托代销方式有两种，一种是视同买断，一种是收取代销手续费，那么选择哪一

种更节税呢？我们可以就委托代销双方在两种代销方式下的纳税金额做一下比较。

（一）视同买断方式

【例4-15】 甲公司是一家电脑生产企业，20×3年1月与乙公司签订委托代销协议，按照协议规定，甲公司按不含税销售价格5 800元/台向乙公司收取销售货款，乙公司实际的销售价格在甲公司确定的指导价格范围内自主决定，实际售价与合同价的差额归乙公司所有，甲公司不再支付代销手续费。20×3年1月甲公司发出电脑1 300台，电脑实际成本为5 000元/台，至2月底结账时，收到乙公司的代销清单，代销清单显示乙公司销售1 000台，乙公司实际销售价格6 000元/台，则甲公司应按销售数量和合同价格确认销售收入，并计算增值税的销项税额为98.6万元。企业所得税税率为25%。

1. 甲公司会计处理为：

（1）将委托代销商品发给乙公司时：

借：发出商品或委托代销商品   6 500 000

   贷：库存商品   6 500 000

（2）收到乙公司的代销清单时：

借：应收账款   6 786 000

   贷：主营业务收入   5 800 000

      应交税费——应交增值税（销项税额）   986 000

借：主营业务成本   5 000 000

   贷：发出商品或委托代销商品   5 000 000

2. 乙公司会计处理为：

（1）收到受托代销的商品，按数量1 300台和约定的价格5 800元/台做账务处理：

借：受托代销商品   7 540 000

   贷：受托代销商品款   7 540 000

（2）销售代销商品时，按销售数量1 000台和销售价格6 000元/台做账务处理：

借：应收账款   7 020 000

   贷：主营业务收入   6 000 000

      应交税费——应交增值税（销项税额）   1 020 000

同时结转代销商品1 000台的成本：

借：主营业务成本   5 800 000

   贷：受托代销商品   5 800 000

（3）收到对方发票：

借：受托代销商品款   5 800 000

　　应交税费——应交增值税（进项税额）　　　　　　　　　986 000
　　　贷：应付账款　　　　　　　　　　　　　　　　　　6 786 000

（二）收取代销手续费方式

【例 4-16】　甲公司是一家电脑生产企业，20×3 年 1 月与乙公司签订委托代销协议，按照协议规定，乙公司应按不含税销售价格为 6 000 元/台进行销售，甲公司按照 200 元/台向乙公司支付手续费（这样，相当于甲公司按不含税销售价格为 5 800 元/台向乙公司收取销售货款，与视同买断方式一致）。20×3 年 1 月甲公司发出电脑 1 300 台，电脑实际成本为 5 000 元/台，至 2 月底结账时，收到乙公司的代销清单，代销清单显示乙公司销售 1 000 台，则甲公司应按销售清单确认销售收入，并计算增值税的销项税额为 102 万元。

1. 甲公司会计处理为：

（1）将委托代销商品发给乙公司时：

　　借：发出商品或委托代销商品　　　　　　　　　　　6 500 000
　　　贷：库存商品　　　　　　　　　　　　　　　　　　6 500 000

（2）收到乙公司的代销清单时：

　　借：应收账款　　　　　　　　　　　　　　　　　　7 020 000
　　　贷：主营业务收入　　　　　　　　　　　　　　　　6 000 000
　　　　应交税费——应交增值税（销项税额）　　　　　1 020 000
　　借：销售费用——手续费　　　　　　　　　　　　　200 000
　　　贷：银行存款　　　　　　　　　　　　　　　　　　200 000
　　借：主营业务成本　　　　　　　　　　　　　　　　5 000 000
　　　贷：发出商品或委托代销商品　　　　　　　　　　　5 000 000

2. 乙公司会计处理为：

（1）收到受托代销的商品，按数量 1 300 台和约定的价格 6 000 元/台做账务处理：

　　借：受托代销商品　　　　　　　　　　　　　　　　7 800 000
　　　贷：受托代销商品款　　　　　　　　　　　　　　　7 800 000

（2）销售代销商品时，按销售数量 1 000 台和销售价格 6 000 元/台做账务处理：

　　借：银行存款　　　　　　　　　　　　　　　　　　7 020 000
　　　贷：应付账款　　　　　　　　　　　　　　　　　　6 000 000
　　　　应交税费——应交增值税（销项税额）　　　　　1 020 000

同时结转代销商品 1 000 台的成本：

　　借：受托代销商品款　　　　　　　　　　　　　　　6 000 000
　　　贷：受托代销商品　　　　　　　　　　　　　　　　6 000 000

（3）收到对方发票：

借：应交税费——应交增值税（进项税额）　　　　　　　　1 020 000

贷：应付账款　　　　　　　　　　　　　　　　　　1 020 000

（4）支付货款并确认代销手续费时：

借：应付账款　　　　　　　　　　　　　　　　　　　　7 020 000

贷：其他业务收入——手续费收入　　　　　　　　　　200 000

银行存款　　　　　　　　　　　　　　　　　　6 820 000

（5）计征营业税：

借：营业税金及附加　　　　　　　　　　　　　　　　　　10 000

贷：应交税费——应交营业税　　　　　　　　　　　　10 000

（三）比较测算

通过以上处理，我们可以比较测算不同方式下对甲、乙两公司的纳税影响：

1. 视同买断方式下，此业务对甲公司缴纳税款的影响额为：

增值税额＝5 800 000×17％＝986 000(元)

企业所得税额＝(5 800 000－5 000 000)×25％＝200 000(元)

此业务对甲公司缴纳税款的影响额＝986 000＋200 000＝1 186 000(元)

2. 视同买断方式下，此业务对乙公司缴纳税款的影响额为：

增值税额＝6 000 000×17％－5 800 000×17％＝34 000(元)

企业所得税额＝(6 000 000－5 800 000)×25％＝50 000(元)

此业务对乙公司缴纳税款的影响额＝34 000＋50 000＝84 000(元)

3. 收取代销手续费方式下，此业务对甲公司缴纳税款的影响额为：

增值税额＝6 000 000×17％＝1 020 000(元)

企业所得税额＝(6 000 000－5 000 000)×25％＝250 000(元)

此业务对甲公司缴纳税款的影响额＝1 020 000＋250 000＝1 270 000(元)

4. 收取代销手续费方式下，此业务对乙公司缴纳税款的影响额为：

增值税额＝6 000 000×17％－6 000 000×17％＝0(元)

营业税额＝200 000×5％＝10 000(元)

企业所得税额＝(200 000－10 000)×25％＝47 500(元)

此业务对乙公司缴纳税款的影响额＝10 000＋47 500＝57 500(元)

（四）得出结论

甲公司：视同买断方式比收取代销手续费方式少缴纳税款＝1 270 000－1 186 000＝84 000（元），甲公司选择视同买断方式更节税。

乙公司：视同买断方式比收取代销手续费方式多缴纳税款＝84 000－57 500＝26 500（元），乙公司选择收取代销手续费方式更节税。

> **温馨提醒**
>
> 甲、乙两个公司的节税招式正好相反，在双方只有一方懂得节税招式时，懂得节税招式的一方就会选择对自己有利的方式，不懂节税招式的一方可能就会觉得无所谓，代销协议还是比较好达成的。
>
> 但是，在双方均懂得节税招式时，双方都会选择对自己有利的方式，协议就比较难达成了，这时候，争执不是解决问题的好办法，甲、乙双方应该坐下来好好考虑一下甲、乙双方共同的税款影响。就甲、乙公司共同缴纳税款来看，视同买断比收取代销手续费方式少缴纳税款＝（1 270 000＋57 500）－（1 186 000＋84 000）＝57 500（元）。双方应该按视同买断签订协议，甲公司对乙公司进行一定的补偿，谁也不吃亏，协议也就好达成了。
>
> 比较测算法是比较常用的节税招式，需要提醒的是，企业在比较测算时，要考虑全面，将涉及的主要税种都要考虑进去，而对结果没有影响的小税种（城建税、教育费附加等）和其他事项（本例的甲公司进项税额虽然影响应交增值税，但是不影响两种方式的比较测算）则可以不予考虑。

九、支付代垫运输费，货运专票开给谁

销售方支付代垫运费，货物运输业增值税专用发票开给谁更节税？我们来举例说明。

【例 4-17】 甲公司（无运输业资质）销售给乙公司一批商品，该批商品含税销售收入 1 170 万元，另外需要代乙公司支付承运人丙公司运费 20 万元。有两种方式可供

选择，第一种方式，要求丙公司将货物运输业增值税专用发票开具给甲公司，甲公司代垫运费；第二种方式，要求丙公司将货物运输业增值税专用发票直接开具给乙公司，由甲公司代垫运费并转交给乙公司。两种方式虽然都是代垫运费，但是纳税金额却不同。

根据《增值税暂行条例实施细则》第十二条规定，价外费用不包括同时符合以下条件的代垫运输费用：

(1) 承运部门的运输费用发票开具给购买方的；

(2) 纳税人将该项发票转交给购买方的。

1. 对于甲公司。

有的财务人员认为，第一种方式由于甲公司可以取得货物运输业增值税专用发票进行进项税额抵扣，于是要求丙公司将货物运输业增值税专用发票开具给甲公司，其实这是个误区，因为没有注意到这部分运费属于价外费用需要并入商品销售额缴纳增值税，而第二种方式的运费不属于甲公司的价外费用，不需要并入商品销售额缴纳增值税。

第一种方式，丙公司将货物运输业增值税专用发票开给甲公司，因为甲公司无运输业资质，不能按混业经营来处理，不能开具货物运输业增值税专用发票，这种情况下的运费属于价外费用，甲公司应该将运费并入销售额中缴纳增值税。

$$甲公司该交易应纳增值税额=(1\,170+20)\div1.17\times17\%-20\times11\%$$
$$=170.71(万元)$$

第二种方式，丙公司将货物运输业增值税专用发票直接开具给乙公司，由甲公司代垫运费并转交给乙公司，根据《增值税暂行条例实施细则》第十二条规定，这种情况下的运费不属于价外费用，甲公司不用将运费并入销售额中缴纳增值税。

$$甲公司该交易应纳增值税额=1\,170\div1.17\times17\%=170(万元)$$

可见，要求丙公司将货物运输业增值税专用发票直接开具给乙公司比开具给甲公司更节税。

2. 对于乙公司。

有的财务人员认为，第二种方式由于乙公司可以取得货物运输业增值税专用发票进行进项税额抵扣，于是要求丙公司将货物运输业增值税专用发票直接开具给乙公司，其实这同样是个误区。因为没有注意到第一种方式的运费属于甲公司的价外费用需要并入商品销售额，能够取得包含这部分运费金额的增值税专用发票进行抵扣进项税额，而第二种方式的运费不属于甲公司的价外费用，不能取得这部分运费金额的增值税专用发票，但可以取得丙公司开具的货物运输业增值税专用发票。

第一种方式，丙公司将运输发票开给甲公司，运费属于价外费用，甲公司应该就该运费和商品一起向乙公司开具增值税专用发票。

乙公司该交易可以抵扣进项税额＝(1 170＋20)÷1.17×17％＝172.91(万元)

若甲公司没有将该运费作为价外费用开具增值税专用发票或者单独开具货物名称为"运费"的增值税专用发票，则乙公司不能抵扣进项税额。

乙公司该交易可以抵扣进项税额＝1 170÷1.17×17％＝170(万元)

第二种方式，丙公司将货物运输业增值税专用发票直接开具给乙公司，由甲公司代垫运费并转交给乙公司，运费不属于甲公司的价外费用。

乙公司该交易可以抵扣进项税额＝1 170÷1.17×17％＋20×11％

＝172.2(万元)

可见，丙公司将货物运输业增值税专用发票直接开具给甲公司比开具给乙公司更节税，但一定要取得甲公司开具的符合规定的增值税专用发票。

温馨提醒

销售货物同时提供运输服务的税务处理：

1. 企业无运输业资质，销售货物同时提供运输服务，除《增值税暂行条例实施细则》第十二条规定的不属于价外费用的代垫运输费用外，运费均属于价外费用，运费需和货物一起开在同一份增值税专用发票上，按照货物的适用税率缴纳增值税。

2. 企业有运输业资质，销售货物同时提供运输服务属于混业经营，提供运输服务开具货物运输业增值税专用发票，销售货物开具增值税专用发票，分别按照运输服务和货物的适用税率缴纳增值税。

十、出租出借包装物，押金怎样来核算

纳税人为销售货物而出租出借包装物收取的押金，必须做到两点，一是单独核算，二是及时收回，做到这两点方能节税。

1. 单独核算。

在实际工作中，有很多企业会计人员将销售货物而出租出借包装物收取的押金作为销售额核算，这样操作虽然简单方便，但是却多交了增值税税款。

《国家税务总局关于印发〈增值税若干问题的规定〉的通知》(国税发〔1993〕154号)明确指出,"纳税人为销售货物而出租出借包装物收取的押金,单独记账核算的,不并入销售额征税;但对因逾期未收回包装物不再退还的押金,应按所包装货物的适用税率计算销项税额"。

因此,企业要降低税负,必须将出租出借包装物收取的押金单独记账。

【例4-18】 甲公司本月销售产品200万元,对出租出借包装物收取押金11.7万元。若甲公司对包装物押金未单独记账核算,则应并入销售额缴纳增值税1.7万元,若对包装物押金单独进行记账核算,则不并入销售额征税,可以节约税金1.7万元。

但对逾期未收回包装物不再退还的押金,则不论是否单独记账核算,均应按所包装货物的适用税率计算销项税额。另外税法还有特殊规定,从1995年6月1日起,对销售除啤酒、黄酒外的其他酒类产品而收取的包装物押金,无论是否返还以及会计上如何核算,均应并入当期销售额征税。所以进行账务处理时一定要注意。

2. 及时收回。

《国家税务总局关于取消包装物押金逾期期限审批后有关问题的通知》(国税函〔2004〕827号)规定,自2004年7月1日起,纳税人为销售货物出租出借包装物而收取的押金,无论包装物周转使用期限长短,超过一年(含一年)以上仍不退还的均并入销售额征税。

因此,企业要降低税负,必须将出租出借包装物收取的押金在规定期限内收回,循环使用的包装物押金也不得例外。

【例4-19】 甲公司为一家啤酒生产企业,每年向其代理商乙公司销售啤酒1170万元,并随啤酒销售向代理商乙公司收取啤酒瓶押金117万元,由于乙公司为企业的常年客户,因此,财务人员为了核算方便,将上次应退的押金直接抵顶本次进货应交的押金,这117万元的啤酒瓶押金始终不用退还,循环使用。甲公司并未对这种循环使用的押金缴纳增值税。

这种只图方便的账务处理方法实际却给企业带来了税务风险。因为按照《国家税务总局关于取消包装物押金逾期期限审批后有关问题的通知》(国税函〔2004〕827号)的规定,甲公司应当将这笔常年不退还代理商的押金117万元作为价外费用处理,缴纳增值税:$117÷(1+17\%)×17\%=17$(万元)。

其实,甲公司完全可以做到既不用缴纳这17万元税金,又能避免这种税务风险。具体的操作有以下两点:

(1)根据企业产品销售的实际情况,与代理商签订低于1年期限的押金合同,要求代理商在规定期限内退回啤酒瓶,并严格按照押金合同及时与代理商结算退回啤酒瓶押金;

（2）财务人员必须与代理商逐笔结算啤酒瓶押金，每销售一批产品，就收取一批包装物押金，同时退还上次包装物押金，不得将上次应退的押金直接抵顶本次进货应缴的押金。

这样操作，使企业收取的包装物押金不超过一年，企业就不必再为收取的包装物押金缴纳增值税。

本例中的啤酒企业主要是由于财务核算不规范，会计人员只图方便省力，却没有考虑税收相关规定，导致多交增值税。所以，笔者建议企业一定要完善财务核算制度，认真按照税法规定进行账务处理，既能规避不当核算导致的税务风险，又能少纳税款。

十一、个人车辆耗油费，取得"油票"怎抵扣

在日常纳税咨询和纳税检查中，笔者经常发现某些企业取得的普通发票中有不少货物名称为"柴油"、"汽油"等，这些发票我们经常简称为"油票"，笔者问企业会计："为什么不要求对方开具增值税专用发票来获得抵扣进项税额的好处"时，企业会计一般都会回答："这些耗费油费的车辆都不是在企业名下，取得专用发票也不能抵扣，无所谓。"

那么没有自己运输车辆的公司取得的这些油票能否抵扣呢？这是纳税人比较关心的一个疑难问题。

其实，非公司名下的运输车辆所耗油费，取得"油票"也可以抵扣，因此，笔者建议纳税人应当取得专用发票，这是获得抵扣的先决条件，但是，取得了专用发票并不意味着就一定可以抵扣。下面举个很有代表性的例子来进行说明。

【例4-20】 某煤炭销售公司，经常需要去某省进货，由于该公司自身车辆不能满足经营需要，于20×3年1月分别和4个货车司机口头约定，货车司机负责将煤炭按时、安全地运达公司指定地点，公司负责提供运输车辆的油费，货车司机所耗油费必须开具抬头为该煤炭销售公司的增值税专用发票并及时交给公司，公司每月根据货车司机运煤量支付工资。假设1月份公司为4个货车提供柴油并取得增值税专用发票，专用发票税额共计16万元，那么公司这部分油票进项税额16万元能否抵扣？

根据增值税有关规定，若该公司属于经营租赁车辆并负担油费，油票是可以抵扣进项税额的。但是由于该公司并没有和货车司机分别签订《车辆租赁合同》，所以不能抵扣。

　　该公司要想合法地抵扣这部分油票，可以这样操作：第一，该煤炭销售公司应当分别和4个货车司机签订《车辆租赁合同》；第二，《车辆租赁合同》应当明确规定出租方（货车司机）让渡使用权给承租方（煤炭销售公司），承租方按规定支付出租方租赁费（而不是支付工资，否则不满足租赁合同要件）；第三，油费必须开具抬头为该煤炭销售公司的增值税专用发票并及时交给承租方；第四，租赁费需要取得发票，价格必须公允；第五，租赁费实际支付。

　　若货车司机不想将车辆使用权让渡给该煤炭销售公司，双方无法签订《车辆租赁合同》，怎么办呢？有的公司可能会私下里和货车司机商量好，签订一份假的《车辆租赁合同》应付税务机关，而私下里另外签订一份真的合同。在此笔者提醒这类公司，这样做会为企业埋下隐患，给企业带来巨大的税收风险。

　　在不能签订《车辆租赁合同》的情况下，货车司机不用为公司提供增值税专用发票，而应该由货车司机按照实际所购油费向该煤炭销售公司开具发票，该公司就可以根据情况按发票金额的3%或11%抵扣进项税额了。

　　可以看出，两种方式该公司抵扣进项税额并不相同，签订《车辆租赁合同》取得油票，进项税额抵扣率＝17%，不签订《车辆租赁合同》取得发票，进项税额抵扣率为3%或11%。因此，公司可以考虑给货车司机多支付不超过油费金额一定比例的费用作为租赁费，选择签订《车辆租赁合同》取得油票的方式，在货车司机多得一部分收入的时候，货车司机应该会选择第一种签订《车辆租赁合同》的方式。

十二、一般购销转代购，节省税费利润多

　　A公司主要经营镁锭的销售业务，每年都要从销货方进货，然后再卖给其常年客户乙公司，除去需要缴纳的增值税款等各种税费和运输费用等相关费用后利润不是很大，甚至有时候还会挣不到钱，原因是在同行中销售价格没有竞争优势，公司老板找到笔者询问有没有办法能降低销售价格，还能挣到钱，在同行中取得一定的价格优势。

　　在笔者根据老板提供的购销价格和相关费用并考虑各种税收后进行了利润测算，发现公司的销售价格已经没有再降低的空间了，但是销售价格不降低，很难和同行竞争，业务越来越不好做。

　　要想降低售价还能保证利润，那就必须降低费用支出和相关税费，而运输费用等基本上没有可以降低的空间，那只能从税费方面考虑了。这时笔者注意到了一条税收政策：

　　《财政部　国家税务总局关于增值税、营业税若干政策规定的通知》（财税字〔1994〕第26号）规定："代购货物行为，凡同时具备以下条件的，不征收增值税；不

同时具备以下条件的，无论会计制度规定如何核算，均征收增值税。（一）受托方不垫付资金；（二）销货方将发票开具给委托方，并由受托方将该项发票转交给委托方；（三）受托方按销售方实际收取的销售额和增值税额（如系代理进口货物则为海关代征的增值税额）与委托方结算货款，并另外收取手续费。"

那么，能不能将该公司和乙公司的购销业务转化为该公司为乙公司寻找货源并代购货物呢？事实上，这样做是可行的。

具体操作为，A公司（受托方）和乙公司（委托方）签订代购合同，合同规定，乙公司预付足额货款给A公司，由A公司为乙公司联系货源代购镁锭，销货方按实际收取的价款直接为乙公司开具专用发票并由A公司转交给乙公司，A公司按专用发票价款与委托方结算货款，乙公司向A公司支付代购手续费。

这样操作，便符合了代购货物行为的税收规定，不再缴纳增值税，A公司的利润就上去了。下面我们来比较一下，两种方式对A公司节省税费、增加利润的影响。

【例4-21】 假设20×3年6月，A公司按一般购销方式从甲公司购进镁锭50吨，含税单价15 200元/吨，全部以含税单价17 000元/吨的售价销售给乙公司，该笔业务应当缴纳增值税：$50 \times (17\,000 - 152\,00) \div 1.17 \times 17\% = 13\,076.92$（元），缴纳营业税金及附加1 569.23元，印花税核定为按销售收入的90%的万分之三缴纳，为196.15元，共计缴纳税费（增值税、营业税金及附加和印花税）为：$13\,076.92 + 1\,569.23 + 196.15 = 14\,842.3$（元），还要负担运费20 000元，该笔业务利润为：$(17\,000 - 15\,200) \div 1.17 \times 50 - 1\,569.23 - 196.15 - 20\,000 = 55\,157.7$（元）。

A公司按照代购业务操作，则销货方按数量50吨、含税单价15 200元/吨直接为乙公司开具专用发票，这样一来，乙公司比原来少抵扣进项税额：$(17\,000 - 15\,200) \times 50 \div 1.17 \times 17\% = 13\,076.92$（元），A公司为了顺利签订合同给予乙公司因少抵扣进项税额造成损失的一定补偿3 076.92元，A公司还要保证自己原有的利润：$(17\,000 - 15\,200) \div 1.17 \times 50 = 76\,923.08$（元），因此A公司向乙公司收取代购手续费：$76\,923.08 + 10\,000 = 86\,923.08$（元），A公司收取代购手续费应缴纳税费（营业税、营业税金及附加）为：$86\,923.08 \times 3\% \times (1 + 7\% + 3\% + 2\%) = 2\,920.62$（元），该笔业务利润为：$86\,923.08 - 2\,920.62 - 20\,000 = 64\,002.46$（元）。

通过两种方式的比较可知，很明显，虽然代购方式下A公司给予了乙公司3 076.92元的补偿，但是仍然比原来节省税费：$14\,842.3 - 2\,920.62 = 11\,921.68$（元），使利润增加：$64\,002.46 - 55\,157.7 = 8\,844.76$（元）。

同时我们还可以看到，采用代购货物方式会使利润增加额8 844.76元和给予乙公司的补偿：$13\,076.92 - 10\,000 = 3\,076.92$（元）之和恰好为节省的税费11 921.68元。

而对乙公司来说，该笔业务为乙公司节省了费用3 076.92元，也得到了好处。

在两家公司都有好处的情况下，两家公司又是常年业务关系，相互信任，诚信经营，签订协议也并非难事。

温馨提醒

采取代购货物方式必须注意：签订代购货物合同后要严格按照代购合同执行，决不能先为购货方垫付资金再向购货方结算货款！顺序一变，性质就发生了改变。

若购货方资金暂时不足，先要求代购方垫付货款，代购方为了保住这个客户，垫付资金也未尝不可，但是这就不再符合税法规定的代购货物行为，代购方必须按照垫付的货款和收取的手续费（此时作为价外费用）缴纳增值税，若仍然按照代购方式处理则属于逃避缴纳税款行为。

十三、总分机构转货物，网络结算缓缴税

《中华人民共和国增值税暂行条例实施细则》、《国家税务总局关于企业所属机构间移送货物征收增值税问题的通知》（国税发〔1998〕第137号）规定：

非同一县（市）将货物从一个机构移送其他机构用于销售，应作视同销售，计算销项税额，其增值税纳税义务发生时间为货物移送的当天。

非同一县（市）将货物从一个机构移送其他机构用于销售，所称的用于销售，是指受货机构发生以下情形之一的经营行为：

（1）向购货方开具发票；

（2）向购货方收取货款。

满足视同销售条件时，移送货物的一方应视同销售，在货物移送当天开具增值税专用发票，计算销项税额，异地受货机构符合条件可作进项税额抵扣，会计处理与正常销售业务相同。

若受货机构没有发生上述两项情形，机构之间移送货物不属于"用于销售"的行为，收货方只相当于一个仓库使用，只做货物进、销、存仓库保管账，不做涉税的会计处理。移货方也不用视同销售计算缴纳增值税，等到货物实际对外销售时，再确认收入计算缴纳增值税。

这便给我们提供了节税思路，只要不属于"用于销售"的行为，就不用视同销售，就可以等到货物实际销售后确认收入缴纳税金，可以起到递延税金的好处，只需要受

货机构既不向购货方开具发票，又不向购货方收取货款就可以了。这样，收款的责任自然就落到了总机构的身上。

《国家税务总局关于纳税人以资金结算网络方式收取货款增值税纳税地点问题的通知》（国税函〔2002〕802号）规定，实行统一核算的纳税人为加强对分支机构资金的管理，提高资金运转效率，与总机构所在地金融机构签订协议建立资金结算网络，以总机构的名义在全国各地开立存款账户（开立的账户为分支机构所在地账号，只能存款、转账，不能取款），各地实现的销售，由总机构直接开具发票给购货方，货款由购货方直接存入总机构的网上银行存款账户。对这种新的结算方式纳税地点如何确定，各地理解不一。经研究，现明确如下：

纳税人以总机构的名义在各地开立账户，通过资金结算网络在各地向购货方收取销货款，由总机构直接向购货方开具发票的行为，不具备《国家税务总局关于企业所属机构间移送货物征收增值税问题的通知》规定的受货机构向购货方开具发票、向购货方收取货款两种情形之一，其取得的应税收入应当在总机构所在地缴纳增值税。

因此，企业总机构可以采取这种资金结算网络方式向购货方开具发票和收取货款，这样一来，既可以得到递延税款的好处，又能加强对分支机构资金的管理、提高资金运转效率，一举两得。

TAX PAYMENT PRACTICE & TAX-SAVING SKILLS OF VAT

第五章

风险防范　未雨绸缪

——增值税税务风险控制

税收是国家财政收入的主要来源，而增值税作为一个特别重要的税种，又是税收收入的主要来源。随着社会的发展，税务机关的征管、稽查力度将愈来愈严格，作为企业财务人员，要时刻密切关注国家的最新税收政策，认真学习和掌握相关税收政策，不断提高自己的税务处理水平，积极防范可能面临的税收风险，降低企业的纳税成本。

国家税务总局大企业司有关负责人对企业税务风险这样解释：企业税务风险主要包括两方面，一方面是企业的纳税行为不符合税收法律法规的规定，应纳税而未纳税、少纳税，从而面临补税、罚款、加收滞纳金、刑事处罚以及声誉损害等风险；另一方面是企业经营行为适用税法不准确，没有用足有关优惠政策，多缴纳了税款，承担了不必要的税收负担。

在税收实务中，我们经常所说的税务风险一般是指第一种，纳税人对第一种税务风险比较重视，也会采取一定的措施进行防范和规避。但是，对于第二种税务风险，纳税人往往会忽视掉，不能引起足够的重视。而作为一名出色的税务经理，这两种税务风险都应该引起重视，同等对待，不能厚此薄彼。

下面笔者就企业常见的增值税税务风险进行讲述。

一、销项税额的税务风险

销项税额的税务风险主要表现在以下方面：

（一）增值税纳税义务发生时间

企业应按照增值税纳税义务发生时间开具发票并确认收入计提销项税额，有的企业不按照纳税义务发生时间确认收入计提销项税额，而是按照自身或付款人的需求开具发票确认收入，甚至随意开具发票调节税款，存在提前或延迟申报缴纳增值税的税务风险。

1.《增值税专用发票使用规定》（国税发〔2006〕156 号）第十一条规定，增值税专用发票按照增值税纳税义务的发生时间开具。

2. 根据《中华人民共和国增值税暂行条例》第十九条的规定，增值税纳税义务发生时间为：

（1）销售货物或者应税劳务，为收讫销售款项或者取得索取销售款项凭据的当天；先开具发票的，为开具发票的当天。

（2）进口货物，为报关进口的当天。

增值税扣缴义务发生时间为纳税人增值税纳税义务发生的当天。

3.《中华人民共和国增值税暂行条例实施细则》第三十八条规定，条例第十九条第一款第（一）项规定的收讫销售款项或者取得索取销售款项凭据的当天，按销售结算方式的不同，具体为：

（1）采取直接收款方式销售货物，不论货物是否发出，均为收到销售款或者取得索取销售款凭据的当天；

（2）采取托收承付和委托银行收款方式销售货物，为发出货物并办妥托收手续的当天；

（3）采取赊销和分期收款方式销售货物，为书面合同约定的收款日期的当天，无书面合同的或者书面合同没有约定收款日期的，为货物发出的当天；

（4）采取预收货款方式销售货物，为货物发出的当天，但生产销售生产工期超过12 个月的大型机械设备、船舶、飞机等货物，为收到预收款或者书面合同约定的收款日期的当天；

（5）委托其他纳税人代销货物，为收到代销单位的代销清单或者收到全部或者部分货款的当天。未收到代销清单及货款的，为发出代销货物满 180 天的当天；

（6）销售应税劳务，为提供劳务同时收讫销售款或者取得索取销售款的凭据的当天；

（7）纳税人发生本细则第四条第（三）项至第（八）项所列视同销售货物行为，为货物移送的当天。

4. 根据《营业税改征增值税试点实施办法》（财税〔2013〕106 号附件 1）第四十一条的规定，增值税纳税义务发生时间为：

（1）纳税人提供应税服务并收讫销售款项或者取得索取销售款项凭据的当天；先开具发票的，为开具发票的当天。

收讫销售款项，是指纳税人提供应税服务过程中或者完成后收到款项。

取得索取销售款项凭据的当天，是指书面合同确定的付款日期；未签订书面合同或者书面合同未确定付款日期的，为应税服务完成的当天。

（2）纳税人提供有形动产租赁服务采取预收款方式的，其纳税义务发生时间为收到预收款的当天。

（3）纳税人发生本办法第十一条视同提供应税服务的，其纳税义务发生时间为应税服务完成的当天。

（4）增值税扣缴义务发生时间为纳税人增值税纳税义务发生的当天。

（二）视同销售和视同提供应税服务行为

视同提供销售和视同提供应税服务行为，由于没有收取款项，不少企业不做账务处理，不进行纳税申报，造成少缴增值税的税务风险。

1. 根据《中华人民共和国增值税暂行条例实施细则》第四条的规定，有 8 种视同销售行为：

（1）将货物交付其他单位或者个人代销；

（2）销售代销货物；

（3）设有两个以上机构并实行统一核算的纳税人，将货物从一个机构移送其他机构用于销售，但相关机构设在同一县（市）的除外；

（4）将自产或者委托加工的货物用于非增值税应税项目；

（5）将自产、委托加工的货物用于集体福利或者个人消费；

（6）将自产、委托加工或者购进的货物作为投资，提供给其他单位或者个体工商户；

（7）将自产、委托加工或者购进的货物分配给股东或者投资者；

（8）将自产、委托加工或者购进的货物无偿赠送其他单位或者个人。

2. 根据《营业税改征增值税试点实施办法》第十一条的规定，单位和个体工商户的下列情形，视同提供应税服务：

（1）向其他单位或者个人无偿提供交通运输业、邮政业和部分现代服务业服务，但以公益活动为目的或者以社会公众为对象的除外。

（2）财政部和国家税务总局规定的其他情形。

（三）差额征税

营改增纳税人有差额征税的情形，部分纳税人因未充分了解或未取得符合法律、行政法规和国家税务总局规定的有效凭证而不得扣除。

目前关于差额征税的情形：

1. 融资租赁企业。

（1）经中国人民银行、银监会或者商务部批准从事融资租赁业务的试点纳税人，提供有形动产融资性售后回租服务，以收取的全部价款和价外费用，扣除向承租方收取的有形动产价款本金，以及对外支付的借款利息（包括外汇借款和人民币借款利息）、发行债券利息后的余额为销售额。

融资性售后回租，是指承租方以融资为目的，将资产出售给从事融资租赁业务的企业后，又将该资产租回的业务活动。

试点纳税人提供融资性售后回租服务，向承租方收取的有形动产价款本金，不得开具增值税专用发票，可以开具普通发票。

（2）经中国人民银行、银监会或者商务部批准从事融资租赁业务的纳税人，提供除融资性售后回租以外的有形动产融资租赁服务，以收取的全部价款和价外费用，扣除支付的借款利息（包括外汇借款和人民币借款利息）、发行债券利息、保险费、安装费和车辆购置税后的余额为销售额。

（3）本规定自 2013 年 8 月 1 日起执行。商务部授权的省级商务主管部门和国家经济技术开发区批准的从事融资租赁业务的试点纳税人，2013 年 12 月 31 日前注册资本达到 1.7 亿元的，自 2013 年 8 月 1 日起，按照上述规定执行；2014 年 1 月 1 日以后注册资本达到 1.7 亿元的，从达到该标准的次月起，按照上述规定执行。

2. 航空运输企业的销售额，不包括代收的机场建设费和代售其他航空运输企业客票而代收转付的价款。

3. 自本地区试点实施之日起，试点纳税人中的一般纳税人提供的客运场站服务，以其取得的全部价款和价外费用，扣除支付给承运方运费后的余额为销售额，其从承运方取得的增值税专用发票注明的增值税，不得抵扣。

4. 试点纳税人提供知识产权代理服务、货物运输代理服务和代理报关服务，以其取得的全部价款和价外费用，扣除向委托方收取并代为支付的政府性基金或者行政事业性收费后的余额为销售额。

向委托方收取的政府性基金或者行政事业性收费，不得开具增值税专用发票。

5. 试点纳税人中的一般纳税人提供国际货物运输代理服务，以其取得的全部价款和价外费用，扣除支付给国际运输企业的国际运输费用后的余额为销售额。

国际货物运输代理服务，是指接受货物收货人或其代理人、发货人或其代理人、运输工具所有人、运输工具承租人或运输工具经营人的委托，以委托人的名义或者以自己的名义，在不直接提供货物运输服务的情况下，直接为委托人办理货物的国际运输、从事国际运输的运输工具进出港口、联系安排引航、靠泊、装卸等货物和船舶代理相关业务手续的业务活动。

6. 试点纳税人从全部价款和价外费用中扣除价款，应当取得符合法律、行政法规和国家税务总局规定的有效凭证。否则，不得扣除。

上述凭证是指：

(1) 支付给境内单位或者个人的款项，以发票为合法有效凭证。

(2) 支付给境外单位或者个人的款项，以该单位或者个人的签收单据为合法有效凭证，税务机关对签收单据有疑义的，可以要求其提供境外公证机构的确认证明。

(3) 缴纳的税款，以完税凭证为合法有效凭证。

(4) 融资性售后回租服务中向承租方收取的有形动产价款本金，以承租方开具的发票为合法有效凭证。

(5) 扣除政府性基金或者行政事业性收费，以省级以上财政部门印制的财政票据为合法有效凭证。

(6) 国家税务总局规定的其他凭证。

(四) 销售额

对一般纳税业务的销售额确定并不难，但是对向关联方销售货物、提供应税服务的价格可能会不公允，价格会明显偏低或者偏高，还有视同销售和视同提供应税服务而无销售额的情形，有的企业不按税法规定顺序确定销售额，而是以价格较小者确定销售额，存在少缴增值税的税务风险。

1. 纳税人有价格明显偏低并无正当理由或者有视同销售货物行为而无销售额者，按下列顺序确定销售额：

(1) 按纳税人最近时期同类货物的平均销售价格确定；

(2) 按其他纳税人最近时期同类货物的平均销售价格确定；

(3) 按组成计税价格确定。

组成计税价格的公式为：

$$组成计税价格 = 成本 \times (1 + 成本利润率)$$

属于应征消费税的货物，其组成计税价格中应加计消费税额。

公式中的成本是指：销售自产货物的为实际生产成本，销售外购货物的为实际采购成本。公式中的成本利润率由国家税务总局确定。

2. 纳税人提供应税服务的价格明显偏低或者偏高且不具有合理商业目的的，或者发生视同提供应税服务而无销售额的，主管税务机关有权按照下列顺序确定销售额：

(1) 按照纳税人最近时期提供同类应税服务的平均价格确定。

(2) 按照其他纳税人最近时期提供同类应税服务的平均价格确定。

(3) 按照组成计税价格确定。组成计税价格的公式为：

$$组成计税价格＝成本×（1＋成本利润率）$$

成本利润率由国家税务总局确定。

（五）价外费用

很多企业对提供应税服务价外收取的手续费、违约金、滞纳金、延期付款利息、赔偿金、代收款项等费用不计提缴纳增值税，造成少缴增值税的税务风险。

价外费用，包括价外向购买方收取的手续费、补贴、基金、集资费、返还利润、奖励费、违约金、滞纳金、延期付款利息、赔偿金、代收款项、代垫款项、包装费、包装物租金、储备费、优质费、运输装卸费以及其他各种性质的价外收费。

但下列项目不包括在内：

1. 受托加工应征消费税的消费品所代收代缴的消费税；

2. 同时符合以下条件的代垫运输费用：

（1）承运部门的运输费用发票开具给购买方的；

（2）纳税人将该项发票转交给购买方的。

3. 同时符合以下条件代为收取的政府性基金或者行政事业性收费：

（1）由国务院或者财政部批准设立的政府性基金，由国务院或者省级人民政府及其财政、价格主管部门批准设立的行政事业性收费；

（2）收取时开具省级以上财政部门印制的财政票据；

（3）所收款项全额上缴财政。

4. 销售货物的同时代办保险等而向购买方收取的保险费，以及向购买方收取的代购买方缴纳的车辆购置税、车辆牌照费。

（六）适用税率

有的企业因适用税率错误导致增值税计算错误，特别是在兼有不同税率或者征收率的销售货物、提供加工修理修配劳务或者应税服务的情况下。

纳税人兼有不同税率或者征收率的销售货物、提供加工修理修配劳务或者应税服务的，应当分别核算适用不同税率或征收率的销售额，未分别核算销售额的，按照以下方法适用税率或征收率：

1. 兼有不同税率的销售货物、提供加工修理修配劳务或者应税服务的，从高适用税率。

2. 兼有不同征收率的销售货物、提供加工修理修配劳务或者应税服务的，从高适用征收率。

3. 兼有不同税率和征收率的销售货物、提供加工修理修配劳务或者应税服务的，从高适用税率。

有的企业混淆应税服务项目。

搬家公司提供的"搬家业务"按照"物流辅助—装卸搬运"征收增值税；对搬家公司承揽的货物运输业务，按照"交通运输业"征收增值税。

货物运输代理服务、代理报关服务、仓储服务和装卸搬运服务，按照"物流辅助服务"征收增值税，不按照"交通运输业"征收增值税。

（七）兼营行为

纳税人兼营行为应当分别核算，有的企业未分别核算，将会给企业带来税务风险。

1. 纳税人兼营营业税应税项目的，应当分别核算应税服务的销售额和营业税应税项目的营业额；未分别核算的，由主管税务机关核定应税服务的销售额。

2. 纳税人兼营免税、减税项目的，应当分别核算免税、减税项目的销售额；未分别核算的，不得免税、减税。

（八）销售收入完整性

企业应注意有无应计销售收入而未计导致少缴增值税的情形，如：

1. 销售货物、提供加工修理修配劳务或者应税服务不开发票，未计收入申报纳税；

2. 预收账款长期挂账，货物已发出、应税服务已提供却不按规定转收入申报纳税；

3. 收取的款项，不按规定全额计收入，而将支付的回扣、手续费等费用扣除，坐支销货款；

4. 应缴纳增值税的业务按营业税缴纳；

5. 出售应税固定资产，是否未按适用税率计提销项税额或按征收率计算应纳税额。

6. 以物易物、以物抵债等特殊业务收入，未计收入申报纳税。

二、进项税额的税务风险

进项税额的税务风险主要表现在以下方面：

（一）增值税扣税凭证

纳税人取得的增值税扣税凭证不符合法律、行政法规或者国家税务总局有关规定的，其进项税额不得从销项税额中抵扣。

增值税扣税凭证，是指增值税专用发票、海关进口增值税专用缴款书、农产品收购发票、农产品销售发票和税收缴款凭证。

除上述规定之外的其他发票（比如取得的增值税普通发票等）都不能作为抵扣进项税额的合法凭证。

纳税人还需注意，即使取得上述合规票据，也并非一定能够抵扣进项税额。

（二）不应该抵扣而抵扣进项税额

1.《中华人民共和国增值税暂行条例》第十条规定，下列项目的进项税额不得从销项税额中抵扣：

（1）用于非增值税应税项目、免征增值税项目、集体福利或者个人消费的购进货物或者应税劳务；

（2）非正常损失的购进货物及相关的应税劳务；

（3）非正常损失的在产品、产成品所耗用的购进货物或者应税劳务；

（4）国务院财政、税务主管部门规定的纳税人自用消费品；

（5）本条第1项至第4项规定的货物的运输费用和销售免税货物的运输费用。

2.《营业税改征增值税试点实施办法》（财税〔2013〕106号附件1）第二十四条规定，下列项目的进项税额不得从销项税额中抵扣：

（1）用于适用简易计税方法计税项目、非增值税应税项目、免征增值税项目、集体福利或者个人消费的购进货物、接受加工修理修配劳务或者应税服务。其中涉及的固定资产、专利技术、非专利技术、商誉、商标、著作权、有形动产租赁，仅指专用于上述项目的固定资产、专利技术、非专利技术、商誉、商标、著作权、有形动产租赁。

（2）非正常损失的购进货物及相关的加工修理修配劳务和交通运输业服务。

（3）非正常损失的在产品、产成品所耗用的购进货物（不包括固定资产）、加工修理修配劳务或者交通运输业服务。

（4）接受的旅客运输服务。

3.《中华人民共和国增值税暂行条例实施细则》第三十四条和《营业税改征增值税试点实施办法》（财税〔2013〕106号附件1）第二十九条规定：

有下列情形之一者，应当按照销售额和增值税税率计算应纳税额，不得抵扣进项税额，也不得使用增值税专用发票：

（1）一般纳税人会计核算不健全，或者不能够提供准确税务资料的。

（2）应当申请办理一般纳税人资格认定而未申请的。

（三）应做进项税额转出而未做进项税额转出

已抵扣进项税额的购进货物、接受加工修理修配劳务或者应税服务，发生《中华人民共和国增值税暂行条例》第十条、《营业税改征增值税试点实施办法》（财税〔2013〕106 号附件 1）第二十四条规定情形（简易计税方法计税项目、非增值税应税劳务、免征增值税项目除外）的，应当将该进项税额从当期进项税额中扣减；无法确定该进项税额的，按照当期实际成本计算应扣减的进项税额。

兼营简易计税方法计税项目、非增值税应税劳务、免征增值税项目而无法划分不得抵扣的进项税额，按照下列公式计算不得抵扣的进项税额：

$$
\begin{aligned}
\text{不得抵扣的进项税额} = {}& \text{当期无法划分的全部进项税额} \times \Big(\text{当期简易计税方法计税项目销售额} + \text{非增值税应税劳务营业额} \\
& + \text{免征增值税项目销售额} \Big) \div \Big(\text{当期全部销售额} + \text{当期全部营业额} \Big)
\end{aligned}
$$

（四）扣税凭证要符合规定，资料要齐全

1. 纳税人取得的增值税扣税凭证不符合法律法规的，进项税额不准从销项税额抵扣。

例如，一般纳税人销售货物或者提供应税劳务（服务）可汇总开具专用发票。汇总开具专用发票的，同时使用防伪税控系统开具《销售货物或者提供应税劳务（服务）清单》，并加盖发票专用章。若收到无清单或自制清单的汇总开具的专用发票，则不可以抵扣税款。

再如，纳税人提供应税服务，开具增值税专用发票后，提供应税服务中止、折让、开票有误等情形，应当按照国家税务总局的规定开具红字增值税专用发票。未按照规定开具红字增值税专用发票的，不得扣减销项税额或者销售额。而有些企业自作聪明，改由接受服务方向提供服务方开具增值税专用发票，避免开具红字发票的麻烦，这种行为属于不按规定开具发票的行为，是不可以抵扣销项税额的。

2. 纳税人资料不全的，进项税额也不得从销项税额中抵扣。

例如，纳税人接受境外单位或者个人提供应税服务，使用代扣代缴增值税而取得的中华人民共和国税收缴款凭证抵扣进项税额的，应当具备书面合同、付款证明和境外单位的对账单或者发票。若资料不全的，仅凭税收缴款凭证，其进项税额也不得从

销项税额中抵扣。

三、税控设备管理税务风险

（一）防伪税控专用设备被盗、丢失的税务风险

防伪税控企业应采取有效措施保障防伪税控设备的安全，防伪税控企业专用设备发生被盗、丢失的，应迅速将有关情况报告当地公安机关和主管税务机关，税务机关按照规定进行处理。

虽然丢失、被盗税控设备不是企业的主观故意行为，但根据《防伪税控系统管理办法》和《中华人民共和国发票管理办法》规定，企业因主观或非主观原因丢失、被盗防伪税控设备，处以一万元以下罚款，并在规定的期限内办理处罚手续。

丢失、被盗税控设备会造成一系列严重后果：纳税人丢失、被盗税控设备后，必须层报税务机关审批后才能重新购买，纳税人将有一段时间无法开具专用发票，直接影响纳税人的正常生产经营。而且造成增值税专用发票电子数据失控，会给不法分子虚开增值税专用发票骗取国家税款以可乘之机，从而给国家税款流失造成隐患。

（二）未按照规定安装、使用税控装置的税务风险

根据《税收征收管理法》规定，纳税人未按照规定安装、使用税控装置，或者损毁或者擅自改动税控装置的，由税务机关责令限期改正，可以处二千元以下的罚款；情节严重的，处二千元以上一万元以下的罚款。

因此，企业应加强法律意识，对防伪税控设备应采取专人、专室保管，保证税控设备的安全。

四、发票使用管理税务风险

发票，是指在购销商品，提供或者接受服务以及从事其他经营活动中，开具、收取的收付款凭证。

《中华人民共和国发票管理办法》第三十六条规定，违反发票管理法规的行为包括：（1）未按照规定印制发票或者生产发票防伪专用品的；（2）未按照规定领购发票的；（3）未按照规定开具发票的；（4）未按照规定取得发票的；（5）未按照规定保管发票的；（6）未按照规定接受税务机关检查的。对有前款所列行为之一的单位和个人，由税务机关责令限期改正，没收非法所得，可以并处 1 万元以下的罚款。有前款所列两种或者两种以上行为的，可以分别处罚。

因此，纳税人在日常发票管理过程中，要建立完善的发票使用、保管制度，严格按规定使用、保管发票，严格防范上述行为的发生，否则就有可能受到相应处罚。

常见的发票管理税务风险有以下几种：

（一）接受货物运输业增值税专用发票的税务风险

货物运输业增值税专用发票的税务风险主要有以下三种：

1. 货物运输业增值税专用发票票面内容不符合规定而进行了抵扣，常见情况有如下几种：

（1）与购进和销售货物的名称、数量不匹配、不吻合；

（2）项目填写不齐全；

（3）收货人、发货人二栏相一致是否符合实际的情况；

（4）开票方与承运方不一致。

2. 不允许抵扣项目的货物运输业增值税专用发票进行了抵扣，常见情况有如下几种：

（1）非增值税应税项目、免征增值税项目、集体福利或者个人消费、非正常损失的购进或销售货物的货物运输业增值税专用发票；

（2）与购进和销售货物无关的货物运输业增值税专用发票。

3. 接受虚开、代开的货物运输业增值税专用发票进行抵扣，常见情况有如下几种：

（1）由个体运输户（个人）提供运输劳务，取得企业虚开或代开的货物运输业增值税专用发票。

这些个体运输户通常是支付给开票企业手续费，开票企业再把发票邮寄过来，个体运输户取得货物运输业增值税专用发票后提供给接受劳务的企业。这些个体运输户之所以不通过当地地税局代开发票，是因为开票企业的手续费较地税局的手续费低。而企业在接受这类发票时，只注重发票票面形式上的审查和能否通过认证，对个体运输户提供的货物运输业增值税专用发票为什么没有从税务部门代开并不关心。

（2）由货运代理公司和运输公司提供运输劳务，取得的货物运输业增值税专用发票上的承运人与运输合同签订单位不一致。

这类发票往往就是代开、虚开的。在企业提出异议时，提供发票方往往会拍着胸脯保证发票绝对是真票，保证一定可以通过认证抵扣。而实际上，这种代开、虚开的货物运输业增值税专用发票本身就是违法的，是不允许抵扣的。

（3）由供货方代办运输，代垫运费，供货方转交的货物运输业增值税专用发票是代开、虚开的。

这种情况购货企业不好审查，应该要求供货方代为审查把关。

温馨提醒

防范企业货物运输业增值税专用发票税务风险的建议：

1. 对货物运输业增值税专用发票票面内容是否符合税法规定进行严格审查，不符合要求的拒绝接受；退还开票人重新开具；

2. 认真学习税法，掌握哪些业务属于不允许抵扣的项目，这些项目取得的货物运输业增值税专用发票不申报抵扣；

3. 对个体运输户提供的货物运输业增值税专用发票要严格审查，审查货物运输业增值税专用发票是否由税务机关代开，发票上的承运人是否是提供运输劳务的人，货物运输业增值税专用发票是否有对应的完税凭证等；

4. 在签订书面运输合同时，要审查承运人的营业执照、税务登记、车辆道路运输证、经营范围等信息；在接受货物运输业增值税专用发票时，要严格审查货物运输业增值税专用发票上的承运人、书面运输合同签订单位、收款单位是否一致，不一致的往往是代开、虚开的运输发票。

（二）农产品收购企业违规开具收购发票的税务风险

除纳入农产品增值税进项税额核定扣除试点范围外，其他行业仍采用收购发票抵扣进项税额。部分农产品收购企业利用收购发票自行填开及现金交易的便利，违规开具收购发票，表现形式有：

1. 虚增收购数量。某些收购企业在没有收购业务时虚构数量或虽有收购业务但购少开多，使票面金额大大高于实际支付的现金，虚增了增值税进项税额，达到少缴甚至不缴增值税的目的。

2. 虚抬收购价格。某些收购企业虽存在收购业务，但在开具收购发票时，收购数量不变，虚抬收购价格，造成低价购进高价开出，虚增了增值税进项税额，达到少缴甚至不缴增值税的目的。

3. 超范围开具收购发票。某些收购企业利用国家对免税农产品的优惠政策，把不属于免税农产品的非农产品也当作农产品来对待，超范围开具收购发票。比如对加工的中间产品及收购其他小规模企业的半成品甚至产成品也开具收购发票，以达到多抵扣进项税款少缴增值税的目的。

4. 虚列农业生产者姓名，虚构收购业务。由于农产品收购对象范围广、数量零散且季节性强等特点，企业直接从农户手中收购费时耗力，因而某些收购企业收购农产品的主要渠道不是面对自产自销的农户，而是采取多渠道的广泛收购或在异地设立收购点进行集中收购。比如向农场、养殖厂等农业生产单位购进农产品，向个体经营者和无证个体农产品贩运者购进农产品等。而现行政策规定农产品收购发票的开具对象仅限于农业生产者自产的初级农产品，并且应向所有被收购对象逐一开具收购发票，而不管每笔业务量的大小。由于收购发票是由付款方向收款方开具，且一般为现金结算，收购人员嫌麻烦，因此某些收购企业采取虚列农业生产者姓名开具收购发票的方式，虚构收购业务，人为地增大进项税额，多抵扣增值税。

根据税法规定，收购企业存在未按规定开具收购发票的，税务机关除责令其限期整改外，收购发票进项税额暂不准予以抵扣。同时按《中华人民共和国税收征收管理法》及其实施细则或《中华人民共和国发票管理办法》及其他有关规定从严处理。

温馨提醒

降低企业开具农产品收购发票税务风险的建议：

1. 农产品收购企业向农民个人收购免税农产品的，可自行开具收购发票，向其他单位和个体经营者收购的，不可自行开具收购发票，必须按规定向售货方索取销售发票。

2. 纳税人应按规定时限、号码顺序逐笔开具收购发票，准确记录出售人的姓名、详细地址（应具体到乡、村、组），同时在备注栏注明出售人的身份证号码和联系电话，不能将多个出售人或多笔收购业务汇总开具收购发票。

3. 收购发票只限在本县（市、区）范围内开具，不能跨地区开具。企业在跨县（市、区）收购农产品的，可向销售方索取普通发票，或向主管国税机关申请开具《外出经营活动税收管理证明》，向收购地国税机关申请领购收购发票。

4. 准予抵扣的进项税额仅为农产品收购发票上注明的价款和按规定缴纳的烟叶税，纳税人在收购农产品过程中随同买价支付的运输装卸费、人工费、中介费、检疫消毒费等其他费用，均不能抵扣进项税额。

5. 为了防止纳税人虚开发票抵扣进项税额，按照税法规定，未支付价款的收购业务不得计算抵扣进项税额，为降低风险，建议纳税人对收购货物的过磅单、

入库单、运输费用结算单、收付款凭证等原始凭证应妥善保管，并与收购发票内容对应。

6. 购进农产品渠道不同抵扣凭证不同：

增值税一般纳税人从一般纳税人购进农产品时，其取得增值税专用发票可以抵扣发票上注明的进项税额；

从国外购进农产品时，应从海关取得增值税完税凭证才可以抵扣在海关已经实际缴纳的税款；

从农业生产者手中购进免税农产品时，可以开具经主管税务机关批准使用的收购凭证，计算、抵扣进项税额；

从农业生产单位（含农民专业合作社）购进农产品时，农业生产单位开具的普通发票可以作为计算并抵扣进项税额的凭证。

自产免税农业产品无论开具免税货物发票，还是通过防伪税控系统开具增值税普通发票均属于"农产品销售发票"范围，其取得发票均可以计算进项税额，准予从销项税额中抵扣。

从事农产品批发、零售的纳税人享受免税政策后开具的普通发票不得作为计算抵扣进项税额的凭证。

（三）增值税发票不及时认证的税务风险

据笔者所知，很多企业有开具发票后在收到货款前不交给购货方发票的习惯，而有的购货方财务人员也有为了调节税负在收到发票后不及时认证抵扣的习惯，有的业务员有不及时把取得的发票交给财务人员的习惯，这些习惯都有可能对企业产生税收风险。

目前增值税专用发票已建立了严密的监控机制，总局定期把滞留票信息下发到基层进行核查，防止纳税人为隐瞒销售收入不抵扣进项税额的行为，因此，建议纳税人收到专用发票后及时认证。

（四）虚开发票的税务风险

《刑法》第二百零五条规定，虚开增值税专用发票或者虚开用于骗取出口退税、抵扣税款的其他发票，是指有为他人虚开、为自己虚开、让他人为自己虚开、介绍他人虚开行为之一的。

《最高人民法院关于适用〈全国人民代表大会常务委员会关于惩治虚开、伪造和非法出售增值税专用发票犯罪的决定〉的若干问题的解释》（以下简称《解释》）规定，虚开增值税专用发票的，构成虚开增值税专用发票罪。具有下列行为之一的，属于"虚开增值税专用发票"：

1. 没有货物购销或者没有提供或接受应税劳务而为他人、为自己、让他人为自己、介绍他人开具增值税专用发票；

2. 有货物购销或者提供或接受了应税劳务但为他人、为自己、让他人为自己、介绍他人开具数量或者金额不实的增值税专用发票；

3. 进行了实际经营活动，但让他人为自己代开。

《最高人民法院关于对为他人代开增值税专用发票的行为如何定性问题的答复》（以下简称《答复》）和《解释》这两个文件，都把"为他人的实际经营活动代开增值税专用发票的行为"纳入虚开增值税专用发票罪中。所不同的是，《答复》中的代开是指"自己为他人的实际经营活动代开"，"自己"构成虚开增值税专用发票罪；《解释》中的代开是指"进行了实际经营活动，但让他人为自己代开。""他人"构成虚开增值税专用发票罪。

总之，根据这两个文件的规定，可以得出一个结论："尽管进行了实际经营活动，但是，只要代开，无论是开票人还是发票代开请求人，即便开票数额和经营数额相符，也可构成虚开增值税专用发票罪"。

一旦虚开增值税专用发票的数量和程度达到《刑法》关于"虚开增值税专用发票或者虚开用于骗取出口退税、抵扣税款的其他发票"的定罪量刑标准——虚开税款数额 1 万元以上或者虚开增值税专用发票致使国家税款被骗取 5 千元以上，将被移送司法机关追究刑事责任。

另外，虚开增值税专用发票一旦被查处，纳税人在贷款人、投资人、客户、供货商方面的信誉度下降，纳税人正常的经营运作会受到较大的负面影响，涉案当事人的信誉也会受到影响。

（五）取得虚开增值税专用发票的风险

1. 恶意取得虚开的增值税专用发票。

《国家税务总局关于纳税人取得虚开的增值税专用发票处理问题的通知》（国税发〔1997〕134 号）规定：

（1）受票方利用他人虚开的专用发票，向税务机关申报抵扣税款进行偷税的，应当依照《中华人民共和国税收征收管理法》及有关法规追缴税款，处以偷税数额五倍以下的罚款；进项税金大于销项税金的，还应当调减其留抵的进项税额。利用虚开的专用发票进行骗取出口退税的，应当依法追缴税款，处以骗税数额五倍以下的罚款。

（2）在货物交易中，购货方从销售方取得第三方开具的专用发票，或者从销货地以外的地区取得专用发票，向税务机关申报抵扣税款或者申请出口退税的，应当按偷税、骗取出口退税处理，依照《中华人民共和国税收征收管理法》及有关法规追缴税款，处以偷税、骗税数额五倍以下的罚款。

（3）纳税人以上述第一条、第二条所列的方式取得专用发票未申报抵扣税款，或者未申请出口退税的，应当依照《中华人民共和国发票管理办法》及有关法规，按所取得专用发票的份数，分别处以一万元以下的罚款；但知道或者应当知道取得的是虚开的专用发票，或者让他人为自己提供虚开的专用发票的，应当从重处罚。

（4）利用虚开的专用发票进行偷税、骗税，构成犯罪的，税务机关依法进行追缴税款等行政处理，并移送司法机关追究刑事责任。

2. 善意取得虚开的增值税专用发票。

《国家税务总局关于纳税人善意取得虚开的增值税专用发票处理问题的通知》（国税发〔2000〕187号）规定：

购货方与销售方存在真实的交易，销售方使用的是其所在省（自治区、直辖市和计划单列市）的专用发票，专用发票注明的销售方名称、印章、货物数量、金额及税额等全部内容与实际相符，且没有证据表明购货方知道销售方提供的专用发票是以非法手段获得的，对购货方不以偷税或者骗取出口退税论处。但应按有关法规不予抵扣进项税款或者不予出口、退税；购货方已经抵扣的进项税款或者取得的出口退税，应依法追缴。

购货方能够重新从销售方取得防伪税控系统开出的合法、有效专用发票的，或者取得手工开出的合法、有效专用发票且取得了销售方所在地税务机关或者正在依法对销售方虚开专用发票行为进行查处证明的，购货方所在地税务机关应依法准予抵扣进项税款或者出口退税。

如有证据表明购货方在进项税款得到抵扣、或者获得出口退税前知道该专用发票是销售方以非法手段获得的，对购货方应按《国家税务总局关于纳税人取得虚开的增值税专用发票处理问题的通知》（国税发〔1997〕134号）和《国家税务总局关于〈国家税务总局关于纳税人取得虚开的增值税专用发票处理问题的通知〉的补充通知》（国税发〔2000〕182号）的法规处理。

《国家税务总局关于〈国家税务总局关于纳税人取得虚开的增值税专用发票处理问题的通知〉的补充通知》（国税发〔2000〕182号）规定：

有下列情形之一的，无论购货方（受票方）与销售方是否进行了实际的交易，增值税专用发票所注明的数量、金额与实际交易是否相符，购货方向税务机关申请抵扣进项税款或者出口退税的，对其均应按偷税或者骗取出口退税处理。

（1）购货方取得的增值税专用发票所注明的销售方名称、印章与其进行实际交易的销售方不符的，即134号文件第二条法规的"购货方从销售方取得第三方开具的专用发票"的情况。

（2）购货方取得的增值税专用发票为销售方所在省（自治区、直辖市和计划单列市）以外地区的，即 134 号文件第二条法规的"从销货地以外的地区取得专用发票"的情况。

（3）其他有证据表明购货方明知取得的增值税专用发票系销售方以非法手段获得的，即 134 号文件第一条法规的"受票方利用他人虚开的专用发票，向税务机关申报抵扣税款进行偷税"的情况。

《国家税务总局关于纳税人善意取得虚开增值税专用发票已抵扣税款加收滞纳金问题的批复》（国税函〔2007〕1240 号）对于纳税人善意取得的虚开的增值税专用发票的滞纳金如何处理进行了规定，即：纳税人善意取得虚开的增值税专用发票被依法追缴已抵扣税款的，不属于《税收征收管理法》第三十二条"纳税人未按照规定期限缴纳税款"的情形，不适用该条"税务机关除责令限期缴纳外，从滞纳税款之日起，按日加收滞纳税款万分之五的滞纳金"的规定。

3. 取得同时符合三种情形的专用发票，可以作为增值税扣税凭证抵扣进项税额。

《国家税务总局关于纳税人对外开具增值税专用发票有关问题的公告》（国家税务总局公告 2014 年第 39 号）规定：

纳税人通过虚增增值税进项税额偷逃税款，但对外开具增值税专用发票同时符合以下情形的，不属于对外虚开增值税专用发票：

（1）纳税人向受票方纳税人销售了货物，或者提供了增值税应税劳务、应税服务；

（2）纳税人向受票方纳税人收取了所销售货物、所提供应税劳务或者应税服务的款项，或者取得了索取销售款项的凭据；

（3）纳税人按规定向受票方纳税人开具的增值税专用发票相关内容，与所销售货物、所提供应税劳务或者应税服务相符，且该增值税专用发票是纳税人合法取得、并以自己名义开具的。

受票方纳税人取得的符合上述情形的增值税专用发票，可以作为增值税扣税凭证抵扣进项税额。

理解本公告，需要把握以下几点：

（1）纳税人对外开具的销售货物的增值税专用发票，纳税人应当拥有货物的所有权，包括以直接购买方式取得货物的所有权，也包括"先卖后买"方式取得货物的所有权。所谓"先卖后买"，是指纳税人将货物销售给下家在前，从上家购买货物在后。

（2）以挂靠方式开展经营活动在社会经济生活中普遍存在，挂靠行为如何适用本公告，需要视不同情况分别确定。

第一，如果挂靠方以被挂靠方名义，向受票方纳税人销售货物、提供增值税应税劳务或者应税服务，应以被挂靠方为纳税人。被挂靠方作为货物的销售方或者应税劳务、应税服务的提供方，按照相关规定向受票方开具增值税专用发票，属于本公告规定的情形。

第二，如果挂靠方以自己名义向受票方纳税人销售货物、提供增值税应税劳务或者应税服务，被挂靠方与此项业务无关，则应以挂靠方为纳税人。这种情况下，被挂靠方向受票方纳税人就该项业务开具增值税专用发票，不在本公告规定之列。

（3）本公告是对纳税人的某一种行为不属于虚开增值税专用发票所做的明确，目的在于既保护好国家税款安全，又维护好纳税人的合法权益。换一个角度说，本公告仅仅界定了纳税人的某一行为不属于虚开增值税专用发票，并不意味着非此即彼，从本公告并不能反推出不符合三种情形的行为就是虚开。

比如，某一正常经营的研发企业，与客户签订了研发合同，收取了研发费用，开具了专用发票，但研发服务还没有发生或者还没有完成。这种情况下不能因为本公告列举了"向受票方纳税人销售了货物，或者提供了增值税应税劳务、应税服务"，就判定研发企业虚开增值税专用发票。

【例 5-1】　　　　票、物、款不一致，不能抵扣进项税额

甲公司向 A 公司购进货物而销货方提供的增值税专用发票却为 B 公司开具，甲公司抵扣了进项税额。

乙公司向 A 公司购买货物，取得 A 公司开具的增值税专用发票，但因为 A、B 公司为同一个老板，乙公司将该笔货款支付给了 B 公司。乙公司取得的增值税专用发票抵扣了进项税额。

甲乙公司存在何种税务风险？

1. 《国家税务总局关于纳税人取得虚开的增值税专用发票处理问题的通知》（国税发〔1997〕134 号）规定：在货物交易中，购货方从销售方取得第三方开具的专用发票，或者从销货地以外的地区取得专用发票，向税务机关申报抵扣税款或者申请出口退税的，应当按偷税、骗取出口退税处理，依照《中华人民共和国税收征收管理法》及有关规定追缴税款，处以偷税、骗税数额五倍以下的罚款。

2. 《国家税务总局关于加强增值税征收管理若干问题的通知》（国税发〔1995〕192 号）规定：纳税人购进货物或应税劳务，支付运输费用，所支付款项的单位，必须与开具抵扣凭证的销货单位、提供劳务的单位一致，才能够申报抵扣进项税额，否则不予抵扣。

3. 《中华人民共和国发票管理办法》（中华人民共和国国务院令第 587 号）第二十二条规定：开具发票应当按照规定的时限、顺序、栏目，全部联次一次性如实开具，并加盖发票专用章。任何单位和个人不得有下列虚开发票行为：

（1）为他人、为自己开具与实际经营业务情况不符的发票；

（2）让他人为自己开具与实际经营业务情况不符的发票；

（3）介绍他人开具与实际经营业务情况不符的发票。

甲公司的行为为国税发〔1997〕134 号文件规定的取得虚开的增值税专用发票，因此，不能将抬头为销货方以外的其他单位的专用发票税额进行抵扣，当月发票已经认证的要做进项税额转出，已经申报抵扣的增值税进项税额应补缴增值税。

乙公司将货款支付给 B 公司，与开具增值税专用发票的销售单位 A 公司不一致，违反了国税发〔1995〕192 号文件规定，因此不能抵扣进项税额。

在执法实践中，对三种票货款不一致的情形能否抵扣进项税额的界定如下：

第一种情形：甲公司与乙公司签订了商品交易合同，甲公司给乙公司供货并开具增值税专用发票，但由于丙公司与乙公司存在债权债务关系，乙公司委托丙公司向甲公司支付货款，乙公司免除丙公司相应金额的债务。这种情形下，乙公司要想抵扣进项税额必须做到甲公司、乙公司、丙公司三家企业签订委托支付令。

第二种情形：甲公司与乙公司签订了商品交易合同，甲公司给乙公司供货，但是甲公司并没有给乙公司开具增值税专用发票，而是向乙公司提供了销货单位为丙公司的专用发票。这种情形下，不管甲公司与丙公司之间是否存在关联关系（哪怕两个公司一个老板），乙公司取得的专用发票都不得抵扣进项税额，而且相应的成本费用在企业所得税税前都不得扣除，因为这种情形属于虚开发票。

第三种情形：甲公司与乙公司签订了商品交易合同，甲公司给乙公司供货并开具增值税专用发票，由于甲公司与丙公司为关联企业（比如两个公司一个老板），乙公司将货款支付给了丙公司。这种情形下，乙公司要想抵扣进项税额必须做到甲公司、乙公司、丙公司三家企业签订委托收款书。

【例 5-2】　　　　　　虚构资金流，不能抵扣进项税额

某公司大量使用银行承兑汇票进行业务结算，在纳税检查中，对企业应收票据科目进行检查时，发现了两份汇票号码相同的银行承兑汇票复印件，一份显示向甲公司付款，一份显示向乙公司付款。继续检查，发现该企业还有几份银行承兑汇票复印件存在重复支付问题。

另外，还发现该公司使用两份金额分别为 30 万元和 50 万元的承兑汇票支付丙公司 20 万元和丁公司 60 万元的情况，丙公司与丁公司为非关联单位，明显为虚构资金流。

该公司存在何种税务风险？

1.《国家税务总局关于加强增值税征收管理若干问题的通知》（国税发〔1995〕192 号）第一条第三项规定：纳税人购进货物或应税劳务，支付运输费用，所支付款项的单位，必须与开具抵扣凭证的销货单位、提供劳务的单位一致，才能够申报抵扣进项税额，否则不予抵扣。

2.《国家税务总局关于纳税人虚开增值税专用发票征补税款问题的公告》（国家税务总局公告 2012 年第 33 号）规定：纳税人虚开增值税专用发票，未就其虚开金额申报并缴纳增值税的，应按照其虚开金额补缴增值税；已就其虚开金额申报并缴纳增值税的，不再按照其虚开金额补缴增值税。税务机关对纳税人虚开增值税专用发票的行为，应按《中华人民共和国税收征收管理法》及《中华人民共和国发票管理办法》的有关规定给予处罚。纳税人取得虚开的增值税专用发票，不得作为增值税合法有效的扣税凭证抵扣其进项税额。

银行承兑汇票仅以复印件入账，这就为某些企业虚构资金流提供了便利，该企业正是利用这一点反复使用同一份承兑汇票虚构资金流以掩饰接受虚开发票的行为，达到抵扣进项税额的目的。另外，两份金额分别为 30 万元和 50 万元的承兑汇票支付丙公司 20 万元和丁公司 60 万元，显然也是使用承兑汇票虚构资金流以掩饰接受虚开发票的行为。

该企业取得的虚开、代开的增值税专用发票，不得作为增值税合法的抵扣凭证抵扣进项税额。

为应付税务部门检查，一些财务人员利用银行承兑汇票虚构资金流，掩盖虚开发票真相，企图蒙混过关。其主要方式有四种：

(1) 利用真银行承兑汇票虚构资金流。受票方为了掩饰其虚抵进项发票的真相，向银行申请开具银行承兑汇票，注明受票人为增值税专用发票开票方，虚假制造资金流向，然后再授意专用发票开票方背书给第三方、第四方等，最后返回受票方或下属机构。

(2) 利用银行承兑汇票退回虚构资金流。受票方为虚构资金流，申请开具银行承兑汇票后，将汇票复印件作为入账依据，然后将原件以"申请未用"的名义退还银行，取消此项承兑汇票业务。

(3) 利用虚假背书入账。受票方与开票方勾结，在受票方持有的其他银行承兑汇票复印件上作虚假背书，制造已将银行承兑汇票背书给开票方的假象。而实际上，银行承兑汇票持有人仍是受票方，汇票所有权并没有转让，而是利用虚假背书虚构资金流。

(4) 利用虚假银行承兑汇票入账。银行承兑汇票票面内容可机打、可手写，各专业银行没有统一的规定。企业对银行承兑汇票复印件任意修改复印，虚构资金流。

五、逾期申报、逾期缴税的风险

（一）逾期申报的风险

纳税人必须依照法律、行政法规规定或者税务机关依照法律、行政法规的规定确定的申报期限、申报内容如实办理纳税申报，报送纳税申报表、财务会计报表以及税务机关根据实际需要要求纳税人报送的其他纳税资料。纳税人未按照规定的期限办理纳税申报和报送纳税资料的，或者扣缴义务人未按照规定的期限向税务机关报送代扣代缴、代收代缴税款报告表和有关资料的，由税务机关责令限期改正，可以处二千元以下的罚款；情节严重的，可以处二千元以上一万元以下的罚款。

纳税人应按照法律、行政法规规定或者税务机关按照法律、行政法规的规定确定的申报期限、申报内容办理纳税申报和报送纳税资料，纳税人未按照规定的期限办理纳税申报和报送纳税资料的，或者扣缴义务人未按照规定的期限向税务机关报送代扣代缴、代收代缴税款报告表和有关资料的，将按《税收征收管理法》的规定，由税务机关责令限期改正，可以处二千元以下的罚款；情节严重的，可以处二千元以上一万元以下的罚款。

（二）逾期缴税的风险

纳税人、扣缴义务人按照法律、行政法规规定或者税务机关按照法律、行政法规的规定确定的期限，缴纳或者解缴税款。

按期缴税是纳税人的基本义务，纳税人应该提前做好资金安排，以防止逾期纳税而被税务机关处以罚款和支付滞纳金。纳税人确有特殊困难不能按期缴纳税款的，可按《税收征收管理法》第三十一条、实施细则第四十一条和四十二条的规定，报经省、自治区、直辖市国家税务局批准，可以延期缴纳税款，但最长不得超过三个月。

若纳税人、扣缴义务人在规定期限内不缴或者少缴应纳或者应解缴的税款且未提出延期缴税并经批准的，税务机关除依照规定采取强制执行措施追缴其不缴或者少缴的税款外，将按《税收征收管理法》的规定处以不缴或者少缴的税款百分之五十以上五倍以下的罚款。

六、纳税人销售额超过小规模纳税人标准不登记的风险

1. 根据《中华人民共和国增值税暂行条例实施细则》第三十四条规定，纳税人销售额超过小规模纳税人标准，未申请办理一般纳税人认定手续的，应按销售额依照增值税税率计算应纳税额，不得抵扣进项税额，也不得使用增值税专用发票。

2. 根据《营业税改征增值税试点实施办法》第二十九条规定，有下列情形之一者，应当按照销售额和增值税税率计算应纳税额，不得抵扣进项税额，也不得使用增值税专用发票：

（1）一般纳税人会计核算不健全，或者不能够提供准确税务资料的。

（2）应当申请办理一般纳税人资格认定而未申请的。

3.《国家税务总局关于调整增值税一般纳税人管理有关事项的公告》（国家税务总局公告 2015 年第 18 号）第一条明确一般纳税人资格实行登记制，在具体登记程序中取消了税务机关审批环节，主管税务机关在对纳税人递交的登记资料信息进行核对确认后，纳税人即可取得一般纳税人资格。

因此，对达到一般纳税人标准但不办理一般纳税人登记手续的纳税人，应按销售额依照规定的增值税税率计算应纳税额，不得抵扣进项税额。

七、账务处理风险

账务处理风险是由于企业财务人员自身的专业素质（主要是对税法的正确理解和账务处理水平）导致的风险。

企业在财务的日常管理中，由于财务人员自身业务素质的限制，对相关税收法规的精神把握不准，对于税法缺乏全面的认识，以致产生理解上的偏差，不能正确、合理地运用，虽然主观上并没有逃避缴纳税款的心理，但在实际纳税处理时却没有按照有关税收规定去操作，或者只是在表面上、局部上符合规定，但在实质上、整体上却没能够按照税收规定去操作，从而造成了事实上的逃避缴纳税款，给企业带来一定的税务风险。

账务处理方面的风险主要有以下几方面：

1. 销项税额方面，视同销售行为、视同提供应税服务行为、收取价外费用等业务不知道计提增值税或计提增值税额不正确，如将商品用于赞助、捐赠、广告等业务的账务处理；还本销售、以物易物、以旧换新、折扣等特殊销售行为没有处理得当；发生纳税义务没有申报缴纳增值税等。

2. 进项税额方面，不应当抵扣的进项税额进行了抵扣，应当做进项税额转出的没有转出等。

3. 发票方面，发票是否按规定填开；红字发票是否使用得当；抵扣凭证是否符合要求等。

【例 5-3】 甲公司为小规模纳税人，商业企业。假设 20×3 年甲公司账簿记载销售收入为 45 万元，当年应缴纳增值税税款 1.35 万元。

甲公司有几笔业务账务处理如下：

1. 20×3 年 9 月赠送客户自产品 4 万元，公允价值 4.5 万元，财务人员做了一笔会计分录：

借：销售费用 40 000

贷：库存商品 40 000

2. 20×3 年 12 月 31 日预收账款账面余额 4.12 万元，商品已于 20×3 年 12 月 28 日发出，由于尚未开具发票，财务人员没有进行账务处理，直到 20×4 年 1 月 6 日开具发票才进行了账务处理。

这两笔业务都是因为财务人员对税法不熟悉和账务处理水平较低引起的，虽然没有主观故意，但是却给企业带来了税收风险。

业务 1 赠送客户自产品应视同销售，按公允价值确认销售收入 4.5 万元，业务 2 满足确认收入条件，应确认销售收入 4 万元，两笔业务共应确认销售收入 8.5 万元，则甲公司需要补交增值税：$8.5 \times 3\% = 0.255$（万元）。

幸亏甲公司是商业企业，若是工业企业，就超过了小规模纳税人 50 万元的标准，需要补交增值税：$53.5 \times 17\% - 1.35 = 7.745$（万元）。

该案例说明，企业财务人员自身的专业素质也是造成税收风险的一个重要因素，因此企业财务人员要认真研读税收法规，不断加强税收学习，不断提高自己的涉税处理水平，避免因账务处理不当而给企业带来损失。

八、节税筹划的操作风险

节税筹划方案要建立在正确理解税法的基础上的，若纳税人对税法理解不当，注意不到税法的变化，考虑不到税法的某些特殊规定，则很容易造成节税筹划风险，给企业带来一定的损失，因此，企业应该高度警惕增值税筹划方案中的税务风险。

【例 5-4】　甲公司为增值税一般纳税人，甲公司 60% 左右的产品销售给一般纳税人企业，40% 左右的产品销售给小规模纳税人企业和非增值税企业，适用的增值税税率为 17%。

节税筹划前，甲公司的产品销售给一般纳税人企业、销售给小规模纳税人企业和非增值税企业，适用的增值税税率均为 17%，而能够抵扣的进项税额比较少，增值税税负在 8% 左右，税负较重。

考虑到小规模纳税人和非增值税企业一般不需要取得增值税专用发票，而小规模纳税人销售自产品的征收率为 3%，所以甲公司的筹划方案是，成立一家子公司，子公司负责将产品销售给小规模纳税人企业和非增值税企业，开具普通发票，而甲公司负责销售给一般纳税人企业，开具增值税发票，这样甲公司 40% 左右的产品销售业务将使增值税税负下降为 3%。

假设 20×3 年某建筑公司向甲公司购入产品 58.5 万元（含税价），甲公司实现的销售收入为：58.5÷1.17＝50（万元），需缴纳增值税 17 万元。若成立子公司后，因建筑公司不需要增值税专用发票，将由子公司向该建筑公司销售产品 58.5 万元（含税价），甲公司实现的销售收入为：58.5÷1.03＝56.80（万元），需缴纳增值税：56.8×3%＝1.70（万元）。以相同的销售额 58.5 万元计算，设立子公司后可少缴增值税：17－1.70＝15.3（万元）。

甲公司的节税筹划方案看似巧妙，实际上是行不通的。这是因为公司财务人员没有仔细研读税法，对税法理解不透造成的。

《中华人民共和国增值税暂行条例实施细则》第三十四条规定，纳税人销售额超过小规模纳税人标准，未办理一般纳税人登记手续的，应按销售额依照增值税税率计算应纳税额，不得抵扣进项税额，也不得使用增值税专用发票。因此，对达到一般纳税人标准但不办理一般纳税人登记手续的纳税人，应按销售额依照《中华人民共和国增值税暂行条例》第二条规定的增值税税率计算应纳税额，不得抵扣进项税额。

所以，子公司的销售额一旦超过 50 万元而未申请办理一般纳税人资格，其销售将按 17% 征收增值税，不得抵扣进项税额，增值税税负率将达 17%。

温馨提醒

纳税人降低节税筹划操作风险的途径包括：

1. 规范企业财务管理是节税筹划的基础。

我国纳税人（一般是中小企业）往往重经营、轻财务，在企业内部的经营机构和组织机构的设置上都较简单，没有太多的管理层次，有的企业会计机构设置很不规范，甚至不设置会计机构，只是为了出报表、报税而招聘一些兼职会计，而且相当一部分会计人员业务素质、业务水平不高，对国家的各项税收政策理解不够，规范管理、规范经营根本无从谈起。中小企业各项管理制度不够规范，会计核算的随意性大，节税筹划存在相当大的税收风险。要想取得筹划效果，规范企业财务管理是第一步。

2. 密切关注政策变化，注意节税筹划时效性。

纳税人应当密切关注国家有关税收法律法规等政策的变化，准确理解税收法律法规的政策实质，及时调整节税筹划的思路和方法，全面系统地把握税收政策，注意节税筹划时效性，某些节税筹划的思路和方法可能会随着新的税收法规的出台而不再适用。

3. 遵循成本效益原则。

纳税人在选择节税筹划方案时，必须遵循成本效益原则，才能保证节税筹划目标的实现。任何一项筹划方案的实施，都必须满足节税筹划成本小于节税筹划所得收益的条件才是合理可行的。节税筹划成本主要包括方案实施对其他税种的影响、相关管理成本、机会成本、货币时间价值及风险收益等，对节税筹划成本进行综合考虑，选择能实现纳税人整体效益最大化的节税筹划方案。

4．建立良好的税企关系。

税务机关和纳税人对某些税收政策的理解存在差异，税务执法机关往往拥有较大的自由裁量权，各地税务机关在税收政策的执行中都存在一定的弹性空间，除了国家颁布的有关税收政策外，地方政府还出台了一些相关规定，因此，纳税人在进行增值税节税筹划时必须加强对税务机关的联系和沟通，向他们咨询有关税法的执行办法，争取在税法的理解上与税务机关取得一致，特别是对一些比较模糊、没有明确界定的税务处理尽可能地得到税务机关的认可。这样可以减少对节税筹划的错误认识，缓减征纳矛盾，避免无效筹划，降低节税筹划风险，使节税筹划方案得以顺利实施。

5．聘请财税专业人士。

节税筹划涉及税收、财务、投资、金融、物流、贸易、法律等多方面专业知识，其专业性相当强。而且，节税筹划方案具有一定的时效性，随着时间、经营状况和税收政策的变化，原有方案可能不再有效，甚至由合法变成违法。节税筹划方案也具有一定针对性，随不同的纳税人和不同的业务而不同，不可以生搬硬套。纳税人，特别是中小企业由于知识、经验和人才的不足，独立完成节税筹划具有一定难度，因此，纳税人最好聘请财税专业人士或者具有专业胜任能力的社会中介机构来进行筹划，从而提高节税筹划的合法性、规范性和可操作性，降低节税筹划的风险。

TAX PAYMENT PRACTICE &
TAX–SAVING SKILLS
OF VAT

增值税纳税自查要点与纳税检查方法

第六章

亡羊补牢　犹未为晚
——增值税纳税自查要点与纳税检查方法

纳税自查，是指纳税人、扣缴义务人按照税法规定，检查自身纳税情况及其他税务事项的一种检查。通过纳税自查我们可以发现多缴或少缴税款及其他税务相关问题，及时更正补救，防范税务风险，降低或避免损失。

一般来说，企业一旦被税务机关查出少缴、漏缴税款的行为，就要面临严厉的罚款和滞纳金等处罚，严重的甚至会被移送到司法机关，而在税务机关稽查前企业自查并主动补缴税款的，可以减轻罚款和滞纳金的处罚，甚至免于处罚，纳税自查就是给纳税人的一次"亡羊补牢"的机会。

纳税自查有三种，第一种是纳税人日常的纳税自查，这种自查是纳税人为了减少税务风险的主动自查，这是纳税人"依法纳税、诚信纳税"的自觉性与责任感的充分体现；第二种是纳税人在接到税务机关稽查通知后进行的纳税自查；第三种是税务机关纳税评估发现纳税疑点、税务异常预警要求企业进行的纳税自查。后面两种都属于因为税务机关要求的被动自查，部分企业能将在自查过程中遇到的问题主动向税务机关反映或咨询，主动补缴税款。但仍有个别企业，不珍惜自查的机会，不把自查当回事，存在"查出来的是少数"的侥幸心理，存在"别人少缴税，我多缴税就吃亏了"、"查出来我倒霉，查不出来我赚着"的思想。在此，笔者提醒纳税人切勿心存侥幸心理，以免"偷鸡不成蚀把米"，到时候，补税、罚款、滞纳金一样都少不了。

不论哪种纳税自查，一般都包括这几个步骤：（1）学习相关税收政策；（2）确定纳税自查要点；（3）根据自查要点制定自查方法；（4）收集整理纳税资料，展开自查。

不论哪种纳税自查，其自查的要点和方法都是基本相同的。下面我们重点来谈一下增值税纳税自查的要点和纳税检查方法。

一、销项税额的自查要点

（一）纳税义务发生时间的自查

纳税义务发生时间的自查，主要是检查企业有无延期缴纳税款的行为，纳税人应当按照纳税义务发生时间开具发票，及时缴纳税款，不得延迟。例如，采取直接收款方式销售货物，收到销售款未作销售收入处理；采取预收货款方式销售货物，发出商品未作销售收入处理；代销方式销售货物，未收到代销清单及货款的，但发出代销货物超过180天未作销售收入处理；采取预收款方式提供有形动产租赁服务的，收到预收款未全额作销售收入处理等情形。

税法对纳税义务发生时间的规定可参考本书前文内容。

（二）销售收入完整性的自查

销售收入完整性的自查主要是检查企业有无应计销售收入而未计的情形。具体来说主要有下列情形：

1. 销售产品、提供应税劳务（服务）不开发票，未计收入申报纳税；

2. 销售材料、残次品、副产品和下脚料等不开发票，未计收入申报纳税；

3. 销售货物直接冲减"生产成本"或"库存商品"，未计收入申报纳税；

4. 预收账款长期挂账，货物已发出、服务已提供，不按规定转收入申报纳税；

5. 将收取的销售款项，不按规定全额计收入，而将支付的回扣、手续费等费用扣除，坐支销货款；

6. 随同产品出售单独计价包装物，有无不计或少计收入申报纳税；

7. 包装物押金逾期未计收入申报纳税；

8. 对销售除啤酒、黄酒外的其他酒类产品收取的包装物押金，无论是否返还以及会计上如何核算，均应并入当期销售额征税，是否有未计收入申报纳税的情况；

9. 以货易货交易只办理存货转账未计收入申报纳税；

10. 以货抵债收入只办理存货转账未计收入申报纳税；

11. "以旧换新"方式销售货物，不按规定按照新货物的同期销售价格或市场价格核算销售收入申报纳税，而按实收销售货款核算销售收入或将收回旧货的折价金额冲减销售收入致使少申报纳税；

12. 应缴纳增值税的业务按营业税缴纳，如混合销售行为、价外费用等；

13. 出售应税固定资产，是否未按适用税率计提销项税额或按征收率计算应纳税额。

（三）视同销售和视同提供应税服务行为的自查

视同销售行为的自查主要是检查企业有无应该视同销售而未按视同销售处理申报纳税或者虽按视同销售处理但计税价格偏低少申报纳税的情形。

视同提供应税服务行为的自查主要是检查企业有无应该视同提供应税服务而未按视同提供应税服务处理申报纳税或者虽按视同提供应税服务处理但计税价格偏低或偏高申报纳税的情形。

（四）价外费用的自查

价外费用的自查主要是检查企业向购货方收取的各种价外费用是否按规定申报纳税。

价外费用，包括价外向购买方收取的手续费、补贴、基金、集资费、返还利润、奖励费、违约金、滞纳金、延期付款利息、赔偿金、代收款项、代垫款项、包装费、包装物租金、储备费、优质费、运输装卸费以及其他各种性质的价外收费。

但下列项目不包括在内：

1. 受托加工应征消费税的消费品所代收代缴的消费税；

2. 同时符合以下条件的代垫运输费用：

（1）承运部门的运输费用发票开具给购买方的；

（2）纳税人将该项发票转交给购买方的。

3. 同时符合以下条件代为收取的政府性基金或者行政事业性收费：

（1）由国务院或者财政部批准设立的政府性基金，由国务院或者省级人民政府及其财政、价格主管部门批准设立的行政事业性收费；

（2）收取时开具省级以上财政部门印制的财政票据；

（3）所收款项全额上缴财政。

4. 销售货物的同时代办保险等而向购买方收取的保险费，以及向购买方收取的代购买方缴纳的车辆购置税、车辆牌照费。

（五）适用税率的自查

适用税率的自查，主要是检查适用税率是否符合规定：

1. 高税率货物和应税劳务（服务）适用低税率，少缴税款：有无税率17％的货物或加工、修理修配应税劳务，在计算销项税额时按低税率13％或简易征收率计算；有无兼营不同税率的货物和应税劳务（服务）而不按规定分别核算不同税率货物和应税劳务（服务）的销售额；

2. 出口货物适用的退税率是否正确，是否将不同税率的出口货物分开核算和申报办理退税。

3. 应税货物和应税劳务（服务）是否混同免税货物和应税劳务（服务），少计应税收入。

二、进项税额的自查要点

（一）申报进项税额抵扣的范围是否符合规定的自查

《中华人民共和国增值税暂行条例》第十条规定的5类项目的进项税额不得从销项税额中抵扣：

1. 用于非增值税应税项目、免征增值税项目、集体福利或者个人消费的购进货物或者应税劳务；

2. 非正常损失的购进货物及相关的应税劳务；

3. 非正常损失的在产品、产成品所耗用的购进货物或者应税劳务；

4. 国务院财政、税务主管部门规定的纳税人自用消费品；

5. 第1项至第4项规定的货物的运输费用和销售免税货物的运输费用。

《营业税改征增值税试点实施办法》（财税〔2013〕106号附件1）第二十四条规定，下列项目的进项税额不得从销项税额中抵扣：

（1）用于适用简易计税方法计税项目、非增值税应税项目、免征增值税项目、集体福利或者个人消费的购进货物、接受加工修理修配劳务或者应税服务。其中涉及的固定资产、专利技术、非专利技术、商誉、商标、著作权、有形动产租赁，仅指专用于上述项目的固定资产、专利技术、非专利技术、商誉、商标、著作权、有形动产租赁。

（2）非正常损失的购进货物及相关的加工修理修配劳务和交通运输业服务。

（3）非正常损失的在产品、产成品所耗用的购进货物（不包括固定资产）、加工修理修配劳务或者交通运输业服务。

（4）接受的旅客运输服务。

（二）固定资产进项税额的自查

1. 是否将专门用于非增值税应税项目、免征增值税项目、集体福利或者个人消费的固定资产进项税额误作申报抵扣处理。

2. 是否将新建、改建、扩建、修缮、装饰不动产在建工程的进项税额误作申报抵扣处理。

3. 是否将作为房屋及构筑物的配套设施与其构成一体的设备（给排水、采暖、卫生、通风、照明、通讯、煤气、消防、中央空调、电梯、电气、智能化楼宇等设备）的进项税额误作申报抵扣处理。

4. 对改变用途的固定资产，是否没有将其已抵扣的进项税额做进项税额转出。

（三）运输费用进项税额的自查

1. 非增值税应税项目的运输费用支出是否误作申报抵扣处理。

2. 购买或销售免税货物所发生的运输费用是否误作申报抵扣处理。

3. 与购进和销售货物无关的运输费用是否误作申报抵扣处理。

4. 与购进和销售货物的名称、数量不匹配、不吻合的运输费用是否误作申报抵扣处理。

5. 是否将取得的虚开、代开运输费用误作申报抵扣处理。

6. 开票方与承运方不一致的运输费用是否误作申报抵扣处理。

（四）农产品收购发票进项税额的自查

农产品收购发票进项税额的自查主要检查是否存在未按规定开具农产品收购发票的情况，具有以下几点：

1. 虚开农产品收购发票的数量、单价、金额。

2. 向经销农产品的单位和个人收购农产品不按规定取得农产品销售发票，而误开具农产品收购发票。

3. 扩大免税农产品范围，误把非免税农产品（如方木、枕木、道木、锯材等）开具成免税农产品（如原木）。

（五）进项税额转出的自查

1. 改变用途（用于非增值税应税项目、免征增值税项目、集体福利或者个人消费）、非正常损失的货物及运输费用是否按规定做进项税额转出。

2. 发生退货或折让是否按规定做进项税额转出。

3. 商业企业向供货方收取的与商品销售量、销售额挂钩的各种返还收入是否按规定做进项税额转出。

4. 兼营免税项目或者非增值税应税劳务而无法划分不得抵扣的进项税额计算是否准确，是否按规定做进项税额转出。

5. 进项税额转出的金额计算是否正确。

6. 进项税额转出的时间是否延迟。

三、增值税专用发票及普通发票的自查要点

（一）是否存在未按规定保管专用发票和专用设备的情形

1. 未设专人保管专用发票和专用设备；

2. 未按税务机关要求存放专用发票和专用设备；

3. 未将认证相符的专用发票抵扣联、《认证结果通知书》和《认证结果清单》装订成册；

4. 未经税务机关查验，擅自销毁专用发票基本联次。

（二）是否存在专用发票不按要求开具的情形

专用发票应按下列要求开具：

1. 项目齐全，与实际交易相符；

2. 字迹清楚，不得压线、错格；

3. 发票联和抵扣联加盖发票专用章；

4. 按照增值税纳税义务的发生时间开具。

（三）是否存在不得开具专用发票而开具的情形

1. 向消费者个人销售货物或者应税劳务的；

2. 销售货物或者应税劳务适用免税规定的；

3. 小规模纳税人销售货物或者应税劳务的；

4. 将货物用于非应税项目、集体福利或个人消费；

5. 商业企业一般纳税人零售的烟、酒、食品、服装、鞋帽（不包括劳保专用部分）、化妆品等消费品；

6. 其他不得开具专用发票的情形。

（四）是否存在未按规定取得发票的行为

1. 应取得而未取得发票；
2. 取得不符合规定的发票；
3. 取得发票时，要求开票方或自行变更品名、金额或增值税税额；
4. 自行填开发票入账；
5. 其他未按规定取得发票的行为。

（五）是否存在未按规定保管发票的行为

1. 丢失发票；
2. 损（撕）毁发票；
3. 丢失或擅自销毁发票存根联以及发票登记簿；
4. 未按规定缴销发票；
5. 未按规定建立发票保管制度；
6. 其他未按规定保管发票的行为。

（六）其他重点自查事项

1. 是否存在开具不符合规定的红字专用发票冲减应税收入的情形。

2. 是否存在开票单位与收款单位不一致或票面所记载货物与实际购买货物不一致的发票用于抵扣。

3. 汇总开具专用发票的，是否同时使用防伪税控系统开具《销售货物或者提供应税劳务（服务）清单》，并加盖发票专用章。

4. 是否存在虚构货物交易，随意改变货名、虚增数量、价款和销项税额，虚开专用发票或接受虚开专用发票的行为。

四、增值税优惠政策的自查要点

增值税优惠政策的自查主要有以下几点：

1. 增值税纳税人其免税的企业、货物和劳务（服务）范围，是否符合税法的有关规定。

2. 销售免税货物、提供免税服务不得开具增值税专用发票，是否违反规定开具了专用发票。

3. 纳税人兼营免税、减税项目的，应当分别核算免税、减税项目的销售额，未分别核算销售额的，不得免税、减税。未分别核算的是否也享受了免税、减税。

4. 兼营免税项目的免税额、不予抵扣的进项税额的计算是否准确。

一般纳税人兼营免税项目或者非增值税应税劳务而无法划分不得抵扣的进项税额的，按下列公式计算不得抵扣的进项税额：

$$不得抵扣的进项税额 = 当月无法划分的全部进项税额 \times \frac{当月免税项目销售额、非增值税应税劳务营业额合计}{当月全部销售额、营业额合计}$$

5. 有无擅自扩大免税范围的问题。

6. 在办理减免税时是否隐瞒了有关情况或者提供了虚假资料。

7. 是否存在未经国税机关批准或备案而自行享受减免税的情形。

8. 享受减免税的条件发生变化后，是否及时提请国税机关重新办理减免税手续或恢复征税。

五、增值税纳税检查的方法

纳税人进行纳税自查的方法和税务机关进行纳税检查的方法基本类似，但又不尽相同，不同点主要体现在纳税人故意逃避缴纳税款的行为上，对此类行为纳税人是心知肚明的，而税务检查人员必须运用一定的检查方法才能发现线索并取得突破。下面是笔者在对企业进行增值税纳税检查时常用的检查方法，这些检查方法简单、实用、有效，企业财务人员进行纳税自查和税务检查人员进行纳税检查时参考和运用，一定能够取得比较好的效果和比较高的效率。

（一）检查账户之间的异常对应关系

账户之间的异常对应关系，是指按照企业会计准则和税法等相关规定，某些账户之间不可能存在对应关系，这些账户之间若发生了对应关系，一起出现在会计分录的借贷方，就属于异常情况。根据笔者多年的经验，存在异常对应关系的会计分录一般都存在问题。

1. "库存现金"、"银行存款"账户的借方直接与"应付账款"、"其他应付款"账户的贷方相对应，很可能是虚设往来账、虚构借款，隐瞒已实现的销售收入的情况。

2. "生产成本"、"库存商品"账户的贷方与"库存现金"或"银行存款"账户的借方相对应，很可能是库存商品直接销售不计销售收入的情况。

3. "库存商品"账户的贷方与"应收账款"或"应收票据"账户的借方相对应，很可能是纳税义务已经发生尚未收到货款未开票确认收入的情况。

【例 6-1】 某公司 20×3 年 6 月银 26 号凭证的相关账务处理如下：

借：银行存款 200 000

　　贷：应付账款——A 公司 200 000

附件为银行进账单，摘要为收款，这笔业务也不符合常规，收到 A 公司银行存款怎么反而欠 A 公司的钱了？也不可能是借款，因为公司货币资金充足，根本没有必要借款，再说企业间借款应该使用"其他应付款"而不是使用"应付账款"核算。后来，从公司销售部门提供的销售合同上得知：这是一笔分期收款销售商品业务，按照我国税法规定，分期收款销售商品以合同约定的收款日期为收入确认时间，公司应该确认收入却挂在往来账上，迟迟不入账，形成一笔账外账，不申报缴纳增值税。

通过这个案例我们可以看到，往来账往往是隐藏收入的一个惯用科目，对往来账科目的核算要仔细审查，特别是碰到这种账户之间存在异常对应关系的分录更应该提高警惕。

【例 6-2】 某公司 20×3 年 5 月转 10 号凭证的相关账务处理如下：

借：应收账款——B 公司 117 000

　　贷：库存商品 117 000

检查人员通过检查企业往来明细账、商品出库凭证、购销合同和委托收款凭证等资料，发现企业采用委托银行收款方式销售货物，已经发出货物并办妥托收手续，因月末尚未收到货款而未计销售收入，未申报缴纳增值税。

（二）检查账户之间的特殊对应关系

账户之间的特殊对应关系，是指只有在发生特殊业务的情况下，两个账户才有可能一起出现在会计分录的借贷方，两个账户之间才有可能发生对应关系，而在一般业务下不会发生对应关系。根据笔者多年的经验，存在特殊对应关系的会计分录部分存在问题。

1. "库存商品"账户的贷方与"原材料"账户的借方相对应，很可能是以货易货的情况。

2. "库存商品"账户的贷方与"应付账款"账户的借方相对应，很可能是以货顶账的情况。

3. "库存商品"账户的贷方与"分期收款发出商品"账户的借方相对应，应该重点检查"分期收款发出商品"账户余额及销售合同，确定是否存在纳税义务已经发生而未开票确认收入的情况。

4. "库存现金"、"银行存款"账户的借方与"其他应收款"、"其他应付款"、"其他业务收入"、"营业外收入"等账户的贷方相对应，应该重点检查所收款项是否属价外费用、随产品销售单独记价的包装物、修理修配等收入未计算缴纳增值税的情况。

【例6-3】 某公司20×3年1—6月份营业外收入、销售费用明细账显示：营业外收入发生额较大，销售费用红字冲销额较大，摘要为"收取租金"，这引起了检查人员的注意，经计算发现收取的租金和销售额存在一定的比例关系，经过检查记账凭证和原始凭证，发现缴纳租金的单位均为企业的客户，经进一步核实，这部分所谓的"租金"实际上是向客户销售货物收取的违约金、包装物押金、贴现息等价外费用。

（三）检查账户之间的发生额对应关系

账户之间的发生额对应关系，是指某些账户之间存在发生额上的联系，这些账户的发生额在数值上通常是相等的，若出现不相等的情况就可能存在问题。

1. "原材料"账户贷方发生额与"生产成本"账户借方原材料转入数的对应关系。

领用的原材料一般计入生产成本，因此，"原材料"账户贷方发生额与"生产成本"账户借方原材料转入数通常相等（管理部门领用的除外）。若出现"原材料"的贷方发生额与"生产成本"账户借方原材料转入数不相等的情况，则需要检查是否存在下列情况：

（1）企业发生抵偿债务、以物易物等行为，直接冲减了原材料，是否按照规定计算缴纳增值税。

（2）将原材料用于非增值税应税项目、集体福利或者个人消费、投资、分配给股东或者投资者、无偿赠送等事项，直接冲减了原材料，应该检查企业是否按照规定进行进项税额转出或计算销项税额。

（3）企业原材料发生损失，将损失的原材料冲销，应该检查原材料损失的性质，属于非正常损失的原材料进项税额是否按照规定进行了转出处理。

2. "库存商品"账户贷方发生额与"主营业务成本"账户借方发生额的对应关系。

一般情况下，月末按照实际销售额结转商品销售成本，因而，一个会计期间内的"库存商品"账户贷方发生额与"主营业务成本"账户借方发生额通常是相等的。然而，有时候也会出现"库存商品"账户贷方发生额与"主营业务成本"账户借方发生额不相等的情况，这时企业就应当查明原因，引起重视。

企业应该重点检查是否存在下列情况：

（1）企业发生抵偿债务、以物易物等行为，直接冲减了库存商品，应该检查是否按照规定计算缴纳增值税。

（2）企业通过赊销、分期收款、委托代销等方式销售货物，在库存商品移送时，记入了"发出商品"或"委托代销商品"账户，在纳税义务发生时，结转主营业务成本时通过"发出商品"或"委托代销商品"结转，应该结合销售合同、收款记录等财务资料检查是否存在纳税义务已经发生而未计算缴纳增值税的情况。

（3）将自产或者委托加工的货物用于非增值税应税项目、集体福利或者个人消费；将自产、委托加工或者购进的货物作为投资、分配给股东或者投资者、无偿赠送等事项，直接冲减了库存商品，应该检查企业是否按照视同销售行为计算缴纳增值税。

（4）将购进的库存商品用于非增值税应税项目、集体福利或者个人消费等事项，直接冲减了库存商品，应该检查企业购进库存商品时是否抵扣了进项税额，抵扣了进项税额的是否已经转出。

（5）企业库存商品发生损失，将损失的库存商品冲销，应该检查库存商品损失的性质，属于非正常损失的库存商品进项税额是否按照规定进行了转出处理。

（6）出口企业将"不予免征和抵扣税额"计入了主营业务成本，这一般属于正常情况，只需检查一下税率与汇率是否正确就可以了。

【例 6-4】　在对某公司进行纳税检查中，发现其"库存商品"贷方发生额大于"主营业务成本"借方发生额，金额为 120 000 元，检查"库存商品"明细账发现有一笔业务摘要为"结转"，表述不清业务内容，找到记账凭证，发现其账务处理为：

借：原材料　　　　　　　　　　　　　　　　　　　　　　　　　20 000

　　应付账款——C 公司　　　　　　　　　　　　　　　　　　 100 000

　　贷：库存商品　　　　　　　　　　　　　　　　　　　　　　 120 000

这笔业务原来是该公司用库存商品抵偿了 C 公司的债务 100 000 元，同时还换回了 20 000 元的原材料，既抵偿债务又以物易物，该行为应当按照其同类产品销售额补缴增值税并接受相应的处罚。

另外，笔者还发现在"库存商品"账户贷方发生额与"主营业务成本"账户借方发生额相等的情况下，企业也有可能出现问题，而且问题还相当严重！特举例说明：

【例 6-5】　某公司 3 月份账面显示购入 234.64 吨库存商品，金额为 928 603.56元，而笔者对公司本月所有增值税专用发票上面的数量相加汇总得出的数量为 254.64吨，金额为 928 603.56 元，金额相同，数量相差 20 吨，账面比实际少购入 20 吨，而结转销售成本的凭证也只是结转了 234.64 吨。这种情况在多个月份中都出现过，显然不是会计人员偶尔发生的计算错误，而是有意为之的舞弊。发票数量与入账数量不符，账外账的"小尾巴"露了出来。最后查明，这 20 吨库存商品以 4 209.60 元/吨（不含税）的价格销售，未入账。

这笔业务的结果是，账外收入造成少交增值税＝$4\ 209.60 \times 20 \times 17\% = 14\ 312.64$（元），相应少交城市维护建设税、教育费附加、地方教育费附加和印花税等近 1 600

元，而且还少交了企业所得税。由于购入数量少而金额不变，造成账面平均单价大于实际平均单价，从而账面多结转销售成本 $= 234.64 \times (928\,603.56 \div 234.64 - 928\,603.56 \div 254.64) = 72\,934.62$（元）。另外，这 20 吨库存商品账外销售利润 $= (4\,209.60 - 928\,603.56 \div 254.64) \times 20 = 11\,257.40$（元），仅此一笔业务利润共减少 $= 72\,934.62 + 11\,257.4 = 84\,192.02$（元），少交企业所得税 $= 84\,192.02 \times 25\% = 21\,048.01$（元）。

类似情况有，某公司购入库存商品的数量、金额都和增值税销售发票上的数量、金额相符，但是在结转销售成本的时候，结转数量比销售发票上的数量多 30 吨，这就造成账面多结转成本，减少账面利润，少交企业所得税，多结转的 30 吨库存商品销售时不开发票不入账，造成账外账，对增值税、所得税等税种的影响和上例相同。

（四）纳税检查需要关注的其他账户

1. 重点检查"预收账款"余额和"应收账款"贷方余额，特别是长期挂账的往来单位，是否存在销售收入已经实现而未缴纳增值税的情况；检查"预收账款"借方发生额，是否存在将"预收账款"与"主营业务成本"、"库存商品"、"银行存款"等科目对冲而不计收入未缴纳增值税的情况。

2. 检查"库存商品"和"原材料"等存货科目长期挂账余额，是否存在销售收入已经实现而未缴纳增值税的情况，是否存在发生非正常损失而未转出进项税额的情况。比如某公司"原材料——水泥"常年挂账，既不领用，也不销售，水泥的保质期一般也就是三个月，一年以上的水泥一般都超出了保质期，不能再使用，企业仍然将此挂在账上，实际库存中也许早就空空如也了。

3. 检查"生产成本"、"制造费用"、"管理费用"、"营业外支出"、"营业外收入"账户的借方红字发生额或贷方发生额与"库存现金"、"银行存款"、"应收账款"等相对应的情况，很可能是企业将处理的残次品、废品和下脚料等所取得的收入直接冲减成本费用支出账户，也很可能直接记入"营业外收入"等账户。存在混合销售行为和收取价外费用的企业，也有可能将混合销售中的装卸运输等劳务收入和收取的价外收入记入"营业外收入"等账户。

4. 检查"在建工程"、"长期股权投资"、"应付职工薪酬"、"营业外支出"等科目中有无将自产、委托加工的产品用于在建工程、对外投资、发放福利、无偿捐赠等视同销售行为。

5. 检查"周转材料——包装物"账户与其对应账户"银行存款"、"其他应收款"、"其他应付款"等，重点检查是否存在以下事项：

（1）随同产品销售的包装物及出租、出借逾期未收回而没收的押金是否按规定确认了销项税额。

（2）对销售除啤酒、黄酒外的其他酒类产品而收取的包装物押金，无论是否返还以及会计上如何核算，是否并入当期销售额计算缴纳了增值税。

（五）检查企业申报缴纳营业税的收入

检查企业申报缴纳营业税的收入是否为应该缴纳增值税的混合销售中的劳务收入和收取的价外费用，有的企业为了少缴税款，将应缴增值税的业务申报营业税，少缴税款。

【例6-6】 在对某商业公司应交税费明细账进行检查时发现，该公司增值税下降，营业税上升，同时发现利润表中的其他业务收入金额较上年同期相比有较大增长，在对其原始凭证进行认真检查后，查明其他业务收入为该公司销售设备收取的安装费等，金额共计160 520元，企业申报缴纳了营业税。而根据规定，这属于混合销售行为，收取的安装费应当缴纳17%的增值税。该企业应当补缴增值税并接受相应处罚。

（六）分析财务数据是否异常

1. 销售价格与销售成本对比，重点分析平价销售或低于成本销售的情形，检查是否存在价格明显偏低并无正当理由或者有视同销售货物行为而无销售额的情形。

2. 将销售收入、库存、销售价格、销项税额、进项税额等数据与上年同期、同行业对比，分析数据是否异常。

3. 分析数据是否符合常规，比如有些数据一般是没有小数的，一旦有了小数就有可能存在问题；有些数据是不能小于零的，一旦小于零就不符合常规了，比如库存现金账户；有些数据每个月都应该在一个合理范围内波动，一旦偏大或偏小，就有可能存在问题。数据不合常规时，应当引起检查人员的高度关注。

【例6-7】 某公司20×3年6月现收字19号的相关账务处理如下：

 借：库存现金   292 543.69

  贷：其他应付款——A公司   292 543.69

附件为收据，摘要为借款，是否真的是借款呢？从数字上来看，不像，一般单位之间借款额都是整数，比如100万元、20万元、5万元等，怎么可能借款借到元、角、分？这不合常规，金额292 543.69元通过现金结算也不符合常规。最后检查确认此笔借款正是该公司销售款。

（七）分析财务指标是否异常

1. 分析投入产出比率、直接材料、直接人工、制造费用占销售成本的比率是否正常，检查是否存在产品少入库，形成账外资产，销售不计收入不计提增值税的情况。

2. 分析应税销售额变动率是否异常，检查是否存在销售不入账的情况。其中：

$$应税销售额变动率 = \frac{本年累计应税销售额 - 上年同期应税销售额}{上年同期应税销售额} \times 100\%$$

应税销售额变动率一般应介于 -50% 和 50% 之间。

3. 分析毛利率是否异常，检查是否存在购进货物入账，销售货物不计或少计收入的情况。其中：

$$毛利率 = (销售收入 - 销售成本)/销售收入 \times 100\%$$

4. 分析税负是否异常，检查是否存在销售不入账的情况。其中：

$$税负 = 本年累计应纳税额/本年累计应税销售额 \times 100\%$$

$$税负差异幅度 = \frac{企业税负 - 本地区同行业平均税负（或上年同期税负）}{本地区同行业平均税负（或上年同期税负）} \times 100\%$$

公式中"地区"是指市（区、县）各行业平均税负。

将测算的企业税负与上年同期、同行业平均税负相比，税负差异幅度一般应大于 -30%。

5. 分析进项税额构成。

$$进项税额构成比例 = \frac{当期非增值税专用发票抵扣凭证抵扣进项税额}{当期抵扣的全部进项税额} \times 100\%$$

除特殊行业外，进项税额构成比例一般不会出现连续两个月大于 60% 的情况。

6. 分析专用发票开具金额变动率。

$$专用发票开具金额变动率 = \frac{当期申报的专用发票开具金额}{上期申报的专用发票开具金额} \times 100\%$$

专用发票开具金额变动率一般应介于 0.5 和 1.5 之间。

温馨提醒

分析财务数据指标是否异常，通常需要考虑市场、季节、政策等因素的影响。

【例 6-8】 在对某企业进行纳税检查时，检查人员在账面上没有发现重要线索的情况下，用投入产出比率法发现了疑点。先是对企业产品结构构成进行分析，确定产品品种，然后通过与本市同行业比较，确定每种产品的投入产出比率，即投入多少原材料应生产出多少产成品的比率，确定几种主要原材料之间的比率。再将企业当期主要原材料耗用数量乘以产品的投入产出率，求得每种产品的正常产量，确定一个正常的产量范围。对该企业几种主要原材料之间的比率检查，基本符合同行业标准。然而，在与企业产成品明细账上记录的入库数量核对后发现：该企业应产出甲产品 166 吨（理论值），而账面入库 106 吨；应产出乙产品 122 吨（理论值），而账面入库 88 吨，不在正常范围之内。检查人员最终通过对核对差额的调查落实，查出该企业生产、销售产品 80 吨未入库直接销售，取得产品销售收入 130 万元未入账的事实。

【例 6-9】　在对某水泥制造企业进行检查时，检查人员通过企业质量控制中心了解水泥生产工艺流程及主要产品的配方，以及水泥生产过程中各阶段的投料数量比率，分析计算原辅材料与产成品的配比关系，没有发现异常。

经有关技术部门统计测算，水泥生产耗用的电力比较稳定，电量消耗的变动幅度不应超过 10%，以 32.5 号普通硅酸盐水泥为例，外购矿石回转窑生产每吨水泥耗电量约为 112 度。按实际耗电量乘以正常电耗测算，该企业账面产成品入库数还不到正常产量的 2/3，经外围取证，企业最终交代有账外经营情况，会计承认是通过少计部分材料的手段制造了产出率正常的假象。

【例 6-10】　在对某商品批发公司进行检查时，通过 1—3 月份的利润表计算企业商品销售毛利率仅为 2%，而去年同期毛利率为 18%，下降 16 个百分点。进一步检查发现企业的主营业务成本大于企业的含税主营业务收入，这样的话，企业根本就是在亏本销售，这与企业实际经营情况不符。又进一步检查资产负债表，发现企业货币资金和应付款项同时大幅增加，通过对公司库存商品明细账、往来账、仓库账等纳税资料的详细检查，发现企业将销售的商品照常结转成本，而将实现的部分销售收入挂在往来账上，没有计入收入，造成少缴增值税。

（八）盘点存货——检查仓库实物库存与财务账面是否相符

产品生产完成后一般都先入库，销售时再通过仓库发货，因此，检查库存与账面是否相符，往往能够发现重大问题。重点检查以下几种情况：

1. 仓库实物库存数小于财务账面数。

（1）仓库发出产品，销售实现，但财务未开发票，财务不计收入、不提税金、不结转成本，虚挂产品账。

（2）仓库发出产品，销售实现，财务未开发票，财务不计收入、不提税金但成本按照开具发票数量照常结转，销售收入与销售成本不匹配，导致单位销售成本异常上升，毛利率异常下降，造成财务指标异常。

（3）仓库产品有损耗，若为正常损失，只需调整账务即可，不涉及税金；若为非正常损失，则需要按照生产这些产品所耗用购进货物或应税劳务已经抵扣了的进项税额进行进项税额转出处理。

2. 仓库实物库存数大于财务账面数。

（1）仓库已记账而财务未记账，一般不会有涉税问题，财务及时登记入账即可。

（2）因质量或品种不符合要求等原因发生退货，退回商品不入账，形成账外资产，企业未冲销销售收入和销项税额。

3. 仓库实物库存数等于财务账面数。

这种情况一般认为是没有问题的，但是如果有问题则必是大问题，因此，对于这种情况，不可掉以轻心。因为可能存在这种情况：产品入库时，仓库和财务都不做账，产品销售出库时，仓库和财务也都不做账，这种情况应该检查车间工人计件工资记录、领料记录、能耗记录、生产记录等生产资料，通过车间工人计件工资、原材料领用、电力消耗、副产品数量、产出率等来推测产成品真实产量。

（九）检查记账凭证和附件是否相符

若出现记账凭证和附件不相符的情况，一定要引起重视，重点检查。举例说明：

【例 6-11】 笔者曾经在某公司遇到这样一个凭证：摘要为库存现金，分录为：

借：银行存款   10 000

 贷：库存现金   10 000

附件为银行进账单，付款人为甲公司，收款人为该公司，这笔分录也是不正常的，不正常是因为记账凭证和附件不相符，借方为银行存款，贷方为库存现金，一借一贷货币资金没有变化，该公司收到了甲公司的汇款货币资金怎么会没有增加呢？事后查明这笔资金正是销售货款。

【例 6-12】 笔者在对某公司往来账审查时，并没有发现明显异常，在对部分往来款项抽查时却发现，有几笔业务记账凭证记录事项与附件不符：

如 2 月有这样一笔分录：

借：银行存款   50 000

 贷：预收账款——王某   50000

附件为银行进账单，付款人为 A 公司，当时，并未引起笔者注意，笔者认为可能是记账人员疏忽记错的账，或者王某是 A 公司的业务员，A 公司与该公司的往来款项的结算由王某一人负责。然而，在 4 月份有这样一笔分录，引起了笔者注意：

借：预收账款——王某   40 000

 贷：主营业务收入   34 188.03

  应交税费——应交增值税（销项税额） 5 811.97

附件为增值税普通发票，购货方单位名称是 B 公司。

A 公司和 B 公司为何都是走王某这个账户呢？王某不可能和两家公司都有关联吧？这引起了笔者的疑问，随后又发现几笔同样的分录和几个公司客户，更加深了对王某和这些公司关系的怀疑，看来问题不像是记账人员疏忽记错账或者王某是公司业务员那么简单。最后通过向几个公司询问调查，发现这些公司根本就不认识什么王某，原来，王某只是一个虚拟账户。最后查明，该公司销售给 A 公司产品，没有开具发票，以银行存款结算入账后，虚构一笔预收王某的账款，等以后发生开票收入时再伺机冲回。

（十）检查账务处理的关联性

从账务处理的关联性着手，往往也能够发现问题。在某次纳税检查中，笔者便从汇款手续费的关联性查出账外销售商品不入账的问题。

【例 6-13】　某公司有这样一笔分录：

借：财务费用——手续费　　　　　　　　　　　　　　　　10.5

　　贷：银行存款　　　　　　　　　　　　　　　　　　　　　10.5

附件为银行汇款手续费单据，银行手续费单据上显示汇款额为 50 000 元，然而，笔者翻遍了所有凭证也未能发现这笔汇款。最后证实汇款不入账就是购买产品不入账，而购买的这些产品销售后也没有入账，达到购进、销售货物都在账外不申报缴纳增值税的目的。

（十一）检查账务处理的反常行为

企业在某些经济业务上的账务处理方式存在反常，表面上看与增值税无关，实则是在利用更加隐秘的手法逃避缴纳税款。因此，对于反常的业务必须予以重视，发现反常背后的秘密。笔者对某些企业进行纳税检查时就遇到过这种情况，现举例说明。

【例 6-14】　从银行存款账户核算的反常行为发现隐藏账外收入。

某公司 20×3 年 3 月有这样一笔分录：

借：银行存款——A 账户　　　　　　　　　　　　　　　86 000

　　贷：银行存款——B 账户　　　　　　　　　　　　　　86 000

附件为一张现金支票头，用途是提取现金，日期为 20×3 年 3 月 12 日，还有几张现金存款单，存款人为甲某、乙某等，日期为 20×3 年 3 月 12 日。

两个银行账户转款一般使用转账的方式，既简单又安全，为什么企业先使用现金支票从 B 账户取出现金，然后又再填写存款单存入银行，这种方式比转账麻烦而且不安全。这种反常的账务处理行为引起了检查人员的怀疑，于是对公司会计人员进行询问，会计人员解释说，取出现金是为了购货付款，对方用现金结算，取出现金后，对方突然以价格太低为由违约，所以把钱又存到了银行。这种解释显然不能自圆其说。即便是对方违约原因成立，存款单写一份就行了，为什么写多份？公司会计人员不能对此做出合理解释。根据推测，检查人员认为，存款单上写明的存款额可能是单位收到的销售货款，为了达到销售收入不入账的目的，伪造了从银行中取现金再存现金这笔业务，这样该公司既实现了销售不入账又做到了银行余额账实相符，据推测，存款人也很有可能不是公司人员而是购货方人员。果然，核对 3 月 31 日工资表，也未发现甲、乙等人。

从这几方面联系来看，公司此笔分录隐藏收入的嫌疑越来越大，基本确定公司存在账外收入。检查人员将这些疑点向会计人员讲明，在耐心说服下，会计人员终于承认这 86 000 元确实是销售收入，证实了检查人员的推测：公司会计为了资金安全、结算方便，让几个购货方将现金 86 000 元存入 A 账户，购货方凭存款单证明已经付款可以提货，然后公司会计再用现金支票从 B 账户取走现金 86 000 元进入账外循环，做上述账务处理，隐藏了收入。

通过这个案例我们可以看到，单从分录（不看附件）和银行对账单余额上审查是很难发现这笔账外收入的。在检查过程中，要时刻保持职业怀疑态度，不放过每一处疑点，也不能轻信会计人员解释，要获得充分的证据才能下结论。

【例 6-15】 从往来款项频繁核销的反常行为发现虚开增值税发票。

某公司 20×3 年 4 月份有这样两份记账凭证：

20×3 年 4 月份 60 号记账凭证：

> 借：应付账款——甲公司　　　　　　　　　　　　　　　　20 000
> 　　　　　　——乙公司　　　　　　　　　　　　　　　　19 000
> 　　贷：营业外收入——无法支付的账款　　　　　　　　　　39 000

摘要：无法支付的账款转营业外收入；附件：应付账款核销明细表（由总经理和财务经理签字批示）。

20×3 年 4 月份 61 号记账凭证：

> 借：营业外支出——无法收回的账款　　　　　　　　　　　18 000
> 　　贷：应收账款——丙公司　　　　　　　　　　　　　　　18 000

摘要：无法收回的账款转营业外支出；附件：应收账款核销明细表（由总经理和财务经理签字批示）。

检查人员初看这两笔记账凭证分录，感觉这家公司账务处理很及时，账务处理也给人很正规的感觉。因为，检查小组检查过很多企业，但是很少看到企业会这么及时地对无法支付的账款和无法收回的账款做核销处理，尽管对应收账款没有通过先计提坏账准备再核销的正确会计处理程序处理。

然而，接下来检查人员却觉得公司账务处理有点儿不太正常了。因为类似的账务处理在接下来的 8 个月中又出现了两次。这家公司怎么这么多的往来款收不回来、付不出去呢？这有点儿不合常理，正常经营的企业老板谁会愿意放弃自己的债权呢？这里边肯定有文章。

再看企业每个月的销售额和所交的增值税款，每个月都比较均衡，一般在1 000元～1 200元之间，每个季度的增值税税负也达到正常水平。从这里也看不出公司存在异常情况，其实没有异常就是最大的异常。一般来说，由于各种因素的影响，增值税税负在每个月不可能保持均衡，只有在一段时间内均衡才更加合理。

检查查明，该企业的应交增值税额是人为操纵的结果，而并非企业实际真实的购销业务反映的结果。为了人为调节增值税税负，几个公司之间互相对开数量或者金额不实的增值税专用发票，尽管这几个公司之间存在真实的购销业务，但是发票开具的数量或者金额不实，属于虚开增值税专用发票行为。由于虚开的金额并不需要支付或收取，因而企业做了往来款项核销的账务处理。

（十二）检查账务处理与实际经营情况的一致性

有的企业单纯从账面上难以发现问题，这时可以通过现场观察、询问，查看其账面客户、员工、下脚料等信息与实际经营情况是否相符，若差别较大，则可能存在企业对部分不需要发票的客户销售货物未确认收入缴纳税款的问题。

【例6-16】 某水泥制造企业，账面未发现明显问题。但是在对其应收账款科目检查时发现，其客户只有几家建筑公司、厂矿企业，对销售发票检查也未发现更多的客户。这与该企业在各乡镇基本都设有销售点的实际经营情况不符。显然，该企业各乡镇销售点销售的水泥大部分没有开具发票确认收入。

【例6-17】 某商品批发企业，账面未发现明显问题。但是经现场核对，企业实际工作人员100名左右，与账面发放工资人数46名明显不符，其他员工工资从哪里发放？明显存在账外经营行为。

【例6-18】 某缫丝生产企业，账面未发现明显问题。但是经向缫丝生产车间技术人员了解，一般情况下，普通蚕茧2.8吨可以生产1吨丝，差茧4吨生产1吨丝，扣除10%的自然损耗，剩下的就是下脚料，下脚料中的汰头丝可以销售给丝棉厂，而蚕蛹、汰头渣可以销售给饲料厂。然而，企业账面上却没有汰头丝、蚕蛹、汰头渣等下脚料销售的记录。显然，该企业下脚料销售没有开具发票确认收入。

最后需要说明的是，这些纳税检查方法之间并不是独立的，多种方法结合起来灵活运用，更能达到事半功倍的效果。

TAX PAYMENT PRACTICE & TAX-SAVING SKILLS OF VAT

第七章

答疑解惑　简洁明白
——增值税纳税常见疑难问题解析

一、进项税额常见疑难问题解析

（一）企业收到一份增值税专用发票，其销货单位栏中的开户行和账号只填写了账号，没有填写开户行，可以抵扣吗？

《国家税务总局关于修订〈增值税专用发票使用规定〉的通知》（国税发〔2006〕156号）第十一条规定："专用发票应按下列要求开具：（一）项目齐全，与实际交易相符；（二）字迹清楚，不得压线、错格；（三）发票联和抵扣联加盖发票专用章；（四）按照增值税纳税义务的发生时间开具。对不符合上列要求的专用发票，购买方有权拒收。"

另外，早在1995年，《国家税务总局关于增值税专用发票使用与管理有关问题的通知》（国税发〔1995〕047号）就明确规定，专用发票所有栏次必须如实填写，从1995年5月1日起，开具增值税专用发票必须填写购销双方的开户银行、账号和电话号码。对不按规定开具的专用发票（包括项目填写不全、未盖有发票专用章），一律不能作为税款的抵扣凭证。

（二）企业购进货物而销货方提供的增值税专用发票抬头为其他单位，能否抵扣？

《国家税务总局关于纳税人取得虚开的增值税专用发票处理问题的通知》（国税发〔1997〕134 号规定："在货物交易中，购货方从销售方取得第三方开具的专用发票，或者从销货地以外的地区取得专用发票，向税务机关申报抵扣税款或者申请出口退税的，应当按偷税、骗取出口退税处理，依照《中华人民共和国税收征收管理法》及有关规定追缴税款，处以偷税、骗税数额五倍以下的罚款。"因此，企业不能将抬头为销货方以外的其他单位的专用发票税额进行抵扣，当月发票已经认证的要做进项税额转出，已经申报抵扣的增值税进项税额应补缴增值税。

（三）自然灾害造成的货物损失已抵扣的进项税额需要转出吗？

《中华人民共和国增值税暂行条例》第十条规定，非正常损失的购进货物及相关的应税劳务的进项税额不得从销项税额中抵扣。

《中华人民共和国增值税条例实施细则》第二十四条规定，非正常损失，是指因管理不善造成被盗、丢失、霉烂变质的损失。

《营业税改征增值税试点实施办法》（财税〔2013〕106 号附件 1）第二十五条规定，非正常损失，是指因管理不善造成被盗、丢失、霉烂变质的损失，以及被执法部门依法没收或者强令自行销毁的货物。

根据上述规定，自然灾害不属于非正常损失，不必做进项税额转出。

（四）企业生产经营用井、管道、池的进项税额能否抵扣？

1. 企业用井能否抵扣进项税。

（1）一般企业用井属于构筑物不能抵扣进项税额。

《中华人民共和国增值税暂行条例实施细则》规定不动产不能抵扣进项税，不动产是指不能移动或者移动后会引起性质、形状改变的财产，包括建筑物、构筑物和其他土地附着物。从井的实物特性来看，其属于不能移动的资产，属于不动产，因此修建井所用材料、人工不能抵扣进项税额。

《财政部 国家税务总局关于固定资产进项税额抵扣问题的通知》（财税〔2009〕113 号）规定，《中华人民共和国增值税暂行条例实施细则》第二十三条第二款所称建筑物，是指供人们在其内生产、生活和其他活动的房屋或者场所，具体为《固定资产分类与代码》（GB/T14885—1994）中代码前两位为"02"的房屋；所称构筑物，是指人们不在其内生产、生活的人工建造物，具体为《固定资产分类与代码》（GB/T14885—1994）中代码前两位为"03"的构筑物；所称其他土地附着物，是指矿产资源及土地上生长的植物。《固定资产分类与代码》（GB/T14885—1994）电子版可在财政部或国家税务总局网站查询。

《固定资产分类与代码》（GB/T14885—1994）中水井、矿井、其他井属于"井、坑"类，分类代码为"03"，属于构筑物。

因此，一般生产企业自己打的水井以及矿类企业的矿井属于构筑物，修建井过程中所耗用的材料、人工等不能抵扣进项税额。

（2）油气田企业生产用井。

《油气田企业增值税管理办法》（财税〔2009〕8号）规定，油气田企业为生产原油、天然气提供的生产性劳务应缴纳增值税。生产性劳务是指油气田企业为生产原油、天然气，从地质普查、勘探开发到原油天然气销售的一系列生产过程所发生的劳务。

油气田企业的钻井、测井、录井、固井均属于生产性劳务可以抵扣进项税额。

那么油气田企业采油、采气用井是否属于不动产呢？《固定资产分类与代码》（GB/T14885—1994）中采油、采气用井分类代码为"25"，不属于财税〔2009〕113号文件规定的不动产范围，因此，油气田企业生产用井不属于不动产，属于采油专用设备，其进项税额可以抵扣，同样油井处置缴纳增值税而非营业税。

2. 企业管道能否抵扣进项税。

很多工业企业经常会用管道来输送水、蒸汽以及其他液体类物质，那么企业所用的输送管道能否抵扣进项税额，这是很多企业面临的一个问题。

《固定资产分类与代码》（GB/T14885—1994）中水利管道和市政管道分类代码为"03"，输送管道分类代码为"09"，其中输送管道包括：输水管道、输气管道、输油管道、管道输送设施以及其他输送管道。

因此，一般企业生产中所使用的输送管道不属于不动产范畴，其进项税额可以抵扣。

企业需要注意的是，根据财税〔2009〕113号文件的规定，与建筑物或者构筑物为载体的附属设备和配套设施进项税不得抵扣，包括给排水、采暖、卫生、通风、照明、通讯、煤气、消防、中央空调、电梯、电气、智能化楼宇设备和配套设施。

因此，企业建筑物内的采暖用管道以及消防用管道其进项税额不得抵扣。

3. 企业生产用池能否抵扣进项税。

企业生产用池，属于《固定资产分类与代码》（（GB/T14885—1994））中代码前两位为"03"的构筑物，其建设过程中采购取得增值税专用发票上注明的进项税额，不得从销项税额中抵扣。

温馨提醒

目前《固定资产分类与代码》（GB/T14885—1994）已经被《固定资产分类与代码》（GB/T14885—2010）所替代，新标准已于 2011 年 5 月 1 日起正式实施。

《固定资产分类与代码》新标准将固定资产门类由 10 个调减为 6 个，同时将门类代码增加到固定资产代码中。原代码中中类和小类的代码长度由 1 位改为 2 位。新标准对固定资产类目根据实际情况进行增删改。

在新标准中，对于工业用槽、池、罐、塔、井等的部分分类已由旧标准中的"土地房屋建筑物"大类改为"专用设备"大类。如果从增值税原理上来讲，划入新标准的槽、池、罐、塔、井等是可以按专用设备抵扣的。但是必须提请读者朋友关注的是，财税〔2009〕113 号文件出台时执行的是旧标准，新标准已出台，而抵扣政策并未同时更新，财政部和国家税务总局并未发布更新文件就此做出新的规范。本问题暂根据《固定资产分类与代码》（GB/T14885—1994）进行回答。请读者朋友们密切关注后续文件的发布情况。

（五）建造石灰窑窑体的钢材及耐火砖，取得专用发票，能否抵扣进项税额？

"石灰窑"不属于《固定资产分类与代码》中代码为"02"的房屋和"03"的构筑物，因而，构造石灰窑窑体的钢材及耐火砖的进项税额可以按规定抵扣。

（六）增值税一般纳税人安装监控设备取得的进项税额能否申报抵扣？

《财政部 国家税务总局关于固定资产进项税额抵扣问题的通知》（财税〔2009〕113 号）规定，以建筑物或者构建物为载体的附属设备和配套设施，无论在会计处理上是否单独记账与核算，均应作为建筑物或者构建物的组成部分，其进项税额不得在销项税额中抵扣。

附属设备和配套设施是指：给排水、采暖、卫生、通风、照明、通讯、煤气、消防、中央空调、电梯、电气、智能化楼宇设备和配套设施。

根据上述规定，监控设备作为智能化楼宇设备，属于以建筑物或者构筑物为载体的附属设备和配套设施，其进项税额不得在销项税额中抵扣。但是，如果监控系统未与建筑物、构筑物相连为一体，则不构成以建筑物或者构筑物为载体的附属设备和配套设施，其进项税额可以抵扣。

（七）一般纳税人企业维修中央空调的费用，是否可以抵扣进项税额？

《财政部　国家税务总局关于固定资产进项税额抵扣问题的通知》（财税〔2009〕113号）规定，以建筑物或者构筑物为载体的附属设备和配套设施，无论在会计处理上是否单独记账与核算，均应作为建筑物或者构筑物的组成部分，其进项税额不得在销项税额中抵扣。附属设备和配套设施是指：给排水、采暖、卫生、通风、照明、通讯、煤气、消防、中央空调、电梯、电气、智能化楼宇设备和配套设施。

因此，企业购进中央空调的进项税额不得在销项税额中抵扣，其发生的修理费也不得在销项税额中抵扣。

（八）保修期内免费维修所消耗的材料或免费更换的配件是否需要做进项税额转出处理？

公司的产品在保修期内出现问题，进行免费维修消耗的材料或免费更换的配件，属于用于增值税应税项目，不须作进项税额转出处理。

（九）公司购进的货物存放过期，是否属于正常损失？

《中华人民共和国增值税暂行条例实施细则》第二十四条规定，非正常损失是指因管理不善造成被盗、丢失、霉烂变质的损失。因此，纳税人生产或购入在货物外包装或使用说明书中注明有使用期限的货物，超过有效（保质）期无法进行正常销售，需作销毁处理的，可视作企业在经营过程中的正常经营损失，不纳入非正常损失。

（十）货款支付单位与开具增值税专用发票的销售单位不一致能否抵扣？

某公司向A公司购买货物，取得A公司开具的增值税专用发票，但A公司却委托B公司收款，即这家公司将货款支付给B公司。这家公司取得的增值税专用发票不能抵扣进项税额。

《国家税务总局关于加强增值税征收管理若干问题的通知》（国税发〔1995〕192号）规定："纳税人购进货物或应税劳务，支付运输费用，所支付款项的单位，必须与开具抵扣凭证的销货单位、提供劳务的单位一致，才能够申报抵扣进项税额，否则不予抵扣。"上述公司将货款支付给B公司，与开具增值税专用发票的销售单位A公司不一

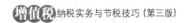

致，因此不能抵扣进项税额。

（十一）失控增值税专用发票能否报税和认证抵扣？

《国家税务总局关于失控增值税专用发票处理的批复》（国税函〔2008〕607号）规定，在税务机关按非正常户登记失控增值税专用发票（以下简称失控发票）后，增值税一般纳税人又向税务机关申请防伪税控报税的，其主管税务机关可以通过防伪税控报税子系统的逾期报税功能受理报税。

购买方主管税务机关对认证发现的失控发票，应按照规定移交稽查部门组织协查。属于销售方已申报并缴纳税款的，可由销售方主管税务机关出具书面证明，并通过协查系统回复购买方主管税务机关，该失控发票可作为购买方抵扣增值税进项税额的凭证。

（十二）公司为了美化工作环境，增强工厂、商场的市场竞争能力，购进一批花草、树木，进项税额能否抵扣？

《增值税暂行条例》第十条规定，用于非增值税应税项目、免征增值税项目、集体福利或者个人消费的购进货物或者应税劳务的进项税额不得从销项税额中抵扣。

《增值税暂行条例实施细则》第二十三条规定，条例第十条第（一）项和本细则所称非增值税应税项目，是指提供非增值税应税劳务、转让无形资产、销售不动产和不动产在建工程。前款所称不动产是指不能移动或者移动后会引起性质、形状改变的财产，包括建筑物、构筑物和其他土地附着物。纳税人新建、改建、扩建、修缮、装饰不动产，均属于不动产在建工程。

1. 购回的花草、树木如果直接在土地或建筑物（花池等）中栽培，为其他土地附着物，应属用于非增值税应税项目，无论会计制度规定如何核算，均属于不动产在建工程，那么上述购进花草树木的进项税额就不可以抵扣。

2. 购进的是盆栽的花草没有附着于任何建筑物，可以任意搬动或移动，则不属于不动产在建工程，若直接用于美化生产、经营场所，属于用于应税项目，所取得的进项税额可以抵扣；若用于企业的福利部门，如员工宿舍、食堂等福利部门的，则属于用于非应税项目，所取得的进项税额不可以抵扣。

（十三）购置客车用于接送员工上下班能否抵扣进项税额？

增值税一般纳税人企业购置客车用于接送员工上下班属于集体福利范畴，根据《中华人民共和国增值税暂行条例》第十条的规定，用于非增值税应税项目、免征增值税项目、集体福利或者个人消费的购进货物或者应税劳务的进项税额不得从销项税额中抵扣。因此，企业新购用于接送员工上下班的客车的进项税额不得抵扣。

（十四）将外购原材料用于制造自用机器设备能否抵扣进项税额？

根据《财政部 国家税务总局关于全国实施增值税转型改革若干问题的通知》（财税〔2008〕170 号），自 2009 年 1 月 1 日起，增值税一般纳税人购进或者自制固定资产发生的进项税额，可根据《中华人民共和国增值税暂行条例》和《中华人民共和国增值税暂行条例实施细则》的有关规定，凭增值税专用发票、海关进口增值税专用缴款书和货物运输业增值税专用发票从销项税额中抵扣，其进项税额应当记入"应交税费——应交增值税（进项税额）"科目。纳税人允许抵扣的固定资产进项税额，是指纳税人 2009 年 1 月 1 日以后（含 1 月 1 日，下同）实际发生，并取得 2009 年 1 月 1 日以后开具的增值税扣税凭证上注明的或者依据增值税扣税凭证计算的增值税税额。

因此，纳税人将外购原材料用于制造自用机器设备可以抵扣进项税额。

（十五）抵扣联未盖章的增值税专用发票可以抵扣吗？

《增值税专用发票使用规定》第十一条规定："专用发票应按下列要求开具：（一）项目齐全，与实际交易相符；（二）字迹清楚，不得压线、错格；（三）发票联和抵扣联加盖发票专用章；（四）按照增值税纳税义务的发生时间开具。对不符合上列要求的专用发票，购买方有权拒收。"抵扣联未盖章的增值税专用发票不可以抵扣，应及时与开票方联系，让开票方加盖单位发票专用章。

（十六）粮食企业开专用发票能否抵扣进项税额？

一般来说，销售免税货物不得开具专用发票，但是粮食购销企业存在特殊情况。

《国家税务总局关于国有粮食购销企业开具粮食销售发票有关问题的通知》（国税明电〔1999〕10 号）规定，自 1999 年 8 月 1 日起，凡国有粮食购销企业销售粮食，暂一律开具增值税专用发票。国有粮食购销企业开具增值税专用发票时，应当比照非免税货物开具增值税专用发票，企业记账销售额为"价税合计"数。属于一般纳税人的生产、经营单位从国有粮食购销企业购进的免税粮食，可依照国有粮食购销企业开具的增值税专用发票注明的税额抵扣进项税额。

《国家税务总局关于政府储备食用植物油销售业务开具增值税专用发票问题的通知》（国税函〔2002〕531 号）规定，自 2002 年 6 月 1 日起，对中国储备粮总公司及各分公司所属的政府储备食用植物油承储企业，按照国家指令计划销售的政府储备食用植物油，可比照《国家税务总局关于国有粮食购销企业开具粮食销售发票有关问题的通知》（国税明电〔1999〕10号）及《国家税务总局关于加强国有粮食购销企业增值税管理有关问题的通知》（国税函〔1999〕560号）的有关规定执行，允许其开具增值税专用发票并纳入增值税防伪税控系统管理。

（十七）企业出口货物取得的海运费增值税专用发票是否可以抵扣进项税额？

如果是离岸后发生的海运费，属于国际运输，免征增值税，所支付的境外"海运费"（包括保险费及佣金）仍应当冲减当期销售收入，且货代公司和船代公司发票内容正确写法应是"代理海运费"，工作中不能因为票据的变化而改变会计核算方式，该境外海运费应当按含税价冲减，进项税额不得申报抵扣；如果是离岸前发生的海运费，可以取得专用发票，申请退税。

（十八）辅导期一般纳税人取得的农产品收购发票能否当月抵扣？

《国家税务总局关于印发〈增值税一般纳税人纳税辅导期管理办法〉的通知》（国税发〔2010〕40号）第七条规定，辅导期一般纳税人取得的增值税专用发票抵扣联、海关进口增值税专用缴款书以及运输费用结算单据（注：因营改增此单据已退出历史舞台，现为货物运输业增值税专用发票）应当在交叉稽核比对无误后，方可抵扣进项税额。

根据上述规定，辅导期纳税人取得的除农产品收购发票或销售发票不实行"先比对后抵扣"的管理办法。辅导期一般纳税人取得的货物运输业增值税专用发票需要取得交叉稽核比对结果后才能抵扣进项税额。

（十九）货物运输业增值税专用发票上的收货人与发货人是同一家单位，是否可以进行抵扣？

税法没有禁止抵扣的规定，只要符合实际情况，不属于不得抵扣情形的，就可以抵扣，比如货物调换仓库涉及的类似运费的收货人与发货人是同一家单位，是可以抵扣的。

（二十）一般纳税人因当期购入一台大型机器设备且取得增值税专用发票，进项税额金额较大，造成留抵税额较大，留抵税额有无抵扣期限？

《中华人民共和国增值税暂行条例》第四条规定，当期销项税额小于当期进项税额不足抵扣时，其不足部分可以结转下期继续抵扣。因此，对于留抵税额的抵扣并无抵扣期限。

（二十一）因自然灾害造成的存货报废损失，企业进行了进项税额转出处理，可以转回来吗？

因自然灾害造成的损失不属于《中华人民共和国增值税暂行条例实施细则》规定的非正常损失，其进项税额不必做转出处理。对于财务上已做转出处理的，可以做相反会计分录。

（二十二）非正常损失的在产品、产成品所耗用的购进货物或者应税劳务进项税额转出额怎样确定？

《中华人民共和国增值税暂行条例》第十条规定，非正常损失的在产品、产成品所耗用的购进货物或者应税劳务的进项税额不得从销项税额中抵扣。然而各月份之间的货物购进、耗用并不均衡，导致非正常损失的在产品，产成品中耗用的外购货物或应税劳务的进项税额一般难以计算准确，在实际工作中应参照公司近期生产成本资料来计算，可以近期（三个月或六个月等）实际发生的进项税额占同期实际成本的比例为计算依据，计算进项税额转出额。

（二十三）增值税专用发票哪几项比对相符就能通过认证？电话号码填写的是公司另一部没有在税局备案的电话可以吗？

认证相符是指打印在增值税专用发票抵扣联票上的 84 位密文，经解密后的数据与同一增值税专用发票票面上的"发票代码"、"发票号码"、"开票时间"、"购货方纳税人识别号"、"销货方纳税人识别号"、"金额"、"税额"7 项数据比对完全相符，且增值税专用发票购货方纳税人识别号与所申报企业纳税人识别号一致。

增值税专用发票以上 7 项数据必须准确无误，否则将不能认证，而对于其他项目没有做具体要求，但必须符合国税发〔2006〕156 号文件规定的"项目齐全，与实际交易相符"的要求；因此对于电话号码是否备案并没有明确规定，只要电话号码是购销双方真实的电话号码就可以。若电话号码不是真实的，虽然可以认证通过，也不得抵扣进项税额。

（二十四）农产品收购发票计算抵扣进项税额有无 180 天的申报抵扣期限？

税法只是对增值税专用发票、货物运输业增值税专用发票和机动车销售统一发票、

海关进口增值税专用缴款书的进项税额申报抵扣期限进行了规定，对农产品收购发票等其他抵扣凭证并没有做出规定，因此，农产品收购发票计算抵扣进项税额没有180天的申报抵扣期限。

（二十五）企业付给经销商代销手续费而取得的经销商开具的增值税专用发票可以抵扣吗？

《国家税务总局关于商业企业向货物供应方收取的部分费用征收流转税问题的通知》（国税发〔2004〕136号）第二条规定，商业企业向供货方收取的各种收入，一律不得开具增值税专用发票。因此，企业付给经销商代销手续费，经销商不能开具增值税专用发票，所开具的增值税专用发票属于不按规定开具发票的行为，不能抵扣。

（二十六）企业购买一辆客车，既用于运输货物又用于接送员工上下班，购进客车的进项税额可以抵扣吗？

《中华人民共和国增值税暂行条例实施细则》第二十一条规定，既用于增值税应税项目也用于非增值税应税项目、免征增值税项目、集体福利或个人消费的固定资产可以抵扣进项税额。因此，既用于运输货物又用于接送员工上下班的购进客车进项税额可以抵扣。

（二十七）增值税一般纳税人经营地点迁移后仍继续经营，其一般纳税人资格是否可以继续保留？尚未抵扣的进项税额是否允许继续抵扣？

增值税一般纳税人因住所、经营地点变动，按照相关规定，在工商行政管理部门做变更登记处理，但因涉及改变税务登记机关，需要办理注销税务登记并重新办理税务登记的，在迁达地重新办理税务登记后，其增值税一般纳税人资格予以保留，办理注销税务登记前尚未抵扣的进项税额允许继续抵扣。

迁出地主管税务机关应认真核实纳税人在办理注销税务登记前尚未抵扣的进项税额，填写《增值税一般纳税人迁移进项税额转移单》，《增值税一般纳税人迁移进项税额转移单》一式三份，迁出地主管税务机关留存一份，缴纳税人一份，传递迁达地主管税务机关一份。迁达地主管税务机关应将迁出地主管税务机关传递来的《增值税一般纳税人迁移进项税额转移单》与纳税人报送资料进行认真核对，对其迁移前尚未抵扣的进项税额，在确认无误后，允许纳税人继续申报抵扣。

（二十八）一般纳税人兼营免税项目或者非增值税应税劳务怎样计算不得抵扣的进项税额？

《中华人民共和国增值税暂行条例实施细则》第二十六条规定，一般纳税人兼营免税项目或者非增值税应税劳务而无法划分不得抵扣的进项税额的，按下列公式计算不得抵扣的进项税额：

$$\text{不得抵扣的进项税额} = \text{当月无法划分的全部进项税额} \times \text{当月免税项目销售额、非增值税应税劳务营业额合计} \div \text{当月全部销售额、营业额合计}$$

（二十九）商贩收购自然人的农产品销售给公司，公司怎样抵扣税款？

农产品收购发票仅限于收购农业生产者自产的免税农产品时使用。因此，通过商贩收购的农产品只能由商贩到税务机关代开普通发票，公司凭取得的普通发票依据普通发票注明的税款进行抵扣。

（三十）异地收购农副产品如何取得发票抵扣？

收购发票只限在本县（市、区）范围内开具，不能跨地区开具。企业在跨县（市、区）收购农产品的，可向销售方索取普通发票，或向主管国税机关申请开具《外出经营活动税收管理证明》，向收购地国税机关申请领购收购发票。

（三十一）增值税专用发票没有在规定的认证期内进行认证抵扣可以要求重开吗？

《增值税专用发票使用规定》（国税发〔2006〕156号）第二十六条规定：

经认证，有下列情形之一的，不得作为增值税进项税额的抵扣凭证，税务机关退还原件，购买方可要求销售重新开具专用发票。

（1）无法认证；

（2）纳税人识别号认证不符；

（3）专用发票代码、号码认证不符。

认证期内未进行认证的情况不属于重新开具发票的情形，不得要求重新开具。

（三十二）企业收到一份增值税专用发票，已认证通过，但销售方因操作不慎误作废，双方该如何处理？

购货方的这份增值税专用发票不能抵扣，应做进项税额转出，销售方重新开具发

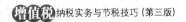

票，购货方可凭重新取得的专用发票抵扣进项税额。

二、销项税额常见疑难问题解析

（一）食品公司向职工发放自己生产的食品是否应该缴纳增值税？

《中华人民共和国增值税暂行条例实施细则》第四条规定，将自产、委托加工的货物用于集体福利或者个人消费视同销售货物。因此，食品公司应按规定申报缴纳增值税。

（二）银行将抵顶贷款的小汽车销售给本单位职工是否应缴纳增值税？如何缴纳？

《中华人民共和国增值税暂行条例》第一条规定："在中华人民共和国境内销售货物或者提供加工、修理修配劳务以及进口货物的单位和个人，为增值税的纳税人，应当依照本条例缴纳增值税。"

《中华人民共和国增值税暂行条例实施细则》第九条规定："条例第一条所称单位，是指企业、行政单位、事业单位、军事单位、社会团体及其他单位。"

《财政部 国家税务总局关于部分货物适用增值税低税率和简易办法征收增值税政策的通知》（财税〔2009〕9号）规定："纳税人销售旧货，按照简易办法依照3％征收率减按2％征收增值税。所称旧货，是指进入二次流通的具有部分使用价值的货物（含旧汽车、旧摩托车和旧游艇），但不包括自己使用过的物品。"

因此，银行将抵顶贷款的小汽车销售给本单位职工应缴纳增值税，应缴纳的增值税＝销售额/（1＋3％）×2％。

（三）增值税一般纳税人将不同税率的货物捆绑销售，应该怎样计算缴纳增值税？

《中华人民共和国增值税暂行条例》第三条规定，纳税人兼营不同税率的货物或者应税劳务，应当分别核算不同税率货物或者应税劳务的销售额；未分别核算销售额的，从高适用税率。如企业将税率为17％的产品A和13％的产品B还有免税的产品C一起捆绑销售，而没有分开核算，则这三种产品均按照产品A的增值税税率17％计算缴纳增值税。

（四）将委托加工的应征消费税的货物用于非应税项目的行为，怎样缴纳增值税？

根据《中华人民共和国增值税暂行条例实施细则》第四条的规定，将自产或者委托加工的货物用于非增值税应税项目视同销售货物。

根据《中华人民共和国增值税暂行条例实施细则》第十六条的规定，视同销售货物行为而无销售额者，按下列顺序确定销售额：

(1) 按纳税人最近时期同类货物的平均销售价格确定；

(2) 按其他纳税人最近时期同类货物的平均销售价格确定；

(3) 按组成计税价格确定。组成计税价格的公式为：

$$组成计税价格＝成本×(1＋成本利润率)$$

属于应征消费税的货物，其组成计税价格中应加计消费税额。

例如，一般纳税人甲公司于 7 月将委托加工的一批汽车轮胎用于非增值税应税项目。已知该批汽车轮胎的加工成本为 100 000 元，受托方代扣消费税 2 000 元。则增值税销项税额为：[100 000×(1＋10%)＋2 000]×17%＝19 040（元）。

（五）酒厂销售酒类产品同时收取的包装物押金是否征收增值税？

《国家税务总局关于加强增值税征收管理若干问题的通知》（国税发〔1995〕192号）规定："从 1995 年 6 月 1 日起，对除售出啤酒、黄酒外的其他酒类产品而收取的包装物押金，无论是否返还以及会计上如何核算，均应并入当期销售额征收增值税。"

《财政部 国家税务总局关于酒类产品包装物押金征税案例的通知》（财税字〔1995〕53 号）规定："从 1995 年 6 月 1 日起，对酒类产品生产企业销售酒类产品而收取的包装物押金，无论如何核算均需并入酒类产品销售额中，依酒类产品的适用税率征收消费税。"

根据上述规定，酒厂销售除啤酒、黄酒以外的其他酒类而收取的包装物押金应该缴纳增值税和消费税，而销售啤酒、黄酒收取的包装物押金只需缴纳消费税。

（六）保修期内免费为客户提供维修服务所领用的零配件是否需要视同销售缴纳增值税？

保修期内免费保修业务是作为销售合同的一部分，有关收入实际已经在销售时获得，该公司已就销售额缴纳了税款，免费保修时无须再缴纳增值税，维修领用零配件也无须视同销售缴纳增值税。

（七）汽车生产企业将本企业自产汽车用于管理部门使用和移送企业下设的汽车维修厂进行碰撞实验是否视同销售缴纳增值税？

根据税法对视同销售货物的规定，企业将自产汽车用于本企业管理部门使用属于视同销售货物的规定范围，需要视同销售；而用于碰撞试验的，则不属于视同销售货物的规定范围，不需要视同销售。

（八）一般纳税人销售货物并运输按照混合销售还是混业经营缴纳增值税？

1. 营改增以前，一般纳税人销售货物并运输，按照混合销售行为一并征收 17％或 13％的增值税。

2. 营改增以后，一般纳税人销售货物并运输，符合一定条件可以按照混业经营行为，对其中的运输劳务征收 11％的增值税。

如果销售方拥有《道路运输经营许可证》和《车辆运输证》，并且分别核算货物销售收入和运输收入的，分别适用税率。

如果销售方没有拥有《道路运输经营许可证》和《车辆运输证》，无论是否分别核算，应当作为主行为的价外收入。

（九）企业通过省红十字会向地震灾区捐赠物资是否缴纳增值税？

《中华人民共和国增值税暂行条例实施细则》第四条规定，将自产、委托加工或购买的货物无偿赠送他人的行为，视同销售货物。公司捐赠物资应当视同销售，而不论受赠对象是谁，计算增值税时应以本公司同类物资售价作为计税依据。

（十）因购货方违约而解除销货合同，销货方向购货方收取的违约金是否需要缴纳增值税？

《中华人民共和国增值税暂行条例》第一条规定："在中华人民共和国境内销售货物或者提供加工、修理修配劳务以及进口货物的单位和个人，为增值税的纳税人，应当依照本条例缴纳增值税。"

因购货方违约而解除销货合同，销货方向购货方收取的违约金是在纳税人未销售货物或者提供加工、修理修配劳务的情况下收取的，不是价外费用，不属于增值税的征税范围，因此不缴纳增值税。

（十一）企业向顾客收取的办卡费、续约费、会员费是否需要缴纳增值税？

企业向顾客单独收取的、与销售货物无关的办卡费、续约费、会员费不属于增值税的价外费用，不征收增值税。企业销售货物的同时向顾客收取的办卡费、续约费、会员费等费用，也应属于增值税的价外费用，并入销售额计算应纳税额。

（十二）公司销售货物，将收到的银行承兑汇票贴现支付贴现息后，向购货方收取贴现息缴纳营业税还是增值税？

笔者曾看到过一份由某事务所为某公司出具的《税务审核鉴证报告》，里面有一项是关于贴现息的纳税调整：贵公司销售货物，将收到的银行承兑汇票贴现支付贴现息后，向购货方收取等额贴现息共计 60 360.28 元，未计提营业税，应补提营业税：$60\,360.29 \times 5\% = 3\,018.01$（元），城建税……

其实，税务师事务所的处理是不正确的。《中华人民共和国增值税暂行条例实施细则》第十二条规定："条例第六条第一款所称价外费用，包括价外向购买方收取的手续费、补贴、基金、集资费、返还利润、奖励费、违约金、滞纳金、延期付款利息、赔偿金、代收款项、代垫款项、包装费、包装物租金、储备费、优质费、运输装卸费以及其他各种性质的价外收费。"该公司向购货单位收取的贴现息应作为价外费用处理，按销售货物的适用税率 17% 计算缴纳增值税：$60\,360.29 / (1+17\%) \times 17\% = 8\,770.30$（元）。

（十三）纳税人销售货物开具普通发票后，发生退货、销售折让或开票有误怎样处理？

纳税人销售货物并向购买方开具普通发票后，发生退货、销售折让或开票有误，应视不同情况分别处理：

购买方在未付货款并且未做账务处理的情况下，须将原发票联主动退还销售方。销售方收到后，应在该发票联及有关的存根联、记账联上注明"作废"字样。属于销售折让的，销售方应按折让后的货款重开发票。

在购买方已付货款，或者货款未付但已做账务处理，发票联无法退还的情况下，购买方必须向当地主管税务机关提供有关证明和资料，取得当地主管税务机关开具的"进货退出及索取折让证明单（普通发票专用）"，送交销售方，作为销售方开具红字发

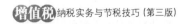

票的合法依据。

（十四）合同履行后向购货方收取的违约金是否缴纳增值税？是否能开具增值税专用发票？

《中华人民共和国增值税暂行条例实施细则》第十二条规定，违约金属于价外费用，应并入销售额计算应纳税额，可以开具增值税专用发票。

（十五）企业提供电梯保养、维修服务取得收入怎样缴税？

《国家税务总局关于电梯保养、维修收入征税问题》（国税函〔1998〕390号）规定，电梯属于增值税应税货物的范围，但安装运行之后，则与建筑物一道形成不动产。因此，对企业销售电梯（自产或购进的）并负责安装及保养、维修取得的收入，一并征收增值税；对不从事电梯生产、销售，只从事电梯保养和维修的专业公司对安装运行后的电梯进行的保养、维修取得的收入，征收营业税。

（十六）单位支付水电费后向职工和共用水电单位收取水电费，怎样计算缴纳增值税？

单位从自来水公司和电力公司购进水电再销售给职工和其他单位，属于转售货物行为，应当按照电力产品17%的适用税率和《中华人民共和国增值税暂行条例》第二条规定的自来水13%的适用税率计算缴纳增值税。

（十七）旅店业和饮食业纳税人销售非现场消费的食品缴纳增值税吗？

《国家税务总局关于旅店业和饮食业纳税人销售非现场消费食品增值税有关问题的公告》（国家税务总局公告2013年第17号）规定，旅店业和饮食业纳税人销售非现场消费的食品，属于不经常发生增值税应税行为，根据《中华人民共和国增值税暂行条例实施细则》第二十九条的规定，可以选择按小规模纳税人缴纳增值税。

（十八）企业销售货物因在运输途中破损而收到的运输公司支付的赔偿款是否需要缴纳增值税？

《中华人民共和国增值税暂行条例》第六条规定，销售额为纳税人销售货物或者应税劳务向购买方收取的全部价款和价外费用，但是不包括收取的销项税额。《中华人民共和国增值税暂行条例实施细则》第十二条规定，条例第六条第一款所称价外费用，包括价外向购买方收取的手续费、补贴、基金、集资费、返还利润、奖励费、违约金、滞纳金、延期付款利息、赔偿金、代收款项、代垫款项、包装费、包装物租金、储备费、优质费、运输装卸费以及其他各种性质的价外收费。

运输公司不是购买方，不属于价外费用，其行为仅仅属于补偿性质的赔付，因此这部分赔偿款不包含在销售额中，不必计算缴纳增值税。

（十九）收到的客户因违约而支付的延期付款利息是否需要缴纳增值税？

根据《中华人民共和国增值税暂行条例》第六条规定和《中华人民共和国增值税暂行条例实施细则》第十二条规定，收取的违约延期付款利息属于价外费用，应当缴纳增值税。

（二十）电力公司向发电厂收取的过网费是否需要缴纳增值税？

《国家税务总局关于电力公司过网费收入征收增值税问题的批复》（国税函〔2004〕607号）规定，鉴于电力公司利用自身电网为发电企业输送电力过程中，需要利用输变电设备进行调压，属于提供加工劳务。根据《中华人民共和国增值税暂行条例》有关规定，电力公司向发电企业收取的过网费，应当征收增值税，不征收营业税。

（二十一）供电企业收取并网服务费是否需要缴纳增值税？

《国家税务总局关于供电企业收取并网服务费征收增值税问题的批复》（国税函〔2009〕641号）规定，供电企业利用自身输变电设备对并入电网的企业自备电厂生产的电力产品进行电压调节，属于提供加工劳务。根据《中华人民共和国增值税暂行条例》和《中华人民共和国营业税暂行条例》有关规定，对于上述供电企业进行电力调压并按电量向电厂收取的并网服务费，应当征收增值税，不征收营业税。

（二十二）供电企业收取的电费保证金是否征收增值税？

《电力产品增值税征收管理办法》（国家税务总局令第10号）第三条规定，电力产品增值税的计税销售额为纳税人销售电力产品向购买方收取的全部价款和价外费用，但不包括收取的销项税额。价外费用是指纳税人销售电力产品在目录电价或上网电价之外向购买方收取的各种性质的费用。

供电企业收取的电费保证金，凡逾期（超过合同约定时间）未退还的，一律并入

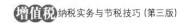

价外费用缴纳增值税。

（二十三）企业在国内购买原材料而委托境外企业加工，支付给境外企业的加工费是否需要代扣代缴增值税？

《中华人民共和国增值税暂行条例》第一条规定，在中华人民共和国境内销售货物或者提供加工、修理修配劳务以及进口货物的单位和个人，为增值税的纳税人，应当依照本条例缴纳增值税。《中华人民共和国增值税暂行条例实施细则》第八条规定，条例第一条所称在中华人民共和国境内（以下简称境内）销售货物或者提供加工、修理修配劳务，是指：（1）销售货物的起运地或者所在地在境内；（2）提供的应税劳务发生在境内。

委托境外企业加工，加工业务发生在境外，因此该企业不需要就支付给境外企业的加工费代扣代缴增值税。

（二十四）企业因生产设备维修需要，委托了境外企业提供维修技术服务，是否需要代扣代缴增值税？

《中华人民共和国增值税暂行条例》第十八条规定，中华人民共和国境外的单位或者个人在境内提供应税劳务，在境内未设有经营机构的，以其境内代理人为扣缴义务人；在境内没有代理人的，以购买方为扣缴义务人。第十九条规定，增值税扣缴义务发生时间为纳税人增值税纳税义务发生的当天。

境外企业若派人来华提供生产设备维修技术服务，则属于临时来华提供应税劳务，企业需要代扣代缴增值税，税率为17%；企业若将该生产设备送往境外维修，劳务发生地在境外，不必代扣代缴增值税。

（二十五）装卸搬运服务、货物运输代理服务、搬家业务，属于"物流辅助服务"还是"陆路运输服务"？

物流辅助服务，包括航空服务、港口码头服务、货运客运场站服务、打捞救助服务、货物运输代理服务、代理报关服务、仓储服务和装卸搬运服务。

总局已明确政策的具体案例：搬家公司提供的"搬家业务"按照"物流辅助—装卸搬运"征收增值税；对搬家公司承揽的货物运输业务，按照交通运输业征收增值税。

（二十六）销售给公安部门的刑侦器材能否免征增值税？

《财政部 国家税务总局关于公安、司法部门所属单位征免增值税问题的通知》（财税字〔1994〕29 号）规定：“公安部所属研究所、公安侦察保卫器材厂研制生产的列明代号的侦察保卫器材产品（每年新增部分报国家税务总局审核批准后下发）凡销售给公安、司法以及国家安全系统使用的，免征增值税；销售给其他单位的，按规定征收增值税。”

销售主体及销售的产品符合以上规定的，销售给公安部门的刑侦器材可以享受免征增值税优惠，否则不得享受。

（二十七）企业因被兼并而将全部产权进行了转让，转让的机器设备和存货是否需要缴纳增值税？

《国家税务总局关于纳税人资产重组有关增值税问题的公告》（国家税务总局公告 2011 年第 13 号）规定，纳税人在资产重组过程中，通过合并、分立、出售、置换等方式，将全部或者部分实物资产以及与其相关联的债权、负债和劳动力一并转让给其他单位和个人，不属于增值税的征税范围，其中涉及的货物转让，不征收增值税。

（二十八）企业用优良资产（占企业总资产的 90％左右）和另外一家企业成立一家新公司，企业这部分资产的转移是否缴纳增值税？

这种行为不属于《国家税务总局关于纳税人资产重组有关增值税问题的公告》（国家税务总局公告 2011 年第 13 号）规定的行为，应依法缴纳增值税。

（二十九）建筑安装企业将自制建筑材料用于本企业的建筑工程是否缴纳增值税？

《国家税务总局关于印发〈增值税若干具体问题的规定〉的通知》（国税发〔1993〕154 号）第一条第四款规定，基本建设单位和从事建筑安装业务的企业附设的工厂、车间生产的水泥预制构件、其他构件或建筑材料，用于本单位或本企业的建筑工程的，应在移送使用时征收增值税。但对其在建筑现场制造的预制构件，凡直接用于本单位或本企业建筑工程的，不征收增值税。

（三十）林业部门外购树苗再销售是否缴纳增值税？

《中华人民共和国增值税暂行条例》规定，免税项目“农业生产者销售的自产农产品”，是指直接从事植物的种植、收割和动物的饲养、捕捞的单位和个人销售的注释所

列的自产农业产品；对上述单位和个人销售的外购的农业产品，以及单位和个人外购农业产品生产、加工后销售的仍然属于注释所列的农业产品，不属于免税的范围，应当按照规定税率征收增值税。

根据上述规定，林业部门外购树苗应当按照规定的适用税率征收增值税。

（三十一）生产免税货物产生的下脚料销售给客户，是否免征增值税？

根据《中华人民共和国增值税暂行条例》的规定，一般纳税人销售下脚料取得的收入，应按下脚料的适用税率计算缴纳增值税；若下脚料为增值税免税货物，则可免征增值税，即下脚料是否免税与企业销售的主要货物是否免税无关。

（三十二）企业将客户抵顶欠款而抵顶回的一辆单缸柴油三轮车再销售，是否缴纳增值税？

《财政部 国家税务总局关于不带动力的手扶拖拉机和三轮农用运输车有关政策问题的通知》（财税〔2002〕89号）明确规定，不带动力的手扶拖拉机（也称"手扶拖拉机底盘"）和三轮农用运输车（指以单缸柴油机为动力装置的三个车轮的农用运输车辆）属于"农机"，应按有关"农机"的增值税政策规定征免增值税，因此，此项业务不必缴纳增值税。

（三十三）桶装饮用水应按照3%、13%还是17%的税率征收增值税？

桶装饮用水不属于自来水，应按照17%的适用税率征收增值税。

（三十四）企业销售部门领用自产产品作为样品是否缴纳增值税？

销售部门领用的自产产品作为样品使用后如收回并办理入库手续的，不属于视同销售行为，不需缴纳增值税，否则应视同销售行为缴纳增值税。

（三十五）商业企业销售宠物饲料可以免征增值税吗？

根据《国家税务总局关于宠物饲料征收增值税问题的批复》（国税函〔2002〕812号）的规定，宠物饲料产品不属于免征增值税的饲料，应按照饲料产品13%的税率征收增值税。

（三十六）酒厂销售酒糟是否征收增值税？

酒糟属于免税饲料产品范围，销售酒糟不缴纳增值税。

（三十七）公司为提高知名度而印制宣传资料向公众发放，是否要视同销售缴纳增值税？

根据《中华人民共和国增值税暂行条例实施细则》第四条的规定，单位或者个体工商户将自产、委托加工或者购进的货物无偿赠送其他单位或者个人的行为，视同销售货物。该公司如果仅对外发放宣传资料属于广告宣传行为，不涉及货物所有权的转让，不视同销售缴纳增值税；但如果在对外发放宣传资料的同时，还有赠送礼品的行为，则赠送的礼品应视同销售缴纳增值税，如果发放对象是一般纳税人，可以开具增值税专用发票。

（三十八）酒类生产企业销售副产品酒糟，应购货方要求开具增值税专用发票，本来应该免税的货物还能再享受免税待遇吗？

根据《国家税务总局关于加强免征增值税货物专用发票管理的通知》（国税函〔2005〕780号）第一条的规定，增值税一般纳税人销售免税货物，一律不得开具增值税专用发票（国有粮食购销企业销售免税粮食除外）。如违反规定开具增值税专用发票的，则对其开具的销售额依照增值税适用税率全额征收增值税，不得抵扣进项税额，并按照《发票管理办法》及其实施细则的有关规定予以处罚。

因此，对于销售免税货物开具了增值税专用发票的，除国有粮食企业等特殊情况外，都应计算销项税额，同时购货方不能抵扣进项税额，以此作为惩戒。

酒糟作为免税货物，不得开具增值税专用发票，若开具专用发票就不能再享受免税待遇。

（三十九）以旧换新业务怎样缴纳增值税？

采取以旧换新方式销售货物的（金银首饰除外），应按新货物的同期销售价格确定销售额。

特例：对金银首饰以旧换新业务，可以按销货方实际收取的不含增值税的全部价款征收增值税。因此，只收取差价的可以按差价确定销售额。

（四十）采取以物易物方式销售货物有何注意事项？

采取以物易物方式销售货物，双方都应做购销处理，以各自发出的货物核算销售额并计算销项税额，以各自收到的货物核算购货额并计算进项税额，因此，双方都应向对方开具专用发票，否则双方仍然应该按照规定计算销项税额，但是不能抵扣进项税额。

（四十一）公司用加油卡加油可以取得加油站开具的增值税专用发票吗？

《成品油零售加油站增值税征收管理办法》（国家税务总局令〔2002〕2号）第五条规定："加油站以收取加油凭证（簿）、加油卡方式销售成品油，不得向用户开具增值税专用发票。"第十二条规定："预售单位在发售加油卡或加油凭证时开具普通发票，如购油单位要求开具增值税专用发票，待用户凭卡或加油凭证加油后，根据加油卡或加油凭证回笼记录，向购油单位开具增值税专用发票。接受加油卡或加油凭证销售成品油的单位与预售单位结算油款时，接受加油卡或加油凭证销售成品油的单位根据实际结算的油款向预售单位开具增值税专用发票。"

因此，加油站在售卖加油卡时，企业可以要求其提前开具普通发票，但不能提前开具增值税专用发票。只有待企业凭卡或加油凭证加油后，根据加油卡或加油凭证回笼记录，要求加油站开具增值税专用发票。

（四十二）加油机自有车辆自用油、加油站检测用油是否应在销售数量中扣除？

《成品油零售加油站增值税征收管理办法》（国家税务总局令〔2002〕2号）第九条规定：

加油站通过加油机加注成品油属于以下情形的，允许在当月成品油销售数量中扣除：

（1）经主管税务机关确定的加油机自有车辆自用油。

（2）外单位购买的，利用加油站的油库存放的代储油。加油站发生代储油业务时，应凭委托代储协议及委托方购油发票复印件向主管税务机关申报备案。

（3）加油站本身倒库油。

加油站发生成品油倒库业务时，须提前向主管税务机关报告说明，由主管税务机关派专人实地审核监控。

（4）加油站检测用油（回罐油）。

上述允许扣除的成品油数量，加油站月终应根据《加油站月销售油品汇总表》统计的数量向主管税务机关申报。

(四十三) 纳税人受托代理销售二手车,什么情况下不征收增值税?

《国家税务总局关于二手车经营业务有关增值税问题的公告》(国家税务总局公告2012年第23号)规定,自2012年7月1日起,经批准允许从事二手车经销业务的纳税人按照《机动车登记规定》的有关规定,收购二手车时将其办理过户登记到自己名下,销售时再将该二手车过户登记到买家名下的行为,属于《中华人民共和国增值税暂行条例》规定的销售货物的行为,应按照现行规定征收增值税。

除上述行为以外,纳税人受托代理销售二手车,凡同时具备以下条件的,不征收增值税,不同时具备以下条件的,视同销售征收增值税:(1)受托方不向委托方预付货款。(2)委托方将《二手车销售统一发票》直接开具给购买方。(3)受托方按购买方实际支付的价款和增值税额(如系代理进口销售货物则为海关代征的增值税额)与委托方结算货款,并另外收取手续费。

(四十四) 企业将超过一年的包装物押金缴纳了增值税,一个月后收回包装物押金,能否冲减已缴纳增值税款?

包装物押金征税规定中"逾期"以1年为期限,对收取1年以上的押金,无论是否退还均并入销售额征税。因此,逾期收回的包装物押金不能冲减已缴纳增值税款。

(四十五) 市场原因导致商品打折销售而致使销售价格低于购进价格的,是否会被税务机关核定销售额?

《国家税务总局关于纳税人折扣折让行为开具红字增值税专用发票问题的通知》(国税函〔2006〕1279号)规定,纳税人销售货物并向购买方开具增值税专用发票后,由于购货方在一定时期内累计购买货物达到一定数量,或者由于市场价格下降等原因,销货方给予购货方相应的价格优惠或补偿等折扣、折让行为,销货方可按现行《增值税专用发票使用规定》的有关规定开具红字增值税专用发票。

《中华人民共和国增值税暂行条例》第七条规定:"纳税人销售货物或者应税劳务的价格明显偏低并无正当理由的,由主管税务机关核定其销售额。"

从上述规定中可以看出,此种情形不属于《中华人民共和国增值税暂行条例》第七条规定的税务机关核定销售额的情形。因市场原因导致价格打折销售属于有正当理由的销售,即使出现销售价格低于购进价格的情形,也不能认定为价格明显偏低并无正当理由。

（四十六）企业以购物送积分方式搞促销，例如消费者购买 1 000 元货物，将获得 200 元积分，消费者可用积分来购物。用积分购物应该如何缴纳增值税？

"购物送积分"属于以折扣方式销售货物的形式。《国家税务总局关于印发〈增值税若干具体问题的规定〉的通知》（国税发〔1993〕154 号）第二条第二项规定，纳税人采取折扣方式销售货物，如果销售额和折扣额在同一张发票上分别注明的，可按折扣后的销售额征收增值税。如果将折扣额另开发票，不论其在财务上如何处理，均不得从销售额中减除折扣额。《国家税务总局关于折扣额抵减增值税应税销售额问题通知》（国税函〔2010〕56 号）规定，纳税人采取折扣方式销售货物，销售额和折扣额在同一张发票上分别注明是指销售额和折扣额在同一张发票上的"金额"栏分别注明，可按折扣后的销售额征收增值税。未在同一张发票"金额"栏注明折扣额，而仅在发票的"备注"栏注明折扣额的，折扣额不得从销售额中减除。

根据此项规定，纳税人以折扣方式销售货物，如果将销售额和折扣额填写在同一张发票上并在"金额"栏注明折扣金额，则可以按扣除折扣额后的销售额申报缴纳增值税。

（四十七）货物移库是否视同销售？

根据《中华人民共和国增值税暂行条例实施细则》、《国家税务总局关于企业所属机构间移送货物征收增值税问题的通知》（国税发〔1998〕第 137 号）的规定，我们可以得出结论：

满足视同销售条件时，移送货物的一方应视同销售，在货物移送当天开具增值税专用发票，计算销项税额，异地受货机构符合条件可进行进项税额抵扣，会计处理与正常销售业务相同。

若受货机构没有发生上述两项情形，机构之间移送货物不属于"用于销售"的行为，收货方只相当于一个仓库使用，只做货物进、销、存仓库保管账，不做涉税的会计处理。移货方也不用视同销售计算缴纳增值税，等到货物实际对外销售时，再确认收入计算缴纳增值税。

（四十八）纳税人转让土地使用权或者销售不动产同时一并销售附着于土地或者不动产上的固定资产怎样交税？有无税法依据？

纳税人转让土地使用权或者销售不动产的同时一并销售的附着于土地或者不动产上的固定资产中，凡属于增值税应税货物的，应按照《财政部 国家税务总局关于部分货物适用增值税低税率和简易办法征收增值税政策的通知》（财税〔2009〕9号）第二条有关规定，计算缴纳增值税；凡属于不动产的，应按照《中华人民共和国营业税暂行条例》"销售不动产"税目计算缴纳营业税。

纳税人应分别核算增值税应税货物和不动产的销售额，未分别核算或核算不清的，由主管税务机关核定其增值税应税货物的销售额和不动产的销售额。

税法依据为《国家税务总局关于纳税人转让土地使用权或者销售不动产同时一并销售附着于土地或者不动产上的固定资产有关税收问题的公告》（国家税务总局公告2011年第47号）。

（四十九）B企业与A企业签订合同，向A企业出售一台机器设备，随后再采用融资租赁形式租回该设备，B企业销售机器设备的行为是否需要缴纳增值税？

《国家税务总局关于融资性售后回租业务中承租方出售资产行为有关税收问题的公告》（国家税务总局公告2010年第13号）规定，根据现行增值税和营业税有关规定，融资性售后回租业务中承租方出售资产的行为，不属于增值税和营业税征收范围，不征收增值税和营业税。因此，B企业将已经出售的资产又融资租赁回来，不征收出售该资产的增值税。

（五十）我公司是生产型一般纳税人企业，最近准备加工一批手推车，原料由对方自备，公司只收取加工费，但公司营业执照经营范围中并没有受托加工这项内容。公司如果从事该业务，是否可以开具有加工费内容的增值税专用发票？

《中华人民共和国增值税暂行条例》第一条规定，在中华人民共和国境内销售货物或者提供加工、修理修配劳务以及进口货物的单位和个人，为增值税的纳税人，应当依照本条例缴纳增值税。另外，根据《发票管理办法实施细则》规定，单位和个人在开具发票时，必须做到按号码顺序填开，填写项目齐全，内容真实，字迹清楚，全部联次一次复写、打印，内容完全一致，并在发票联和抵扣联加盖单位财务印章或者发票专用章。因此，上述公司收取的加工费在填开增值税专用发票"货物或应税劳务名称"一项时，应与实际交易相符，可以开具为加工费，并依法缴纳增值税。

如果公司长期从事该项业务，且经营范围中没有这一项，属于超范围经营，建议公司的相关人员及时到工商局去办理增项业务（变更经营范围），然后办理税务登记证的变更手续。

三、其他常见疑难问题解析

（一）如何判断增值税税负指标是否合理？

纳税评估是指国税机关根据纳税人的申报资料及其他征管信息，按照一定的程序，运用一定的手段和方法，进行审核、比对、分析、核查，对纳税人一定时期内申报纳税的真实性、准确性进行综合评估的工作。包括行业评估和个案评估。

增值税税负是增值税纳税评估的主要分析指标，但不同企业之间存在一定的税负差异，即使是生产相同产品的企业，由于生产经营方式、生产技术水平、市场价格定位、销售策略等因素的不同，税负也可能存在比较大的差异，因而，税负是否合理需要经过分析才能得出答案，"面黄的未必有病"，也就是说，增值税税负较低并不能说明企业税收一定存在问题，也可能存在其他方面的因素，比方受市场因素影响，存在产品销售价格下降、材料成本上升、销售额下降、库存加大、节税筹划等情况。企业应根据自身实际情况积极与税务机关沟通，另外，对于节税筹划税负下降的情况要特别注意，节税筹划是一项专业性很强的工作，要注意税收风险，最好在税收筹划执行前就将税收筹划方案与税务机关沟通，得到税务机关的认可。

（二）安置残疾人单位是否可以同时享受多项增值税优惠政策？

《国家税务总局关于安置残疾人单位是否可以同时享受多项增值税优惠政策问题的公告》（国家税务总局公告 2011 年第 61 号）规定，安置残疾人单位既符合促进残疾人就业增值税优惠政策条件，又符合其他增值税优惠政策条件的，可同时享受多项增值税优惠政策，但年度申请退还增值税总额不得超过本年度内应纳增值税总额。

（三）福利企业被查补的税款可否享受退税政策？

《国家税务总局关于增值税若干征管问题的通知》（国税发〔1996〕155 号）规定，对福利企业未按规定进行申报，事后被税务机关查补的增值税应纳税额，不得按"即征即退"办法退还给企业。

（四）企业欠缴增值税被税务机关扣押物资怎样确定抵缴税款额？

《中华人民共和国税收征收管理法》第二十七条规定，扣押、查封、拍卖其价值相当于应纳税款的商品、货物或者其他财产，以拍卖所得抵缴税款。

例如，某企业因欠缴增值税款 2 万元，税务机关多次催缴无效后，扣押了该企业物资一宗，当时确定扣押物资价值为 2 万元。而该宗物资经拍卖行拍卖所得价款 1.6 万元，则应以拍卖所得用于抵缴税款，因此该宗物资只能抵缴税款 1.6 万元。

（五）增值税的起征点是多少？起征点与免征额有何区别？

1. 《增值税暂行条例实施细则》、《营业税改征增值税试点实施办法》（财税〔2013〕106 号附件 1）规定，增值税起征点幅度如下：

（1）按期纳税的，为月应税销售额 5 000～20 000 元（含本数）。

（2）按次纳税的，为每次（日）销售额 300～500 元（含本数）。

起征点的调整由财政部和国家税务总局规定。省、自治区、直辖市财政厅（局）和国家税务局应当在规定的幅度内，根据实际情况确定本地区适用的起征点，并报财政部和国家税务总局备案。

《财政部 国家税务总局关于进一步支持小微企业的增值税和营业税政策的通知》（财税〔2014〕71 号）规定，自 2014 年 10 月 1 日至 2015 年 12 月 31 日，对月销售额 2 万元至 3 万元的增值税小规模纳税人和营业税纳税人，暂免征收增值税和营业税，政策范围涵盖小微企业、个体工商户和其他个人。此次出台的政策，在效果上相当于将现行增值税和营业税起征点由月销售额 2 万元（年销售额 24 万元）提高到 3 万元（年销售额 36 万元）。

2. 个人提供应税服务的销售额未达到增值税起征点的，免征增值税；达到起征点的，全额计算缴纳增值税。

3. 增值税起征点不适用于登记为一般纳税人的个体工商户。

4. 起征点与免征额的区别。

起征点又称"征税起点"或"起税点"，是指税法规定对征税对象开始征税的起点数额。起征点不同于免征额，纳税人销售额未达到国务院财政、税务主管部门规定的起征点的，免征增值税；达到起征点的，全额计算缴纳增值税。

（六）小规模纳税人企业购进一批货物尚未付款，销售方尚未开票，次月该企业成为一般纳税人，对方能否开具增值税专用发票？

纳税人必须按规定的时限（纳税义务发生时间）开具增值税专用发票，不得提前或滞后。采用赊销及分期付款结算方式的纳税义务发生时间为合同约定的收款日期的当天，无书面合同的或者书面合同没有约定收款日期的，为货物发出的当天。

因此，无书面合同的或者书面合同没有约定收款日期的，不能开具专用发票；合同约定的收款日期为次月以后的，可以开具专用发票。

（七）一般纳税人取得的增值税专用发票如果税法不允许抵扣，是否需要认证？

税法不允许抵扣的增值税专用发票，纳税人可以选择认证或不认证，但是笔者认为最好认证，因为认证可以对增值税专用发票进行辨别真伪，也不会形成滞留票，纳税申报时要记得进行进项税额转出。若选择不认证，视同普通发票进行账务处理。

（八）享受增值税50％即征即退的一般纳税人企业购买运输车辆，运输车辆既运输即征即退货物，也运输一般货物，其进项税额填在增值税纳税申报表中的"即征即退货物及劳务"栏还是填在"一般货物及劳务"栏？

运输车辆既运输即征即退货物，也运输一般货物，其进项税额应按照销售额比例分别计算即征即退货物和一般货物的进项税额，并分别填写在"即征即退货物及劳务"栏和"一般货物及劳务"栏。

（九）企业在商场购买烟、酒作为招待用品，商场是否应开具增值税专用发票？

《增值税专用发票使用规定》规定，商业企业一般纳税人零售的烟、酒、食品、服装、鞋帽（不包括劳保专用部分）、化妆品等消费品不得开具专用发票。因此，商场销售烟、酒不得开具增值税专用发票，应按规定开具普通发票。

（十）一般纳税人领用的增值税专用发票有无使用期限？

一般纳税人领用的增值税专用发票没有使用期限。但一般纳税人被取消一般纳税人资格必须及时向主管国税机关缴销专用发票（包括空白专用发票）。一般纳税人发生转业、改组、合并、分立、联营等情况，必须在变更税务登记的同时，向主管国税机关缴销增值税专用发票（包括空白专用发票）。

（十一）自 2015 年 4 月 1 日起，增值税纳税人取得增值税一般纳税人资格由审批制转为登记制，管理政策有何重大变化？

变化 1："审批"变"登记"

自 2015 年 4 月 1 日起，增值税纳税人取得增值税一般纳税人资格由审批制转为登记制，登记事项由增值税纳税人向其主管税务机关办理。

变化 2：办理机关有变化

审批制下，增值税一般纳税人资格认定的权限在县（市、区）国家税务局或者同级别的税务分局。

登记制下，增值税一般纳税人资格登记的权限在增值税纳税人主管税务机关。

变化 3：报送表单作调整

审批制下，纳税人应当向主管税务机关报送《增值税一般纳税人申请认定表》或《不认定增值税一般纳税人申请表》。

登记制下，纳税人办理增值税一般纳税人资格登记需要向主管税务机关填报《增值税一般纳税人资格登记表》并提供税务登记证件。

符合规定可以选择按照小规模纳税人纳税的，应向主管税务机关提交《选择按小规模纳税人纳税的情况说明》。

个体工商户以外的其他个人年应税销售额超过规定标准的，不需要向主管税务机关提交书面说明。

变化 4：登记表格要填准

登记制下，纳税人填写《增值税一般纳税人资格登记表》时要注意：填报内容要与税务登记信息一致。信息一致的，主管税务机关当场登记；不一致的，仍需补正内容。

纳税人选择按照小规模纳税人纳税的，为防止涉税风险，应先判断是否符合现行政策规定，再向主管税务机关提交《选择按小规模纳税人纳税的情况说明》。

变化 5：生效日期可自选

审批制下，纳税人自认定机关认定为一般纳税人的次月起（新开业纳税人自主管税务机关受理申请的当月起），按照《中华人民共和国增值税暂行条例》第四条的规定计算应纳税额，并按照规定领购、使用增值税专用发票。

登记制下，除财政部、国家税务总局另有规定外，纳税人可根据需要，自行选择当月 1 日或次月 1 日作为一般纳税人资格生效之日，按照增值税一般计税方法计算应纳税额，并按照规定领用增值税专用发票。

变化 6：相关程序有调整

审批制下，纳税人年应税销售额超过规定标准的，应当在申报期结束后 40 个工作日内向主管税务机关申请一般纳税人资格认定。

登记制下，纳税人年应税销售额超过规定标准的，需要在申报期结束后 20 个工作日按照规定办理相关手续。由于时限较审批制减少了一半，建议纳税人在超标当月及时调整业务模式做好准备。

变化 7：管理办法待发布

目前发布的《公告》对增值税一般纳税人资格登记的基本程序进行了明确的同时，暂停执行了《增值税一般纳税人资格认定管理办法》（国家税务总局令第 22 号，以下简称《办法》）的相关条款，并提示将对《办法》相应条款依照规定程序修订后重新予以公布。建议纳税人近期登陆国家税务总局网站，关注新《办法》的出台。

（十二）兼营部分免税货物销售的商贸企业在年销售额（含免税销售额）超过了 80 万元时，是否能够办理一般纳税人资格登记？年应税销售额包含免税销售额吗？

根据《中华人民共和国增值税暂行条例实施细则》和《增值税一般纳税人资格认定管理办法》（国家税务总局令第 22 号）的规定，商贸企业年应税销售额超过 80 万元，应当向主管税务机关申请一般纳税人资格登记。年应税销售额，是指纳税人在连续不超过 12 个月的经营期内累计应征增值税销售额，包括免税销售额。

（十三）小规模纳税人代开专用发票后，发生退货应怎样处理？

《国家税务总局关于取消小规模企业销售货物或应税劳务由税务所代开增值税专用发票审批后有关问题的通知》（国税函〔2004〕895 号）规定，主管税务机关为小规模纳税人代开专用发票后，发生退票的，可比照增值税一般纳税人开具专用发票后作废或开具红字发票的有关规定处理。由销售方到税务机关办理，对于重新开票的，应同时进行新开票税额与原开票税额的清算，多退少补；对无需重新开票的，退还其已征的税款。

（十四）分支机构应该如何进行增值税纳税申报？

总、分机构在同一县（市）的，如果统一核算，总机构应统一纳税申报；如果单独进行核算，总、分机构应分别进行纳税申报。总机构和分支机构不在同一县（市）的，应当分别向各自所在地的主管税务机关申报纳税；经国务院财政、税务主管部门或者其授权的财政、税务机关批准,可以由总机构汇总向总机构所在地的主管税务机关申报纳税。固定业户的总分支机构不在同一县(市),但在同一省(区、市)范围内的,经省(区、市)财政厅(局)、国家税务局审批同意,可以由总机构汇总向总机构所在地的主管税务机关申报缴纳增值税。

(十五)到外县(市)销售货物如何进行增值税纳税申报?

固定业户到外县(市)销售货物或者应税劳务,应当向其机构所在地的主管税务机关申请开具外出经营活动税收管理证明,并向其机构所在地的主管税务机关申报纳税;未开具证明的,应当向销售地或者劳务发生地的主管税务机关申报纳税;未向销售地或者劳务发生地的主管税务机关申报纳税的,由其机构所在地的主管税务机关补征税款。

(十六)连锁经营企业如何进行增值税纳税申报?

根据《财政部 国家税务总局关于连锁经营企业增值税纳税地点问题的通知》(财税字〔1997〕97号)的规定,连锁经营企业纳税地点有两种情况:

(1)对跨地区经营的直营连锁企业,即连锁店的门店均由总部全资或控股开设,在总部领导下统一经营的连锁企业,凡按照国内贸易部《连锁店经营管理规范意见》(内贸政体法字〔1997〕第24号)的要求,采取微机联网,实行统一采购配送商品,统一核算,统一规范化管理和经营,并符合以下条件的,可对总店和分店实行由总店向其所在地主管税务机关统一申报缴纳增值税:

①在直辖市范围内连锁经营的企业,报经直辖市国家税务局会同市财政局审批同意;

②在计划单列市范围内连锁经营的企业,报经计划单列市国家税务局会同市财政局审批同意;

③在省(自治区)范围内连锁经营的企业,报经省(自治区)国家税务局会同省财政厅审批同意;

④在同一县(市)范围内连锁经营的企业,报经县(市)国家税务局会同县(市)财政局审批同意。

(2)自愿连锁企业,即连锁店的门店均为独立法人,各自的资产所有权不变的连锁企业和特许连锁企业,即连锁店的门店同总部签订合同,取得使用总部商标、商号、经营技术及销售总部开发商品的特许权的连锁企业,其纳税地点不变,仍由各独立核算门店分别向所在地主管税务机关申报缴纳增值税。

（十七）纳税人以资金结算网络方式收取货款如何进行增值税纳税申报？

《国家税务总局关于纳税人以资金结算网络方式收取货款增值税纳税地点问题的通知》（国税函〔2002〕802号）规定，纳税人以总机构的名义在各地开立账户，通过资金结算网络在各地向购货方收取销货款，由总机构直接向购货方开具发票的行为，不具备《国家税务总局关于企业所属机构间移送货物征收增值税问题的通知》规定的受货机构向购货方开具发票、向购货方收取货款两种情形之一，其取得的应税收入应当在总机构所在地缴纳增值税。

（十八）如何把握"纳税人申报的计税依据明显偏低，又无正当理由"这一条款？出现这种情况后是否可以认定为偷税？

1.《中华人民共和国税收征收管理法实施细则》第四十七条规定：

纳税人有税收征管法第三十五条或者第三十七条所列情形之一的，税务机关有权采用下列任何一种方法核定其应纳税额：

（1）参照当地同类行业或者类似行业中经营规模和收入水平相近的纳税人的税负水平核定；

（2）按照营业收入或者成本加合理的费用和利润的方法核定；

（3）按照耗用的原材料、燃料、动力等推算或者测算核定；

（4）按照其他合理方法核定。

采用前款所列一种方法不足以正确核定应纳税额时，可以同时采用两种以上的方法核定。

纳税人对税务机关采取本条规定的方法核定的应纳税额有异议的，应当提供相关证据，经税务机关认定后，调整应纳税额。

对"计税依据明显偏低"的界定，可以按《税收征收管理法实施细则》第四十七条规定的各种核定税额的方式作为参照，通过比较予以判断。在税务机关认定其计税偏低的情形下，纳税人又不能对比做出合理合法的解释说明，可以按《税收征收管理法》三十五条的规定，核定其应纳税额，因为具体问题具体对待，《税收征收管理法》中没有将判断标准的数字形式予以量化，这也是《税收征收管理法》赋予税务机关一定自由裁量权的体现。

2.《税收征收管理法》第六十三条对偷税的规定：纳税人伪造、变造、隐匿、擅自销毁账簿、记账凭证，或者在账簿上多列支出或者不列、少列收入，或者经税务机关通知申报而拒不申报或者进行虚假的纳税申报，不缴或者少缴应纳税款的，是偷税。

对"计税依据明显偏低，又无正当理由"的情形，如果没有《税收征收管理法》第六十三条所列情节的证据，不能将其定性为偷税。

（十九）纳税人因有特殊困难，不能按期缴纳税款怎么办？

纳税人因有特殊困难，需要延期缴纳税款的，应当在缴纳税款期限届满前提出申请，经省、自治区、直辖市国家税务局、地方税务局批准，可以延期缴纳税款，但是最长不得超过三个月。

纳税人申请延期缴纳税款的情形：

1. 因不可抗力，导致纳税人发生较大损失，正常生产经营活动受到较大影响的；
2. 当期货币资金在扣除应付职工工资、社会保险费后，不足以缴纳税款的。

纳税人到主管税务机关办税服务厅提出申请，填制《延期缴纳税款申请审批表》，并提供以下资料：

1. 申请延期缴纳税款报告；
2. 当期货币资金余额情况，所有银行存款账户的对账单；
3. 当期资产负债表和应上缴、弥补款项表；
4. 当期货币资金余额情况及应付职工工资和社会保险费等税务机关要求提供的支出预算；
5. 纳税人提供的灾情报告、公安机关出具的事故证明、政策调整依据；
6. 税务机关要求提供的其他资料。

税务机关应当自收到申请延期缴纳税款报告之日起 20 日内做出批准或者不予批准的决定；不予批准的，从缴纳税款期限届满之日起加收滞纳金。

（二十）前几个月企业销售一批产品，当时客户不需要发票，企业已作无票销售申报缴纳增值税，本月客户要求补开前几个月的发票，怎样处理？

《中华人民共和国发票管理办法实施细则》第三十三条规定，填开发票的单位和个人必须在发生经营业务确认营业收入时开具发票。未发生经营业务一律不准开具发票。《增值税专用发票使用规定》第十一条规定，专用发票按照增值税纳税义务的发生时间开具。因此，企业应按上述规定开具发票，事后不能补开发票。

（二十一）企业有欠缴增值税，同时本月有留抵税额，能否用留抵税额抵缴欠税？如果能抵缴，应该如何进行纳税申报？

《国家税务总局关于增值税一般纳税人用进项留抵税额抵减增值税欠税问题的通

知》（国税发〔2004〕112 号）规定，对纳税人因销项税额小于进项税额而产生期末留抵税额的，应以期末留抵税额抵减增值税欠税。为了满足纳税人用留抵税额抵减增值税欠税的需要，《增值税一般纳税人纳税申报办法》（国税发〔2003〕53 号）中将《增值税纳税申报表》（主表）相关栏次的填报口径做如下调整：（1）第 13 项"上期留抵税额"栏数据，为纳税人前一申报期的"期末留抵税额"减去抵减欠税额后的余额数，该数据应与"应交税费——应交增值税"明细科目借方月初余额一致。（2）第 25 项"期初未缴税额（多缴为负数）"栏数据，为纳税人前一申报期的"期末未缴税额（多缴为负数）"减去抵减欠税额后的余额数。

（二十二）企业增值税享受先征后返、先征后退、即征即退优惠政策的，附征的城市维护建设税和教育费附加是否同时享受退（返）还优惠？

《财政部 国家税务总局关于增值税、营业税、消费税实行先征后返等办法有关城建税和教育费附加政策的通知》（财税〔2005〕72 号）规定，对"三税"（增值税、营业税、消费税）实行先征后返、先征后退、即征即退办法的，除另有规定外，对随"三税"附征的城市维护建设税和教育费附加，一律不予退（返）还。

（二十三）某企业 9 月份发生销项税额并申报纳税，10 月份该笔业务发生红字冲回，并且 10 月份再没有任何销项税额。假如当月企业申请注销，请问该笔税款能否申请退税？

《财政部 国家税务总局关于增值税若干政策的通知》（财税〔2005〕165 号）规定，增值税一般纳税人注销或被取消辅导期一般纳税人资格，转为小规模纳税人时，其存货不做进项税额转出处理，其留抵税额也不予以退税。由于企业 10 月份开具红字发票并在当月申报增值税后，在当期申报表中反映的是留抵税额，根据上述文件的规定，企业注销留抵税额不予退税。

（二十四）纳税人可以既享受增值税即征即退、先征后退政策又享受免抵退税政策吗？

《国家税务总局关于纳税人既享受增值税即征即退先征后退政策又享受免抵退税政策有关问题的公告》（国家税务总局公告 2011 年第 69 号）规定，纳税人既有增值税即征即退、先征后退项目，也有出口等其他增值税应税项目的，增值税即征即退和先征后退项目不参与出口项目免抵退税计算。纳税人应分别核算增值税即征即退、先征后退项目和出口等其他增值税应税项目，分别申请享受增值税即征即退、先征后退和免抵退税政策。用于增值税即征即退或者先征后退项目的进项税额无法划分的，按照下列公式计算：

$$\text{无法划分进项税额中用于增值税即征即退或者先征后退项目的部分} = \text{当月无法划分的全部进项税额} \times \frac{\text{当月增值税即征即退或者先征后退项目销售额}}{\text{当月全部销售额、营业额合计}}$$

（二十五）固定业户、总机构和分支机构、非固定业户、扣缴义务人的增值税纳税地点分别怎样确定？

1. 固定业户应当向其机构所在地或者居住地主管税务机关申报纳税。

2. 总机构和分支机构不在同一县（市）的，应当分别向各自所在地的主管税务机关申报纳税；经财政部和国家税务总局或者其授权的财政和税务机关批准，可以由总机构合并向总机构所在地的主管税务机关申报纳税。

3. 非固定业户应当向应税服务发生地主管税务机关申报纳税；未申报纳税的，由其机构所在地或者居住地主管税务机关补征税款。

4. 扣缴义务人应当向其机构所在地或者居住地主管税务机关申报缴纳其扣缴的税款。